나
무
사
전

일러두기

· 이 책에 실린 나무 목록의 순서는 『한국의 수목』(김태욱, 교학사)을 참고하여 작성했다.
· 이 책은 되도록 많은 나무를 다루려 했으나 그중 외국종이라 관련 정보나 사진 등을 구할 수 없는 경우 부득이하게 포함시키지 못했다.

―역사와 문화로 읽―

나무사전

―강판권 지음

글항아리

나무라는 말이 좋다. 받침도 없고 겹음도 없이 단아하게 열려 있는 이 단어에 사실은 얼마나 많은 시간과 이야기가 담겨 있는가. 겉씨식물인 은행나무와 소철이 지구상에 나타난 것은 대략 3억5천만 년 전까지 거슬러 올라간다. 초기 유인원의 역사가 기껏 3만5천 년 전이니, 인류는 나무가 나고 죽고를 거듭해 지하에 수십 킬로미터의 석탄으로 쌓인 뒤에야 나타난 셈이다. 수렵에서 농경으로, 석기에서 철기로, 지금의 최첨단 과학시대로 접어든 뒤에도 나무는 3억 년 전의 표정을 간직하고 있다. 나무의 존재감도 약해지지 않는다. 마치 물과 공기가 없으면 살지 못하는 것처럼 나무는 정원수와 가로수로 인간들 곁에 머물고 있다. 때론 그 모습이 가냘파 보이기도 한다.

하지만 SF 영화에서 인류의 멸망은 곧 녹지의 확장과 지배로 귀결되곤 했다. 큰 화제를 몰고 온 제임스 카메론 감독의 「아바타」에서도 나무는 어리석은 인류의 도발을 근원적으로 제어하는 생명 시스템의 조율자로 그려졌다. 판도라 행성에 사는 나비족의 구성원 전체가 거대한 신목神木 한 그루에 거처를 마련하고 있다는 것 자체부터 경이롭다. 오래된 나무뿌리의 빈 공간은 마을 회의 장소이고, 큰 가지들은 이웃이 오가는 골목이고, 잔가지와 잔가지 사이는 침대를 걸어서 잠자는 공간이다. 지붕은 모든 이들이 함께 덮는다. 이 나무와 가까운 곳에는 나비족으로 살다가 죽은 조상들의 기억을 보존하는 수호신 나무가 있다. 수양버들을 모델로 해서 만든 듯한 이 나무는 늘어진 은빛 가지를 손에 잡으면 과거 조상들이 나눴던 대화와 웃음이 그대로 들려온다. 수천 년의 기억을 나무 한 그루가 버튼만 누르면 재생하니 어떤 CD로 이걸 대체할 수 있을까. 이 영화의 가장 경이로운 상상력은 판도라 행성의 지하자원을 노리며 폭탄을 퍼붓는 인류의 도발에 신목이 쓰러지고 나무들이 불타는 장면에서 시작된다. 서로 떨어져 존재하는 것처럼 보이는 수십억 그루의 나무가, 사실은 보이지 않는 지하에서 뿌리를 통해 서로 얽혀 있고 세포를 주고받는 것을 통해 의사소통함으로써 인류에 대응한다는 것이다.

「아바타」는 근원적 생명으로서의 나무와 나무의 신화적인 스토리를 재현함으로써 화려한 3D 영상을 넘어 관객들의 뇌리 깊숙하게 살아 있는 이미지를 침투시킬 수 있었다.

나무는 아주 오랫동안 자연과학의 영역에 머물러왔다. 문명의 반대편인 자연의 대표자로서, 집을 짓는 목재와 몸에 좋은 약재를 연구하는 토목학과 약초학의 대상으로서 의미를 부여받았다. 도구적 상상력이 나무에서 신화적인 생명력과 인간과 관계 맺으면서 살아온 나무의 역사성을 배제하고 제거해왔다. 하지만 인류가 나무를 이처럼 분석의 대상으로 삼았던 것은 100~200년에 지나지 않는다. 그보다 훨씬 긴 세월 동안 인간은 나무를 두려움과 경외의 존재로 여겨왔다. 살아서 천 년, 죽어서 천 년을 사는 생명에 대한 예의를 지켰다. 당목과 신수는 마을마다 넘쳐났다. 나무로 만든 생활도구들은 정신을 맑게 해준다고 믿었고, 머리맡에 심고 평생의 친구로 삼을 줄도 알았다. 나무에 대한 고마움과 애정이 글과 그림으로 자연스럽게 이어졌고, 그것들이 쌓여 정신문화의 축을 이루었다. 나무를 제대로 알고자 하는 사람은 나무에 얽혀 있는 이러한 다양한 문화적 표식들을 그냥 지나칠 수 없어 어느새 나무의 고고학과 계보학에 빠져들었다.

이 책, 『역사와 문화로 읽는 나무사전』은 그러한 공부의 흔적을 담고 있다. 나는 나무를 스승으로 모시는 데 40여 년의 세월이 걸렸다. 그 세월 동안 고향 창녕과 계명대학교에서 수없이 많은 나무를 봤지만, 마음이 없었던 탓에 나무는 내 존재와 별 관계 없는 그저 하나의 식물에 지나지 않았다. 내가 나무를 스승으로 삼기 시작한 것은 나무를 하나의 생명체로 인식하면서부터다. 그러면서 주위에 있는 나무를 한 그루 한 그루 세기 시작했다. 나무를 세면서 각각의 나무가 살아 있는 존재이자 개별적인 정체성을 갖고 있다는 것을 확인했다. 나무에 대한 이러한 '발견'은 다른 사람들이 벌써 알고 있는 사실이었더라도 나에겐 하나의 '혁명'이었다.

나는 나무를 한층 깊게 알기 위해 식물학자들의 저서와 도감을 찾아보았다. 그 일은 나무를 이해하는 데 적지 않은 도움을 주었지만 충분하지는 않았다. 그래서 나는 나름대로 나무를 더 알기 위해 갖은 방법을 동원했다. 아니 나무에 목숨을 걸었기 때문에 주저할 어떤 명분도 없었다. 꽃이 피면 꽃잎이 몇 개인지 세어보고, 잎이 나면 앞도 보고 뒤도 보고, 꽃이 떨어지면 주워서 수술과 암술을 쳐다보고, 잎이 떨어지면 주워서 색깔을 비교하고, 심심할 때면 잎의 톱니를 세어보기도 했다. 그러나 꽃이 지고 잎이 떨어지면 무슨 나무인지 모르는 경우가 아주 많았다. 때론 한 그루 나무의 마음을 알기 위해, 동등한 가치를 지닌 존재로서의 나무와 진정한 대화를 나누기 위해 나무 밑에 들어가서 우러러보기도 하고, 그러다 고개가 아프면 나무를 안고 한나절을

나무
사전
: 머리말

보내기도 했다. 더욱이 나무가 1년 동안 어떻게 살아가는지를 알기 위해 사계절을 사진으로 담았다. 이렇게 나무와 함께하는 시간에는 먹고사는 문제도, 미래에 대한 불안도 잊을 수 있었다.

10여 년 동안 나무를 만나기 위해 혼자 떠날 때도 있었지만, 휴일에는 거의 가족과 함께했다. 한 달에 한 번씩 만나는 '나무세기' 회원들과 함께 떠난 시간도 적지 않았다. 이렇게 나무를 만나기 위해 보낸 시간과 경제적 비용도 엄청났다. 그러나 언제나 나무를 만나기 위해 떠나는 순간부터 만날 때까지 나의 마음은 즐거움으로 충만했고, 돌아와서 찍은 사진을 정리하는 시간도 무척 개운했다. 그런데 고백하자면 나는 여전히 나무에 대해 무지하다. 아직도 진정으로 이해하고 있는 나무는 한 그루도 없다. 나의 능력으로는 아마 죽을 때까지 한 그루 나무조차 제대로 이해할 수 없을 것이다. 그러나 나는 지금까지 그러했듯이 앞으로도 한 그루의 나무를 이해하려고 끊임없이 노력할 것이다. 그 과정이야말로 가장 행복한 시간이고 깨달음의 과정이기 때문이다.

그동안 나무를 공부하면서 가장 힘들었던 것은 '기준'을 잡는 일이었다. 공부는 어떤 기준을 잡아야만 이해하기 쉽다. 나무도 마찬가지다. 잎이든, 꽃이든, 껍질이든 나무의 특징을 정확하게 파악해야만 금방 알아차릴 수 있기 때문이다. 예컨대 봄을 알리는 개나리의 경우 나무에 무관심한 사람들은 꽃이 진 뒤에는 개나리의 존재를 거의 알아보지 못한다. 나도 처음 공부할 땐 그랬다. 그래서 나는 나무마다 꽃, 잎, 열매, 껍질 등의 특징에 대해 나름의 기준을 삼아 기억하기 시작했다. 그런 뒤에야 잎과 꽃이 떨어진 뒤에도 어떤 나무인지 알아볼 수 있었다. 그러나 같은 나무일지라도 시간과 장소 그리고 나이에 따라 그 생김새가 다르기 때문에 한 그루의 나무를 정확하게 알기까지는 긴 세월이 걸렸다.

나무공부 하면서 나를 당황하게 만든 것은 부족한 기억력이었다. 오늘 알았던 나무 이름을 다음 날은커녕 돌아서면 잊어버리는 경우가 허다했기 때문이다. 많은 방법을 동원했지만 부족한 기억력의 태생적 한계를 쉽게 극복할수 없었다. 이런 가운데 생각해낸 것은 나무 이름의 유래였다. 그 유래를 알면 얘기가 머릿속에 남아 있고, 이름을 붙인 사람이 무엇을 강조했는지를 정확하게 알 수 있기 때문에 기억이 훨씬 오래갈 것이라 생각했다. 더욱이 사람들도 처음 만날 경우 서로 이름부터 알린다. 요즘이야 덜하지만 예전에는 이름의 한자와 본관을 따져보고 음미하는 것이 첫 만남의 과정이었다. 그만큼한 존재를 이해하는 데 이름에 대한 이해가 매우 중요하기 때문이다. 그런데여기서도 난관이 적지 않았다. 정작 나무 이름의 유래에 대해, 극히 일부 나무를 제외하고는 이를 체계적으로 정리한 연구서가 아주 드물었다.

나는 그간 나무 공부하면서 한국의 식물학과 관련한 기초 연구가 제대로이루어지지 않았다는 것을 절감했다. 그래서 다짐한 것이 '탓하지 말고 직접하자'는 것이었다. 이번 책도 내가 나무공부 하면서 만난 문제를 해결하기 위해 준비한 것이다. 그런데 이번 책은 단순히 나무 이름의 유래에 관한 내용이아니다. 그동안 확인할 수 있었던 각종 자료를 통해 나무 이름은 물론 학명분석, 관련 인문학 지식 등을 함께 정리했다. 그 과정에서 동양의 고문헌들이다방면으로 활용되었다.

나무와 관련된 고문헌은 종류가 다양하다. 우선 인류 최초의 낱말풀이사전이라 할 수 있는 『이아爾雅』와 같은 사전류가 있다. 나무의 어원이 어디에서비롯되었는지를 알려면 반드시 이 책을 참조해야 한다. 그다음으로는 농서農書가 있다. 나무는 인류가 등장한 이래 주요한 농작물이었다. 쓰임새는 많지만 쉽게 죽어버리는 나무를 제대로 가꾸기 위해 동원한 방법은 상상을 초월

할 정도로 많았다. 예컨대 서향은 물기가 많은 곳을 좋아하지만 뿌리가 가늘고 맛이 달아서 지렁이가 잘 파먹었다. 그래서 닭이나 오리를 털 째로 삶은 물을 주변에 뿌려서 지렁이를 물리쳐야 잘 자랄 수 있었다. 또 어떤 나무는 촘촘하게 심어야 했고, 어떤 나무는 간격을 벌려서 심어야 했다. 자연 속의 나무를 인간의 밭으로 옮기기 위해서는 그 나무가 애초에 어떻게 번식해왔는지를 연구·적용해야 했던 것이다. 이 책을 쓰면서도 인류 최초의 농서인『범승지서汜勝之書』, 현존하는 가장 오래된 종합 농서인『제민요술齊民要術』을 비롯해『사시찬요四時纂要』『농상집요農桑輯要』등 조선전기의 농서와『산림경제山林經濟』『임원경제지林園經濟志』등 조선후기의 자료를 두루 활용했다. 이렇게 많은 자료를 활용한 이유는 시기와 지역에 따라 나무에 대한 인식과 활용이 달랐기 때문이다. 농서 이외의 자료로는 백과전서류가 있다. 나무와 관련된 신화와 전설, 문학, 고사성어 등을 통해 옛 조상들의 생각과 그 풍속을 엿보기 위해서는 반드시『성호사설星湖僿說』이나『대동운부군옥大東韻府群玉』『송남잡지松南雜識』같은 백과전서류의 초목편을 활용해야 한다. 여기서 더 나아가 현재에도 남아 있는 우리나라 각 지역의 나무 관련 풍속이나 전설, 나무문화재 현황 등을 살피기 위해서는 읍지邑誌와 면지面誌도 참고할 필요가 있다. 전염병이 창궐한 조선후기 나무를 태워 그 기운을 쐬여 잡귀를 물리치려다 오히려 사람을 잡는 이야기는 이런 자료들을 통해서나 만날 수 있다. 나무와 관련된 지식인들의 내밀한 통찰이나 감상은 개인 문집에 손을 뻗게 한다. 특히 다산 정약용의 아들인 정학유가 펴낸『시명다식詩名多識』이나 이옥의『백운필白雲筆』같은 작품은 최근에 번역까지 이뤄져 유용하게 참조할 수 있다.『시명다식』은『시경詩經』을 비롯한 동양고전류에 나온 식물들을 추려내 그 섭생을 고증했다는 점에서 대표성이 있고,『백운필』은 감수성 예민한 문인이 근접한 거리에서 오랫동안 나무를 직접 관찰한 바를 담고 있다는 점에서 돋보인다.

이외에도 활용한 문헌 자료는 많다. 다만 아쉬운 점은 동양문화권의 기록이 주를 이루기 때문에 서양의 신화와 문화가 비교적 소략하다는 점이며, 대부분의 문헌이 소수의 특정 나무에만 기록을 집중하고 있어 아무리 자료를 많이 뒤져도 그 유래나 문화적 자취를 찾기 힘든 나무도 많았다는 점이다.

이 책은 나무 이름의 유래와 나무의 인문학을 표방하기 때문에 식물학적인 정보들, 예컨대 개화기, 결실기 등에 대해서는 구체적으로 언급하지 않았다. 개화기와 결실기는 지역에 따라 상당한 차이가 있고, 도감을 이용하거나 직접 관찰하면 얼마든지 알 수 있기 때문이다. 특히 나무 약효에 대한 얘기는 나무의 특징을 이해하는 데 도움을 주는 내용과 정보가 아주 적은 나무 이외에는 가능하면 생략했다. 나무를 약효 중심으로 바라보는 것은 한 존재에 대한 예의가 아니기 때문이다. 다만 오래전부터 나무는 약재로 인식되어왔고, 그 과정에 투입된 인류의 노동과 생활의 지혜 또한 우리의 문화이기 때문에 나무와 인간의 연결점을 약효와 관련해서 기술하지 않을 수 없었다. 가령 잣나무를 베어 목침을 만들면서 그 안에 백지白芷·신이辛夷·두충杜沖·백출白朮·고본藁本 등 32가지의 말린 약재를 넣어 24절기와 8방方의 바람에 응하게 한다는 『동의보감』에 실린 내용은 단순히 약재 이야기로만 치부할 수 없는 것이다.

이번에 내놓는 『나무사전』은 내가 그간 나무에 대해 공부한 내용을 결산한 것이나 다름없지만, 독자들에게 얼마나 도움을 줄 수 있을지 걱정이다. 정확하지 않은 정보로 독자를 혼란스럽게 하지는 않을까 염려스럽다. 그러나 누군가 이 문제를 정리하지 않고서는 한국 식물학계의 인문학적 기초 연구가 쉽지 않다는 생각으로 책 간행을 감행했다. 벌써 욕먹을 각오는 준비 완료 상태다. 이렇게 내가 강심장으로 책을 간행할 수 있었던 것은 글항아리의 강성민 대표와 이은혜 편집장 덕분이다. 판매도 불확실할 뿐 아니라 만만찮은 분량의 책을 출판하면서 조금도 주저하지 않았고 유려한 편집으로 책을 아름답게 만들어주었기 때문이다. 그래서 그들은 나의 동지다. 아울러 라틴어 학명을 교정해주신 배은숙 선생님, 귀한 사진을 제공해주신 박영래(버들) 님, 이영수 님, 문용표 님도 이 책의 주인이다.

2010년 1월
궁산자락에서
쥐똥나무

차례

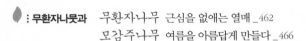

: 소철과

소철 *Cycas revoluta* Thunberg

살아 있는 화석

　　소철은 아열대 지방의 나무이다. 더워야 잘 자라기 때문에 우리나라에서는 제주도를 제외하고는 살 수 없다. 그렇지만 많은 사람이 거실 화분에 키울 만큼 인기가 있다. 소철과에 하나밖에 없는 외로운 존재인 소철은 천 년 이상 생존하는 '살아 있는 화석' 이다.

　　겉씨식물에 속하는 소철蘇鐵은 여느 나무와 달리 가지가 없다. 그런 까닭에 나무이면서도 목재 가치는 없다. 이처럼 독특한 모습을 지닌 소철의 장점은 사철 푸른 모습을 볼 수 있다는 점이기도 하지만, 무엇보다도 강인함이 특징이다. 암수가 따로 있는 이 나무는 이름부터 강한 느낌을 준다.

　　중국 명대 왕기王圻가 편찬한 『삼재도회三才圖會』에 따르면 한자 이름인 소철은 '못질해도 살아난다' 는 뜻이다. 소철의 이름은 일본 사람들이 붙인 것으로 중국 동남부와 일본 남부가 소철의 원산지 중 하나이니 근거가 있는 소리다. 이수광李晬光(1563~1628)의 『지봉유설芝峰類說』에도 같은 내용이 언급된다. "왜국에 사는 이 나무는 소철이다. 줄기가 곧고 곁가지가 없으며 잎은

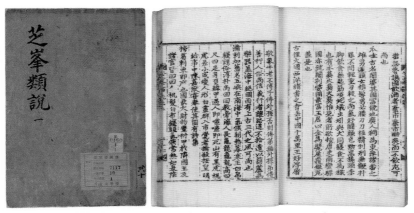

『지봉유설』(20권 10책), 이수광, 1614, 규장각한국학연구원 소장. 흔치 않게 소철에 대해 언급하고 있다.

끝에서 자라 우산처럼 사방으로 펼쳐진다. 나무가 불에 그을려 바싹 말라도, 뿌리째 뽑혀 3~4일 볕을 쬐어도, 나무 전체에 못을 쳐도 땅에 심기만 하면 원래 모습으로 돌아온다. 고로 소생한다고 이름했다"라고 하는 대목이다. 소철나무가 쇠약할 때 철분을 주면 다시 살아난다는 전설은 이런 이야기의 변형인 셈이다. 전해오는 이야기는 과장되기 마련이지만 소철나무가 철분이 풍부한 땅에서 잘 자란다는 것은 분명하다. 실제로 녹슨 못이나 고철 등을 관상용 소철 화분에 묻어두면 나무가 잘 자란다.

소철은 철초鐵蕉, 봉미초鳳尾蕉, 번초番蕉 등의 이름도 갖고 있는데 대개 소철의 잎을 본뜬 것이다. 그 잎은 빗살처럼 생겼지만 한자 초에서 알 수 있듯이 파초芭蕉 잎을 닮았다. 그래서 이름에 초자를 붙인 것이다. 번은 외이外夷를 말하고, 봉미는 잎 모양이 봉의 꼬리를 닮아 붙인 것이다. 소철의 학명에 등장하는 키카스Cycas는 '야자'를 의미하는 그리스어 키카스cykas에서 유래했다. 잎을 보면 야자와 그 생김새가 아주 흡사하다. 레볼루타revoluta는 '작은 잎 가장자리가 말린다'는 뜻이다. 눈으로 직접 보면 이 뜻을 금

초림 작주도蕉林酌酒圖, 진홍수,
중국 명대. 소철은 파초를 닮았다.
파초는 옛 선비들로부터 이색취미
로 사랑을 많이 받았다.

방 알 수 있다.

소철나무는 자라는 속도가 매우 빠르다. 하루가 다르게 올라온다. 올라
오는 모습도 예술이다. 작은 고사리 손 같기도 하고 높은음자리표 같기도
한 소철나무의 어린 잎은 영국식 테라스의 한 귀퉁이 같기도 하고, 손을
대면 첼로나 바이올린처럼 음악이 흘러나올 것 같기도 하다.

아파트 베란다에서 자라는 소철은 키가 작아 그늘도 작다. 제주도에 가
면 큰 소철이 자라 있는 것을 볼 수 있다. 이 소철 아래에 벤치를 만들어

시원한 여름을 즐길 수 있다. 소철 그늘 아래 앉아 있으면 야자수 밑에 앉아 있는 것 같다. 파초 아래에서 독서를 즐겼던 옛 선비의 정취도 느낄 수 있을 것이다.

소철나무는 100년에 한두 번 꽃을 피우는 나무로 알려져 있다. 소철나무의 꽃은 잎으로 둘러싸여 있다. 암수 딴그루인 소철나무의 수꽃은 솔방울 모양이다. 헌데 크기는 솔방울 수십 개를 합쳐놓은 것처럼 크다. 그리스 신전의 기둥처럼 최대 70센티미터에 이르는 것도 있다. 식물원에 가면 가끔 소철나무 수꽃이 핀 것을 볼 수 있는데 멀리서부터 환한 오렌지빛이 눈에 들어온다. 크기도 크지만 꽃을 둘러싼 잎들이 어둡고 울타리 역할을 해서 마치 시인 박정만의 시「미인의 집」에 나오는 시구처럼 오렌지빛 등이 켜진 저녁 무렵의 창문 같다. 반면 10센티미터 남짓한 암꽃은 모양새가 봉두난발이지만 색깔만은 새색시 같다. 소철처럼 암수꽃의 대비가 두드러지는 나무도 없을 것이다.

소철 잎은 말려서 광주리를 짜기도 한다.

소철의 종류는 110여 종에 달하는데, 대만소철, 중국 남부의 운남소철 등 지역에서 이름을 빌린 것도 있다. 운남에는 아주 크고 오래된 '철수왕鐵樹王' 소철이 있다. 오석吳石의 시에서도 소철의 특징을 간파할 수 있다.

천 년의 나무 꽃이 피길 바라고千載之木欲孕花
백 년의 벙어리 말하길 비네百年啞人祈說話
만약 이 말이 어떤 나무와 관계 있는가를 묻는다면若詢此語系何物
힘센 줄기 비춰 잎이 수많은 가정에 가득하네壯杆翠葉盈萬家

소철 새순이 올라오고 있다. 아래는 소철나무 암꽃.

: 은행나뭇과

은행나무 *Ginkgo biloba* Linnaeus

동방의 성자

은행나무 역시 소철처럼 살아 있는 화석이며 은행나뭇과에 하나뿐인 외로운 존재다. 암수딴그루로 갈잎 큰 키 나무다. 그래서 열매를 보려면 반드시 암나무와 수나무를 마주 심어야 한다. 옛 문헌에는 "못이나 우물 가까이 심어서 그림자가 반사되어도 열매를 맺을 수 있다. 그 꽃은 밤중에 피는데 부인이 따서 먹으면 귀한 아들을 낳게 되고, 그 나무는 죽는다"는 이야기도 전한다. 은행과 같은 식물에게도 착시현상이 일어난다니 놀랍다. 이런 이야기는 사실 여부를 떠나 나무를 더욱 살아 있는 생명체로 느끼게 한다. 원산지는 중국 절강성에 위치한 천목산天目山이다. 이곳에서 중생대 이후 살아남은 은행나무가 확인되었기 때문이다. 은행이라는 이름은 중국 북송 때 구양수歐陽脩(1007~1072)와 매요신梅堯臣(1002~1060)의 시에 처음 등장한다. 그러니 은행이란 이름을 사용한 것은 지금으로부터 1000년을 더 거슬러 올라간다.

한자 은행銀杏은 '은빛 살구'를 뜻한다. 즉 열매가 살구나무 열매를 닮아

서 붙여진 것이다. 은행이라는 이름은 송나라 때 조공품租貢品으로 들어가면서 본격적으로 부르기 시작했다. 그전의 이 나무 이름 중 가장 잘 알려진 것은 '압각수鴨脚樹'이다. 이는 잎이 마치 오리발을 닮아서 붙인 것으로 나무의 잎을 강조했다. 또다른 이름으로 '공손수公孫樹'가 있다. 즉 열매가 손자대에 열린다는 뜻으로, 열매를 강조했다. 열매를 강조한 또다른 이름으로 백과白果도 있다. 은행 열매의 육질을 벗기면 흰색이 드러나기 때문에 붙여졌다.

중국의 송나라 시인으로 강서시파江西詩派의 한 사람인 양만리楊萬里(1124~1206)는 「은행銀杏」이라는 시에서 "깊은 재 속의 불씨로 살짝 구워내니, 조금은 쓰고 조금은 달기도 하니 맛이 최고로구나"라고 찬사했다.

중국 당나라 때 한악韓鄂이 편찬한 『사시찬요四時纂要』를 보면 은행 알이 세모이면 수은행이요, 두모이면 암은행이라 했다. 조선시대 유중림柳重臨의 『증보산림경제』에서는 "모서리가 둘이니 셋이니 하는 것은 열매 모양인데 일설에는 잎의 모양이라고도 한다"라고 했다. 아무튼 대보름날 대나무껍질로 나무에 테를 두르고 대나무껍질을 치면 은행이 저절로 떨어졌는데, 이 은행 알을 구해두었다가 경칩 날 남자는 세모 은행을, 여자는 두모 은행을 마주 바라보며 먹고 사랑을 확인했다. 싹을 틔우면 천 년을 산다는 은행나무처럼 영원한 사랑을 기약한 것이다.

학명 중 깅쿄_ginkgo_는 린네가 은행의 일본어 발음 긴난_Ginnan_을 잘못 읽고 붙인 이름이다. 서양 사람들은 오리발의 물갈퀴처럼 생긴 은행잎을 처녀의 머리에 비유했다. 학명의 빌로바_biloba_도 '두 갈래로 갈라진 잎'을 의미한다. 이런 이름을 만든 인물은 학명 체계를 정립한 리나이우스_Linnaeus_(1707~1778)다.

은행나무가 한국에 언제 들어왔는지에 대한 기록은 없다. 다만 이 나무가 우리나라 유교와 불교 관련 유적지에서 많이 발견되고 있는 점으로 미루어볼 때 두 종교나 사상의 유입 시기와 밀접한 관계가 있는 듯하다. 일본의 경우는 대략 송나라 때 들어간 것으로 추정하고 있다. 이런 일본의 은행나무는 18세기에 유럽으로 건너갔는데, 영국 큐 왕립식물원에는 1762년에 심겨진 은행나무가 아직도 자라고 있다. 유럽에 간 은행나무는 다시 미국으로 옮겨졌다. 중국 각지에는 수천 년 동안 살고 있는 은행나무가 많다. 특히 산동성 거현 정림사定林寺에는 중국에서 가장 오래된 은행나무가 있다. 그런 연유로 이 나무

연상, 은행나무,
19세기, 국립민속박물관 소장.

충북 영동 영국사 은행나무, 천연기념물 제223호.

를 은행나무의 '비조鼻祖'라 부
른다. 기원전 715년 노나라와
거나라 양국의 제후들이 이 나무
아래서 회의를 했기에 그 주위에
는 사람들이 새긴 비석이 많이 남
아 있다. 현재 우리나라에는 천연
기념물로 지정된 은행나무가 19
그루, 노거수나 보호수로 지정
된 은행나무가 813그루 있다.
신라의 마의태자麻衣太子가 심
었다고 전해지는 경기도 양평 용
문사의 은행나무(천연기념물 30호)는 높

감실, 은행나무, 19세기 말~20세기 초,
25.5×16×30㎝, 서울역사박물관 소장.

이가 47미터로 국내에서 가장 높다. 줄기 둘레 또한 12.3미터에 달한다.
나이가 1100세 이상으로 추정되는 이 은행나무는 노거수라고는 믿기지
않을 정도로 정정한 모습을 한 채 해마다 600자루나 되는 은행 열매를 맺
고 있다.

　은행나무를 찬미한 글은 많다. 중국의 학자 곽말약郭沫若(1892~1978)은 은행
나무를 동방東方의 성자聖者라 불렀다. 시인 구상은 은행나무의 암수를 아
래와 같이 읊었다(『개똥밭』).

　　「은행銀杏―우리 부부의 노래」

　　나 여기 서 있노라
　　나를 바라고 틀림없이

거기 서 있는
너를 우러러
나 또한 여기 서 있노라

이제 달가운 꿈자리는커녕
입맞춤도 간지러움도 모르는
이렇듯 넉넉한 사랑의 터전 속에다
크나한 순명의 뿌리를 박고서
나 너와 마주 서 있노라

일월도 우리의 연륜을 묵혀가고
철따라 잎새마다 꿈을 익혔다
뿌리건만
오직 너와 나와의
열매를 맺고서
종신토록 이렇게
마주 서 있노라

: 소나뭇과

소나무 *Pinus densiflora* Siebold *et* Zuccarini

어머니와
같은
존재

소나무는 우리나라에서 유일하게 설화가 남겨진 나무다. 그만큼 우리에겐 각별한 존재다.

성주대신아 지신오 / 성주 고향이 어디메냐 / 경상도 안동 땅에 / 제비원에 솔 씨 받아 / 소평 대평 던져 떠니 / 그 솔 씨가 자라나서 / 밤이 되면 이실 맞고 / 낮이 되면 태양 맞아 / 그 솔 씨가 자라나서 / 소보동이 되었구나 / 소보동이 자라나서 / 대보동이 되었구나 / 그 재목을 / 왕장목이 되었구나 / 그 재목을 내루갈 제 / 서른서이 역군들아 / 옥똑끼를 울러 미고 / 서산에 오라 서목 메고 / 대산에 올라 대목 메고 / 이 집 돌 안에 재여놓고 / 일자대목 다 모아서 / 굽은 놈은 등을 치고 / 곧은 놈은 사모 맞차 / 하개 서개 터를 닦아 / 초가삼간 집을 짓고 / 사모에 평결 달고 / 동남풍이 디리 불며 / 평경 소리 요란하다 / 아따 그 집 잘 지었다 / 그것 모도 거기 두고 / 시간 살이 / 논도 만 석 밭도 만 석 / 해마다 춘추로 부라 주자 / 묵고 씨고

남는 것은 / 없는 사람 객을 주자

소나무의 줄임말은 '솔' 로, 뜻은 '으뜸' 이다. 이는 우리나라 사람들이
나무 중에서 소나무를 으뜸으로 여겼음을 말해준다. 한자는 송松이다. 송
은 목木과 공公을 합한 형성문자로, 중국 진秦나라 때에 만들어졌다. 특히
중국 최초의 황제 진시황제는 소나무를 아주 좋아했는데, 그 이유는 그가
소나무로부터 큰 도움을 받았기 때문이다. 사마천의 『사기史記』「시황제본
기始皇帝本紀 · 봉선서封禪書」에 따르면, 그는 태산泰山에 올랐다가 소나기를
만났다. 갑자기 내린 비라 피할 곳이 마땅치 않던 터에 인근의 나무에 들
어가 비를 피했다. 소나기가 그치자 진시황제는 그 나무에게 고마움을 표
하기 위해 '오대부五大夫' 벼슬을 내렸는데, 이 나무가 바로 소나무다. 이런
이야기는 세조와 관련한 속리산의 정이품송正二品松(천연기념물 제103호)과도 비
슷하다.

소나무에 오대부 벼슬을 내린 시황제.

진시황제는 소나무를 사랑했지만 대규
모 토목공사에 엄청난 소나무를 남벌한
장본인이기도 했다. 『사기』에 진나라 시
대 산에는 나무가 없었다는 기록이 남겨
진 것만 봐도 공사에 들어간 나무가 어느
정도였는지 짐작할 만하다. 병마용 건설
에도 엄청난 양의 소나무가 사용되었다.
진시황제의 소나무 사랑은 진나라의 수
도 함양의 가로수가 소나무였다는 사실
에서도 확인할 수 있다. 소나무를 가로수
로 심은 것은 늘 푸른 소나무의 기상과 자

신의 모습을 견주었기 때문일지도 모른다. 시황제는 소나무에 금과 옥을 입혀서 서안西安에 저 유명한 아방궁 阿房宮을 짓기도 했다. 동서로 약 700 미터, 남북으로 120미터에 이르는 2층 건물로 1만 명을 수용할 수 있었다. 아쉽게도 207년 항우가 진나라를 멸망시켰을 때 불에 타버렸는데, 그 불 길이 3개월 동안 계속되었다 한다.

학명에는 소나무의 원산지가 한국임을 알려주는 기록은 없다. 네덜란드 식물학자 지볼트Siebold(1796~1866)와 독일 식물학자 주카리니Zuccarini(1797~1848) 가 붙인 소나무의 학명 중 피누스Pinus는 캘트어로 '산'을 의미하고, 덴시 플로라densiflora는 '빽빽하게 돋아나는 꽃'이라는 뜻이다. 소나무의 다른 이 름도 적지 않다. 우리에게 가장 잘 알려진 것은 '춘양목春陽木'으로, 경상북 도 춘양에서 빌린 이름이다. 이는 춘양과 가까운 울진이나 봉화 등지에서 생산된 소나무를 철도가 있는 춘양에서 모아 다른 곳으로 보냈기 때문이

다. 한국을 대표하는 소나무는 주로 울진 등지에서 자라는 '금강송金剛松'
이다. 금강송은 금강석처럼 아주 단단해서 붙여진 이름이다. 금강송이나
춘양목은 곧게 자라면서도 껍질 색깔이 붉다. 그런 까닭에 춘양목을 비롯
한 한국의 소나무를 '적송赤松'이라 부른다. 적지 않은 사람들이 적송을 일
본에서 부르는 이름으로 알고 있지만, 중국에서도 그렇게 불렀다. 소나무
중에는 '안강형'처럼 껍질이 붉지 않은 것도 있다. 우리나라 소나무는 육
지에서 자라서 육송陸松, 잘 빠진 여자의 몸매와 닮아 여송女松이라고도 한
다. 소나무를 구분하는 방법 중 하나로 껍질 말고도 잎을 보면 알 수 있다.
한국의 소나무는 한 묶음의 잎이 두 개다.

　소나무 이름에는 물질적인 특징 외에 사람들의 느낌에 따라 붙인 것도
있다. 예컨대 정목貞木, 출중목出衆木, 백장목百長木, 군자목君子木 등으로도 불
린다. 소나무는 특히 옛날부터 십장생 중 하나로 꼽힐 만큼 많은 사람에게
사랑을 받았다. 십장생 가운데 현재 실존하는 식물은 소나무뿐이다. 우리
나라에서든 중국에서든 소나무에 대한 예찬은 이루 말할 수 없지만, 그중
에서도 절개를 빼놓을 수 없다. 그런 까닭에 소나무를 '초목의 군자' '군
자의 절개' '송죽 같은 절개' '송백의 절개' 등으로 표현했다. 특히 설만
궁학雪滿窮壑의 독립고송獨立孤松, 즉 눈 가득한 아주 험한 골짜기에 외롭게
서 있는 소나무는 지절志節의 상징으로, 시의 소재로서 자주 쓰인다. 고려
시대 보우국사普愚國師(1301~1382)의 게송偈頌에서도 이를 확인할 수 있다.

「증대송贈對松」

겹겹이 둘러싼 산수 속에重重山水
낙락장송 구름에 닿아 있네落落雲松

이것에 대적할 만한 군자 있으니於斯相對有君子

농서 이씨 명문으로 이부가 그분일세姓李名榑隴西公

황산소나무(제19첩), 석도, 중국 청대.

황산소나무(제13첩), 석도, 중국 청대.
절벽에 붙어 자라는 소나무는 생명의 강인함을 대변한다. 뿌리가 드러난 채 밑으로 추락할 듯 매달려 있지만,
다시 꺾어서 위로 향하는 가지와 잎은 그래서 더욱 푸르게 보인다.

황산소나무(제12첩), 석도, 중국 청대.
소나무 위에서 아득한 운해雲海를 바라보며 신선인지 선비인지 모를 사람들이 앉아 있다. 복색은 차이가
없으나 상투를 틀지 않은 사람은 책을 들었다. 황산의 소나무는 고생대의 편마암과 어우러져 믿을 수 없는
절경을 만들어낸다.

한국인에게 소나무는 어머니와 같은 존재다. 소나무로 집을 짓고, 관을 만드는 등 이 나무는 한국인의 삶과 맥을 같이했다. 솔잎으로는 송편도 빚어 먹었고 지붕에 던져 벌레를 막았다. 충남 연기군에서는 보름날에 청솔가지를 꺾어 지붕에 얹었는데, 이렇게 하면 지붕이 썩지 않

소반, 소나무,
20세기 초,
39.5×37.5×25.5cm,
서울역사박물관 소장.

고 노래기가 생기지 않았다. 2월에는 노래기 바늘주기 풍속이 있었다. 지네처럼 생긴 노래기가 지붕에 번성했는데 소나무 가지를 꺾어 "노락각시 바늘 받어"라고 소리치며 초가지붕 위로 던지면 노래기가 사라진다고 믿었다. 솔방울은 문인들의 사랑방을 향기롭게 해주는 기호품으로 인기가 높았다. 당말송초의 문헌인 『청이록淸異錄』에 "신라의 솔방울에는 몇 가지 등급이 있는데, 그중에서 옥각향玉角香이 가장 좋다"라는 기록이 보이며, 그 옥각향이란 것은 바로 솔방울의 일종이다.

이렇게 쓰임새가 많아서인지 소나무에 대한 정책도 아주 엄격했다. 특히 조선시대에는 왕궁에 필요한 목재 수급을 위해 특정 지역의 소나무를 국가 차원에서 보호했다. 이것이 소나무 봉금封禁 정책이다. 울진을 비롯한 전국 곳곳에 아직까지 그 표석이 남아 있다. 중국 주나라에서는 무덤에 나무를 심어 신분을 표시했다. 그중 소나무는 황제의 무덤에 심었다. 우리나라 왕릉에도 어김없이 소나무가 있다.

우리나라에는 소나무와 관련한 지명도 아주 많다. 조선중기 권문해權文海가 편찬한 백과서 『대동운부군옥大東韻府群玉』에 따르면, 북한의 개성을 일컫

집보다 큰 기암괴석과 만장의 높이에서 내려다보는 소나무의 자태도 돋보이지만, 다소 을씨년스러운 풍경에 온기를 불어넣는 것은 나무의 둥치와 창과 벽에 빼곡히 적힌 시구들이다.

는 송악松岳은 소나무로 사방이 둘러싸여 있어 붙여진 이름이다. 고려 태조 왕건의 4대조인 강충康忠이 오관산五冠山 밑에 살다가 풍수가의 말을 듣고 부소산扶蘇山 남쪽으로 군읍을 옮겼다. 드디어 봉우리가 보이지 않자 소나무를 사방으로 둘러 심고 송악이라 했다.

솔바람은 보통 사람에게는 여름에 땀을 식혀주는 존재인 반면, 시인에게는 번뇌를 씻어주는 해탈의 바람이자 가락이다. 눈 내린 소나무에서 나는 소리는 어떨까? 이황은 다음과 같이 읊었다.

「설야송뢰雪夜松籟」

눈 쌓인 땅에 바람이 일어 밤기운 차가운데地白風生夜色寒
빈 골짜기 솔숲 사이로 음악가락 들려오네空山竽籟萬松間
주인은 분명 모산의 은사로主人定是茅山隱
문 닫고 홀로 누워 즐거이 들으리라

臥聽欣然獨掩關

우리나라 소나무의 위력은 2005년 경상남도 창녕군 부곡면 비봉리에서 발굴한 신석기시대의 통나무배에서도 확인할 수 있다. 카누처럼 생긴 통나무배는 이백 살쯤 먹은 소나무로 만든 것이다. 배는 현재 남아 있는 실물 기준으로 최

경남 창녕 비봉리 유적에서 발굴된 통나무배 유물. 총 2척의 배가 발굴됐는데, 2호인 이 배는 1호 목선木船과 마찬가지로 수령이 많은 소나무를 단면 U자형으로 속을 파낸 통나무형 선박인 것으로 드러났다.

대 길이 3.1미터, 최대 폭 60센티미터, 깊이 20센티미터, 두께 2~5센티미터에 달한다. 이 배가 중요한 것은, 현재까지 한국에서 출토된 고려시대 이전 선박 실물인 경주 안압지 출토 통일신라시대 배(8세기), 완도선과 십이동파도선(11세기), 안좌도선(13~14세기) 등이 모두 역사시대에 속한 반면 이것은 선사시대의 것이기 때문이다. 더욱이 비봉리에서 발굴된 배는 8000여 년 전의 유물이기에 일본에서 가장 오래된 배로 알려진 도리하마鳥浜 1호나 이키리키伊木力 유적 출토품보다 무려 2000년 이상을 앞선다.

현재 소나무 중에서 이름 난 것이 적지 않다. 그중 경상남도 합천 묘산면의 소나무(천연기념물 제289호)는 애호가들이 가장 으뜸으로 꼽는다.

강화반닫이, 소나무,
19세기, 국립민속박물관 소장.

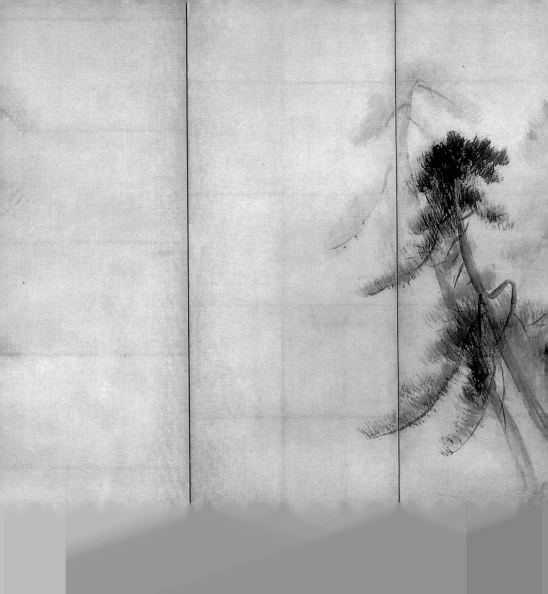

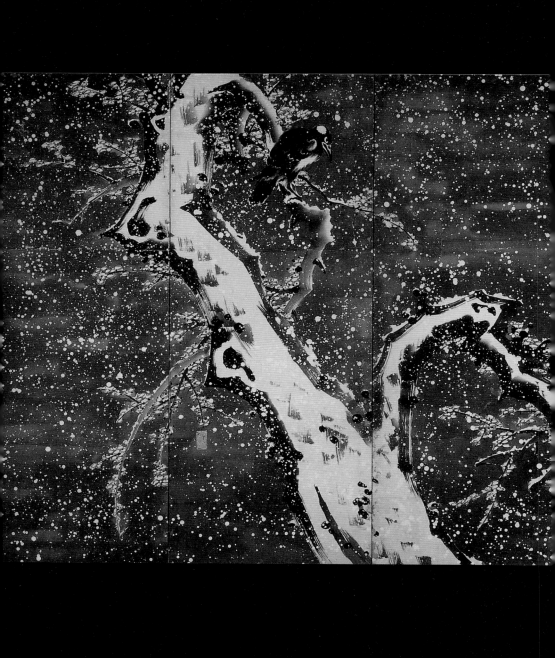

일본의 문인화에는 소나무가 많이 등장한다. 캄캄한 암흑 천지에 우람하게 눈을 맞고 선 나무와 까치가 상서로운 기운을 가득 머금고 있다.

: 소나뭇과

반송 *Pinus densiflora* for. *multicaulis* Yueki

쟁반 같이 생긴 나무

　　반송盤松은 나무의 생김새가 쟁반 같다 하여 붙여진 이름이다. 잎은 소나무처럼 두 개다. 이것은 원 둥치 부근에서 거의 같은 크기의 가지가 많이 나와 나무 전체가 반원형이고 솔방울이 소나무보다 훨씬 작은 게 특징이다. 학명은 소나무와 기본형이 같지만, '여러 갈래' 라는 물티카울리스*multicaulis*가 덧붙여졌다. 그러니 반송의 학명은 이 나무의 특징인 가지를 강조한 것이다.

　　반송은 요즘 정원수로 각광받고 있다. 사실 옛 선비들도 이 나무를 매우 즐겼다. 고려와 조선을 합쳐 십문장가+文章家 안에 드는 이건창李建昌 (1852~1898)도 반송에 남다른 관심을 보였다.

　「부득반송賦得盤松」

　어떤 사람이 이 나무를 심었나何人封此樹

경북 상주시 상현리의 반송, 천연기념물 제293호.

푸른빛이 해가 갈수록 깊도다蒼翠歲年深

억지로 구부려 천길 형세가故屈千尋勢

여러 무나 되는 그늘을 만들었네留爲數畝陰

눈과 서리가 내려도 빛바래지 않고雪霜無改色

바람과 비 소리에도 고요히 있네風雨有空音

단지 교룡으로 바뀔까 두려울 뿐但恐蛟龍化

어찌 개미의 침입을 사양하리오寧辭螻蟻侵

- 『명미당전집明美堂全集』

: 소나뭇과 | 반송

　반송은 대개 키가 작지만 큰 키 반송도 드물게 있다. 경북 구미시 선산 독동에 살고 있는 반송(천연기념물 제357호)은 높이가 13미터에 이른다. 경북 문경시 농암면 화산리華山里의 반송(천연기념물 제292호)은 구미 독동의 반송보다 키가 훨씬 크다. 특히 이 반송은 가지를 유심히 보지 않으면 일반 소나무로 착각하기 십상이다. 경남 함양군 휴천면 목현리의 구송(천연기념물 제358호)도 눈여겨볼 만하다. 이 반송은 나무 밑 부분에서 갈라진 가지가 아홉 개라서 이곳 주민들이 구송이라 불렀다. 그러나 지금은 가지 중 두 개가 꺾여 일곱 개만 남아 있다. 나무 높이는 독동의 것보다 높아 15미터에 달한다.

태종대, 강세황, 지본담채, 32.8×54cm, 18세기, 국립중앙박물관 소장. 세련되지 않은 붓 터치를 통해 화폭에 담긴 인간의 풍모을 살린 작품이다. 웃통까지 벗고 물가의 한적함을 즐기는 모습이 정겹다. 바위와 소나무와 물만 있으면 그것만으로 동양적 정취는 자족한다.

영주시 순흥면 덕현리 성혈사聖穴寺
에도 반송이 있다. 한겨울에 찾아가
높직한 유혈乳穴 당판에 자리하고 있
는 이 반송을 바라보면 꼭 도인이 속
세를 내려다보는 것만 같다. 서애 유
성룡은 하회마을 부용대 아래에 위치
한 자신이 공부하던 옥연정사玉淵精舍

『송남잡지』, 조재삼, 조선후기, 규장각한국학
연구원 소장.

마당에 반송 한 그루를 심었다. 지금 가봐도 마당 끝에 가지 하나가 잘려나
간 반송이 남아 있다. 반송을 바라보던 그는 사람의 자태가 저러해야 함을
생각했던 것이 아닐까.

반송에 얽힌 이야기로는 조선후기의 학자 조재삼趙在三이 지은『송남잡지
松南雜識』에 다음과 같은 내용이 실려 전한다.

심연원沈連源(조선 중기의 명신)은 집안이 번창했으나, 아들 심온沈溫이 재상이 되었
을 때 초헌軺軒(종2품 이상이 타는 날렵한 가마) 타는 것을 허락하지 않았다. 그런데
심온이 제멋대로 그 수레를 타자 심연원이 노하여 심온과 초헌을 묶어서 뜰의
소나무에 매달았으니, 지금까지 '초헌송軺軒松(초헌을 매단 소나무)' 이라 부른다.

: 소나뭇과

곰솔 *Pinus thunbergii* Parlatore

소금을
머금고
있는

소나무 중에서 잎이 두 묶음이면서도 껍질이 검은 게 곰솔이다. 곰솔은 소나무보다 잎이 길고 억세다. 이 나무의 이름은 '검다'는 뜻이다. 물론 껍질이 소나무에 비해 검다는 뜻이다. 그러나 같은 곰솔이라도 나이를 많이 먹은 것의 껍질은 검지만은 않다. 부산시 수영에 있는 곰솔(천연기념물 제270호)의 껍질은 붉은색이 돈다. 곰솔의 한자는 '흑송黑松'이다. 이 이름도 껍질이 검기 때문에 붙여졌다. 또다른 이름은 해송海松이다. 아마 이 나무가 바닷가에서도 잘 살기 때문에 붙여진 듯하며, 소나무의 다른 이름인 육송과 반대말이다. 일본에 이 나무가 많은 까닭에 곰솔은 일본 해송이라 부르기도 한다. 오사카를 비롯한 일본에는 해송이 아주 흔하다.

일본 동북지역의 노시로 역시 곰솔로 이루어진 해안 도시로서 유서가 깊다. 규모로는 일본 5대 솔숲 중 하나이며, 바람과 모래를 막기 위해 조성된 곰솔 숲은 곰솔들이 층을 이루며 자라고 있어 겹겹의 장막을 이루는 듯 장관이다. 이처럼 곰솔을 바닷가에 많이 심는 것은 이 나무가 소금기를 먹어도 잘 자라기 때문이다. 다른 소나무들은 바다의 소금을 먹으면 쉽게 말라 죽지만 곰솔은 잘 견딘다. 그런 까닭에 사람들은 바닷가에 곰솔을 심어 농작물을 보호해왔다.

학명 중 툰베르기이_thunbergii_는 스웨덴의 식물학자 툰베르크Thunberg(1743~1828)를 가리킨다. 학명 가운데 종소명에 사람 이름을 넣는 이유는 그 사람이 이 나무에 크게 공헌했기 때문이다. 툰베르크는 스웨덴 웁살라 대학에서 리나이우스, 즉 린네에게 의학과 식물학을 배웠다. 그는 네덜란드 동인도회사의 의사로 근무하면서 일본에 건너가 식물을 채집하여 혁혁한 성과를 올렸다. 툰베르크는 일본 식물을 유럽에 소개하는 데 크게 기여했다. 곰솔의 학명을 붙인 사람은 이탈리아의 식물학자 파를라토레Parlatore(1816~1877)이다.

부산시 수영구의 곰솔, 천연기념물 제270호.

: 소나뭇과

리기다소나무 *Pinus rigida* Miller

잎이
세 개

　　　소나무를 구분하는 방법 중 하나는 잎을 세는 것이
다. 한국의 소나무는 잎이 두 개인 반면 리기다소나무는 세 개다. 이 때문
에 북한에서는 '세잎소나무' 라 부른다. 리기다소나무의 줄기는 우리나라
소나무에 비해 매끈하지 않다. 한자 이름은 미국삼엽송美國三葉松, 강엽송剛葉
松, 경엽송硬葉松 등이다. 미국삼엽송은 미국에서 건너온 잎 세 개의 소나무
라는 뜻이다. 강엽송과 경엽송은 모두 잎이 강하다는 뜻이다. 이는 이 나
무의 학명 리기다rigida가 '딱딱한' 이라는 뜻이기에 붙여진 이름이다. 리기
다의 '다da' 는 여성형이다.

　　리기다소나무는 1907년에 우에키 호미기植木秀幹가 우리나라에 들여왔
다. 우에키는 한국 임학계의 선구자이자 한국인으로는 일본에서 첫 임학
박사 학위를 받은 현신규玄信圭(1912~1986) 선생의 수원고등농림학교 시절의
은사이기도 하다. 우에키는 그의 한자 이름마저 나무를 심는다는 식목植木
일 정도로 나무와 인연이 깊다. 현재 우리나라 곳곳에서 리기다소나무를

쉽게 볼 수 있다. 우리나라 소나무를 지나치게 사랑하는 사람들은 때로 리기다소나무를 낮게 평가하곤 한다. 그러나 리기다소나무는 아까시나무처럼 산에 나무가 없던 시절 사방 조림용으로 많이 심겨졌기 때문에 소중한 자산이다. 정호승 시인처럼 리기다소나무를 사랑하는 마음이 아름답다.

「리기다 소나무」

당신을 처음 만났을 때
당신은 한 그루 리기다소나무 같았지요
푸른 리기다소나무 가지 사이로
얼핏얼핏 보이던 바다의 눈부신 물결 같았지요

당신을 처음 만나자마자
당신의 가장 아름다운 솔방울이 되길 원했지요
보다 바다 쪽으로 뻗어나간 솔가지가 되어
가장 부드러운 솔잎이 되길 원했지요

당신을 처음 만나고 나서 비로소
혼자서는 아름다울 수 없다는 걸 알았지요
사랑한다는 것이 아름다운 것인 줄 알았지요

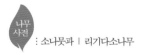

리기타소나무의 꽃.

: 소나뭇과

리기테다소나무 *Pinus rigitaeda*

강해진
종자

　　　　　　　　　외국에서 들여온 나무를 우리 토양에 맞게 개량하
는 작업은 매우 중요하다. 버드나뭇과 현사시나무처럼 리기테다소나무도
그중 하나다. 이 나무는 현신규 박사가 개량한 것이다. 경기도 수원시 오
목천동에 위치한 국립산림과학원 산림유전자부 구내에는 커다란 리기테
다소나무가 살고 있다. 이곳에서는 '향산목香山木' 이라 부르는데 이 나무를
육종한 현신규 박사를 기리기 위해 붙여진 것이다. 그는 1936년 일본 규
슈 대학 임학과를 졸업하고, 1949년 농학 박사학위를 받았다. 졸업 후 조
선총독부 임업시험장에서 근무하고, 1945년 수원농업전문학교 조교수가
되었다. 광복 후에는 서울대 농과대학 교수로 재직(1946~1963)하면서, 1951
년 미국 캘리포니아 대학에서 산림유전학을 연구했다. 1963년 농업진흥
청장을 거쳐 1965년에는 다시 서울대 농과대 교수를 역임했다. 그는 한국
육종학계에 큰 업적을 남긴 인물이다.
　리기테다소나무는 소나뭇과의 리기다소나무와 타이다소나무를 교접한 것이다. 현신규 박사가 리기테다소나무를 육종한 것은 리기다소나무와 타이다소나무*Pinus taeda Linnaeus*의 단점 때문이었다. 리기다소나무의 단점은 생장이 느린 것이고, 타이다소나무는 추위에 약했다. 미국 북동쪽 대서양 연안에 분포하고 있는 리기다소나무는 당시 벌거벗은 한국의 산을 푸르게 만들기에는 성장이 더뎠던 것이다.

　반면 미국의 멕시코 만과 대서양 연안에 분포하는 타이다소나무는 한국처럼 추운 곳에는 적합하지 않은 종자다. 그런 까닭에 현박사는 생장이 빠르면서도 추위에 강한 리기테다소나무를 만들었던 것이다. 리기다는 '딱딱한' 이라는 뜻이고, 타이다*taeda*는 '송진이 있다' 는 뜻이다.

: 소나뭇과

백송 *Pinus bungeana* Zuccarini *et* Endlicher

추사는
밀수업자

늘 푸른 큰 키 나무 백송白松은 글자 그대로 껍질이
흰 소나무를 말한다. 북한에서는 '흰소나무'라 부른다. 백송을 달리 '백
피송白皮松'이라 하는 것도 껍질이 희기 때문이다. 그렇다고 모든 백송의
껍질이 하얀 것은 아니며 푸른색을 띠는 것도 있다. 백송은 리기다소나무
처럼 잎이 세 개이다. 학명 중 분게아나*bungeana*는 러시아 출신의 북중국
식물학자인 분지Bunge(1803~1890)를 가리킨다. 그는 백송 연구에 크게 공헌한
인물이다.

우리나라 백송 가운데서는 충남 예산의 추사 고택 근처에 살고 있는 '예
산의 백송'(천연기념물 제106호)이 유명하다. 이 백송은 추사 김정희가 중국에
서 밀수(?)한 것이다. 조선 순조 9년(1809) 늦가을, 스물네 살의 김정희는 아
버지를 따라 중국에 갔다. 아버지가 동지부사冬至副使 자격으로 중국으로
떠났기 때문이다. 그는 이때 청대의 석학인 옹방강翁方綱(1733~1818), 완원阮元
(1764~1849) 등과 교유하면서 한층 성숙할 수 있었다. 추사가 북경에서 생활

自畵像, 김정희, 지본담채, 32×23.5cm, 선문대박물관 소장.

하면서 중국 북부와 서부가 원산지인 백송을 가져온 것은 이 나무에 대한 남다른 애정을 품고 있었기 때문이다. 그는 영조의 둘째 사위인 증조할아버지가 영조에게 하사받은 '월성위궁'에서 백송을 보면서 자랐던 것이다.

추사는 1810년 2월 초 두 달여간의 북경생활을 마치고 귀국하면서 수많은 서적과 함께 백송의 솔방울 몇 개를 몰래 가져와 예산 본가에 위치한 고조할아버지 김흥경의 묘 옆에 심었다. 현재 이곳의 백송은 이백 살쯤 됐는데, 이 나무에서 추사의 백송에 대한 애정과 할아버지에 대한 사랑을 느낄 수 있다.

추사 김정희가 북경에서 가져온 백송은 자금성 뒤편의 경산공원景山公園에서 볼 수 있다. 이 공원은 매산煤山이라 불린다. 매산은 원나라 때 석탄을 쌓아올리고 그 위에 흙을 덮어서 만들어 붙여진 이름이다. 더욱이 경산은 명조의 마지막 황제 숭정제崇禎帝가 자결한 곳으로 유명하다. 이자성의 군대가 북경성을 포위하자 그 누구도 황제를 보호하지 않고 도망가버렸다. 숭정제는 어쩔 수 없이 자금성 뒤편의 경산에 올라 구중궁궐 자금성을 바라보면서 스스로 목숨을 끊었다. 산 정상 '만춘정萬春亭'에서 고궁 전체를

예산의 백송, 천연기념물 제106호.　　　　중국 자금성 뒤 경산공원의 백송.

바라보면 명·청시대 중국 황제들의 권력이 어느 정도였는지 짐작할 만하다. 만춘정에서 동편으로 내려오면 한국에서 쉽게 볼 수 없는 아주 키 큰 백송을 여러 그루 만날 수 있다. 이러한 백송은 영국의 식물학자인 로버트 포춘Robert Fortune(1812~1880)이 중국에서 채집하여 본국으로 가져갔다. 중국산 백송이 영국에 도착한 때는 1846년 5월이었다. 백송을 당송唐松이라 부른 것도 이 나무가 중국 원산이기 때문이다. 식물에서 '당'은 '중국'을 의미한다.

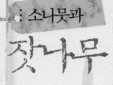 소나뭇과

잣나무 *Pinus koraiensis* Siebold *et* Zuccarini

백성의
원성을
사다

잣나무는 학명에 한국 원산koraiensis임을 당당하게
기록하고 있는 나무다. 지볼트와 주카리니가 붙인 잣나무의 한자는 우리나
라의 경우 백栢이다. 반면 중국의 경우 백은 잣나무가 아니라 측백나무를
가리킨다. 한나라의 동방삭東方朔이 "잣나무는 귀신이 모인 곳이다"라고 했
을 때의 잣나무는 바로 측백을 가리킨다. 중국에서 측백나무를 의미하는
한자 백을 우리나라에서 언제부터 잣나무로 여겼는지 알 순 없지만, 1527
년 최세진崔世珍(1473~1542)이 지은 한자 초학서『훈몽자회訓蒙字會』에는 백을 잣
나무로 표기하고 있다.

늘 푸른 큰 키 나무인 잣나무의 다른 이름으로는 백자목栢子木, 과송果松,
홍송紅松, 신라송新羅松, 해송海松, 유송油松, 오수송五鬚松, 오엽송五葉松, 오립송
五粒松, 송자송松子松 등이 있다. 백자목은 잣나무 열매를 의미하고, 과송은
잣을 과일로 인식한 이름이다. 그러나 조선후기 서호수가 편찬한『해동농
서海東農書』에는 세간에서 잣나무를 '백자栢子'라 부르는 것은 잘못이라고

『훈몽자회』, 최세진, 1527년.

지적하고 있다. 홍송은 붉은 소나무라는 뜻이지만 잣나무의 어느 부분이 붉은지는 알 수 없다. 어쨌든 중국 청대의 사료에도 홍송을 잣나무로 표기하고 있다. 신라송은 잣나무가 신라에서 생산된다는 뜻이다. 이 이름은 중국 사람들이 붙였는데, 그만큼 신라에서 생산한 잣이 뛰어났기 때문이다. 신라송은 중국 명대 이시진李時珍의 『본초강목本草綱目』과 청대의 『식물명실도고장편植物名實圖考長編』 등에서는 해송자海松子로 불리고 있다. 두 작품에는 해송자가 신라에서 생산되며, 잣의 맛은 향기롭고 아름다워 중국에서 생산되는 것과 비교해 월등히 뛰어나다는 점을 언급하고 있다. 특히 『본초강목』에는 신라에서 잣을 조공품으로 바쳤다고 기록하고 있다. 유송은 잣에 기름이 있기 때문에 붙여진 이름이고, 오수송과 오엽송 등은 잣나무의 잎이 다섯 개라는 의미다.

최충헌의 아들 최우崔瑀(?~1249)도 잣나무에 관심이 많았다. 『고려사高麗史』「열전列傳」에 따르면, 그는 안양산安養山에 있는 잣나무를 옮겨다 집 뜰에 심었다. 그런데 안양산은 강도江都에서 며칠 걸리는 거리였고, 옮긴 시기도

소나뭇과 | 잣나무

추운 겨울이었다. 그런 까닭에 이 작업에 참여했던 어떤 사람이 다음과 같은 방榜을 붙일 정도였다. "사람과 잣나무 중 어느 쪽이 소중한가?" 또 고려 25대 충렬왕의 비妃인 제국대장공주齊國大長公主는 민간에서 잣을 거두어들여 강남에 보내 장사까지 해서 돈을 많이 벌었다. 특히 그녀는 잣이 나지 않는 지역에서까지 잣을 징수하여 백성들의 원성을 샀다는 이야기도 전한다.

허준許浚(1546~1615)의 『동의보감』「내경內徑」편을 보면 '신침법神枕法'이 소개되고 있다. 즉 신선이 되는 베개법이라는 뜻이다. 이 베개는 잣나무를 베어다가 만든 목침木枕이고 안에 32가지의 약재를 넣은 약침藥枕이다. 원문을 읽어보자.

"5월 5일, 7월 1일에 산중의 잣나무를 베어다 목침을 만들되, 길이는 1척 2촌, 높이는 4촌으로 하며, 그 속에는 1말 2되가 들어갈 수 있게 한다. 그리고 잣나무의 붉은 속심으로 뚜껑을 만들되, 두께는 2푼으로 한다. 이는 대개 긴밀하게 둘 수 있고 또는 열어서 쓸 수 있게 하도록 한다. 그리고 뚜껑에다 세 줄로 한 줄에 40개의 구멍을 뚫어 모두 120개가 되게 하며, 좁쌀이 들어갈 수 있을 정도의 크기로 한다. 그리고 궁궁芎藭·당귀當歸·백지白芷·신이辛夷·두충杜沖·백출白朮·고본藁本·목란木蘭·촉초蜀椒·관계官桂·건강乾薑·방풍防風·인삼人蔘·길경桔莄·백미白薇·형실荊實·비렴飛廉·백실柏實·백복령白茯苓·진초秦椒·미무蘼蕪·육종용肉蓰蓉·의이인薏苡仁·관동화款冬花를

섬잣나무의 꽃은 소나무 꽃과 비슷한데 좀더 짧고 연분홍빛이 돈다.

넣어 24절기에 응하게 하고, 오두烏頭·부자附子·여로藜蘆·조협皂莢·감초甘草·반석礬石·반하半夏·세신細辛 등 여덟 가지를 더하여 8방方의 바람에 응하게 한다.

이상의 32가지를 각각 한 냥씩 잘게 썰어서 여덟 가지 약은 밑에 놓고 나머지 약은 위에 놓이도록 목침을 가득 채운다. 그런 다음 베로 주머니를 만들어 목침에 입히고, 다시 가죽으로 주머니를 만들어 이중으로 싸두었다가 잠자리에 들 때는 가죽주머니는 벗겨버린다. 이는 대개 약기운이 외부로 나가는 것을 막기 위함이다. 이를 100일을 베고 자면 얼굴에 광택이 나고, 1년을 사용하면 모든 질병이 물러가고 전신이 향기로워지며, 4년이 지나면 백발이 다시 검어지고 빠졌던 이가 다시 나며, 눈과 귀가 밝아지니 이는 곧 신방神防의 험비驗秘다."

『동의보감』에는 일반 백성들을 위한 구급방도 기록되어 있지만, 그 중심을 차지하는 내용은 왕실과 양반들의 조섭 및 도가적 섭생을 위한 것이 많았다. 이것은 이 책을 편찬한 의도를 보여준다. 위의 내용은 원래 중국의 한 무제가 지방을 순행하다가 한 농부에게 들은 이야기에서 왔다.

잣나무에는 울릉도처럼 섬에서 자라는 섬잣나무, 미국에서 건너온 스트로브잣나무(미국오엽송), 다른 잣나무에 비해 키가 작아 누워 있는 듯해서 눈잣나무(천리송)로 불리는 것 등이 있다.

호수통, 19세기 말~20세기 초, 잣나무,
7.8×7.2×41.6cm, 서울역사박물관 소장.

: 소나뭇과

일본잎갈나무 *Larix leptolepis* (Sieb. *et* Zucc.) Gordon

빨리
자라는
팔등신

잎갈나무는 바늘 모양의 잎을 가진 침엽수이지만 가을이면 물들고 잎 떨어지는 낙엽수이다. 이름도 '잎을 갈다' 라는 뜻을 살려 '잎갈나무' 라 부르고, 한자로는 낙엽송落葉松이라 한다. 학명 중 레프톨레피스*leptolepis*도 나무의 잎이 얇은 비늘처럼 달려 붙여진 이름이다. 이 나무는 기름기가 많아 라릭스*Larix*라는 학명을 가지고 있다. '라르*lar*' 는 '풍부' 하다는 뜻의 캘트어다.

일본잎갈나무는 1904년경 우리나라에 들어왔다. 이 나무를 일본에서 들여온 것은 리기다소나무와 같은 이치에서다. 백두산에서는 울창한 숲을 이루고 있지만, 남한에서는 자생하지 않는 일본잎갈나무는 우리나라 소나무와 달리 빨리 자란다. 남한에서도 인근 산에서 조림한 일본잎갈나무를 흔히 볼 수 있다. 이 나무는 우리나라 소나무보다 몸매가 팔등신처럼 훨씬 잘 빠졌다. 더욱이 노랗게 물드는 색깔은 붉게 물든 가을 산에서 돋보이기까지 한다.

단풍 드는 잎갈나무도 아름답다지만, 잎 떨어진 채 파란 하늘과 대조되게 그 실루엣만 남겨둔, 흑백사진 같은 풍경의 잎갈나무도 감탄을 자아낸다.

북한에서는 잎갈나무를 '이깔나무'라 부른다. 우리나라 일부 지역에서도 이깔나무라 하지만, 그건 소리음에 가깝게 표기한 것이다. 북한에서는 일본잎갈나무를 '창성이깔나무'라 한다.

: 소나뭇과

개잎갈나무 *Cedrus deodara* (Roxb.) Loudon

반만년
사는
설송

개잎갈나무처럼 나무와 풀 이름에 '개' 자가 들어
가면 대개 '가짜'를 의미한다. 개잎갈나무 역시 잎갈나무가 아니라는, 즉
'잎을 갈지 않는 나무'라는 의미다. 우리에게는 여전히 낯선 이름으로, 흔
히 히말라야시더라 부른다. 영어식 이름인 히말라야시더Himalayan cedar는 히
말라야와 시더의 합성어다. 이중 히말라야는 우리가 잘 아는 명산 히말라
야이고, 시더는 개잎갈나무를 뜻하기도 하지만 삼나무와 비슷한 각종 침
엽수를 말한다. 그래서 이 나무를 달리 '히말라야삼나무'라 부른다. 히말
라야시더 이름 중 지명인 히말라야는 이 나무의 원산지를 가리켜 곧 히말
라야에 사는 나무라는 뜻이다. 히말라야는 '눈'을 의미하는 히와 '산'을
의미하는 말라야의 합성이다. 그런 까닭에 중국인들은 흰 산을 뜻하는 히
말라야에 사는 이 나무를 '눈 소나무', 즉 '설송雪松'이라 부른다. 북한에
서도 중국처럼 '설송'이라 한다.

이 나무의 학명인 케드루스 데오다라Cedrus deodara에는 원산지 표기가 없

다. 영국 출신의 식물학자 루던Loudon(1783~1843)
이 붙인 학명 중 케드루스는 '향나무'를
의미하는 그리스어 케드론kedron에서
유래했다. 데오다라는 '신목神木'
을 뜻한다. 즉 이 나무가 우리나
라의 느티나무, 회화나무, 은행
나무처럼 오래 사는 신령스러운
나무라는 뜻이다. 실제 히말라야
나 레바논 등지에는 5000년 동안 생
존해온 개잎갈나무가 있다.

특히 레바논 사람들이 이 나무를 아주 사랑
한다. 심지어 레바논 국기에 개잎갈나무가 들어 있을 정도다. 2005년 2월
라피크 알하리리 총리가 암살된 후 시민들의 혁명이 성공한 바 있다. 이때
언론에서 레바논의 시민혁명을 '백향목 혁명'이라 불렀다. 백향목柏香木은
개잎갈나무의 학명인 케드루스를 한자로 표기한 것이다. 『구약성서』에는
이 개잎갈나무가 힘·영광·평강을 상징하는 축복받는 나무로 등장한다.
아울러 유명한 레바논의 시더는 솔로몬 왕이 궁전과 모니아 산 위에 성전
을 세울 때 사용되었다. 솔로몬은 이러한 대역사를 위해 3만 명의 이스라
엘인과 15만 명의 노예, 그리고 3000명이 넘는 관리를 보내 20년 넘게 광
대한 나무를 베게 했다.

히말라야에 살고 있는 개잎갈나무는 우리나라 도시 곳곳에서 볼 수 있
다. 이는 박정희 정권 시절 심겨진 대표적인 가로수가 히말라야시더였기
때문이다. 키가 크고 늘 푸른 나무이기에 삭막한 겨울에도 도시를 푸르게
만든다. 한편 이 나무는 아주 큰 키에 비해 뿌리가 땅속 깊이 내리지 않기

대구광역시 동대구로의 히말라야시더 가로수길.

에 심한 비바람을 잘 견뎌내긴 어렵다. 이 때문에 2003년 9월 태풍 '매미' 가 불어닥쳤을 때 전국의 개잎갈나무는 수난을 면치 못했다. 더욱이 이 나무는 삼각형의 아름다운 모습이 특징인데, 그런 것을 뽐내기 위해선 넓은 면적을 필요로 하기에 가로수로도 그리 적합하진 않다.

: 소나뭇과

젓나무 *Abies holophylla* Maximowicz

우유를
흘리다

　　　　　젓나무는 예전에는 '전나무'라 불렸다. 물론 지금
도 어떤 식물도감에는 전나무로 표기하고 있다. 전나무를 젓나무라 부르
는 것은 이 나무에서 우윳빛 액이 나와 그런 것이다. 이 이름은 한국 식물
학계의 거목인 이창복 교수가 붙였다. 과거에 젓나무를 전나무로 부른 것
은 아마 『훈몽자회』나 『물명고物名攷』 등에서 보듯이 젓이 전으로 바뀐 데
서 유래할지도 모른다. 『훈몽자회』에 따르면 젓나무의 한자 이름은 '젓나
모 회檜'이다. 그러나 우리나라 옛 문헌에는 젓나무를 흔히 삼杉으로 표기
하고 있어 혼란스럽다. 중국에서도 젓나무를 송삼松杉 혹은 냉삼冷杉으로
적는다. 그러나 오늘날 우리가 알고 있는 일본 원산의 삼나무는 따뜻한 곳
에서 자라기 때문에 젓나무가 지금의 삼나무일 순 없다.

　젓나무의 또다른 한자는 종樅이다. 이 한자는 곧게 자라는 젓나무의 모
습을 본떴다. 중국의 허신許愼(30~124)이 편찬한 『설문해자說文解字』에는 젓나
무의 잎은 소나무, 몸은 측백나무를 닮은 것으로 풀이하고 있다. 『시경詩

해인사 팔만대장경판 보관 건물 수다라장. 이곳 목재로 젓나무가 사용되었다.

經』「대아大雅 · 영대靈臺」에서도 젓나무를 언급하고 있다.

러시아의 식물학자 막시모비츠Maximowicz(1827~1891)가 붙인 젓나무의 학명
중 아비에스Abies는 '젓나무'를 뜻하는 라틴 이름이다. 홀로필라holophylla는
'갈라지지 않는 잎'을 뜻한다. 이 나무는 재질이 좋아 예부터 건축재, 특
히 기둥재로 많이 사용했다. 경남 합천의 해인사 팔만대장경판 보관 건물
인 수다라장, 그리고 경남 양산의 통도사와 전남 강진의 무위사 기둥 일부
도 젓나무로 지어졌다. 이처럼 전국의 유명 사찰에서는 젓나무를 쉽게 볼

나무
사전
: 소나뭇과 | 젓나무

수 있다. 특히 강원도 오대산의 월정사 입구에 있는 젓나무 숲은 일품이다. 합천 해인사 장경각 북쪽 옆에는 최치원이 심었다는 젓나무 학사대가 있는데, 여기서도 젓나무의 위용을 짐작할 수 있다.

고대 중국에서 젓나무는 죽었다가 다시 살아난 성스러운 나무로 받들어졌다. 젓나무가 왜 성스러운지는 이익(1681~1763)의『성호사설』「성회시말聖檜始末」에 밝혀져 있다. 유가의 성인 공자孔子를 기리기 위해 지은 사당인 문묘文廟, 그중에서도 찬덕전贊德殿 앞에 두 그루의 마른 젓나무가 있었다.『궐리지闕里志』(공자의 출생지인 궐리의 사실을 기록한 책)에 따르면 그 모습이 이러했다.

이 젓나무의 높이는 여섯 길이 넘고 둘레는 한 길 넉 자다. 가지 중 왼쪽의 것은 왼쪽으로, 오른쪽의 것은 오른쪽으로 연결되었다. 한 그루는 행단杏壇 (공자가 제자를 가르치던 곳) 동남쪽 모퉁이에 있어, 높이는 다섯 길이 넘고 둘레는 한 길 석 자이며 그 가지는 이리저리 서리고 굽은 것이 용의 모양과 흡사한데, 세상에서 이를 '다시 살아난 젓나무再生檜'라고 한다.

기록에 따르면 공자 사당의 이 젓나무들은 한 번 죽었다 살아난 것이 아니다. 즉, 진晉나라 때인 309년에 말라 죽었다가 수隋나라 의령 원년인 617년에 다시 살아났다고 한다. 그런데 이것이 가능한 일일까? 아마 원래 고목은 죽고, 그 옆에 떨어진 씨앗이 다시 싹을 틔웠거나 누가 그 자리에 그대로 다시 심은 것이 몇백 년 후에 옛날 나무의 위용을 되찾아 이렇게 전설로 정착한 것이리라. 또 한번은 금나라 정우 갑술년인 1222년에 북쪽 오랑캐가 문묘를 침범했는데 이때는 젓나무 세 그루가 모두 불에 타버렸다. 그런데 마침 공자의 49대 후손이 공교롭게도 사당에서 병화를 피하고 있다가 이 나무가 불타는 것을 보고, 불타버린 나머지를 가지고 궐하闕下에 이르렀다. 그런데 그로부터 80년 후인 원 세조 때 옛 동무東廡(1222년에 불 탄 건물)가 없어진 자리의 벽돌 틈바구니에서 젓나무 싹이 터져나왔다. 이것을 장자張顗라는 이가 옛터에 옮겨 심었고, 이듬해 봄이 되자 젓나무의 푸른빛이 아주 무성하게 되었다. 그런데 이 질긴 생명의 기구한 운명은 그것으로 그치지 않았다. 1499년 공자의 문묘에 다시 큰 화재가 나서 홀랑 타버렸던 것이다. 이 불을 마지막으로 젓나무는 다시는 되살아나지 못했다. 그런데 이러한 사실을 기록한 16세기 후반『궐리지』의 작자인 명나라 진호陳鎬의 마지막 말이 일품이다.

> 지금까지 100년이 넘도록 가지와 잎은 없어도 동철銅鐵처럼 단단하고 곧은 줄기만은 우뚝하게 솟아 있다. 껍질에 이끼가 끼는 것이 은연중 살아날 뜻도 있는 듯하고 한 곳도 썩은 것은 보이지 않으니, 뒷세상에 다시 영화로움을 기필할 수 있다.

이 때문인지 유교의 나라 조선의 양반들도 조상의 무덤가에 젓나무를 많이 심었다. 하지만 성호 이익은 이에 반대했다. 젓나무가 높이 자라는 나무라서 오래 묵으면 벼락을 맞기 쉽다는 게 그 이유였다. 실학자 이익의 면모가 이런 데서도 드러난다.

젓나무는 유럽에서 크리스마스트리로 사용되기에 더욱 유명하다. 이 나무에 대해서는 다음과 같은 이야기가 전한다.

> 옛날 유럽의 한 숲속에 나무꾼과 딸이 살고 있었다. 마음씨 착한 소녀는 숲을 몹시 사랑하여 항상 숲속에 나가 요정들과 함께 시간을 보냈고, 날씨가 추워서 나갈 수 없는 날엔 요정들을 위해 젓나무에 작은 촛불을 켜놓았다.

아버지는 크리스마스이브에 딸에게 좋은 선물을 주기 위해 깊은 숲으로 나무를 하러 들어갔다가 그만 길을 잃었다. 그런데 알 수 없는 불빛이 계속해서 보여 집까지 무사히 다다르게 되었다. 숲속의 요정들이 친구인 소녀의 아버지를 위해 불빛으로 인도한 것이었다. 그때부터 유럽에서는 귀한 손님이 올 때에는 집 앞의 젓나무에 촛불을 켜두고 맞이하는 풍속이 생겼으며, 크리스마스에도 새로 태어난 아기 예수를 영접하는 뜻으로 젓나무에 촛불을 밝히고 아름답게 장식했다.

쌍회평원도雙檜平遠圖, 오진, 중국 원대.

: 소나뭇과

구상나무 *Abies koreana* Wilson

완벽한
크리스마스
트리

　　어떤 존재든 눈에 보이지 않으면 마음에서 멀어진다. 나무도 마찬가지지만, 실존하는 하나의 생명체가 지구에서 사라진다면 인간은 생존 자체를 위협받는다. 구상나무는 한반도에만 존재하는 희귀종이지만 점차 사라지고 있다. 이 나무의 학명 중 아비에스*Abies*는 '잣나무'를 뜻하고, 코레아나*koreana*는 원산지가 한국이라는 뜻이지만 나무의 특성을 알 수 있는 정보는 없다. 구상나무는 무슨 뜻일까?

　구상나무의 한자는 구상具常이다. 이는 '늘 갖추고 있다' 혹은 '온전한'이라는 뜻이다. 무엇을 갖추고 있는 것일까. 우리나라에만 있다는 뜻일까. 학계의 추측에 따르면 구상나무는 1만2000년 전 빙하기가 끝난 후 한반도에 퍼져 내려온 가문비나무와 분비나무가 남부 아고산대 지역에 고립된 채 적응하면서 다른 종으로 분화하는 과정에서 탄생했다고 한다. 따라서 구상나무는 남쪽으로 한라산에서 가야산과 지리산을 거쳐 덕유산이 북한계를 이룬다. 아울러 지리산 고사목 지대에서 보듯이 해발 900~1000미터 이상에서만 살고 있다. 이우철의 『한국 식물명의 유래』에 따르면, 구상나무는 제주 방언이며, 한자는 박송실朴松實이다.

　구상나무는 우리나라에서만 살지만 이 나무를 처음 발견한 이는 미국의 식물학자이자 하버드 대학 교수인 윌슨Wilson(1876~1930)이었다. 1907년 제주에서 발견되었는데, 이때까지만 해도 분비나무나 가문비나무와 같은 종인 줄 알았다. 그러던 중 구상나무가 자신의 이름을 갖게 된 것은 10년 뒤인 1915년 윌슨이 이 나무가 분비나무나 가문비나무와 다른 점을 발견한 후였다. 즉 구상나무는 솔방울 비늘 끝이 갈고리처럼 휜 것이 특징이다.

　일제강점기에 구상나무의 존재를 밝혀낸 윌슨은 이를 고향인 미국으로 가져갔다. 이 나무도 수수꽃다리처럼 원예종으로 개발되어 아름다운 크리스마스트리로 각광을 받고 있다. 시인 박승수의 글도 아름다운 구상나무를 더욱 사랑하게 만든다.

　「상처와 구상나무」

　　박 속 같은 구상나무 가슴은
　　그리움으로 피멍울이 들었다
　　아무도 열어볼 수 없는 곳
　　골 깊은 상처를 감싸 안은 구상나무
　　그저 푸르고 푸를 뿐이다
　　누가 무엇 때문에 그토록
　　희생을 강요한 것일까?
　　어찌하여 구상나무는 모든 것을
　　안으로만 감싸 안은 것일까?

그 희생의 깊이를 헤아릴 길 없는 사내는
지칠 줄 모르는 그리움으로
밤을 밝히고 날이 밝기를 기다려
숲으로 달려간다
이글거리는 욕망의 빛을 감추고
싯누런 이빨을 드러내 가시지 않은
피멍울을 물어뜯어 상처를 덧내곤 한다
그토록 힘겨운 희생의 나날 속에서
구상나무는 고운 빛과 향기를 멈추지 않고
늘 푸른 모습으로 자신의 몫을 꼼꼼히 챙겨
또렷한 나이테를 새긴다

: 낙우송과

낙우송 *Taxodium distichum* L. Richard

새의
깃털
처럼

낙우송落羽松은 '깃이 떨어지는 소나무' 라는 뜻이다. 나무 이름에 깃을 사용한 것은 잎이 새의 깃털처럼 생겼기 때문이다. 가을이면 이 깃털은 소나무와 달리 떨어지는데도 이름을 그렇게 지은 것은 소나무처럼 잎이 바늘 모양이기 때문이다. 낙우송은 메타세쿼이아와 달리 잎이 마주보며 달리는 게 아니라 어긋나게 달린다.

낙우송은 50미터까지 자랄 정도로 키가 크다. 이처럼 키가 아주 큰 나무는 빨리 자라는 특성을 갖고 있다. 그러기 위해서는 기후도 따뜻해야만 한다. 우리나라처럼 아주 따뜻한 시기가 짧은 지역에서는 낙우송과 같은 키 큰 나무가 자생하기 어렵다. 현재 우리나라에서 볼 수 있는 낙우송은 대체로 외국에서 수입한 것들이다.

암수가 따로 있는 낙우송은 북미 남부, 즉 나일 강과 아마존 강에 이어 세계에서 세번째로 긴 미시시피 강(6210킬로미터) 유역이 고향이다. 우리나라에는 1920년경에 들어왔다. 낙우송의 고향이 강인 데서 알 수 있듯이 이

경북 포항시 기청산식물원의 낙우송 기근氣根.

나무는 물을 아주 좋아한다. 이 때문에 일본에서는 낙우송을 소삼沼杉 혹은 수향목水鄕木이라 부른다. 신기한 점은 사람의 무릎 모양처럼 생긴 낙우송의 뿌리가 땅 위로 올라온다는 것이다. 이것을 '기근氣根'이라 부른다. 서양 사람들은 니 루트knee root, 즉 '무릎 뿌리'라 부른다. 이는 물을 아주 좋아하는 낙우송이 숨을 쉬기 위해 올려 보낸 생존 전략이다. 즉 한자 기근은 아주 적절한 표현이다. 이런 모습을 지닌 낙우송은 경상북도 포항시 청하면에 위치한 기청산 식물원에서 볼 수 있다.

낙우송은 껍질이 붉다. 학명 중 탁소디움Taxodium은 '주목朱木'을 의미하는 그리스어 탁소스taxos와 '닮다'라는 뜻의 그리스어 '에이도스eidos'를 합한 말이다. 그러니 낙우송의 껍질은 주목을 닮았다는 뜻이다. 디스티쿰distichum은 '잎이 두 열로 난다'는 뜻이다.

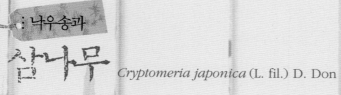

: 낙우송과

삼나무 *Cryptomeria japonica* (L. fil.) D. Don

하늘로
쭉쭉
뻗는다

삼나무는 금송과 더불어 일본을 상징하는 나무다. 학명 야포니카*japonica*에서도 알 수 있듯이 원산지는 일본이다. 우리나라는 낙우송과 비슷한 시기인 1924년에 도입했다. 삼나무의 뜻이 무엇인지는 정확히 알 수 없다. 중국 최초의 사전인『이아爾雅』에는 삼나무를 점枯과 같은 의미로 풀이하고 있다. 점은 불꽃처럼 위로 올라가는 형상을 본뜬 것이니 하늘로 쭉쭉 뻗는 삼나무의 모습을 나타내는 것일지 모른다. 영국의 식물학자 던Don(1799~1841)이 붙인 학명에도 삼나무의 특징을 드러내는 내용은 없다. 학명 중 크리프토메리아*Cryptomeria*는 '숨은' 이라는 뜻의 그리스어 크리프토스*cryptos*와 '끈' 이라는 뜻의 타이니아*tainia*의 합성어이지만 그 의미는 분명치 않다. 그런데『본초강목』에는 삼나무를 사목沙木 혹은 경목繫木으로 기록하고 있다. 경목에서 이 나무의 특성을 대략 짐작할 수 있다. 경목이란 활을 바로잡는 틀이기 때문이다. 활을 바로잡으려면 나무가 강하면서 부드러워야 한다. 그런 특성으로 인해 중국 강남에서 주로 살고 있는

국보급 보물들이 소장돼 있는 교토의 명소 산주산겐도. 이곳의 바닥재로 삼나무가 사용되었다.

삼나무는 배와 관을 만드는 데 사용되었다. 더욱이 이 나무는 땅속이나 물에서도 잘 썩지 않는다.

삼나무는 일찍부터 주요한 목재로 사용되었다. 특히 일본의 옛 목조 건축물에는 대부분 삼나무가 사용되었다. 교토에 위치한 산주산겐도三十三間堂의 바닥재 역시 삼나무다. 천수관음좌상을 비롯하여 국보로 가득 찬 이 건물은 가마쿠라막부鎌倉幕府(1185~1335) 시대에 만들어졌다. 일본의 신사神社에서도 울창한 삼나무 숲을 흔히 볼 수 있다. 그러나 요즘 스기すぎ, 즉 삼나무는 일본의 애물단지로 변했다. 16퍼센트의 일본인이 화분증花粉症(꽃가루에 의한 각종 알레르기 증세)에 시달리고 있기 때문이다. 실업자를 구제하는 차원에서 전국에 인공 조림한 삼나무가 30~40년 지나자 봄철마다 꽃가루를 날려 보낸 탓이다. 이제 일본은 영화 「삼나무에 내리는 눈Snow Falling on Cedars」이 묘사하듯 삼나무를 오로지 아름다운 존재로 바라볼 수 없는 처지에 놓여 있다. 삼나무가 유발하는 화분증은 인공으로 특정 수종을 지나치게 조

나무
사전
: 낙우송과 | 삼나무

림하는 것이 바람직하지 않음을 시사한다. 즉 이 땅에는 다양한 개체들이 공존할 때 생명체가 생존할 수 있다.

학명에는 삼나무가 일본 원산으로 표기되어 있지만 중국에도 삼나무에 관한 이야기가 『이아』에 등장할 만큼 아주 오래전부터 뿌리내려왔다. 북쪽에는 소나무, 중국 남쪽에는 삼나무를 의미하는 '북송남삼北松南杉'이라는 용어가 등장할 만큼 남쪽에는 삼나무가 많았다. 궁궐이나 목재 건물에도 이 나무가 많이 쓰였다. 아울러 당나라의 시인 두보杜甫(712~770)의 「영회고적詠懷古迹」 가운데 '고묘삼송소수학古廟杉松巢水鶴'에서 보듯 삼나무를 사당에도 심었다. 삼나무는 목재의 특성과 관련된 이름이 많다. 잘라서 동백기름 등에 절여둔 삼나무를 유삼油杉이라 하는데 『주자가례』에는 "유삼은 관을 만드는 데 으뜸이다"라고 적혀 있다. 토삼土杉은 미리 벌채해서 기름에 절인 것이 아니라 현지에서 바로 자른 삼나무를 말한다. 『송남잡지』에 삼나무는 적삼赤杉과 백삼白杉 두 가지 종류가 있는데, 붉은 삼나무는 실해서 기름이 많고 흰 삼나무는 비어서 말라 있다고 한다.

중국 합포合浦의 삼나무는 잎이 떨어지면 바람을 따라 낙양洛陽에 들어간다는 이야기가 전해져 내려온다. 이 때문에 상서로운 나무로 여겨졌다. 남북조시대의 시인 강총江總의 시에 "합포의 낙엽 멀리 낙양으로 날아간다고 들었네傳聞合浦葉遠送洛陽飛"라는 구절이 보인다.

우리나라에서도 조선시대 문인들의 글에서 삼나무의 흔적을 확인할 수 있다. 조선전기의 문신 서거정徐居正(1420~1488)은 "가파른 돌길이 비췻빛 삼나무 숲으로 나 있네石逕崎嶇入翠杉"라고 읊었고, 김동봉金東峯, 즉 매월당梅月堂 김시습金時習(1435~1493)도 「종삼種杉」에서 삼나무에 대해 다음과 같이 노래했다.

작년에 난 새 가지 봄바람에 자라나東風長汝歲寒枝

안개 낀 삼나무 숲은 수직의 존재감이 더욱 두드러져 기하학적인 아름다움을 드러낸다.

비와 이슬 듬뿍 받아 한 자나 되었구나雨露偏承一尺姿

내 집 빈 뜰에 심어놓고 흙을 북돋아주나니種我空庭仍培土

번거롭게 그대는 뭇 꽃에 속지 말게煩君莫屑芳欺

　김시습은 빈 뜰에 삼나무가 쑥쑥 자라는 모습을 즐긴 모양이다. 그가 삼나무를 키운 이유 중 하나는 꽃보다 나무가 사람을 속이지 않기 때문이다. 그런데 눈여겨볼 것이, 김시습은 시에서 꽃과 나무를 상대말로 파악하고 있다는 점이다. 요즘 대부분의 사람이 꽃과 나무를 상대말로 오해하곤 하지만, 나무의 상대말은 풀이다.
　명미당 이건창은 삼나무를 소나무와 측백나무보다 높이 평가했다.

매월당 김시습 자필경 강릉인, 견본설채, 50.1×35cm, 덴리 대학 소장.

「삼나무杉」

송백은 사람들이 모두 공경하고松柏人皆敬

잡고 올라가기 또한 쉽다攀援亦易爲

그대는 이렇게 빼어나고 뛰어난君看此挺特

곁가지 나오는 것도 허락하지 않는 삼나무를 보았는가不許出傍枝

금송 *Sciadopitys verticillata* (Siebold *et* Zuccarini)

물이
지나는
길이
되다

이창복에 따르면 금송金松은 일본에서 잘못 적용한 한자어다. 일본에서는 왜 코우야마키こうやまき를 금송이라 불렀을까. 우리나라 울진의 금강송처럼 아주 강한 나무라는 것을 드러내기 위해서였을까. 그런데 일본에서만 자생하는 이 나무의 학명을 살피면 그 특성을 알 수 있다. 학명 중 스키아도피티스Sciadopitys는 그리스어로 우산을 뜻하는 '스키아스scias'나 '스키도스sciados'와 소나무를 의미하는 '피티스pitys'의 합성어이다. 즉 금송은 소나무를 닮은 우산 모양의 나무라는 뜻이다. 굳이 한자로 표기하면 산형송傘形松이다. 학명 중 베르티킬라타verticillata는 '바퀴처럼 돈다', 즉 '윤생輪生한다'는 뜻이다. 이는 금송의 가지 끝에 달린 잎 모양을 본뜬 것이다. 그런데 금송은 낙우송과에 속하는 삼나무나 메타세쿼이아와 달리 껍질의 색이 붉지 않다.

금송은 일본 어디서든 볼 수 있다. 교토에 위치한 긴카쿠지銀閣寺에는 오백 살쯤 먹은 금송이 살고 있다. 특히 이 나무는 삼나무처럼 땅속이나 물에서도 잘 썩지 않는 특성을 지니고 있다. 그런 까닭에 금송은 일본에서는 수로水路를 만드는 데 사용되곤 했다. 오사카에 위치한 나라시대 저수지인 사야마이케狹山池의 수로에 사용한 금송이 현재 그곳 박물관에 보관되어 있다.

금송은 향나무와 더불어 우리나라에서 수입한 대표적인 나무다. 한국에서 자생하지 않는 이 나무를 들여온 예는 공주시 웅진동 송산리 고분군 내에 위치한 백제 무령왕(재위 501~523)의 관에서 볼 수 있다. 금송으로 만들어진 무령왕의 관은 백제와 일본의 목재 교류를 보여주는 사례인 셈이다. 최근에는 한국에서도 금송을 기념식수로 많이 활용하고 있다. 이는 이 나무의 모양이 주목처럼 삼각형이기 때문인 듯하다. 문제는 기념식수의 장소

사야마이케 수로에 쓰인 금송.

백제 무령왕릉 관에서 출토된 유물들.

다. 한국의 정신을 대표하는 유적지에 금송을 기념식수하는 것은 비난받을 여지가 있다. 그 대표적인 곳이 박정희 대통령이 기념식수한 현충사와 도산서원이다. 한 그루의 나무는 곳에 따라 문화를 상징하므로 기념식수에도 철학이 있어야 한다.

: 낙우송과

메타세쿼이아 *Metasequoia glyptostroboides* Hu *et* Cheng

1946년
부활
하다

이 나무는 1946년에야 지구상에 살아 있다는 사실이 알려졌다. 그전까지는 그 존재가 밝혀지지 않았다. 이 나무가 지구상에서 사라진 것은 빙하기에 대부분 죽었기 때문이라는 설도 있지만, 해수면이 높아져 나무들이 바닷물로 인해 치명적인 피해를 입었기 때문이라는 설도 있다. 어쨌든 은행나무나 소철처럼 살아 있는 화석이라 불릴 만큼 유구한 역사를 품고 있는 것이 메타세쿼이아다.

이 나무를 처음 발견한 시기는 중일전쟁 때인 1937년이었으니, 인간과 대면한 시기는 아주 짧다. 만약 중국이 일본의 침략을 받지 않았다면 아직 발견하지 못했거나 훨씬 뒤에 발견했을지도 모른다. 중국이 일본에 밀려 서북 산간지역으로 후퇴하는 과정에서 우연히 메타세쿼이아를 발견했기 때문이다. 학명을 붙인 사람은 중국의 후胡先驌(1894~?)와 쳉鄭萬鈞(1903~?)이다. 그러나 현재 극히 일부 지역에서 자생하는 중국 원산의 메타세쿼이아는 미국은 물론 우리나라 포항에서도 화석이 확인되고 있다.

메타세쿼이아의 메타Meta는 영어의 포스트post, 즉 '이후' 라는 뜻이고, 세쿼이아sequoia는 인디언 추장의 이름이다. 즉 메타세쿼이아는 세쿼이아 이후에 등장한 나무라는 뜻이다. 한자 이름은 수삼水杉으로, 삼나무와 비슷한 성질을 지녀 물을 아주 좋아한다는 뜻이다. 메타세쿼이아는 낙우송과 달리 잎이 마주 달리며 열매는 솔방울처럼 생겼다.

이 나무는 남경에서 북경까지의 철로에 즐비하지만, 우리나라에서도 1970년대에 권장 가로수로 지정된 이래 전국 곳곳에 가로수로 심겨져 흔히 볼 수 있다. 그중 담양의 메타세쿼이아 가로수는 우리나라에서 가장 아름답다. 아울러 창원 시내의 가로수도 담양 못지않다.

메타세쿼이아 화석

나무
사전 : 낙우송과 | 메타세쿼이아

담양의 메타세쿼이아 가로수

: 측백나뭇과

측백나무 *Thuja orientalis* Linnaeus

혼자
서쪽을
본다

측백側柏나무의 이름은 열매 및 오행五行과 관련 있다. 측백나무에는 잎이 납작하고 도깨비 뿔 같은 돌기 있는 열매가 달린다. 한자 백柏은 바로 이 나무의 열매를 본떠 만들어졌다. 그런데 흰 백白은 열매 모양이기도 하지만 오행에서는 서쪽을 의미한다. 다른 나무들은 모두 동쪽을 향하고 있는데 측백나무만 서쪽으로 향하고 있어 붙여졌다는 이야기도 전한다.

중국 동진 때의 도교경전 『포박자抱朴子』에는 "낙양성 서남쪽 태곡太谷의 거꾸로 드리워져 자라는 측백은 키가 하늘만 하고, 수명은 땅과 같다"라고 했고, 『옥편玉篇』에는 "나무는 모두 양에 속하는데, 측백나무만 음지를 향하고 서쪽을 가리킨다"라고 되어 있다.

학명 가운데 투야Thuja는 나무의 진, 즉 '수지樹脂'를 의미하는 그리스어 티아thya나 '향기'를 의미하는 투에인thuein에서 유래했다. 그러니 측백나무는 잎이나 열매에서 진과 향기가 발하는 특성을 지녔다. 학명 중 오리엔탈

측백나무 열매.

리스*orientalis*는 동방東方 혹은 동부東部, 즉 동양이 원산지라는 뜻이지만, 구체적으로 어느 지역인지는 분명치 않다.

우리나라의 나무 중 천연기념물 제1호가 대구광역시 동구 도동에 살고 있는 측백나무다. 이곳 측백이 천연기념물 제1호인 이유는 이것이 남한 한계를 알려줘 식물학상 매우 중요하기 때문이다. 그런데 도동 향산香山의 측백나무는 바위틈에서 살고 있어 가까이서 보면 안타까움을 자아낼 만큼 처절하게 생명을 부지하고 있다. 이것은 곧 이 나무가 얼마나 척박한 곳에서도 잘 자라는가를 알려준다. 경북 안동 구리의 측백나무 숲(천연기념물 제252호)과 경북 영양의 측백나무(천연기념물 제114호)도 도동의 측백나무처럼 바위틈에서 살고 있다.

도동의 측백은 처음에는 달성 서씨의 무덤에 있었다. 사람들은 왜 이 나무를 무덤가에 심었을까. 측백나무는 소나무처럼 늘 푸른 기상을 지닌다. 특히 중국과 우리나라 사람들은 이 나무가 성인聖人의 기운을 받았다고 여겠다. 그런 까닭에 중국 주周나라 때는 측백나무를 제후諸侯의 무덤에 심었으며, 한 무제는 측백나무를 선장군先將軍에, 당나라 무제는 5품의 대부大夫에 비유했다. 북송 시대의 왕안석王安石(1021~1086)은 측백나무의 한자 백柏 중 백白을 백작伯爵으로 풀이하기도 했다. 측백나무의 또다른 이름은 백엽수柏葉樹다.

한 무제(기원전 156~87)는 측백나무를 사랑해 백량대의 대들보를 측백으로 만들고, 그곳에 신하들을 불러 시를 짓곤 했다.

중국 삼국시대 제갈공명의 사당 앞에도 당나라 말기에 말라 죽었다가 송나라 초기에 소생하고 명나라 때에 이르러서는 가지가 났다는 측백나무가 있다. 두보가 읊은 「고백행古栢行」은 중국인들이 왜 측백나무를 즐겨 심었는지 그 비밀을 밝혀준다.

공명의 사당 앞 늙은 측백나무公明廟前有老栢

가지는 청동, 뿌리는 돌과 같아柯如青銅根如石

서리 같은 흰 껍질 빗물에 젖어 둘레는 사십 발霜皮溜雨四十圍

검은빛 하늘 찔러 그 높이는 이천 척黛色參天二千尺

구름이 오면 가운은 무협에 접해 길게 뻗고雲來氣接巫峽長

달이 나오면 찬 기운 설산에 통하여 희었더라月出寒通雪山白

임금과 신하가 그때 그 시절에 만났으니君臣已與時際會

수목은 오히려 사람을 위해 애석하게 생각하네樹木猶爲人愛惜

생각하니 옛 길은 금정 동쪽을 감돌아서憶昔路遶錦亭東

유선주와 제갈무후 같은 사당에 모셨도다先主武侯同閟宮

높이 솟은 가지, 줄기는 옛 교외 언덕에 있고崔嵬枝幹郊原古

고요한 단청 빛은 창문에 비쳤더라窈窕丹靑戶牖空

높이 솟고 뿌리박아 자리 잡았지만落落盤據雖得地

까마득히 홀로 솟아 모진 바람 세차구나冥冥孤高多烈風

부지하고 버틴 것은 바로 신명의 힘扶持自是神明力

똑바로 꼿꼿하니 원래가 조화의 힘이라正直原因造化功

큰 집 넘어질 때 대들보 기둥과 같이大廈如傾要梁棟

만 마리 소 고개를 돌리니 산처럼 무거워라萬牛回首丘山重

글을 써서 내지 않아도 세상이 이미 놀랐고不露文章世已驚

베어도 좋다 버티어도 누가 능히 운반할고未辭剪伐誰能送

괴로운 마음은 어찌 개미의 괴롭힘을 막을까만苦心豈免容螻蟻

향기로운 잎은 마침내 난봉의 보금자리 되나니香葉終經宿鸞鳳

지사와 숨은 선비는 한탄하지 마소서志士幽人莫怨嗟

예부터 재목이 크면 쓰이기 어렵다네古來材人難爲用

측백나무의 서릿발 같은 기상은 관리들의 온갖 비리를 조사하는 중국 한나라 어사대의 별칭인 백대柏臺, 우리나라 고려시대 어사대御史臺, 조선시대 사헌부司憲府의 별칭인 백부柏府에서 찾아볼 수 있다. 어사대는 그 주위에 측백나무가 무성한 탓에 까마귀가 많이 앉아 '오부烏府'라 불렸다.

유교의 창시자인 공자도 측백나무를 보면서 뭔가를 깨달았다. 그것이 바로 『논어論語』 「자한子罕」에 나오는 "세한연후지송백지후조歲寒然後知松柏之後

백록도, 심전, 중국 청대. 즉
백나무 가지가 드리운 냇가
에서 사슴 두 마리가 유유자
적한 한때를 즐기고 있다.

彫"이다. 이 말은 "날씨가 추운 뒤에야 소나무와 측백나무가 뒤에 시든다는 것을 안다"라는 뜻이다. 이와 관련한 고사가 『송남잡지』에 실려 있다. 신라 효성왕孝成王이 왕위에 오르기 전 신충信忠과 측백나무 아래에서 바둑을 두다가 말했다. "다른 날 내가 자네를 잊지 않을 것이니 자네 역시 절개를 꺾지 말라. 저버리면 이 측백나무처럼 될 것이다." 그런데 세월이 지나 효성왕이 즉위해서 책록할 때 그만 신충信忠을 빼놓았다. 이에 원망을 품은 신충이 노래를 지어 예전에 바둑을 두었던 측백나무에 붙였더니 나무가 갑자기 말라 죽었다. 왕이 크게 놀라 뒤늦게 깨닫고 신충을 불러서 벼슬을 주니 측백나무가 소생했다는 이야기다. 많은 사람이 측백나무의 한자인 백柏을 잣나무로 해석하지만, 이는 중국의 나무를 잘 모르는 데서 비롯된 것이다. 측백나무에 대한 오해는 중국 불교의 유명한 화두 가운데 하나이자 우리나라 사람들도 자주 인용하는 "뜰 앞의 잣나무庭前柏子"에서도 발견할 수 있다. 이것은 뜰 앞의 잣나무가 아니라 "뜰 앞의 측백나무"다. 이 화두를 낳은 중국의 백림사栢林寺 관음전觀音殿 앞에는 오래된 측백나무가 아직도 살고 있다. 그러나 중국과 달리 우리나라의 경우 측백나무를 의미하는 한자는 잣나무로 풀이되고 있다.

당나라의 낭군주郎君冑는 백림사에서 시를 한 편 남겼다.

경상북도 안동시 구리의 측백나무 숲, 천연기념물 제252호.

「백림사남망栢林寺南望」

시냇가에서 먼 절 종소리를 들으며溪上遙聞精舍鐘
오솔길에 배 매어두고 깊은 솔숲 지나가네泊舟微徑度深松
청산은 비 갠 뒤 구름 아직 남아 있어靑山霽後雲猶在
서남쪽 삼사봉을 그려내었네畵出西南三四峰

측백나무는 강인하지만 아주 더디게 자란다. 이 때문에 아주 키 큰 측백나무를 보기는 어렵다. 그런데도 한나라 무제는 기원전 115년에 측백나무로 대들보를 만들었으니, 얼마나 큰 나무였을까. 측백나무로 만든 대들보는 백량대栢梁臺라 불렸다. 한 무제는 자신이 세운 백량대에서 신하들을 모아놓고 한시를 짓게 했는데, 이를 백량체栢梁體라 한다. 『태평어람太平御覽』의 『태산기泰山記』에 따르면 그는 태산묘泰山廟 옆에 1000그루의 측백나무를 심을 정도였다. 아울러 측백나무로 대들보만이 아니라 배도 만들었다. 『시경』「국풍國風 · 패풍邶風」에 측백나무로 만든 배, 즉 「백주柏舟」가 나온다.

화가 고흐의 그림에는 측백나뭇과의 편백扁柏이 등장한다. 편백의 편은 잎이 납작해서 붙여진 이름이다. 현재 우리나라에서 흔히 볼 수 있는 편백은 1904년 일본에서 들여온 것이다. 일본에서는 히노키ひのき라 부른다. 편백은 오사카의 여러 성과 사찰의 목재로 사용되었을 만큼 일본에서는 매우 중요한 나무였다. 더욱이 천황이 직접 참석하는 미에三重현 이세 시에 있는 이세신궁도 편백으로 만들어졌다.

노백도, 18세기, 종이에 수묵담채, 131.6×55.6cm, 리움미술관 소장.

편백나무(위)와 편백으로 만들어진 이네신궁(아래).

: 측백나뭇과

향나무 *Juniperus chinensis* Linnaeus

향기로운
연기

향香나무는 나무에서 향이 난다는 뜻이지만, 직접 맡아보면 향을 느끼기 어렵다. 즉 이 나무로 향을 피우기 때문에 붙여진 이름이다. 학명에는 향나무를 의미하는 유니페루스*Juniperus* 외엔 그 특징을 나타내는 뜻은 없다. 다만 키넨시스*chinensis*에서 이 나무가 중국 원산임을 알 수 있고, 영어권에서도 단순히 중국의 향나무로만 표기하고 있다. 그러나 울릉도에서도 향나무가 자생한다.

한자 이름은 회백檜柏, 향목香木, 회檜 등으로 표기한다. 그중 회는 『시경』 「소疏」에 따르면 잎은 측백나무, 몸은 소나무라 풀이하고 있다. 송나라 때 나원羅願이 엮은 『이아익爾雅翼』에는 회를 괄栝과 같은 의미로 사용하고 있다. 흔히 노송나무로 알려져 있는 괄은 실은 편백나무다. 또 회는 원백圓柏이라 불렸으며, 원백은 곧 향나무의 다른 이름이다. 향나무를 원백이라 부른 것은 잎이 납작한 측백과 구분하기 위해서였다.

향나무는 불교와 아주 밀접한 관련이 있다. 절이나 사찰을 향계香界, 극

매향으로 수백 년 살아남은 사찰벽화.

락세계를 향국香國, 불사에 올리는 돈을 향전香錢, 부처 앞에서 향을 피우고 서약하는 것을 향화정香火情이라 칭했다. 중국 선종의 창시자 달마達磨, Bodhidharma(?~528?)가 태어난 곳도 남인도의 향지국香至國이었다. 향나무가 불교와 인연을 맺은 것은 이 나무로 향을 피웠기 때문이다. 왕소군, 초선, 양귀비와 더불어 중국 4대 미인 중 한 사람인 서시西施가 난초를 찾아다녔다

는 길도 향경香徑이다. 미인의 혼 역시 향혼香魂이라 부른다.

향나무는 우리나라 문화유산을 보호한 나무이기도 하다. 현존하는 문화유산의 절대다수는 불교와 관련 있는데, 그중 벽화도 중요한 비중을 차지한다. 현재 사찰의 오래된 벽화는 향나무의 도움으로 남아 있다. 향나무가 벽화를 보호할 수 있었던 것은 매향埋香 때문이었다. 매향은 글자대로 '향나무를 묻는다'는 뜻이다. 향나무를 잘라 포구에 묻으면 오랜 세월이 지나 나무가 녹아 돌처럼 단단해진다. 여기에 다시 향을 피우면 그 향이 벽화에 붙어 이를 보호하는 것이다. 현재 매향을 기념하는 비석이 고성(북한)의 삼일포와 경남 사천 등 몇 군데에 남아 있다.

향나무에는 비스듬히 땅에 누워 있는 눈향나무도 있다. 한자로는 언백偃柏이라 부른다. 흔히 옥향玉香이라 하는 둥근향나무는 모습이 공처럼 생겨서 붙여진 이름이다. 한

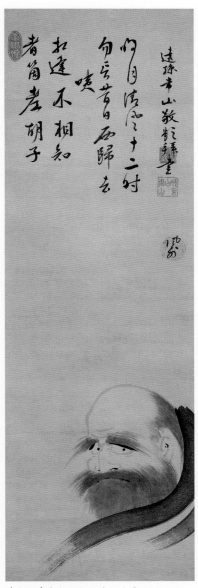

달마도, 후가이 에쿤, 17세기, 수묵, 83.6×26.9cm, 국립중앙박물관 소장. 선종의 창시자 달마가 태어난 곳도 향지국香至國이었다.

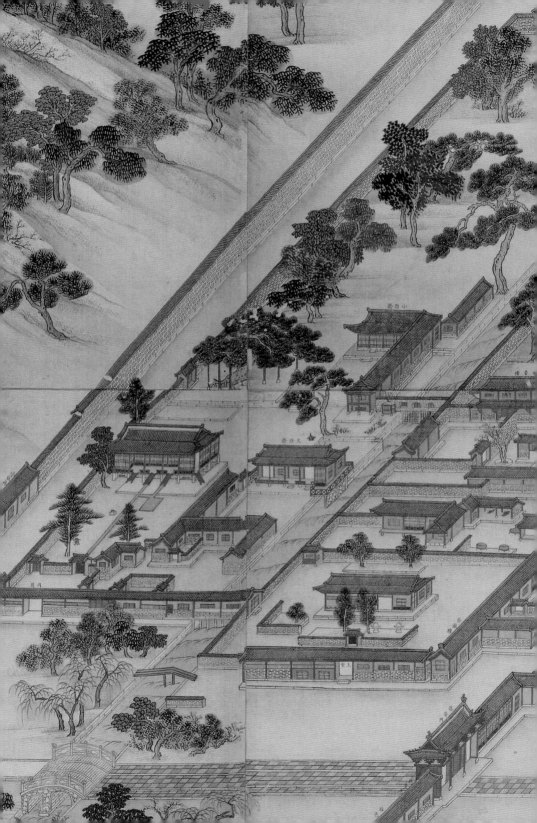

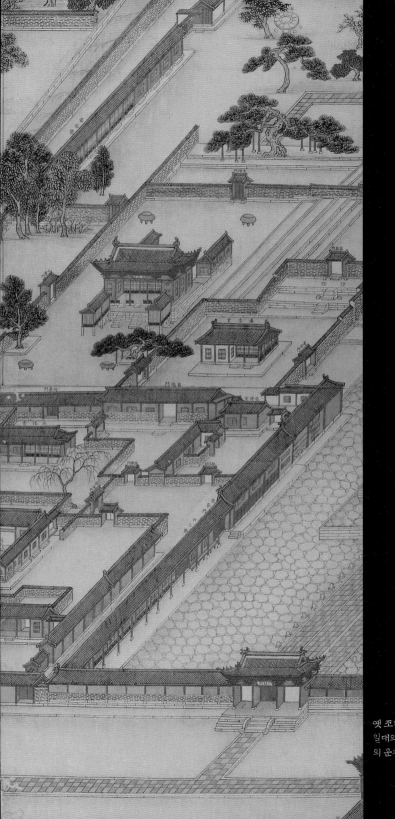

옛 조선의 궁궐 창덕궁
일대의 풍경. 향나무들
의 운치를 더하고 있다

경상북도 울진군 화성리의 향나무, 천연기념물 제312호.

자로는 구백球柏이라 한다. 미국에서 들여온 연필향나무는 이 나무로 연필
을 만들었기 때문에 붙여진 이름이다.

　향나무는 측백나무와 더불어 묘 옆이나 사당 주변에 많이 심는다. 측백
나무와 같은 의미를 지니고 있기 때문이다. 우리나라에서 천연기념물 향
나무는 쉽게 볼 수 있지만, 그중에서도 경북 청송군 안덕면 영양 남씨 산
소 옆의 향나무는 아주 독특하다. 이 나무는 나이가 사백 살쯤 됐고, 키는
7.5미터쯤 된다. 그런데 키보다 가지의 폭이 넓어 그 모습이 눈향나무와
같은 모습을 띠고 있다.

　유명한 향나무 중 천연기념물은 아니지만, 회재晦齋 이언적李彦迪(1491~1553)
이 거처한 경상북도 월성군 강동면 양동마을 향단의 향나무도 멋있다. 향

： 측백나뭇과 │ 향나무

단은 퇴계 이황의 정신적 지주였던 동방 5현 가운데 한 명인 이언적이 노모의 봉양을 빌미로 벼슬길에 나아가지 않자 선조가 그를 등용하기 위해 하사한 99칸의 집이다. 이 집은 관청이기도 했던 점이 독특한데, 그래서 집의 기둥이 둥글다. 기둥이 둥근 것은 중국의 우주관을 의미하는 천원지방天圓地方, 즉 '하늘은 둥글고 땅은 네모나다'는 것과 관계있다. 이 때문에 둥근 기둥은 평민들의 집에는 사용할 수 없었으며 궁궐, 사찰, 공공기관, 서원, 정자 등에서만 쓸 수 있었다. 향단의 향나무는 바로 담 옆에 살고 있다.

가이즈카향나무
Juniperus chinensis var. *kaizuka* Hort

고흐의
사이프러스
처럼

향나무 중 가이즈카향나무는 주위에서 쉽게 접할 수 있다. 대구 달성공원에는 순종과 이등박문이 심었다는 가이즈카향나무가 있다. 이 나무는 고흐의 「사이프러스와 별이 있는 길」을 연상시킨다. 하늘을 향해 춤추는 듯한 가이즈카향나무의 가지들은 울적한 기분이 들 때 마음을 달래준다.

가이즈카향나무의 이름은 학명에도 등장한다. 가이즈카kaizuka는 일본말로 '패총貝塚', 즉 조개무지를 뜻한다. 왜 나무 이름에 조개무지를 붙였을까. 늘 푸른 가이즈카향나무의 이름이 일본어와 관련 있다는 정보만으로도 이 나무가 일본에서 수입되었음을 알 수 있다. 학명에는 이 나무의 원산지를 중국과 가이즈카로 표기하고 있다. 향나무를 개량한 가이즈카향나무가 패총이라는 뜻을 지닌 것은 이 나무의 고향이 패총이기 때문이다. 패총은 일본 오사카에 속한 지명으로, 이곳에 가이즈카향나무가 많이 살고 있다. 이 나무를 한국에 많이 들여온 이유가 무엇인지는 정확히 알 수 없

가이즈카향나무 이름에는 노간주의 뜻이 들어 있지만, 사진에서 보듯 그 모습이 다르다. 노간주는 손을 대면 아플 만큼 잎이 날을 세우고 있다.

지만, 바닷가든 내륙이든 가리지 않는 붙임성 강한 나무이기 때문인 듯하다. 이 향나무는 모습이 소라 모양으로 뒤틀려 있어 한자로 '나사백螺絲柏'이라 부른다.

학명 중 유니페루스*Juniperus*는 측백나뭇과의 노간주나무를 의미하는 고대 라틴 명이다. 그렇지만 노간주나무는 잎이 부드러운 향나무와 달리 손을 대면 아플 만큼 잎 끝이 뾰족하다. 더욱이 가이즈카향나무의 모습도 노간주나무와 다르다.

: 주목과

주목 *Taxus cuspidata* Siebold *et* Zuccarini

심이
붉다

늘 푸른 큰 키 주목朱木은 나무의 껍질이 붉기 때문에 붙여진 이름이다. 주朱자도 나무를 벤 단면의 심이 붉은 것을 본뜬 글자다. 나무 중 그 재질이 오래되어 굳어진 부분을 심재心材, 아직 오래되지 않은 곳을 변재邊材라 한다. 주목은 다른 나무에 비해 심재가 아주 붉다. 학명 중 탁수스Taxus는 '주목'을 의미하는 그리스어 탁소스taxos의 라틴어식 발음이다. 쿠스피다타cuspidata는 '갑자기 뾰족하다'는 뜻이다. 이는 주목의 잎 끝을 의미한다. 지볼트와 주카리니가 붙인 학명에는 원산지 표시가 없지만, 영어권에서는 이 나무를 일본 원산으로 표기한다. 중국 명·청대의 식물 관련 자료에는 주목이 등장하지 않는다.

우리나라 사람들도 기념식수로 주목을 선호하지만, 일본 사람들은 훨씬 더 좋아한다. 특히 일본에 즐비한 신사에 신을 모시는 사람의 '홀笏'은 바로 주목으로 만든 것이다. 홀은 중국의 경우 천자 이하 공경사대부公卿士大夫가 조복朝服을 입을 때 띠에 끼고 다닌 것으로 군명을 받으면 여기에

기록했다. 홀은 주로 옥이나 대나무로 만들지만 일본에서는 주목을 사용했다. 총을 발명하기 전 활로 전쟁하던 시절 유럽에서는 주목으로 만든 활을 사용했다. 인디언들이 들소 떼를 쫓으며 들고 다닌 활도 주목으로 만들어졌다. 그런 까닭에 주목의 학명 중 탁수스는 활을 의미하기도 한다. 물론 유럽과 미국에서 자라는 주목은 동양의 주목과는 조금 다르다.

총이 발명되기 전 주목은 화살의 재료로 쓰여 들소를 쫓는 데나 전쟁의 무기로 사용되곤 했다.

주목에 대한 인식은 지역과 사람에 따라 다르지만 셰익스피어는 주목의 음침한 측면을 받아들였다. 햄릿의 삼촌은 주목의 즙을 사용했다. 셰익스피어는 『맥베스』에서 그것을 '헤바논hebanon'이라 불렀다. 이는 '월식 때 잘라낸 주목 조각'을 의미하며, 마녀의 냄비에 들어가는 성분 가운데 하나였다. 햄릿의 삼촌은 독살하기 위해 그것을 왕의 귀에 부었다. 『십이야』 2막 중 침울하게 울부짖는 장면에 주목이 나온다.

오라, 어서 오라, 죽음이여
슬픈 사이프러스여, 나를 눕게 해다오.

: 주목과 | 주목

날아가렴, 어서 날아가렴, 숨결이여
나 무정한 아가씨에게 죽어가니
내 하얀 수의는 주목으로 고정시켜다오.
오, 준비해다오.
내 죽음은 아무도
공감하지 못하리.

암수딴그루인 주목 껍질도 붉지만 익은 열매 또한 아주 붉다. 열매 모양
은 앵두처럼 동그랗다. 봄에 꽃 피는 주목의 열매는 항아리처럼 위쪽이 열
려 있으며, 만지면 콧물처럼 끈적끈적하다.

: 주목과

비자나무 *Torreya nucifera* Siebold *et* Zuccarini

아주
더딘
성장

늘 푸른 큰 키 비자榧子나무는 바늘같이 생긴 잎이
좌우로 열려 있는 모습에서 빌린 이름이다. 한자 비榧는 나무 목과 광주리
비匪를 합한 글자이며, 광주리 비는 비자나무의 잎 모습을 본뜬 것이다. 그
러나 학명에 잎의 특성을 알려주는 내용은 없다. 누키페라_nucifera_는 '딱딱
한 열매'를 의미한다. 토레이아_Torreya_는 미국의 식물학자 토리
Torrey(1796~1873)를 뜻한다. 비자나무의 또다른 이름은 적과목赤果木이다. 이는
열매가 붉은색으로 익어서 붙인 이름이다. 이처럼 식물학자들은 비자나무
의 특징을 열매로 파악했는데, 그것은 같은 과에 속하는 주목과 다르다.
비자나무는 최소 20년이 넘어야 꽃을 피우고 열매를 맺는다. 씨는 아몬드
를 닮았다. 씨가 떫으면서도 고소해 불에 볶아서 강정을 만들어 술안주 등
으로 먹기도 했으나 독성이 있어 많이 먹으면 탈이 난다. 이 때문에 열매
의 껍질을 벗기고 말려서 십이지장충, 촌충을 없애는 구충제로 쓰거나 치
질을 고쳤다.

전북 백양사 앞 비자나무 숲(위), 천연기념물 제153호,
비자나무 수꽃(아래).

암수딴그루인 비자나무는 아주 더디게 자라기에 현재 국내에 있는 것들은 대부분 천연기념물로 지정되어 있다. 그중 북제주군 구좌읍 평대리에서 서남쪽으로 5킬로미터에 위치한 천연자생수림군락天然自生樹林群落인 비자림榧子林은 꽤나 유명하다. 여기서는 14만 평쯤 되는 넓은 평원에 나이도 300~600년 먹은 8~15미터에 이르는 2570여 그루의 비자나무를 만날 수 있다. 전국에서도 유명한 제주도의 비자나무는 『고려사高麗史』 「열전」 43에 따르면 원나라가 궁궐을 짓기 위해 이곳의 비자나무 50근을 요구할 정도였다고 한다. 경남 사천과 전북 백양사에서도 귀한 천연기념물 비자나무를 만날 수 있다.

비자나무는 아주 단단할 뿐 아니라 탄력성도 뛰어나다. 목재의 색깔도 좋고 무늬가 아름다우며 휘거나 갈라지는 성질이 없어 예부터 바둑판 재료 중 으뜸으로 꼽았다. 비자나무로 만든 바둑판은 명반名盤으로 취급되었다. 나무가 단단하다보니 지위가 높은 사람의 관과 배를 만드는 데도 사용되었다. 이러한 내용은 중국에서 가장 오래된 사전인 『이아주소爾雅注疏』에 나온다.

중국에서는 비자나무를 피柀와 점粘으로도 표기한다. 더욱이 열매는 한약재로도 우수하여 조선시대에는 제주 특산물, 즉 공물貢物로 사용되었다. 하지만 제주도에서 조정에 바치는 비자나무 목재량이 너무 많아 백성들이 힘들어했다. 이에 1763년(영조 39)에는 제주에서 비자나무 판榧板을 바치는 것을 정지시키라는 왕명이 내려졌다. 제주에서 해마다 비자나무 판 10부部를 바쳤는데, 재해가 든 해라 5년을 한정하고 바치는 것을 정지하게 한 것이다. 백성들의 고달픈 삶을 이해한 검소한 왕 영조다운 판결이었다.

진도군 임회면 상만리上萬里에 있는 비자나무(천연기념물 제111호)는 높이 9미터, 가슴높이 둘레 5.6미터로 여귀산 허리 부분에 자리 잡고 있다. 상만리

전북 백양사 앞 비자나무 숲.

의 북쪽 산허리에 있었던 상마사上馬寺는 없어지고 5층 석탑만 남았는데 마을 사람들은 절 입구에 심었던 나무일 것이라고 보고 있다. 옛날에는 마을의 신목으로 받들어 정월 대보름날 마을 사람들이 소나 돼지를 통째로 잡아놓고 제사를 지냈으며 나무에 신령이 깃들어 어린아이들이 나무 위에서 놀다가 떨어져도 크게 다치지 않는다고 전해진다.

　이 나무와 유사한 것으로 개비자나무가 있는데

나무
사전
: 주목과 | 비자나무

즉 '가짜' 비자라는 뜻이다. 두 나무를 구별하는 방법은 손바닥을 펴서 잎의 끝 부분을 눌러보았을 때 딱딱하여 찌르는 감이 있으면 비자나무이고, 반대로 부드러우면 개비자나무이다. 또한 눈비자나무라는 것도 있는데 이는 밑에서 많은 줄기가 돋아나서 비자나무가 누운 것 같이 생겼기 때문에 붙여진 이름이다.

: 가래나뭇과

가래나무 *Juglans mandshurica* Maximowicz

천자의
관

   갈잎 큰 키 가래나무의 이름이 어디서 왔는지는 분
명하지 않다. 아마 이 나무는 흙을 파헤치는 농기구의 재료였기 때문에 붙
여진 이름일 것이다. 혹 열매 모양이 가래를 닮아서 붙여졌다는 설도 있
다. 이 나무는 가야 산성 유적지, 일산 신도시 지표조사 등지에서 자주 나
올 만큼 예부터 우리나라에서 아주 많이 활용되었다. 학명은 열매를 강조
하는데, 유글란스*Juglans*는 주피터의 견과堅果를 의미하는 '요비스 글란스
Jovis glans'에서 유래했다. 만드수리카*mandshurica*는 가래나무의 원산지가 만
주라는 뜻이다.

 가래나무를 나타내는 한자는 재梓, 추목楸木, 추자楸子, 핵도목核桃木, 산핵
도山核桃 등이다. 우리나라에서는 가래나무를 의미하는 한자 중 재와 추를
같은 의미로 사용한다. 그런 이유로 식물 연구자들은 강원도 홍천의 가리
산, 경남 통영의 추도楸島를 가래나무와 연관 있는 지명으로 파악하고 있
다. 아울러 한자사전이나 『이아주소』에도 재와 추의 의미에 가래나무와

아즈마 숲에 늘어선 가래나무, 우타가와 히로시게의 『명소에도백경』 중, 1856.

개오동나무를 섞어 사용하고 있다. 그러나 중국 삼국시대 육기陸璣의 『모시초목조수충어소毛詩草木鳥獸蟲魚疏』에 따르면 가래나무梓는 추 가운데 나뭇결이 성글며 색이 하얗고, 열매 맺는 것을 가리킨다. 또한 재처럼 열매를 맺지만 껍질은 오동나무와 비슷한 것이 의楸니, 대개 비슷하지만 다르다. 결과적으로 가래나무를 의미하는 한자는 재·추·의 등 세 가지다. 왜 가래나무를 의미하는 한자가 개오동나무와 같은 의미로 사용될까. 이는 『이아주소』에서 짐작할 수 있듯이 가래나무와 오동나무의 껍질이 비슷하기 때문일 것이다. 그러나 『이아주소』나 『본초강목』 등 식물 관련 자료에서는 재·추·의 등을 같은 의미로 보기도 하고, 다른 의미로 보기도 하는 등 의견이 일치하지 않는다. 어쨌든 일반적으로 가래나무는 재를 사용했다.

가래나무는 목왕木王으로 불릴 만큼 그 재질이 우수했다. 특히 나무의 왕으로 불린 것은 이것으로 천자의 관을 만들었기 때문이다. 천자의 관은 재구梓柩, 재관梓棺, 재궁梓宮이라 한다. 2005년 7월 마지막 남은 조선 왕실의 관棺인 재궁梓宮이 영친왕의 외아들인 이구李玖의 빈소가 마련된 서울 창덕궁 안 의풍각에서 언론에 공개되었다. '재궁부동梓宮不動'이라는 말이 있는데, 이것은 이자李耔의 『음애일기陰崖日記』에 나오는 내용이다. 노산군魯山君(단종)의 어머니 능인 소릉昭陵을 폐하여 옮기려 할 때 사신이 먼저가서 석실을 부수고 관을 끌어내려 했으나 관이 무거워 옮길 수 없었다. 군사들과 백성들이 해괴히 여겨 즉시 글을 지어 제사를 지내자 비로소 움직였다. 이

가래

에 백성들이 예에 맞게 거두어 장사 지냈다.

중국 주나라에는 천자의 관을 비롯한 국가의 주요한 물건, 즉 악기 다는 틀인 순簨과 거簴, 또 음기飮器, 사후射侯 등을 만드는 관직인 재인梓人이 있었다. 춘추시대 노나라의 재경梓慶은 나무를 깎아 순과 거를 아주 잘 만들었는데, 이런 내용은 『장자莊子』 「달생達生」에 나와 있다. 이에 재인을 일반적으로 '목수'라 일컫는데, 그 예는 당나라 유종원柳宗元의 『재인전梓人傳』이나 원나라 설경석薛景石의 『재인유제梓人遺制』에서 찾아볼 수 있다.

책 출판을 '재행梓行' 혹은 '상재上梓', 판본版本을 '재본梓本'이라 부른 것도 판목版木에 가래나무를 사용했기 때문이다. 가래나무가 있는 마을, 즉 재리梓里는 고향을 의미한다. 이는 부모가 자손을 위해 가래나무를 심었기 때문이다. 그런 까닭에 정부에서는 후손들이 소나무와 더불어 가래나무를 땔감으로 사용하지 못하도록 했다(김시습의 『서書』).

이처럼 가래나무는 한국과 중국에서 귀한 나무로 취급되었다. 그래서인지 중국 남조시대 임방任昉(460~508)의 『술이기述異記』에 따르면, 가래나무의 정령이 청양靑羊으로 변해서 100년은 홍紅색, 500년은 황黃색, 500년은 창蒼색, 500년은 백白색으로 살았다고 한다.

중국에는 연리지連理枝가 된 가래나무 설화도 있다. 연리지는 뿌리가 다른 나무가 서로 얽혀 한 그루의 나무처럼 자랄 때 부르는 이름이다. 전국시대 한빙韓憑이라는 사람이 송宋나라 강왕康王의 사인舍人이 되었다. 그런데 한빙의 아내 하씨河氏가 아름다웠으므로 강왕이 청릉대靑陵臺를 쌓고 그

가래나무로 만든 판목.

녀를 강제로 겁탈한 뒤 후궁으로 삼았다. 그후 아내가 너무 그리워 한빙은 자살했고, 이 소식을 들은 아내 하씨도 "남편과 합장해달라"며 절벽에서 떨어져 목숨을 끊었다. 아래는 하씨가 죽기 전 남긴 시다.

가래나무로 만든 영친왕의 재궁.

남산에 까마귀 있고南山有鳥

북산에 새그물 드리워 있네北山張羅

까마귀 스스로 높이 날아오르니鳥自高飛

마땅히 그물이 어찌 하겠는가?羅當奈何

비가 억수같이 내리니其雨淫淫

강이 넓고 물이 깊구나河大水深

하지만 강왕은 일부러 두 부부의 무덤을 떨어뜨려놓았다. 두 부부의 무덤가에 각각 가래나무가 한 그루씩 있었는데, 뿌리는 땅속에서 얽혀 있고 가지는 서로 이어져 있었다. 원앙새 한 쌍이 그 나무에 둥지를 틀자, 사람들이 한빙 부부의 정령이라고 했고 나무는 상사수相思樹라 불렀다. 상사병이란 말도 여기서 생겨났다. 이 이야기는 동진東晋의 간보干寶(?~?)가 지은 『수신기搜神記』에 나온다.

: 가래나뭇과

호두나무 *Juglans sinensis* DC. Dode

오랑캐
나라의
복숭아

　　나무 이름 중 호胡자가 들어간 것은 중국 입장에서
오랑캐 지역에서 들여왔음을 의미한다. 한족은 중국의 국경 바깥에 사는
사람들을 오랑캐라 불렀다. 같은 이유로 외국에서 들여온 식물에도 '호'
자를 붙여 호두 역시 외국에서 들여왔음을 뜻한다. 『본초강목』에는 "장건
이 서역에서 들여와 동쪽 땅에 심었기 때문에 이름 붙였다"라고 되어 있
다. 더 정확하게는 강족羌族의 땅에서 왔으며 『명물지名物志』에도 강도羌桃라
고 되어 있다. 그러나 프랑스 식물학자 도드Dode(1875~1943)가 붙인 학명에는
호두를 중국 원산으로 표기하고 있다. 호두의 한자는 호도胡桃이다. 호도는
호두의 열매가 복숭아 열매를 닮았기 때문에 붙여진 것이다. 우리는 발음
하기 편한 때문인지 호두라 부르지만 중국 한나라 때 들어온 호두胡豆는 땅
콩을 의미한다.

　　우리나라의 경우 호두나무는 고려 충렬왕 16년(1290) 유청신柳淸臣이 원나
라에 사신으로 갔다가 돌아오면서 가져온 묘목과 열매를 지금의 천안 광

천안 광덕사의 호두나무, 천연기념물 제398호.

덕사에 심은 것이 시초로 알려져 있다.
이 나무의 다른 이름은 '당추자唐楸子'
이다. 이 단어는 고려 고종 때 한림의
여러 유생이 지은 우리나라 최초의 경
기체가인 「한림별곡翰林別曲」 제8장에 나
온다. 당추자는 당나라의 추자라는 뜻
이다. 추자는 가래나무와 개오동나무
를 뜻하지만 호두나무가 가래나뭇과에
속하기 때문에 붙여진 이름으로 보인
다. 주로 경상도 지역에서 이렇게 불렸

「한림별곡」이 실린 『악학궤범』.

다. 그 외의 이름으로는 삼도三桃와 표
앵表櫻이 있다. 이는 반악의 「한거부閒居賦」에 나온다. 호두나무는 가래나무
보다 잎이 넓지만 열매는 비슷하다.

호두나무는 열매를 식용하기 때문에 많이 심었다. 『증보산림경제』에서
는 "4~5차례 옮겨 심으면 껍질이 얇아지고 살이 많아지지만, 옮겨 심지
않으면 껍질이 두꺼워지고 살은 적어진다"라고 전하고 있다. 또한 "독이
없고 사람을 살지우고 튼튼하게 하며 머리가 검어지고 하체의 원기를 보
해준다"고 했다. 예로부터 호두나무는 말똥을 꺼
린다. 말똥 가까이 있으면 시름시름 앓다가
죽게 되고, 말똥 거름을 주면 장성한 호두
나무라도 반드시 죽게 된다고 했다.

음악가 슈만은 아내 클라라와 결혼한
직후 그녀를 위해 모젠의 시 「호두나무」에
곡을 붙여 바쳤다.

녹음도 짙은 호두나무 가지는 무성하고

그 향기는 아름답다

귀여운 호두나무의 꽃 실바람에 흔들려 떨어지네

호두나무의 꽃 귀여워

사랑스러운 꽃

바람에 속삭이네

속삭이는 호두나무 귀여워

아가씨 그 나무에서 떠날 줄 모르네

언제나 속삭이네

속삭이는 호두나무 꽃

그리운 그대의 노래를 속삭이네

들어보시라

아가씨는 미소를 띠며 단꿈을 꾸네

호두나무는 그리스 신화에도 등장한다. 그리스 로마 종교에서 풍작과 식물의 성장을 담당하는 자연신인 디오니소스가 디온 왕의 초대를 받은 후 왕의 딸 가운데 가장 어린 카뤼아와 사랑에 빠졌다. 그런데 이를 질투한 두 언니가 이 사실을 왕에게 고자질했다. 이에 디오니소스가 두 언니를 바위로 변하게 하자 카뤼아도 상심하여 죽고 말았다. 신이 이에 카뤼아를 호두나무로 변하게 했다. 또 서양 고대의 작가들은 호두나무를 극악무도한 여신에 비유하곤 했다.

각계수리, 17~18세기, 호도·은행·소나무, 69.3×30.5×42.5cm, 서울역사박물관 소장.

: 가래나뭇과

굴피나무 *Platycarya strobilacea* Siebold *et* Zuccarini

세로로
갈라지는
껍질

굴피나무는 갈잎 작은 키 나무다. 경상남도에서는 굴태나무, 꾸정나무, 산가죽나무라 부른다. 특히 산가죽나무라 부르는 이유는 회색을 띠는 것이나 세로로 갈라지는 껍질이 가죽나무와 닮았기 때문이다. 한자는 화향수化香樹, 방향수放香樹, 고수栲樹 등이다. 화향수와 방향수는 열매에서 향기가 난다는 뜻이고, 고수는 멀구슬나무를 뜻하는 글자다. 멀구슬나무 역시 산가죽나무라 부르기도 한다.

『본초강목』에는 이 나무 이름이 필율향必栗香으로 실려 있다. 이 나무의 뿌리를 소염 및 지사제로 사용하기 때문이다. 한자가 참 특이하다. 그 유래를 알 수는 없지만 굴피나무 뿌리와 유사한 것이 많아 "반드시 밤나무 냄새가 나야" 굴피나무 뿌리라고 말하는 듯하다. 잎은 홀수깃꼴겹잎으로

나며 잎자루가 없고 타원형 피침형으로 가장자리에 날카로운 톱니가 있다. 잎의 양면에 흰 털이 있으나 자라면서 점차 없어진다. 꽃은 5~7월에 피는데 6월이 절정이다. 노랑과 녹색의 중간이니 계절과 어울리는 연초록에 가깝다. 다만 꽃잎은 없고, 날개가 달린 열매는 둥글며 10월에 익는다. 다 익으면 마치 성냥 알갱이 같다. 나무껍질에서는 황색 염료를 얻을 수 있으며 이것은 어망 염료로 사용되었다.

　학명 중 플라티카리아*Platycarya*는 그리스어로 '넓다'를 의미하는 플라티스*platys*와 '견과堅果'를 의미하는 카리온*caryon*의 합성어다. 이 말은 열매가 가래나무 열매와 달리 편평하다는 뜻이다. 솔방울처럼 생긴 굴피나무의 열매는 가래나무의 열매와 많이 다르다. 종소명인 스트로빌라케아*strobilacea*는 열매가 둥글다는 뜻이다. 학명은 모두 열매를 강조했다.

초여름에 작은 꽃이 피는 굴피나무의 수꽃은 자래. 사진에서는 잘 보이지 않지만 가장자리의 수꽃에 둘러싸인
채 솔방울처럼 생긴 암꽃이 가운데 자리 잡고 있다.

: 콩과

회화나무 *Sophora japonica* Linnaeus

학자수

　　　　　　나무를 연구하는 학자들은 회화나무의 이름이 괴槐
의 중국 발음 '회'에서 유래한 것으로 보고 있다. 물론 그 발음이 '홰'이긴
하나 현대식 중국 발음 이전에도 괴는 회였다. 『이아주소』에 따르면 괴는
회櫰와 같은 의미였다. 단지 잎이 크고 색이 검은 것을 회라 하고, 그렇지
않은 것을 괴라 했다. 괴는 나무 목木과 귀신 귀鬼를 합한 것이고, 귀는 나
무줄기의 옹두리를 본뜬 글자다. 그러니 회회나무의 한자는 이 나무의 껍
질 모양을 두고 붙인 이름이다. 실제 오래된 회화나무를 보면 옹두리를 쉽
게 확인할 수 있다. 우리나라에서는 괴를 느티나무와 혼용해서 쓰지만 중
국에서는 회화나무로만 사용한다. 느티나무를 뜻하는 한자는 따로 있다.
리나이우스가 붙인 학명은 회화나무의 원산지를 일본으로 표기하고 있다.
　　중국 주나라에서는 삼공을 '삼괴三槐'라 불렀다. 주나라 외조外朝에 심은
회화나무를 향해 삼공(三公: 태사太師·태부太傅·태보太保)이 앉았기 때문에 붙인 이
름이다. 아울러 『주례周禮』와 『후한서後漢書』 등에서 언급하고 있는 것처럼

삼괴의 좌우에는 붉은 가시나무를 심었다. 흔히 '삼괴구극三槐九棘'이라 부르는 것도 이 때문이다. 조선시대에도 이러한 관례를 모방하여 '삼괴정三槐亭'과 같은 이름이 등장했다.

회화나무는 흔히 '학자수學者樹'라 칭한다. 그 이유는 봉건사회였던 주나라에서 사士의 무덤에 이 나무를 심었기 때문이다. 그런 까닭에 우리나라의 유교 관련 유적지에서는 거의 예외 없이 회화나무를 볼 수 있다. 회화나무는 중국 고대의 공공기관과 아문衙門, 전정殿庭에 흔히 심었던 나무이기도 하다. 특히 한나라 궁중에는 수많은 회화나무가 심겨졌다. 이에 이 나무를 '옥수玉樹'라 불렀다. 한나라 때 이곳에는 200~300년 된 회화나무가 있었다. 또한 황제가 거처하는 곳을 '괴신槐宸', 장안 거리를 '괴로槐路'라 불렀다. 주나라에서는 조정朝廷 앞에 회화나무를 심었기에 조정을 '괴정槐庭'이라 불렀다. 조선시대에는 승문원承文院 앞에 회화나무를 심었다. 이것이 승문원을 괴원槐院이라 부르는 까닭이다. 승문원은 사대事大(중국)와 교린交隣(일본·여진) 문서를 관장하고, 중국에 보내는 외교 문서에 쓰이는 이문吏文의 교육을 담당했다.

장안의 아홉 개의 큰 시장 이름 가운데는 괴시槐市가 있었다. 이곳에선 각지에서 올라온 사람들을 위해 서적, 악기 등의 물건을 팔았다. 괴시는 고려의 삼은三隱(포은 정몽주, 야은 길재, 목은 이색) 중 한 명인 목은牧隱 이색李穡(1328~1396)이 태어난 고향 이름이기도 하다. 영덕군 영해면에 위치한 목은의 고향을 괴시라 이름 붙인 것은 자신의 고향이 중국 원나라 한림학사翰林學士 승지承旨를 지낸 구양현歐陽玄(1273~1357)의 고향과 닮았기 때문이다. 구양현의 고향은 현재 호남성에 위치한 유양瀏陽이다.

갈잎 큰 키 회화나무의 꽃은 음력 7월경 연한 황색으로 핀다. 옛적에 회화나무 꽃 필 무렵 중국에서는 과거시험 중 진사進士시험을 치렀다. 진사시

험 시기를 '괴추槐秋'라 부른 이유가 여기에 있다. 우리나라에서도 과거시
험에 응시하러 가거나 합격했을 경우 집에 회화나무를 심곤 했다.

"회화나무 노란 꽃이 피니, 과거 응시생들 바쁘겠네槐花黃擧子忙"라는 고대
가요가 나온 까닭이다. 『박물지博物志』를 보면 회화나무 잎에 대한 기록이
있다. "난 지 5일이 지난 회화나무 잎은 토끼 눈兔目이라 부르고, 열흘 된
것은 쥐의 귀를 닮아 서이鼠耳라 부른다"는 게 그것이다. 『이아』를 보면 수
궁괴守宮槐라는 말이 나온다. 이는 회화나무의 잎이 낮에는 오므라들어 합
해졌다가 밤에는 펼쳐졌기 때문에 수궁守宮이란 말을 붙인 것이다.

『천원주물부天元主物簿』에는 "까치가 회화나무 열매를 쪼아대면 까치 뇌
에 옥이 맺히므로 '작옥鵲玉'이라 부른다"라고 기록되어 있다.

회화나무에는 유명한 자명괴自鳴槐의 전설이 얽혀 있다. 회화나무에 달린
열매를 모두 따서 한 개의 그릇에 담아두면 그중에 반드시 우는 것이 있다.
날마다 그릇의 열매를 나누어 개수를 줄여가다보면 우는 열매를 발견할 수
있는데 사람이 그 열매를 삼키면 총명해진다. 그러나 나무에 달려 있을 때엔
까치가 그 열매를 먼저 먹어버린다고 한다.

회화나무 씨는 눈을 맑게 하는 작용을 한다. 당

이색초상, 작가 미상, 조선시대, 142×75cm, 국립중앙박물관
소장.

중국이나 한국의 과거시험, 특히 학문의 진수인 문과시험과 가장 관련 깊은 나무는 학자수인 회화나무일 것이다.

나라 손사막이 쓴 『비급천금요방備急千金要方』에 "회화나무 씨를 소의 담낭膽囊에 담가 100일간 그늘에 말려 식후에 한 알씩 먹으면 10일 이후 몸이 가볍고 30일이 지나면 백발이 검게 되며 100일에 가서는 영묘자재靈妙自在하게 된다"는 기록이 나온다. 『본초강목』에서도 "회화나무 씨는 허정虛精의 정精이라 먹으면 밤에도 잘 볼 수 있다"라고 적혀 있다.

회화나무 아래에서 자라는 버섯을 괴이槐耳라 한다. 단단해졌을 때 채취하는데 뽕나무에서 자라는 목이와 비슷하고 통째로 구워 갈아서 고약을 만든다. 이는 전갈의 독을 해독하는 효능이 있었다고 한다. 당나라 때의 의학자 소경蘇敬이 주축이 되어 의학자 20여 명이 함께 엮은 약물학 서적 『당본초唐本草』에 나오는 이야기다.

회화나무는 괴안몽槐安夢이라는 단어에서 알 수 있듯이 일장춘몽一場春夢이나 남가일몽南柯一夢과 같은 단어를 낳기도 했다. 이 나무가 일장춘몽을 뜻하게 된 데에는 다음과 같은 이야기가 전해진다.

중국의 당唐나라 덕종德宗 시절 강남 양주揚州 땅에 순우분이 살고 있었다. 그 집 남쪽에 커다란 회화나무 한 그루가 있었다. 그는 어느 날 친구들과 회화나무 아래에서 술을 마시고 집 마당 처마 밑에서 잠이 들었다. 잠시 후 잠에서 깨어보니 괴안국槐安國이라는 나라에서 온 사신이라면서 두 관원官員이 자신을 데리러 왔다. 정신없이 따라간 순우분은 회화나무 아래쪽의 동굴 안으로 들어가 화려한 도성에 당도했다. 성문에는 금으로 새겨진 '대괴안국大槐安國'이라는 현판이 있었다. 곧 괴안국 국왕의 환대를 받으며 부마駙馬의 자리에 오르고, 남가군南柯郡의 태수 자리에 임명되었다. 순우분은 그 후 다섯 아들과 두 딸을 두고 20여 년간 고을을 잘 다스려 백성들의 칭송을 받았다.

창덕궁에 버드나무와 소나무, 회화나무 등이 어우러져 섞여 있는 모습.

한편 순우분을 시기하는 자들이 생겨났다. 이에 국왕은 순우분에게 본래 속세의 사람이니 고향에 다녀오라 하면서 3년 후에 다시 부르겠다고 하여 그는 관원을 따라 고향으로 돌아왔다. 집으로 돌아와 처마 밑에서 관원의 큰 소리에 눈을 떴다. 그는 그때야 처음 처마 밑에서 잠이 들었던 자신임을 깨닫고 그간의 모든 일이 꿈이었다는 것을 알았다. 그는 너무나 생생한 기억에 회화나무 아래의 구멍을 보니 개미집이었다. 또 나무를 더듬어 남쪽으로 난 가지를 향하자 네모난 모양의 개미집이 있었다. 역시 남가군의 형상이었

나무
사전
: 콩과 | 회화나무

경북 포항시 보경사 앞의 회화나무 고목.

다. 날이 어두워 다음 날 다시 보기로 했지만, 아침에 일어나보니 간밤에 비바람이 몰아쳐 개미집은 사라지고 없었다.

『이문집異聞集』에 나오는 위의 이야기처럼 오래된 회화나무의 썩은 껍질에는 개미들이 살고 있다. 그래서 괴안국을 개미라 부르기도 한다. 경북 포항의 보경사 앞에도 800년 수령의 회화나무가 죽은 채 쓰러져 있다. 이곳에도 개미들이 살고 있다. 또한 충남 서산시 해미읍성 안에는 600년 수령의 회화나무가 살고 있다. 이 나무는 '교수목絞首木'이라 불리는데, 조선 말 병인사옥 때 천주교 신자들을 이 나무에 매달아 죽였기 때문이다.

중국 한나라 수도 장안에는 가로수로 회화나무를 심었다. 지금 북경을 비롯한 중국 곳곳에서도 회화나무 가로수를 자주 볼 수 있다. 이 나무는 금나라 시기까지 주요한 가로수였지만 이후 청대까지도 곳곳에 가로수로

애용했다. 왕사진王士禎(1634~1711)의 「빗속에 고관을 지나며雨中渡故關」에서 그
흔적을 확인할 수 있다.

만길 깎아지른 절벽 사이로 폭포수는 날아 흐르고危機飛流萬仞山

해질녘 국경초소는 먼 구름 사이로 가물거린다戍樓遙指暮雲間

가을바람이 홀연히 '쏴아' 비를 몰아쳤는데西風忽送瀟瀟雨

고관을 벗는 길엔 하나 가득 회화나무 꽃 만발했네滿路槐花出故關

백거이.

고려시대 이제현李齊賢(1287~1367)도 중
국 하남 담회覃懷에서 회화나무를 보았
다(그의 시 「담회覃懷」가 이를 묘사한다). 1000년이
넘게 중국인들이 회화나무를 가로수로
삼은 것은 공해에 강하다거나 수형이
아름답다거나, 혹은 더위를 식히는 장
점이 있다는 등의 이유 때문이 아니었
다. 그 이유는 이 나무가 갖고 있는 특
성 때문인데, 콩과에 속하는 회화나무
의 열매는 약으로, 꽃은 염료로, 잎은
떡을 만드는 데 사용되었다.

당나라 시인 백거이白居易(772~846)의 시 「저녁에 서성거리며暮立」에서도 회
화나무의 모습을 볼 수 있다.

해질 무렵 홀로 불당 앞에 서면黃昏獨立佛堂前

땅에 가득 회화나무 꽃 흩어졌고, 나무에서는 매미 운다滿地槐花滿樹蟬

대체로 일 년 내내 마음 괴롭지만大抵四時心總苦

그중에도 단장의 슬픔을 느끼는 건 가을철이다就中腸斷時秋天

:: 콩과

등 *Wisteria floribunda* de Candolle

감아
올라
가다

등은 한자 등藤에서 온 말이다. 한자 '등螣'은 '위로 오르다'라는 뜻이다. 현재 우리가 흔히 보는 등은 참등이고, 등을 등나무라 부르기도 한다. 때론 꽃이 붉은색을 띠고 있어 '자등紫藤'이라고도 한다. 또다른 이름으로는 등라藤蘿, 주등朱藤, 황환黃環, 등화藤花, 갈등葛藤, 자금등紫金藤, 초두등招豆藤 등이 있다. 이런 이름은 그 꽃과 열매, 혹은 덩굴성과 관련해서 붙여진 것이다. 이 가운데 갈등은 칡과 등을 함께 일컫는 말이지만 요즘은 사람들 사이에 의견이 달라 다툰다는 의미로 쓰인다. 그 이유는 칡이 대부분 왼쪽으로 감아 올라가는 반면 등은 오른쪽으로 감아 올라가기 때문이다. 서로 반대로 치달으니 평화로울 리가 없다. 『임해이물지臨海異物志』에는 다음과 같은 기록이 있다.

등藤이 나무로 자란 것 가운데 큰 것은 열 아름이나 되어 지팡이나 빗치개(가르마를 탈 때 쓰는 도구)를 만들 수 있는데 대나무보다 낫다. 자등紫藤은 줄기가 대나무 뿌리 같고 겹겹의 껍질이 있다. 때가 지나서 자줏빛이 되면 신神을 내려오게 할 수 있다. 자등은 장등樟燈, 상립象立이라고도 한다.

등은 아까시나무처럼 유달리 꽃이 많은 게 특징이다. 스위스의 식물학자 칸돌레Candolle(1777~1841)가 붙인 학명 가운데 플로리분다floribunda도 '꽃이 많다'는 뜻이다. 비스테리아Wisteria는 미국 필라델피아의 해부학자인 위스테리아를 기념해서 붙인 이름인데, 이것이 곧 등속藤屬을 의미한다. 서양에서는 등을 일본 원산으로 이해하고 있지만, 중국 식물학자들은 중국 원산으로 표기한다.

우리나라 어디서든 등을 볼 수 있고, 마을마다 등으로 만든 정자가 있을 만큼 이 나무는 흔하다. 그 가운데 경상북도 경주 현곡의 용등龍藤(천연기념물 제89호)이 유명하다. 중국 소주에서도 청나라 강희연간에 심은 등나무가 살고 있으며, 중국에서 종자를 가져간 영국에도 오래된 등나무가 있다.

중국의 시선詩仙 이태백은 「자등수紫藤樹」라는 시를 남겼다.

자등이 높은 나무에 걸렸으니紫藤挂雲木
덩굴에 핀 꽃은 분명 봄볕을 좋아하리花蔓宜陽春
빽빽한 잎에 숨어 새들이 노래하고密葉隱歌鳥
향기로운 바람 아름다운 사람을 머물게 하네香風留美人

반면 시인 백거이白居易는 "처음은 부드럽지만 나중엔 해가 되니, 흡사 아첨꾼인 듯하다先柔後爲害有似諛佞徒"라며 등을 안 좋게 보았다.

: 콩과 | 등

등화도병풍, 마루야마 요코, 종이에 금채와 채색, 각 156×360㎝, 1776, 네즈 미술관 소장. 화면 전체에 등나무 두 그루의 덩굴과 꽃송이만이 펼쳐져 있다. 아무런 배경도 보이지 않고 화면 위쪽의 가장자리는 물론, 칡 반 대처럼 넓게 뻗어가고 있는 등나무 그 자체에도 깊이감이나 입체감은 보이지 않는다. 농담은 있어도 윤곽선 이나 잎맥 따위는 전혀 보이지 않는다. 이것이 오히려 단순 명쾌하고 기묘하게 가벼운 느낌을 불러일으켜 등 나무의 아름다움을 한껏 전해준다.

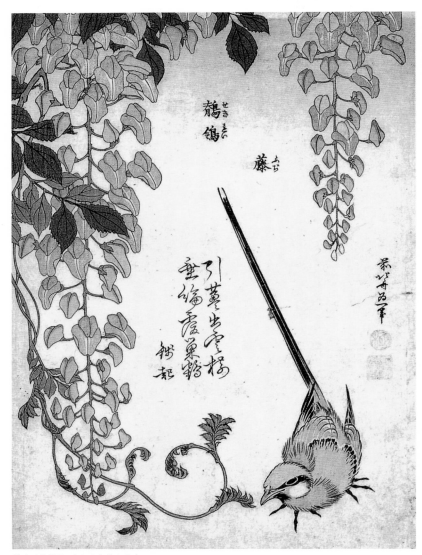

할미새와 등꽃, 가츠시카 호쿠사이.

철마류도축鐵馬留
圖軸, 중국 청대.

：：콩과

칡 *Pueraria thunbergiana* Bentham

즑에서
칡으로

칡의 한글 어원은 미상이지만 『두시언해杜詩諺解』에 따르면 '즑'에서 '칡'으로 바뀌었다. 칡을 의미하는 한자 갈葛 중 갈葛도 등 처럼 '높이 오르다'라는 뜻이다. 다른 이름으로 계제, 녹곽, 황근 등이 있다. 『본초』에 따르면 덩굴은 끊이지 않고 길게 자라 7~8자에 이르며, 뿌리는 겉은 붉고 속은 희다. 꽃은 이삭을 이루는데 죽 연결되어 꿰미를 이루며 홍자색이다. 열매는 녹색으로 납작하며 씨는 날것으로 씹으면 비린 내가 난다. 한편 영국의 식물학자 벤덤Bentham(1800~1884)이 붙인 칡의 학명에는 이런 특성을 나타내는 뜻은 없다. 학명 중 푸에라리아Pueraria는 스위스의 식물학자 푸에라리Marc. N. Puerari(1765~1845)를, 툰베르기아나thunbergiana는 스웨덴의 식물학자 툰베르크를 가리킨다. 두 사람 모두 칡의 학명을 붙이는 데 공헌한 인물이다.

칡과 관련해서 잘 알려진 것으로는 조선의 태종 이방원의 다음과 같은 시가 있다. "이런들 어떠하리 저런들 어떠하리 / 만수산 드렁칡이 얽혀진

수도암의 비로자나불

들 어떠하리 / 우리도 이같이 얽혀서 100년까지 누리리라." 경상북도 금릉군 증산면 수도산에 도선국사가 창건했다는 수도암의 비로자나불(국보 제63호)에 얽힌 이야기에서도 칡의 수난사를 엿볼 수 있다.

비로자나불은 절 창건 당시 돌로 유명한 경상남도 거창군에서 만들었지만, 돌이 워낙 무거워 산으로 옮길 수 없었다. 많은 사람이 고민하던 터에 노승이 나타나 가볍게 돌부처를 메고 걸어 올라갔다. 모두 놀라움을 감추지 못한 채 노승을 따라갔지만 절 입구에서 노승이 그만 칡뿌리에 발이 채여 넘어지고 말았다. 화가 난 노승이 산신을 불러 이 산의 칡이 자라지 못하게 했다. 그후 절 주변에서는 칡이 자라지 않았다.

강원도 영월에는 '칡줄다리기' 축제가 있다. 이는 단종이 어린 나이에 쫓겨나 이곳에서 귀양살이하자 백성들이 그의 복위를 간절히 바라면서 만든 것이다. 칡을 사용한 것은 이 지역에 볏짚이 부족했기 때문이다. 이 축제는 1967년부터 이 지역에서 단종 제향祭享을 시행하면서 민속 행사로 재현되

단종의 능이 있는 장릉, 1840년 이후, 지본채색, 55.7×46cm, 한국학중앙연구원 장서각 소장.

었다. 축제에 사용하는 칡줄은 단종의 무덤인 장릉莊陵 경내 연못 근처에 있다.

칡은 고향 어디서나 만날 수 있다. 다산 정약용은 칡을 생각하면서 고향에 있는 친척을 그리워했다.

장릉 경내의 칡줄.

「칡 캐기采葛」

칡을 캐네我采葛兮

산기슭에서于山之麓

그 잎사귀 부드러워其葉沃兮

숙부님을 바라보네瞻望叔兮

칡 캐는 게 아니라匪采葛兮

숙부님을 바라보네瞻望叔兮

칡을 캐네我采葛兮

산등성이에서于山之岡

그 마디 굵어서 형님들 바라보네其節荒兮

칡 캐는 게 아니라匪采葛兮

형님들 바라보네瞻望兄兮

칡을 캐네我采葛兮

산골 물가에서于澗之涘

그 덩굴 무성하여有蕡其藟

자식들 바라보네瞻望子兮

칡 캐는 게 아니라匪采葛兮

자식들 바라보네瞻望子兮

답답한 이 마음心之癙矣

근심을 풀 수 없네不可醵紆兮

바라봐도 안 보이니瞻望不見

서 있을 수도 없네不可佇兮

맛 좋은 술 있어도雖有旨酒

거를 수 없네不可卑兮

- 『다산시선茶山詩選』

칡베, 즉 갈포葛布로 지은 옷도 옛사람들에게 널리 애용됐다.

칡덩굴이 뻗어

골짜기 안까지 자라

그 잎사귀 무성해라

베어다 삶아내어

고운 칡베 거친 칡베를 짜서

아무리 입어도 싫증 안 나네

- 정학유, 『시명다식』

『청구영언』에 '갈건에다 술을 거른
다'는 뜻의 갈건녹주라는 말이 등
장한다. 즉 칡뿌리를 말려 두드리
면 가루와 섬유질로 분리되는데 그
갈건을 만들어 머리에 썼고, 중국
의 도연명은 이 갈건을 벗어 술을
걸러 먹었다는 이야기가 전해진다.
후대에 갈건녹주란 '속세를 버리
고 자연 속에서 허세 없는 최소의
삶을 사는 은둔자'에 대한 상징으
로 쓰이곤 한다.

: 콩과

아까시나무 *Robinia pseudoacacia* Linnaeus

오해
받는
나무

아까시나무만큼 우리에게 오해받는 나무도 드물 것이다. 더욱이 아까시나무는 그 이름조차 한국인에게 아주 낯설다. 우리는 '아카시아'에 익숙하기 때문이다. 이 나무에 대한 오해는 문학작품들은 물론이고 박기형 감독의 잔혹 가정극인 「아카시아」에서 보듯 일상에서 자주 목격된다. 어린 시절 누구나 불러보았을 동요 「과수원길」에서도 확인할 수 있다.

동구 밖 과수원길 아카시아꽃이 활짝 폈네 / 하아얀 꽃 이파리 눈송이처럼 날리네 / 향긋한 꽃냄새가 실바람 타고 솔솔 / 둘이서 말이 없네 얼굴 마주 보며 쌩긋 / 아카시아꽃 하얗게 핀 / 먼 옛날의 과수원길

왜 어느 날 갑자기 아카시아가 아까시나무로 바뀌었을까. 우리가 일상에서 볼 수 있는 아카시아가 실제 아카시아와 다르기 때문이다. 한국 사람들

경주 성주군 월항면 지방리 아흔 살쯤 먹은 아까시나무.

이 부르는 아카시아는 같은 콩과이지만 열대성 식물이기에 우리나라에서는 살 수 없다. 최근 이러한 오해를 바로잡기 위해 식물학자들이 식물도감에 아까시나무로 표기하는 등 나름대로 노력을 기울이지만 사람들은 여전히 아카시아라 부른다. 언론은 물론이고 때로는 나무 이름표에도 여전히 아까시나무를 아카시아 혹은 아카시나무로 표기하고 있다. 경상북도 칠곡군에서는 매년 '아까시나무 축제'가 아닌 '아카시아 축제'를 열고 있다.

학명 중 로비니아*Robinia*는 16세기 스페인의 로빈 대령이 이 식물을 유럽에 전했기 때문에 리나이우스가 붙인 것이다. 또 프세우도아카키아*pseudoa-cacia*는 아카시아와 유사하다는 뜻이다. 그러니 아까시나무는 로빈 대령이 갖고 온 아카시아와 비슷한 나무라는 뜻이다. 우리말 '아까시'도 '아깝다'는 뜻이니, 아카시아와 닮았다는 의미를 담고 있다. 아까시나무의 영어 표기는 검은 아까시나무를 의미하는 '블랙 로커스트*Black Locust*'이다. 이는 아까시나무의 껍질이 검은 데서 빌린 이름이다. 한자는 좀 다르다. 아까시나무의 한자, 즉 자괴刺槐는 아까시나무의 특징 가운데 하나인 가시와 회화나무를 닮은 껍질을 잘 묘사하고 있다. 그러나 가시가 없는 민둥아까시나무,

: 콩과 | 아까시나무

연한 홍색의 꽃을 가진 꽃아까시나무도 있다.

우리나라에는 북미 원산의 아까시나무가 1900년 초에 들어왔다. 처음 심은 곳은 경인철도변과 용산의 육군본부 자리였다. 이 나무를 들여올 때 일제강점기 초대 총독인 테라우치 마사타케寺内正毅는 독일의 총영사 크루크에게 당시 노량진과 제물포 간의 경인철도변에 심을 만한 수종에 대해 물었다. 독일 총영사는 테라우치에게 중국 산동성의 독일령 청도青島에 자국에서 옮겨와 심은 아까시나무가 잘 자란다고 대답했다. 당시 프랑스인 불어교사인 에밀 마텔은 아까시나무가 번식력이 강하니 심지 말 것을 건의했음에도 총독부 당국은 우리나라 전역에 심기 시작했다. 어쨌든 진상은 이러한데, 한국 사람들은 아직도 일제가 한국의 소나무를 죽이기 위해 아까시나무를 고의로 심었다고 믿는다.

중국에서는 아까시나무 가로수를 쉽게 볼 수 있다. 아울러 미국의 루스벨트 대통령은 재임 시절 테네시 강 유역의 황무지에 아까시나무를 심었으며, 프랑스 동부의 산악지대와 독일 서부지역도 아까시나무로 푸른 숲을 만들었다. 우리나라에서는 아까시나무를 땔감으로 사용한 탓에 오래된 나무를 거의 찾아볼 수 없다. 하지만 경상북도 성주군에 90년 이상 살고 있는 아까시나무가 있다.

: 콩과

주엽나무 *Gleditsia japonica* var. *koraiensis* Nakai

검은
코뿔소
같은
가시

주엽나무는 한자 조협皀莢에서 유래했다. 조협은 이
나무의 열매가 콩깍지처럼 생겨 붙여진 이름이다. 다른 이름으로는 오서烏
犀가 있다. 이 나무에 검은 코뿔소처럼 생긴 가시가 있어 붙여진 이름이다.
주엽나무는 콩과에 속하기에 아까시나무나 자귀나무와 같이 열매가 콩깍
지처럼 생겼다. 이 열매는 속에 끈끈한 잼 같은 것이 생긴다. 그래서 일부
지방에서는 '쥐엄나무'라 부른다. 이는 인절미를 송편처럼 빚고 팥소를
넣어 콩가루를 묻힌 떡, 즉 쥐엄떡에서 유래했다. 어떤 식물도감에는 주엽
나무를 실거리나뭇과로 분류하고 있다.

학명은 이 나무가 일본 혹은 한국 원산임을 알려줄 뿐 다른 정보는 없
다. 학명 중 글레디트시아Gleditsia는 식물의 학명을 체계화한 리나이우스와
같은 시대에 살았던 독일의 식물학자 글레디츠Johann Gleditsch(1714~1786)를 뜻
하고, 야포니카japonica는 일본, 코라이엔시스koraiensis는 한국을 가리킨다. 특
히 일본조협日本皀莢이라 부르는 나무가 있는데, 바로 조각자나무다.

주엽나무는 「한림별곡」에 등장할 만큼 사람들이 즐겨 심었다. 그러나 요즘에는 쉽게 볼 수 없다. 이 나무는 가지가 아닌 줄기에 가시를 달고 있어 독특한데, 그만큼 다른 존재의 접근을 경계하는 것이다. 갈잎 큰 키 나무인 주엽나무는 나이를 먹어도 껍질이 매끈한 게 또다른 특징이다. 주엽나무는 아까시나무와 회화나무, 다릅나무 등과 비슷하지만 잎자루 하나에 달린 잎의 수가 홀수가 아닌 짝수다.

주엽나무는 약재로 많이 사용되었다. 『동의보감』이나 『본초강목』 등에 주엽과 조각자나무에 관한 약효를 자세히 기록하고 있다. 특히 조각자나무는 한자 약용조각자藥用皂角子에서 보는 것처럼 약용으로 유명하다. 『감응신선전感應神仙傳』에 나오는 다음의 내용도 한 예이다.

최언崔言이라는 사람은 친기군親騎軍을 보좌했다. 그는 어느 날 갑자기 병을 얻었다. 두 눈이 어두워 한 치 앞의 사람도 분간할 수 없었을 뿐 아니라 눈썹도 빠지는 증상이었다. 아울러 코도 문드러지고 피부에서도 심한 악취가 났다. 그런데 다행히 양주洋州에 사는 어느 도인을 만나 병을 낫게 할 처방을 알 수 있었다. 그 처방이 바로 조각자를 달여 먹는 것이었다. 그는 조각자로 만든 약을 먹었는데 눈썹도 다시 나고 악취도 말끔히 사라졌을 뿐 아니라 눈도 그전보다 좋아졌다.

조각자나무 *Gleditsia sinensis* Lamarck

독락당의
오랜
벗

　　　　　중국 원산의 조각자나무는 주엽나무와 아주 닮았
다. 이 나무는 중국 원산이기에 '중국주엽나무'라 부른다. 프랑스의 식물
학자 라마르크Lamarck(1744~1829)가 붙인 학명에도 중국 원산을 표기하고 있
다. 조각자나무 역시 이 나무에 달린 가시를 염두에 두고 붙인 이름이다.
주엽나무도 한자로 조각수皁角樹라 부르고, 조각자나무도 조협수皁莢樹 혹은
약용조각자라 불러 두 나무는 거의 구별하기 어렵다. 단지 다른 점은 조각
자나무는 주엽나무보다 열매의 꼬투리가 꼬이지 않을 뿐 아니라 가시도
굵은 편이다. 어떤 식물도감에서는 이 나무를 실거리나뭇과로 분류하고
있다.

　조각자나무 중 경상북도 경주시 안강읍 옥산리 독락당獨樂堂(보물 제413호)
옆의 나무(천연기념물 제115호)가 유명하다. 이 나무의 나이는 470세쯤 된다. 실
제로 그 모습은 매우 아름답지만 밑 부분과 두 개의 가지만 살아 있고 나
머지는 썩어버렸다. 이 나무가 특히 유명한 것은 조선 중종 27년(1532) 회재

회재 이언적이 머물렀던 독락당과 그 곁에 심겨진 조각자나무.

이언적이 잠시 벼슬을 그만두고 고향으로 내려와 독락당을 짓고 학문에 전념할 때 중국에 사신으로 다녀온 친구에게 종자를 얻어 심은 것이기 때문이다. 조각자나무만큼 독락당 자체도 가치 있는 문화재다. 바로 이언적의 사상이 만들어진 곳이기 때문이다. 경상북도 경주의 상서장上書莊 안에도 조각자나무가 살고 있는데, 바로 이곳에서 최치원을 모시기 때문이다. 최치원은 당나라 때 중국 유학생이었다.

최치원상, 전 채용신, 20세기 초 이모본, 견본채색, 113×79cm, 포천 청성사 최종규 소장. 그를 모셔든 상서장에도 조각자나무가 살고 있다.

가시가 없는 민주엽나무도 있다. 식물의 이름에 '민' 자는 소매 없는 것을 민소매라 부르듯이 '없다' 는 뜻이다.

: 콩과

자귀나무 *Albizzia julibrissin* Durazzini

강렬한
꽃

여름에 피는 꽃 중 자귀나무 꽃만큼 강렬한 인상을 주는 것도 드물다. 이 나무는 바람이 세게 불거나 비가 오면 잎을 오므린다. 더욱이 밤이면 짝수의 자귀나무 잎은 애인처럼 끌어안고 잔다. 사람들은 이런 모습을 보고 여러 가지 이름을 붙였다. 갈잎 중간 키 자귀나무의 다른 이름 중 가장 잘 알려진 것은 '합혼수合昏樹'와 '합환수合歡樹'이다. 합혼수는 그 잎이 합하는 모습을 보고 붙인 이름이다. 밤에 잎을 합한다고 하여 '야합수夜合樹'라고도 한다. 어둑하면 잎을 합하는 모습은 곧 기쁨이기에 합환수이다. 아울러 이런 모습에 정이 있는 것으로 해석해 '유정수有情樹'라고도 부른다. 기쁨을 나누면 근심마저 잊으니 자귀나무를 '근심을 잊는다'는 뜻의 '망우忘憂'라고도 한다. 이외에도 중국 사람들은

'망우忘憂'가 새겨진 접시.

자귀나무에 '맹갈萌葛' '오뢰수烏賴樹' '황혼목黃昏木' '시리쇄수尸利灑樹' 등의
이름을 붙였다. 또 '청상青裳'이라고도 불렀다. 자귀나무의 잎 달린 푸른
가지를 보면 마치 푸른 치마와 닮아 지은 이름이다.

　푸른 치마는 비단과 같다. 조심스럽게 자귀나무 잎을 만지면 비단결처럼
부드럽다. 이에 중국인은 물론 서양 사람들도 이 나무를 '비단나무silk tree'
라 불렀다. 아름다운 마음을 비단에 비유하듯, 어찌 비단 같은 자귀나무를
사랑하지 않을 수 있겠는가. 그런 까닭에 예부터 사람들은 사랑이 영원하
길 기원하면서 집 뜰에 자귀나무를 심었다. 여기에 얽힌 전설도 있다. 중국
순 임금이 창오蒼梧에서 죽자 두 아내 아황娥皇과 여영女英은 소식을 듣고 호
남성 상강湘江에서 피를 토하며 죽었다. 이때 죽은 두 사람의 영혼이 자귀나
무로 바뀌었다는 것이다. 중국인들 가운데 이런 전설을 지닌 자귀나무를
사랑한 사람이 적지 않았다. 동진東晉의 양방楊方(?~?)은 다음과 같은 시를 남
겼다.

「합환시合歡詩」

남령에 기이한 나무 있어南嶺有奇樹

: 콩과 | 자귀나무

봄이면 흰 꽃을 피우네承春挺素華

풍부하고 긴 꼬리는 긴 가지가 되고豊翹被長條

푸른 잎은 홍갈색의 가지를 덮네綠葉蔽朱柯

바람으로 거문고 같은 소리 내고因風吐徽音

향기로운 기운은 신선이 사는 곳으로 들어가네芳氣入紫霞

내 마음은 이 나무를 부러워하고我心羨此木

삼가 나의 집에 심어볼까 한다愿徙著余家

저녁에 자귀나무 아래 노닐고夕得游其下

아침에 꽃을 즐기고 싶네朝得弄其葩

저 나무의 뿌리는 깊고도 단단하지만余根深且固

나의 집은 얕고도 웅덩이라네余宅淺且洿

어느 때나 옮겨 심기 좋으나移植良無期

장차 어떻게 할까 탄식하네歎息將如何

　　그렇다면 우리말 자귀나무는 무슨 뜻일까. 아직 국내 식물학자들은 자귀나무의 뜻을 설명하고 있지 않다. 어쩌면 그 이름의 단서는 고고학에서 찾을 수 있을지도 모른다. 고고학에서는 도끼를 '자귀'라 부른다. 이로써 미루어 보건대 자귀나무를 도끼 자귀와 관련지어 볼 수도 있다. 자귀나무는 가래나무가 농기구 재료였던 것처럼 도끼자루에 적합한 나무였을 듯하다. 어떤 사람들은 자귀나무가 밤에 잎을 맞대고 자는 모습이 귀신 같아서 붙인 이름이 아닐

케경대, 20세기 초, 자귀 · 피나무,
27×20.5×17cm, 서울역사박물관 소장.

까 추측한다. 그런데 이 나무를 소가 좋아해서 '소쌀나무'라 부르는 것을 보면 농민들의 삶과 밀접한 나무임은 틀림없다.

부부의 화목을 상징하는 자귀나무는 『구약성서』「창세기」에 아주 귀한 존재로 등장한다.

르우벤이 밭에 나갔다가 자귀나무를 발견하고 어머니에게 드렸다. 라헬이 이것을 알고 레아에게 졸랐다. '언니, 아들이 캐온 자귀나무를 좀 나누어주구려.' 그러나 레아는 '네가 나에게서 남편을 빼앗고도 무엇이 부족해 이제 내 아들이 캐온 자귀나무마저 달라고 하느냐?' 하며 역정을 냈다. 그러자 라헬은 언니에게 '아들이 캐온 자귀나무를 주면 오늘 밤 그분을 언니 방에 드시도록 하리라' 하였다. 저녁 때 야곱이 밭에서 돌아오자 레아가 나가서 맞으며 '당신은 오늘 밤 제 집에 드셔야 합니다' 하며 자기 아들이 캐온 자귀나무로 치른 값을 해달라고 했다. 야곱은 그날 밤 레아와 한자리에 들었다. 하느님은 레아의 호소를 들으시고 그녀에게 아기를 점지해주셨다. 그리하여 레아는 야곱에게 다섯번째 아들을 낳아주었다.

이탈리아 식물학자 두라지니Durazzini가 붙인 학명에 자귀나무의 특성을 알려주는 정보는 없다. 학명 중 알비지아Albizzia는 이탈리아 아인슬리에Whitelaw Ainslie를 기념하는 이름이고, 율리브리신julibrissin은 동인도 이름이다. 이 나무가 콩과에 속한다는 것

자귀나무 가지에 앉은 새, 중국 송대.

을 확인하려면 늦여름 꽃이 진 후 달리는 열매를 보면 알 수 있다. 그 생김새는 박태기나무 열매와 아주 닮았다. 자귀나무는 중국 원산이지만, 목포 유달산 및 제주도에서 자생하는 왕자귀나무Albizia coreana Nakai는 우리나라 원산이다.

:: 콩과

박태기나무 *Cercis chinensis* Bunge

꽃이
나무를
덮다

      이 세상 나무 가운데 열매를 가장 많이 만드는 것을 꼽으라면 피라칸타를, 꽃을 가장 많이 만드는 것을 꼽으라면 박태기나무를 들 만큼 이 나무는 꽃이 많고 화려하다. 갈잎 작은 키 박태기나무는 가지 마디마디에 꽃자루 없는 꽃이 7~8개씩 모여서 나뭇가지 전체를 완전히 덮어버린다. 꽃잎은 나방을 닮거나 혹 구슬을 닮은 듯하다. 북한에서는 '구슬꽃나무' 라 하며 영어권에서는 중국의 붉은 꽃봉오리를 뜻하는 '차이니즈 레드버드Chinese Redbud' 라 부른다. 우리말 박태기는 꽃 모양이 마치 밥알을 닮아 붙여진 이름이다. 경상도와 충청도를 비롯한 충주 지방에서는 밥알을 '밥티기' 라 부른다.

    박태기나무의 한자 이름으로는 소방목蘇方木, 자형紫荆, 만조홍滿條紅 등이 있다. 소방목은 『본초강목』에 따르면 이 나무가 해도海島에 있는 소방이라는 나라에서 난다 하여 붙여진 것으로 해석하고 있다. 자형은 글자대로라면 '붉은 가시나무' 라는 뜻이지만, 박태기나무에서 가시를 발견하기란 어렵다. 박상진 교수는 자형을 '자주꽃나무'로 번역하고 있지만, 『본초강목』에 따르면 이는 황형黃荊나무와 비슷하면서도 꽃이 붉어 붙여진 이름이다. 『본초강목』에는 김태욱의 『한국의 수목』과는 달리 소방목과 자형을 다른 나무로 분류하고 있다. 홍성천의 『원색식물도감』에는 박태기나무의 한자로 자형만 표기하고 있다.

박태기나무의 꽃, 즉 자형화紫荊花는 자식들이 부모의 유산을 나누지 않고 공유하는 것을 의미하기도 한다. 다음의 이야기는 『속제해기續齊諧記』에 나온다.

서울에 사는 삼형제는 부모가 돌아가시자 재산을 똑같이 나누기로 했다. 그런데 집 뜰에 한 그루 자형나무가 있었다. 이에 형제들은 이 나무를 세 등분하여 자르기로 했다. 그런데 다음 날 이 나무가 말라 죽어 있었다. 삼형제는 죽은 자형나무를 보고 부모의 유산을 나누지 않고 함께 사용했다.

나무사전 : 콩과 | 박태기나무

만조홍은 가지에 꽃이 가득하다는 뜻이다. 이 이름은 박태기의 여러 이름 중에서도 중국의 식물도감에 자주 등장한다. 서양에서는 예수를 배반한 유다가 목을 매어 죽은 나무라 하여 '유다나무'라 부르기도 한다.

　박태기나무는 꽃이 잎보다 먼저 핀다. 꽃이 너무나 강렬하기에 잎은 상대적으로 수수해 보인다. 만약 열매를 본다면 화려한 꽃과 너무 다른 모습이 눈에 두드러져 보일 것이다. 그렇더라도 아까시나무와 자귀나무의 열매가 닮았기에 보는 순간 이 나무가 콩과임을 알 수 있다. 러시아의 식물학자 분지Bunge(1803~1890)가 붙인 학명에서도 열매를 강조하고 있다. 학명 중 케르키스Cercis는 그리스어로 '꼬투리가 칼집cercis 같다'는 뜻이다. 심장을 닮은 잎도 콩잎과 닮았다.

: 콩과

싸리 *Lespedeza bicolor* Turczaninov

청소
하는
나뭇
가지

산골을 지나다보면 자주 '싸리골'이나 '싸리재'를 만난다. 버섯에 관심 있는 사람은 싸리버섯도 기억할 것이다. 이처럼 싸리나 싸리나무는 전국 어디서나 볼 수 있다. 농촌에서 자란 사람들은 싸리를 꺾어 비옷을 만들거나 젓가락으로 사용한 기억도 있을 것이다. 붉은색 꽃을 보면 이 나무가 콩과에 속한다는 것을 알 수 있다. 러시아의 식물학자 투르차니노프Turczaninov(1796~1864)가 붙인 학명에서도 꽃을 강조하고 있다. 비콜로르bicolor는 '두 가지 색을 가졌다'는 뜻이다. 또 레스페데자Lespedeza는 미국 플로리다 주지사의 이름 레스페데즈Lespedez를 잘못 표기한 것이다.

싸리는 싸리로 만든 싸립문, 물건을 담아두는 고리 등에서 보듯 옛날에는 일상에서 아주 긴요하게 사용되었다. 마당을 청소할 때 사용했던 싸리비도 이 나무로 만들었다. 그래서 한자로 싸리를 '청소하는 나뭇가지'를 뜻하는 '소조掃條'라 불렀다. 어쨌든 싸리의 어원은 정확하지 않지만 혹 싸리로 만든 화살과 관련 있을 수도 있다. 소리 내어 우는 화살을 '효시嚆矢'

라 부른다. 이 소리는 옛날 전쟁을 시작할 때 먼저 우는 살을 쏘았기 때문에 붙인 이름이다. 그래서 이 말이 현재 '시초'로 사용된다.

싸리의 용도 중에서 빼놓을 수 없는 게 화살 재료다. 중국과 한국에서는 아주 오래전부터 화살을 싸리로 만들었다. 중국의 『진서晉書』에 따르면 주周나라 무왕武王 때 만주지역의 읍루挹婁 사람들이 싸리 화살을 바쳤다. 『삼국사기三國史記』에도 고구려 미천왕美川王이 중국의 후조後趙에게 싸리 화살을 선물한 내용을 기록하고 있다. 여기서 말하는 싸리 화살을 '호시楛矢'라 한다.

고구려의 시조 주몽朱蒙, 즉 동명왕東明王은 일곱 살 때 활과 화살을 만들어 백 번 쏘면 백 번 모두 적중할 만큼 활솜씨가 뛰어났다. 주몽이 사용한 화살이 어떤 재료인지 확인할 길은 없지만 고구려에서 중국에 싸리로 만든 화살을 보낸 점을 감안하면 그가 사용한 화살도 싸리로 만들었을 듯하다. 조선을 건국한 태조 이성계도 싸리로 만든 화살대를 즐겨 사용했다. 또한 싸리는 나무 속에 수분이 적어 참나무 계통의 나무만큼 단단해서 불을 지피면 화력이 아주 대단하다. 그런 특징 때문에 옛날에는 싸리로 횃불을 만들었다.

싸리는 교육용 회초리로도 그만이었다. 암행어사 박문수가 어느 산골에서 부인을 겁탈하려다 그녀에게 싸리로 만든 회초리를 맞고 정신 차렸다는 이야기가 전한

다. 사실 고려시대에
는 싸리로 때리는 게
형벌 중 하나였다.
『사설邪說』에 따르면,
고려의 국법國法에 죄
를 지으면 그 사람의
두건을 제거하지 않
고 도포 띠만 빼앗고

몸뚱이를 회초리로 때렸다고 한다. 이때 묶은 싸리를 던져주면서 스스로
패牌를 가려서 몇 대를 맞을 것인지 숫자를 적게 하여 자신의 손으로 바치
면 그 죄를 헤아려 처리했다.

　가난한 시절 싸리는 주요한 땔감이기도 했다. 김시습의 「석신사析薪辭」에
서도 이러한 사실을 확인할 수 있다. "나무를 베려면 박달나무를 베고, 땔
나무를 베려면 싸리를 베야지伐樹兮 伐檀 伐薪兮 伐荊." 아울러 송강 정철의 노래
에서는 싸리 땔감 팔던 풍속까지 엿볼 수 있다.

　　댁들에 나무들 사오. 저 장사야 네 나무 값이 얼마 외는다, 사자.
　　싸리는 한 말 치고 검부나무는 닷 되를 쳐서 합하여 헤면 마닷되 받습네.
　　삿떼어 보으소, 잘 붙습느니, 한적곧 보면은 매양 삿때이자 하리라.

　싸리와 관련해서 오해하고 있는 것은 부석사를 비롯한 유명 사찰의 기
둥을 싸리로 만들었다거나, 송광사의 나무밥통인 구시를 싸리로 만들었다
는 이야기다. 이런 내용은 싸리가 갈잎 작은 키 나무라는 점을 참조할 때
잘못된 것임을 금세 알 수 있다.

집울타리의 재료가 되기도 했던 싸리.

참싸리

　싸리는 종류도 많다. 참싸리는 싸리와 거의 구분할 수 없을 만큼 닮았다. 참싸리는 '진짜 싸리' 라는 뜻이다. 분홍빛 꽃이 예쁜 꽃싸리, 거문도 외진 섬에서 자라는 해변싸리, 흰색 꽃이 피는 흰싸리 등 20여 종에 달한다.

골담초 *Caragana sinica* Buchoz Rehder

노란
비단을
입은
닭

　　　　　농촌의 흙담 주변에는 구기자나무를 비롯해 각종 나무를 심는다. 주로 울타리 대용으로 심는 것인데, 이따금씩 그 나무들을 베어 약재로 쓰기도 한다. 골담초도 담 옆에 주로 심는 나무 중 하나다. 골담초가 콩과에 속하는지 궁금하다면 6월경에 피는 꽃을 보면 알 수 있다. 꽃 모양은 보는 사람에 따라 다르게 느끼겠지만, 어쨌든 나비처럼 생겼다. 혹은 이 나무의 또다른 한자처럼 노란 비단색을 띤 닭, 즉 금계아錦鷄兒를 닮기도 했다.

　　골담초는 '뼈를 담당한다'는 뜻이다. 이름이 뼈와 관계있다면 나무 성분에 뼈를 이롭게 하는 뭔가가 들어 있기 때문일 것이다. 이 나무의 뿌리와 가지는 약재로 사용된다. 특히 타박상과 관절염 치료에 좋다.

　　독일의 식물학자 레더Rehder(1863~1949)가 붙인 학명 중 카라가나Caragana는 몽골의 '카라곤caragon'에서 유래했다. 시니카sinica는 원산지가 중국이라는 뜻이다. 그러나 한국에서도 골담초가 자생한다. 이른바 조선골담초Caragana

koreana Nakai가 그것이다. 일본의 식물학자 나카이_{中井猛之進(1882~1952)}가 붙인 조선골담초의 학명에는 한국 원산지를 표기하고 있다.

: 보리수나뭇과

보리수나무 *Elaeagnus umbellata* Thunberg

석가모니와
관계
없는

보리수나무도 한국 사람들이 오해하는 나무 중 하나다. 보리수나무라면 으레 석가모니가 도를 깨달았다는 '보리수菩提樹'를 연상하기 때문이다. 그러나 같은 이름이라도 석가모니와 관련된 보리수와 우리나라에서 흔히 볼 수 있는 보리수나무는 전혀 다르다. 인도에서 성스러운 나무로 떠받드는 보리수는 벵골 보리수로 30미터까지 자라며 중심 줄기에서 수많은 줄기가 뻗어나와 멀리서 보면 숲처럼 보이는 거목이다. 벵골 보리수는 중국에서 용榕나무라 부른다. 운남성에 가면 '용수왕榕樹王'이라 불리는 거대한 벵골 보리수를 볼 수 있다.

주변에서 흔히 보이는 보리수나무의 '보리'가 어디서 왔는지는 정확히 파악되지 않는다. 단지 연산군 6년의 기록에 나오는 보리수에 대해서 어떤 학자는 '보리'를 지명으로 풀이하고 있을 뿐이다. 그런데 그 기록에 등장하는 보리수는 늘 푸른 나무인 보리밥나무나 보리장나무다. 보리밥나무 *Elaeagnus macrophylla* Thunberg와 보리장나무 *Elaeagnus glabra* Thunberg는 보리수나무와

뜰보리수꽃

같은 과에 속하긴 하나 조금 다르다.

보리수나무의 '보리'가 무슨 뜻인지를 알려면 한자를 살펴봐야 한다. 이 나무의 한자는 맥립麥粒, 즉 '보리 알맹이'다. 흔히 대맥大麥을 보리, 소맥小麥을 밀이라 한다. 보리수나무의 보리는 곡식 '보리' 알맹이에서 온 것으로 보인다. 한편 학명에서는 보리수나무의 열매를 올리브 열매와 비교하고 있다. 툰베르크가 붙인 학명 엘라이아그누스Elaeagnus는 '올리브'를 뜻하는 '엘라이아elaia'와 '서양 목형木荊'을 의미하는 '아그노스agnos'를 합성한 것이다. 이는 보리수를 올리브 열매에 비유한 것으로, 기원전 3000년경부터 재배한 터키 원산의 올리브 열매는 보리수나무 열매와 닮았다. 움벨라타umbellata는 '우산 모양'을 뜻하지만, 무엇을 염두에 두고 붙였는지는 불분명하다. 아마 꽃 모양을 두고 붙인 듯하다. 요즘 정원수로 많이 심는 뜰보리수Elaeagnus multiflora Thunberg는 글자 그대로 뜰에 많이 심어서 붙인 이름이다. 일본 원산인 뜰보리수는 보리수나무보다 열매도 굵고 초여름에

온갖 번뇌를 끊고, 사제四諦의 이치를 바로 깨달아 세상 사람들의 존경을 받을 만한 공덕을 갖춘 나한도. 보리수나무는 이처럼 불교와 관련 깊은데, 우리나라에서는 흔히 볼 수 없다.

붉게 익는다. 학명 중 물티플로라*multiflora*는 '꽃이 많다'는 뜻이다.

다산의 둘째 아들 정학유가 쓴 『시명다식詩名多識』에서 보리수나무에 대해 읊고 있다.

진펄에 보리수나무

그 가지 아름다워라

싱그러운 가지 부드럽게 흔들려

세상 모르고 사는 네가 부럽기만 해라

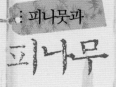 : 피나뭇과

피나무 *Tilia amurensis* Ruprecht

그물
에서
미투리
까지

　　　　　　피나무는 껍질을 의미하는 한자 피皮를 이름으로 삼은 나무다. 그만큼 사람들은 이 나무의 껍질을 중시했다. 피나무 껍질 속의 섬유질은 삼베보다 질기고, 물속에서도 잘 썩지 않는다. 그런 특성 때문에 옛날에는 이것으로 그물, 자루, 망태기, 미투리 등을 만들기도 하고, 때론 기와 대신 지붕 원료로도 사용했다. 특히 조선 말기 양반들의 위선을 폭로한 『배비장전』에 등장하는 배비장이 남편으로 위장한 방자의 호통에 놀라 들어간 궤짝이 바로 피나무로 만든 것이었다.

　　피나무의 한자 모피목毛皮木도 섬유질 껍질을 강조하고 있다. 영어권에서는 '아무르 지역에 살고 있는 보리수Amur Linden'로 표기하지만, 또다른 영어식 이름인 베스우드basswood는 껍질을 강조하고 있다. 한편 러시아의 식물학자 루프레히트Ruprecht(1814~1870)가 붙인 학명은 열매를 감싸고 있는 날개 같은 포苞를 강조하고 있다. 학명 중 틸리아Tilia는 날개를 의미하는 라틴어 '프틸론ptilon'에서 유래했다. 또 아무렌시스amurensis는 아무르 지역을 의

『배비장전』에 나오는 배비장이 남편으로 위장한 방자의 호통에 놀라 들어간 궤짝이 피나무로 만든 것이다.

미한다. 아무르는 시베리아 지역으로, 피나무의 원산지이다. 그러나 우리나라에도 해발 1000~1400미터에서 자생하고 있다.

피나무의 또다른 특징은 콩알 크기의 열매에 있다. 슈베르트의 가곡 「보리수」는 그늘을 강조하고 있다.

성문 앞 우물가에 서 있는 보리수 / 나는 그 그늘 아래서 단꿈을 보았네 / 가지에 희망의 말 새기어놓고서 / 기쁠 때나 슬플 때 찾아온 나무 밑 / 오늘 밤도 지났네 보리수 곁으로 / 캄캄한 어둠 속에 눈 감아 보았네 / 가지는 흔들려서 말하는 것 같이 / 그대여, 여기 와서 안식을 찾아라

피나무도 많은 사람이 오해하고 있는 나무 중 하나다. 특히 우리나라 사찰에서는 피나무를

보리수나무로 여기고 있다. 몇 군데 사찰에서는 보리수나무라는 이름표까지 버젓이 달아놓았다. 이렇듯 오해를 불러일으키는 이유는 이 나무의 열매로 염주를 만들기 때문이다.

피나무는 종류도 많지만 일반인은 구분조차 하기 어렵다. 일본 규슈지역을 원산지로 삼고 있는 구주피나무*Tilia kiusiana* Makino, 울릉도 등 섬에서 자라는 섬피나무*Tilia insuralis* Nakai, 잎이 뽕잎을 닮은 뽕잎피나무*Tilia taquetii* Schneider, 피나무 껍질보다 매끈한 찰피나무*Tilia mandshurica* Rupr Maxim 등이 있다. 아울러 피나무와 닮은 보리자나무*Tilia miqueliana* Max. 열매로 염주를 만들기 때문에 붙인 염주나무 *Tilia megaphylla* Nakai도 있다.

박천반닫지, 18세기, 피나무, 107.7×50×86.5cm, 서울역사박물관 소장.

: 장미과

장미 *Rosa Hybrida* Hort

종
다양성의
으뜸

　　　　　세상 사람들에게 가장 익숙한 나무는 아마 장미일
것이다. 그러나 갈잎 떨기나무인 장미는 200종의 야생종이 있고, 셀 수 없
을 만큼 많은 원예종이 있기에 식물 계통학적으로는 분류하는 것조차 어
렵다. 즉 장미란 수많은 종류를 묶은 이름일 뿐이다. 우리가 흔히 접하는
장미는 서양에서 개량한 것이다. 이 때문에 학명의 히브리다*Hybrida*는 '잡
종'을 뜻한다. 장미를 의미하는 영어 로즈*Rose*는 학명 로사*Rosa*에서 따온 것
이다. 로사는 라틴어이고, '장미'를 의미하는 '로돈*rhodon*'과 '붉음'을 의
미하는 켈트어 '로드*rhodd*'에서 유래했다.

　서양 사람들은 그 누구보다 장미를 사랑했다. 그들이 사랑한 장미는 다
양했는데, 그중 붉은 것과 흰색을 즐겼다. 특히 중세 영국에서는 장미의
색깔로 전쟁을 벌이기도 했다. 이른바 장미전쟁(1455~1485)이 그것이다. 왕
과 제후 및 귀족 간에 왕위를 둘러싼 장미전쟁은 무려 30년간이나 계속되
었다. 영국의 랭카스터 가(1399~1461)는 붉은 장미를, 요크 가(1461~1485)는 흰

노란 장미는 이별, 질투와 같은 부정적인 이미지로 받아들여진다.

장미를 상징으로 삼았다. 장미는 사랑의 상징이기도 하다. 많은 사람이 연인에게 선물할 때 장미를 선택하는 것만 봐도 알 수 있다. 장미의 붉은색이 바로 사랑의 색이다. 13세기 후반 장 드 멍Jean de Meung은 「장미 이야기」를 통해 궁정의 사랑을 풍자했다.

중국에서도 장미를 중부와 남부에서 일찍부터 재배했다. 중국에서는 자홍刺紅·매소화買笑花·옥명적玉鳴笛·십리향十里香 등의 이름으로 불린다. 그중 매소화는 한나라 무제와 애첩 여연麗娟과 관련된 이름이다.

어느 날 두 사람이 궁궐 뜰에서 꽃을 구경하던 중 장미가 피고 있는 것을 보았다. 무제는 장미의 자태가 마치 웃음을 머금고 있는 듯해서 "이 꽃은 세상에서 가장 아름다운 웃음이다"라고 극찬했다. 이에 옆에 있던 여연이 샘이 나서 "웃음을 사시겠습니까?"라고 하자, 무제가 "그렇게 하지"라고 대답했다. 여연은 곧 황금을 가져와 웃음을 사는 돈으로 삼았다. 이에 매소화가 장미의 별칭이 되었다(『가씨설림賈氏說林』).

다음과 같은 이야기도 전한다.

나무
사전

: 장미과 | 장미

중국 절강성 천목산天目山 아래 장미라는 이름을 가진 아름다운 아가씨와 같은 마을의 건장한 청년과의 사랑 이야기도 전한다. 두 사람은 결혼하기로 약속했지만, 황제가 후궁 선발을 명령하자 지방관들이 아름다운 장미를 후궁으로 선발하기로 결정했다. 이 소식을 들은 두 사람은 깊은 산속으로 도망갔다. 이에 관리들이 사람을 풀어 두 사람을 추격했다. 두 남녀는 잡히지 않기 위해 절벽으로 떨어졌다. 뒷날 절벽에서는 아름다운 꽃봉오리가 피어났다. 사람들은 이 꽃봉오리를 장미화라 불렀다(『화사花史』).

장미에 대한 시도 적지 않다. 당나라 시인 가도賈島(779~843)는 「제흥화원정題興化園亭」이란 글을 남겼다.

많은 집을 헐어 하나의 못을 만들어破却千家作一池
복사나무와 자두나무를 심지 않고 장미를 심네不栽桃李種薔薇
장미꽃이 떨어지면 가을바람 일어나고薔薇花落秋風起
가시가 뜰에 가득해야
그대는 비로소 알리
荊棘滿庭君始知

이처럼 중국의 장미는 르네상스 이후 서양으로 옮겨져 유럽 장미와의 교잡으로 여러 종류의 서양 장미를 낳았다. 한국에서도 예부터 장미를 관상용으로 재배했다. 우리나라 최초의 원예서인 강희안姜希顔

가도 초상.

백장미도, 마원, 중국 남송시대. 마원은 이당李唐의 화법을 흡수하여 자기류의 화풍을 성립시킨 남송의 화
가다. 그의 산수화풍은 일본 산수화에 영향을 주었고, 조선전기 이상좌, 강희안에도 미쳤다. 거세고 대담하
게 장미의 아름다움을 표현하고 있다.

(1417~1464)의 『양화소록養花小錄』에서는 장미를 아름답고 아담한 자태로 표현했으며, 아름다운 벗을 의미하는 '가우佳友'로 칭송하고 있다.

: 장미과

매실나무 *Prunus mume* Siebold *et* Zuccarini

생각
하면
침이
도는

　　　갈잎 중간 키 나무인 매실나무의 이름은 이 나무의
열매를 의미한다. 매실나무를 뜻하는 한자 매梅는 나무 목木에 매양 매毎를
합한 형성문자다. 고려시대 김부식이 편찬한 『삼국사기』에 매실이 처음
나온다. 매실은 신맛이 강하다. 신맛을 생각하면 입 안에서 침이 돌게 마
련이다. 중국 남조 유의경劉義慶(403~444)의 『세설신어世說新語』를 보면 삼국시
대 조조가 매실의 신맛을 이용하여 위기를 모면한 내용이 나온다.

　　중국 삼국시대 위나라의 조조가 대군을 거느리고 출병했다. 그런데 길을 잃
　어 군사들이 몹시 피로해졌다. 아무리 둘러보아도 물 한 방울 보이지 않자,
　군졸들은 모두 갈증을 느껴 행군조차 할 수 없었다. 이에 조조는 큰 소리로
　군졸을 향해 '저 산을 넘으면 큰 매화나무 숲이 있다. 여기서 열매를 따 먹
　자'라고 외쳤다. 이 말을 들은 군졸들은 매실을 생각하니 금방 입 안에 침
　이 돌아 갈증을 해소할 수 있었다.

매실은 국을 끓이는 데 사용하는 일종의 조미료이기도 했다. 중국에서는 국을 끓일 때 소금과 함께 매실을 넣었다. 매실로 간을 맞춘 것은 소금의 짠맛과 매실의 신맛을 조화롭게 하는 게 맛을 내는 데 최상이라 여겼기 때문이다. 『서경書經』 「설명하說命下」에 따르면 "만약 간을 맞춘 국을 만들거든 너는 오직 소금과 매실이 되어야 한다若作和羹 爾惟鹽梅"라고 했다. 예로부터 간을 맞추는 조미료는 귀하게 취급되었다. 『주례周禮』를 보면 "변두籩豆에 마른 매실을 담는다"는 구절이 보이는데, 변과 두는 제사 때 쓰이는 그릇이다. 마른 매실은 오매烏梅라 불린 것으로 청매靑梅의 껍질을 벗기고 씨를 빼 짚불 연기를 쐬여서 검게 말린 것이다. 매실이 조상께 올리는 귀한 열매였다는 뜻이다. 매실로 국의 간을 맞추는 장면은 『양화소록』 중 강회백의 시에 등장한다.

천지의 기운이 돌아가고 또 오니一氣循環往復來
하늘의 뜻을 납전매(추운 날에 피는 매화)에서 보는구나天心可見臘前梅
바로 큰 솥 가득 매실로 국의 간을 맞추려는데直將殷鼎調羹實
하염없이 산을 향해 졌다가 또 피는구나謾向山中落又開

예전에는 매실나무는 신맛을 없애기 위해 뽕나무에 접붙이기도 했다. 그 경우 꽃의 냄새를 맡으면 안 되는데, 냄새 맡은 사람은 콧구멍 속에 군살이 생겨 나오는 비치鼻痔라는 병을 앓았다고 한다. 여기서 치痔란 치질을 의미한다. 매실의 신맛과 관련해 북송의 시인 겸 화가인 황정견은 다음과 같은 시를 지었다.

북쪽 사람 먹어보지도 않았으면서 눈살을 찌푸리고北客未嘗眉目顰

남쪽 사람 떠벌리느라 침을 흘리네南人夸說齒生津

돈을 갈아 꿀에 섞음을 누가 인정했던가磨錢和蜜誰能許

꼭지를 떼고 소금을 섞으면 먹을 만하리去蒂供鹽亦可人

매실나무는 매화나무라 부르기도 한다. 매화나무는 이 나무의 꽃을 강조한 이름이다. 그러나 지볼트와 주카리니가 함께 붙인 학명에는 이 나무에 관한 구체적인 정보가 없다. 단지 자두를 의미하는 프루누스*Prunus*와 매실나무를 의미하는 일본어 무메*mume*, 즉 우메ㅎめ만 언급되고 있다. 매화나무는 사군자四君子(梅·蘭·菊·竹) 중 하나로도 유명하다.

매실나무는 다른 나무보다 꽃이 일찍 핀다.『증보산림경제』에 "5월에 씨를 받고 이듬해 2월에 마을 앞뒤로 수백 그루를 심으면 겨울에 눈 내릴 때에 꽃이 피고 향기가 사람의 코를 찌른다"라고 했다. 이 때문에 꽃의 우두머리를 의미하는 '화괴花魁'라고도 불린다. 매화나무는 꽃이 피는 시기에 따라 이름을 달리한다. 일찍 피기에 '조매早梅', 추운 날씨에 핀다고 '동매冬梅', 눈 속에 핀다고 '설중매雪中梅'라 한다. 아울러 매화는 색에 따라 '백매白梅'와 '홍매紅梅'로 나뉜다. 우리나라 화가의 경우 대개 18세기까지는 백매를 선호했으나 19세기부터는 홍매도 즐겨 그렸다. 19세기 홍매도 중에서 가장 빼어난 작품으로는 조희룡趙熙龍(1797~1859)의「홍매도대련紅梅圖對聯」을 꼽는다.

선비들이 매화나무를 좋아한 이유는 추운 날씨에도 굳은 기개로 피는 하얀 꽃과 은은하게 배어나는 향기, 즉 매향梅香 때문일 것이다. 중국 남북조시대 포조鮑照의 시「매화는 지는데梅花落」에서 이를 엿볼 수 있다.

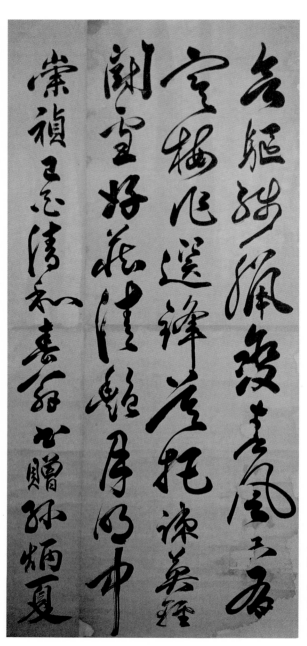

송준길초서, 송준길, 1669년,
176.5×77cm, 대전선비박물관 소장.

남은 해 몰아 봄바람 만들고자 하나
다만 남은 추위 속 몇 개 매화 만들었네
듬성듬성 남은 꽃 잡고 눈과 다투지 말라
맑고 고운 자태는 달빛 속에 숨어 있나니

뜰 안에 온갖 나무 많기도 한데中庭雜樹多

그래도 매화만을 찬탄하노라偏爲梅咨嘆

"그대여 어찌 유독 그러하는가"問君何獨然

"그것은 서리 속에 꽃 피울 수 있고念其霜中能作花

이슬 속에 열매를 맺을 수 있지露中能作實

봄바람에 하늘하늘 봄날 자태 뽐내지만搖蕩春風媚春日

너희는 찬바람에 시들어 떨어지니念爾零落逐寒風

부질없는 서리꽃뿐 오상고절 없음이라"徒有霜華無霜質

우리나라에서 가장 오래된 나무는 매화나무인 정당매政
堂梅다. 이 나무는 『양화소록』의 편찬자 강희안의 조부인
강회백姜淮伯이 심은 나무다. 지리산 자락의 단속사지斷俗寺
址에 살고 있는 정당매는 600년의 세월을 견딘 탓에
이제는 키도 작을 뿐 아니라 죽은 가지도 적지 않
다. 정당매 앞에는 매화를 심은 뜻을 기린 비각
이 있다. 정당매는 강회백이 정당문학政堂文學이라
는 벼슬을 지냈기 때문에 붙여진 것이다. 조선전
기의 문신인 김일손金馹孫은 『정당매기政堂梅記』를
남겼다.

백자매화무늬병, 조선 19세기,
높이 25cm, 북한 국보.

동방오현東方五賢 중 한 명인 한훤당 김굉필의 외증손이자 퇴계의 제자인
한강寒岡 정구鄭逑(1543~1620)는 자신의 고향 성주에 백매원百梅園을 만들어 수
양했다. 중국 남송시대의 송백인宋伯仁이 편찬한 『매화희신보梅花喜神譜』에는
매화도 100폭이 수록되어 있다. 중국 사람들은 매화 100폭을 돌에 새기기
도 했다. 100폭 매화도는 '백매도百梅圖' 라 불렸다. 한강의 백매원도 이와

무관하지 않을 것이다.

중국 송대의 임포林逋는 매화도에 큰 영향을 준 사람이다. 그는 매화를 아내 삼고 학을 아들로 삼아 숨어 살았던 인물이다. 그의 작품「산원소매山園小梅」에 등장하는 시어는 후대에 매화도의 단골 화제畵題가 되었다. 이때부터 달과 함께 그린 '월매도月梅圖', 물가에 가지가 거꾸로 자라는 도수매倒垂梅 등이 유행했다.

도심매倒心梅로도 불리는 도수매에 대해 퇴계는「도산에서 매화를 찾는다陶山訪梅」라는 시에서 이렇게 노래했다.

한 봉오리만 등진다 해도 오히려 의심할 만한데 一花纔背尙堪猜
어찌하여 드리우고 드리워 다 거꾸로 피었느냐 胡乃垂垂盡倒開
나무에 의지하여 앉아 꽃 밑을 쳐다보니 賴是我從花下看
머리를 들 때마다 한 송이 한 송이 마음에 비춰오네 昂頭一一見心來

퇴계는 위의 시를 다 짓고 "이는 중엽매重葉梅이다"라는 자주를 달았다. 이에 대해 "중엽重葉이면서 도심倒心이었으니 (퇴계가) 더욱 기절한 것이다"라고 평한 성호 이익은 『성호사설』에 한 장을 마련해 "도심매를 범지능의 『매보梅譜』에 보충해 넣어야 한다"고 말했다.

매화는 사군자인 까닭에 사람들은 이에 대한 칭찬을 아끼지 않았다. 수많은 작품 중 독

호랑이무늬접시, 17세기 말, 직경 24cm, 국립중앙박물관 소장.

립운동을 하다가 북경 감옥에서 죽은 이육사李陸史(1904~1944)의 「광야」만큼
매화의 의미를 강하게 전달하는 작품도 드물 것이다.

까마득한 날에
하늘이 처음 열리고
어디 닭 우는 소리 들렸으랴.

모든 산맥들이
바다를 연모戀慕해 휘달릴 때도
차마 이곳을 범하던 못하였으리라.

끊임없는 광음光陰을
부지런한 계절이 피어선 지고
큰 강물이 비로소 길을 열었다.

지금 눈 내리고
매화梅花 향기香氣 홀로 아득하니
내 여기 가난한 노래의 씨를 뿌려라.

다시 천고千古의 뒤에
백마白馬 타고 오는 초인超人이 있어
이 광야曠野에서 목놓아 부르게 하리라.

매화서옥도, 나카바야시 지케이, 19세기, 지본담채, 각폭 152×343.8cm, 국립중앙박물관 소장.

매화에 둘러싸여 책 읽는 그림만큼 화가들이 즐겨 그린 주제가 있을까. 우리에게는 이 조선후기의 화가 전기 田琦가 그린 「매화서옥도」가 잘 알려져 있지만, 19세기 일본의 이 그림은 좀더 원경의 풍경을 잡아서 보여준 다. 안개에 가려진 산수가 경계를 지우며 겨울 깊숙이 숨어 있고 그 위를 마치 점등한 것처럼 매화가 피어 있 다. 추위에도 굴하지 않고 꽃을 피우는 매화는 선비들의 지조와 곧잘 비교돼왔다. 외유내강. 이 그림에서는 그러한 의도가 정말 그림처럼 아득하게 중의적으로 느껴진다.

겨울의 얼어붙은 대기를 뚫고 와닿는 백매의 향기는 더욱 아릿하다. 차가운 대리석 밑에서도 매화의 아름다움은 전혀 주눅들지 않는다.

백지매수문묘회소유-白紙梅樹文描繪小柚, 사카이 호이츠.

목제매화문고비,
19세기,
국립민속박물관 소장.

: 장미과

살구나무 *Prunus armeniaca* var. *ansu* Maximowicz

씨앗이
개를
죽인다

살구殺狗나무는 겉으로 보기엔 나무의 특성과 관계 없는 이름이다. 학명에도 살구나무의 특성을 알려주는 정보는 없다. 프루누스*Prunus*는 자두를 의미하고, 아르메니아카*armeniaca*는 중앙아시아의 아르메니아를 뜻한다. 안수*ansu*는 살구를 뜻하는 일본어 '안즈ぁんず'다. 한자에서 보듯 살구는 '개를 죽인다'는 뜻이다. 고향을 연상시키는 나무에 하필이면 섬뜩한 이름을 붙였을까. 청대의 『식물명실도고장편』에 따르면 살구나무의 열매, 즉 행인杏仁은 독을 품은 탓에 사람과 더불어 개를 죽일 수 있었다. 『본초강목』을 보면 개에 물려 상처가 생긴 경우 살구를 씹어 붙이거나, 이리나 개에 물린 독성을 제거하고자 할 때 빻은 살구를 물에 타 먹으면 된다고 했다. 또한 '개고기를 먹고 소화가 되지 않아 가슴이 그득하고 입이 마르고 열이 나며 헛소리를 하게 되면 살구 한 되를 껍질과 끄트머리를 제거하고 물 세 되에 끓여 찌꺼기를 버리고 그 즙을 세 차례 나누어 먹으면 막힌 고기가 내려간다고 했다. 그러나 개를 죽인다는 살구殺狗에서 살

행화, 작자미상, 중국 송·원대.

구나무 이름이 나왔다고 단정지을 수는 없다. 1489년(성종 20) 윤호 등이 편찬한 의학서 『구급간이방언해救急簡易方諺解』를 보면 살구를 '솔고'로 표기하고 있으며, 우리나라 최초의 국어사전인 『훈몽자회』에서도 살구를 '솔고'라 표기하고 있기 때문이다. 반면 조선시대에는 개를 '가히'라고 불렀는데, 만약 "개를 죽인다"는 의미가 우리말로 정착됐다면 '솔가히'가 되어야 맞다. 따라서 1800년대까지 살구가 '살고' 또는 '솔고'로 쓰이다가, 1800년대 말경에서야 비로소 현재의 표기인 '살구'라는 단어로 표기되기 시작했다는 것이 최근 학계에 보고된 새로운 견해다. 그러나 이에 대해서는 국어사적 측면에서 좀더 심층적인 연구가 필요하다. 개살구는 구행狗杏이다. 개살구는 살구 열매보다 신맛이 난다.

살구나무의 한자는 행杏이고, 또다른 한자 이름은 첨매甛梅, 즉 달콤한 매실이다. 살구가 맛이 좋은甛 매화梅 같다 하여 양행밀楊行密(?~937)이 붙인 이름이다. 살구도 종류가 많아 열매가 누런색을 띠면서 둥근 것을 금행金杏이라 불렀다. 금행을 두고 중국 산동 제남 사람들은 한나라 황제의 살구를 의미하는 한제행漢帝杏이라 불렀다. 장영張英의 『연감유함淵鑑類函』과 『공씨육첩孔氏六帖』 등을 보면 "제남濟南 분류산分流山에 살구가 있는데, 크기는 배만 하고 귤처럼 노랗다. 한 무제가 이것을 먹고 크게 기뻐하여 상림원上林苑에 심으니, 이때부터 사람들이 한제행과 금행으로 불렀다"는 기록이 나온다. 『서경잡기西京雜記』에 따르면 한 무제가 장안을 중심으로 상림원上林苑이라는 식물원을 만들 때 신하들이 귀한 과일과 기이한 나무들을 많이 바쳤다. 그중에 나무의 수피에 무늬가 있는 문행文杏과 신선이 먹었다는 봉래행蓬萊杏 살구나무 두 종류가 있었다.

『산림경제』에서는 "금년에 살구가 많이 열리면 벌레가 보리를 먹지 않고, 복숭아가 많이 열리면 벌레가 밀을 먹지 않고, 홰나무에 벌레가 없으면 콩이 잘되고, 오얏나무에 벌레가 없으면 녹두의 수확이 많다"는 기록이 나온다. 여기서 보이듯 민간에서는 살구가 잘되면 보리농사가 잘된다고 믿었다. 그러나 왜 그러한지 그 까닭은 나오지 않는다.

살구나무는 열매만큼 꽃도 큰 관심을 끈다. 그래서 살구나무를 행화杏花라 부른다. 살구꽃은 봄비春雨, 강남江南과 더불어 연칭할 만큼 봄비와 남쪽을 상징하는 단어다. 특히 살구꽃이 피는 시절은 청명淸明 · 한식寒食과 맞물려 나들이하기에 아주 좋다. 옛날 선비들은 이 시절에 살구꽃이 만발한 집에서 술을 마시곤 했다. 살구꽃이 피는 마을, 즉 행화촌杏花村을 '술집'이라 부르는 까닭도 여기에 있다. 이 말은 중국 당나라 시인 두목杜牧(803~852)의 「청명」이라는 시에서 유래했다. 중국 남북조 시대의 유신庾信(513~581)이 지은「살구나무 꽃杏花」에서도 그 풍류를 한껏 느낄 수 있다.

봄빛이 바야흐로 들판에 가득하니春色方盈野

나뭇가지마다 비취빛 봉오리 터진다枝枝綻翠英

어렴풋이 촌락을 비추면서依稀暎村塢

살구꽃이 산성에 만발해 있다爛漫開山城

꺾어서 손님을 대접하면 좋겠다好折待賓客

붉은 구슬 같은 살구꽃을 금쟁반에 바쳐 드려야겠다金盤槻紅瓊

　　당나라에서는 과거시험에 합격한 사람들에게 수도 장안長安의 명승지인
곡강曲江 가의 살구나무 꽃이 있는 행원杏園에서 축하연을 베풀어주었다.
이에 살구나무를 과거시험에 급제했다 하여 '급제화及第花'라 부른다. 당나
라 시인 사공도司空圖(837~908)는「역질산하오촌간행화力疾山下吳村看杏花」에서
살구꽃을 농염한 삼천 궁녀에 비유하기도 했다.
　　중국 살구나무 중에는 귀비행貴妃杏이 있었다. 이것은 당나라 현종의 비
였던 양귀비의 이름이 붙여진 것이다. 양귀비, 즉 양옥환이 어린 시절 황
하 연안의 영보靈寶에 자주 놀러 갔다. 그런데 그곳의 살구나무는 꽃눈이

파거 급제자들에게 잔차를 베풀었던 행원.

나오지 않을 뿐 아니라 껍질도 윤기가 없었다. 그러자 그녀는 자기 집 뜰의 살구나무를 그곳에 심었다. 그 살구나무는 그후 아주 무성하게 자랐고 꽃은 옥처럼 아름다웠다. 후에 사람들은 양옥환이 귀비로 책봉되자 그 나무를 귀비행이라 불렀다.

살구나무는 예로부터 인가 가까운 곳에 심되 빽빽하게는 심지 않았다. 살구를 과육이 붙은 통째로 삶아 거름흙에 묻어두었다가 봄에 싹이 트고 나면 3월에 흙과 함께 땅에 옮겨 심는데 대체로 3보步에 한 그루씩 심으면 맛이 달며 자란 나무의 뿌리를 돌로 눌러놓으면 꽃이 무성하고 씨앗이 튼튼해진다고 했다.

: 장미과

자두나무 *Prunus salicina* Lindley

입하 때
먹으면
얼굴이
고와지는

자두나무의 '자두'는 자도紫桃에서 변한 이름이다. 붉은 복숭아를 뜻하는 자도는 자두나무의 열매를 비유한 말이다. 자두의 우리말은 오얏이다. 오얏의 한자는 이李로, 나무에 열매가 주렁주렁 달린 모습을 뜻한다. 자두의 다른 한자 이름은 가경자嘉慶子, 산리자山李子 등으로, 모두 열매를 강조한 것이다.

자두의 한자는 복사나무 열매에 비유했지만, 영국의 식물학자 린들리 Lindley(1799~1865)가 붙인 학명에 등장하는 프루누스Prunus는 곧 자두를 의미하고, 매실나무와 살구나무는 물론 복사나무조차도 프루누스 학명을 달고 있다. 즉 학명상 자두나무는 다른 나무에게 이름을 빌려주는 위치에 있다.

중국에서는 자두나무 열매를 장수와 관련지었다. 중국 삼국시대 기괴소설집인 조비曹丕의 『열이전列異傳』에는 다음과 같은 이야기가 전한다.

원본초袁本初(동한 말의 원소) 시대에 하동河東에 신이 나타나 '도삭군度索

君' 이라 불렀다. 사람들이 사당을 세워 공양했다. 연주兗州의
소씨蘇氏는 어머니가 병으로 앓자 기도를 했다. 그
러자 흰 홑옷을 걸치고 물고기 머리 모양의 높
은 관을 쓴 사람이 나타나 도삭군에게 말했
다. "옛날 여산 아래에 가서 흰 자두를 함께
먹은 지 오래지 않은데 벌써 3000년이 되었소.
해와 달이 이처럼 바뀌니 사람의 마음이 울적해

지는구려!" 그가 가버린 다음에 도삭군이 말했다. "그가 남해군南海君이오."

『이아』에 따르면 자두 중에서 열매가 없는 것을 휴休라 불렀다. 휴는 때론 조리趙李 혹은 맥리麥李라고도 부른다. 맥리는 열매가 맥이 익을 때 여물기 때문이다. 중국의 경우 자두의 종류가 많아 청리靑李, 녹리綠李, 방능리房陵李, 주중리朱仲李, 마간리馬肝李, 황리黃李 등이 있었다. 한비 학파가 전한 설화집『설림說林』에 따르면 입하 때 자두를 먹으면 얼굴이 고와진다는 속설

자두는 가히 장수를 상
징하는 '남극노인'에
비할 법한 열매다. 자두
를 먹은 지 오래지 않
은 듯한데 3000년이 지
났을 만큼……. 수성노
인도, 134.2×47.2cm, 경
기도박물관 소장.

이 있었다. 여자들은 이날 자두나무 아래에 모여 자두즙과 술을 마시곤 했다. 이런 행사는 '주색주駐色酒'라 불렸다.

고대 문학작품에서 자두는 신비로운 과일로 변신하기도 했다. 위진남북조에 지어진 곽헌郭憲의 『동명기洞冥記』를 보면 "임국琳國에 옥엽리玉葉李가 많은데, 오천 년에 한 번 익는다. 한종韓終이 그것을 먹었기에 한종리韓終李라 이름했다"는 구절이 있다. 임국이 정확히 어딘지는 모르지만 장안에서 9000리 떨어진 서방의 한 국가라고 알려지며, 한종은 진시황의 명을 받아 서복徐福과 함께 불사약을 찾아 떠난 사람이다. 그가 먹은 옥엽리는 임국에서 나는 자두로 색깔은 벽옥과 같고 수십 년에 한 번 열매를 맺었다. 자두는 붉기 때문에 중국 민담에서는 "천벌을 받은 괴룡乖龍이 귀가 베였는데, 그 피가 땅에 떨어져 오얏나무가 생겼다"는 말도 전해지고 있다. 『전당시』에 실린 남송의 시인 양만리楊萬里의 「인면자人面子」는 사람 얼굴을 한 자두를 노래한다.

기쁠 때 웃고 취했을 때 노래할 수 있으니喜時能笑醉能歌
눈썹에는 청산이 비치고 눈동자에는 물결이 비치네眉映靑山眼映波
옛날 아름다울 때는 반기성 같더니舊日美如潘騎省
지금 초췌하기가 병든 유마와 같구나只今瘦似病維摩

세계 최초의 종합농서인 중국 북위시대 가사협賈思勰(?~?)의 『제민요술』에 따르면 자두 역시 대추나무와 마찬가지로 '시집보내기'를 했다. 정월 1일이나 15일에 갈라진 가지 사이에 벽돌을 끼우는 것이다. 또 12월에 막대기로 가지 사이를 가볍게 쳐주고 정월 그믐에 다시 쳐주면 열매가 많이 열린다는 속설이 있다.

: 장미과

복사나무 *Prunus persica* Batsch

퇴계
이황도
흠모
했던

복사나무는 고향을 상징한다. 동요 「고향의 봄」에도 가장 먼저 복사나무가 등장한다.

나의 살던 고향은 꽃피는 산골
복숭아꽃 살구꽃 아기 진달래

울긋불긋 꽃 대궐 차린 동네
그 속에서 놀던 때가 그립습니다

'복숭아나무'로도 부르는 복사나무의 이름이 어디서 왔는지는 알 수 없다. 한글 어원사전에도 미상으로 나와 있다. 독일의 식물학자 바츠 Batsch(1761~1802)가 붙인 학명에도 복사나무의 특성을 드러내는 내용은 없다. 학명 중 페르시카persica는 원산지가 페르시아(지금의 이란)라는 뜻이다.

도연명과 도화원기.
저 복숭아 가지가 다양한
민간설화와 연관돼 인간
의 손에 의해 무수히 꺾
여나갔던 그것이다.

복사꽃은 중국 동진東晉 시기 도연명陶淵明의 『도화원기桃花源記』로부터 영향받은 '도원桃源'에서 보듯 별천지를 상징한다. 아울러 신라 때의 선도성모仙桃聖母·도화랑桃花娘 등에서 보듯 복사꽃은 아름다운 여자를 이른다. 복사꽃 향기를 흠모한 사람은 이루 말할 수 없이 많지만 퇴계 이황이 경상북도 청량산에서 읊은 「청량산가淸凉山歌」에서도 그 향기를 맡을 수 있다.

청량산 육육봉六六峯을 아는 이 나와 백구白鷗
백구야 훤사喧辭하랴 못믿을손 도화桃花로다
도화야 뜨지 마라 어주자魚舟子 알까 하노라

복사나무는 꽃만큼 열매인 복숭아도 많은 사람의 관심을 끌었다. 특히 복숭아에 대한 인식은 불로장생으로 다음과 같은 이야기가 전한다.

중국 한나라 무제는 복사나무 꽃과 열매를 아주 좋아하여 뒤뜰에 심었다. 그런데 어느 해에 복사꽃이 피지 않아 가슴 아파하고 있는데 파랑새가 무제 앞에 날개를 접고 앉았다. 무제가 이상하게 여기자 신하가 곤륜산에 살고 있는 신선 서왕모西王母가 복숭아를 가져올 징조라 아뢰었다. 잠시 후 서왕모가 복숭아 27개를 가지고 왔다. 무제가 그 복숭아를 먹어보니 정말 맛이 좋아 그 씨앗을 심으려 했다. 그러자 서왕모가 앞에 나와 말렸다. 서왕모는 그 복숭아가 하늘의 복숭아, 즉 천도天桃로서, 1개를 먹으면 1000년을 살기에 땅에 심을 수 없다고 말했다. 그런데 무제 때의 동방삭은 서왕모의 복숭아 3개를 훔쳐 먹은 까닭에 3000년을 살았다고 한다. 명나라 때의 기이한 책 『서유기西遊記』에도 복숭아밭을 지키던 손오공이 9000년에 한 번 열리는 복숭아를 따먹고 500년 동안 바위에 갇혔다는 내용이 전한다. 그러나 손오공은 삼장법사의 도움으로 풀려났다.

예전부터 복사나무는 빽빽하게 심었다. 복숭아가 한창 익을 때 뾰족한 끝이 위를 향하도록 소똥 속에 넣어두었다가 싹이 나면 옮겨 심었다. 복사나무는 자두나무·은행나무와 마찬가지로 씨가 위를 향하도록 심지 않으면 잘 살아남지 못한다. 또한 깊게 묻으면 싹이 올라오지 못하는 경우가 많다. 과육을 버리고 씨만 깨끗이 씻어서 정결하게 만들고, 여자로 하여금 곱게 단장시켜 땅에 묻으면 훗날 꽃이 예쁘고 고왔다는 민간 신앙도 있다.

접붙이기도 흥해서 감나무를 복사나무에 접붙이면 금도金挑가 되고, 자두나무를 접붙이면 이도梨桃가 되고, 매화나무를 접붙이면 취도脆桃가 되었다. 때로는 살구나무와 자두나무에 접붙이기도 했는데 이럴 경우 살구가 커지고, 자두의 맛이 달고 색이 붉어진다고 했다. 복사나무가 한창 자랄 때 돼지머리 삶은 물을 부어주거나, 봄이 지난 뒤에 칼로 듬성듬성 베어내 진이 많이 나오면 좀벌레가 생기지 않는다고 한다.

두보의 시에 '앵무가 금도를 쪼네鸚鵡啄金桃'라는 구절이 있는데, 바로 황도黃桃를 가리킨다. 황도는 귀해서 "정관貞觀 연간(627~649)에 어떤 사람이 오리알만 한 황도를 바쳤는데, 금도金桃라 불렀다"는 기록도 있다. 우리나라 울릉도에서 나는 황도, 즉 울릉도鬱陵桃도 유명했다. 『송남잡지』에는 "울릉도鬱陵島의 복숭아 씨는 반으로 갈라 술잔을 만드니, 금도金桃보다 크다"라는 기록이 나온다.

옛사람들은 복숭아가 오목五木의 정수로서 사악한 기운을 누르고 백귀百
鬼를 쫓는 힘을 지니고 있다고 믿었다. 『회남자淮南子』에도 나오는 것처럼
사람들이 악기를 쫓는 기운을 가진 열매로 인식하도록 만들었다.

하夏나라 시대 유궁有窮의 임금인 예羿가 있었다. 그는 하나라 천자 자리를
빼앗았다. 그는 활을 잘 쏘았지만 나쁜 짓을 많이 하여 백성들로부터 원망
을 샀다. 그러나 그 누구도 그를 어찌하지 못했다. 마침내 한척이라는 사람
이 복사나무로 만든 큰 방망이로 그를 후려쳐 죽였다. 이 일이 있은 후 귀
신은 복사나무를 무서워했다.

계절적인 설명도 있다. 복숭아나무는 봄볕의 정수春陽精이기 때문에 늦봄 잎이 돋아나기 전 꽃을 피운다. 따라서 다른 나무보다도 생기가 충만해 구마驅魔의 힘도 왕성하며 특히 동남향으로 뻗은 가지는 가장 많은 양기를 받기 때문에 유력하다는 것이다. 여기에는 중국 고서『용편龍篇』에 나오는 다음과 같은 기사가 영향을 미쳤으리라.

> 상고시대 사람으로 신다神茶와 울루鬱壘 형제는 귀신을 잡는 데 능하였다. 동해의 도삭산 위에 살았는데, 복숭아나무 아래에 서서 모든 귀신을 검열하였으며 도리 없이 함부로 사람을 해친 귀신이 있으면 울루가 갈대 끝으로 이 귀신을 묶어 호랑이 먹이로 주었다. 그러므로 지금도 현관에서는 복숭아나무를 잘라 사람을 만들어 문 옆에 세워놓고, 호랑이 모양을 그려 문에 붙여놓는다.

우리나라에도 일찍부터 이런 관념이 성했다. 조선전기 성현成俔의 수필집『용재총화慵齋叢話』권2를 보면 조선의 연중 행사로 제야 전날 추나追儺를 행할 때 민간에서는 푸른 댓이파리綠竹葉, 박태기나무 가지紫荊枝, 익모초益母莖 및 동쪽으로 난 복숭아나무 가지桃東枝를 합해 빗자루를 만들어 이것으로 문을 두드리고 방울을 울리면서 문밖으로 귀신을 내쫓는 풍습이 있었다.

복사나무는 전염병이 창궐한 조선시대 민간에서 무수한 풍속을 만들어 냈다. 경북지방에서는 말라리아에 걸리면 복숭아나무 잎사귀 스물한 장을 일곱 장씩 삼등분하여 '호룡황虎龍皇'이란 문자를 흑서黑書한 후 봉투에 넣는다. 그리고 받는 이의 성명을 '송생원댁입납宋生員宅入納'이라 써서 도로 위에 떨어뜨려놓으면 이것을 주운 자에게 병이 옮아가 환자가 완쾌된다고

믿었다. 경남지역에서는 복숭아 나뭇가지를 잘라 일곱 군데를 묶어 환자 몰래 밤에 베개로 사용케

하고 다음 날 새벽 통행로에 이것을 묻었다. 그러나 이러한 민간신앙은 곧잘 비극을 부르기도 했다. 일제강점기 경성일보에는 다음과 같은 기사가 실렸다.

강원도 금화군 금성면 김형필은 그의 형 김상필이 정신이상 질환을 일으켜 헛소리를 하자 귀신이 붙은 것으로 생각하였다. 귀신이 붙었을 때는 복숭아 나무 가지로 때리면 액병신을 쫓을 수 있다는 이야기를 믿고, 3월 15일부터 이틀간 계속 때려 마침내 죽음에 이르게 한 사실이 발각되어 김형필은 그곳 금화헌병대에 검거, 경성지방 법원 검사국에 송치되었다.(1919년 4월 1일자)

평안남도 영원군寧遠郡 성룡면成龍面 청막리淸幕里에 사는 도경조都京祚는, 같은 마을 유성관劉成官이라는 정신병자에게 이는 귀신의 저주이므로 액땜을 해야 한다며 몽둥이로 마구 때려 거의 반죽음 당하게 한 후 손발을 묶고 콧구멍에 솔잎 태운 연기를 쐬었다. 이에 유성관은 고통으로 허공을 더듬다 마침내 질식사했고, 도경조는 체포되었다.(1919년 2월 15일자)

지금도 민간에서는 동제나 당제를 지낼 때 복숭아나무와 관련된 풍속이 여전히 행해지고 있다.

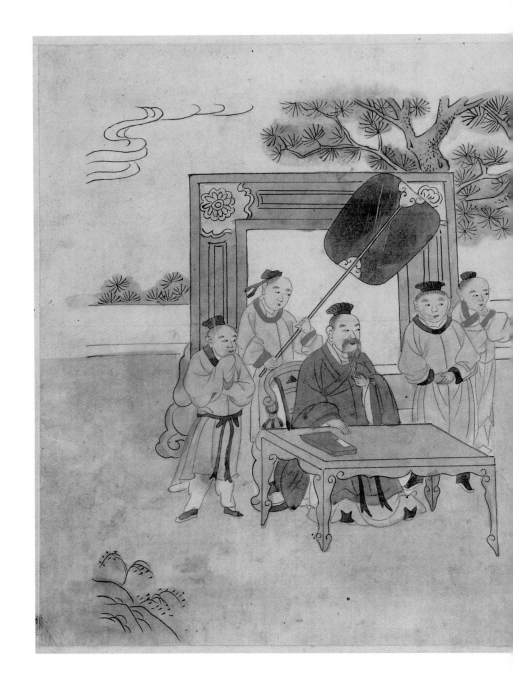

貴黍賤桃

孔子侍坐于哀公賜桃
與黍孔子先飯黍而後
噉桃左右掩口而笑公
曰黍者所以雪桃孔子
對曰丘知之夫黍五穀
之長郊社宗廟以為上
盛菓屬有六而桃為下
不登郊廟聞君子以
賤雪貴未聞以貴雪賤
故不敢從賤而雪貴也

귀서천도貴黍賤倒, 작자미상, 1742, 지본담채, 33×54cm, 국립중앙박물관 소장.
그림 우측 상단의 문장을 풀이하면 다음과 같다. 공자가 노나라 애공의 초대를 받아 그의 옆자리에 앉았다. 애공이 공자에게 복숭아와 기장을 주었는데, 공자는 기장을 먼저 먹고 나중에 복숭아를 먹었다. 그러자 주위에 있던 모든 사람들이 입을 가리고 웃었다. 애공이 "기장은 복숭아가 다치지 않도록 신선하게 보관하기 위한 것이지 드시라고 한 것은 아닙니다"라고 말하자 공자는 이렇게 대답했다. "저도 알고 있습니다. 그러나 기장은 곡식 가운데 으뜸이 되는 것으로 종묘 제사에 올리는 음식이지만, 복숭아는 여섯 파일 중에서도 가장 미천한 것으로 제사에는 쓸 수조차 없는 것입니다." 그러자 애공은 "과연 훌륭하십니다"라며 감탄하였다.

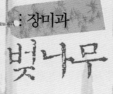 : 장미과

벚나무 *Prunus serrulata* var. *spontanea* Maxim. Wilson

봄의
여왕

봄철 우리나라 어느 곳에서든 벚나무를 볼 수 있다. 벚꽃 축제도 곳곳에서 펼쳐진다. 일본의 나라꽃이라 미워하던 시절이 엊그제 같은데 왜 이다지도 벚나무를 좋아할까. 한 가지 분명한 사실은 사쿠라さくら라 부르는 왕벚나무*Prunus yedoensis* Matsum가 한국 원산지라는 것이다. 일본에서 말하는 사쿠라는 한자 앵두 앵櫻을 의미한다. 벚나무를 의미하는 한자도 앵이다. 중국의 식물 관련 작품에서는 벚나무를 산앵도山櫻桃, 산앵화山櫻花, 복도앵福島櫻, 앵화櫻花로 표기하고 있다. 등이아鄧爾雅의 시 「앵화櫻花」는 벚나무의 아름다운 꽃을 읊었다.

어제의 눈 마치 꽃 같고昨日雪如花
내일의 꽃 마치 눈 같네明日花如雪
벚나무 마치 미인 같고山櫻如美人
붉은 얼굴이 쉽게 사라지네紅顔易銷歇

왕벚나무는 일본의 나라꽃 이다. 이에 일본인들은 왕 벚나무를 '화왕花王'이라 부른 다. 그러나 학명에는 벚나 무의 꽃보다는 잎을 강조하고 있 다. 학명 중 세룰라타serrulata는 잎 에 톱니가 많다는 뜻이고, 스폰타네아spontanea는 자발적으로 나온 것, 즉 야생이라는 뜻이다.

우리나라에서는 벚나무를 화목樺木으로 표기했다. 한편 한자 화는 자작 나무를 뜻하기도 해서 예전엔 화목을 자작나무로 풀이한 적도 있지만, 요 즘은 벚나무로 이해하고 있다. 벚나무는 나무의 조직이 조밀할 뿐 아니라 너무 단단하거나 무르지도 않고 잘 썩지도 않아 글자 를 새기는 데 안성맞춤이 다. 팔만대장경판에 사용 된 나무 가운데 60퍼센트 이상이 산벚나무라는 사실 도 밝혀졌다. 산벚나무 *Prunus sargentii* Rehder는 산에서

팔만대장경판의 재료로 쓰인 산벚나무.

: 장미과 | 벚나무

사는 벗나무라는 뜻이다. 산벗나무는 잎보다 꽃이 먼저 나오는 왕벗나무
와 달리 꽃과 잎이 거의 같은 시기에 난다. 개벗나무, 섬벗나무, 꽃벗나무
등은 서로 비슷해서 사실상 전문가조차 구별하기 어렵다.

벗나무 가운데 올벗나무*Prunus Pendula for. ascendens* (Mak.) Ohwi는 다른 벗나무
보다 꽃이 먼저 펴 생긴 이름이다. '올'은 이르다는 뜻이다. 올벗나무 중
에는 전남 구례 화엄사 지장암의 올벗나무(천연기념물 제38호)가 유명하다. 벽
암선사가 심었다는 이 나무는 세월의 풍파를 견디느라 건강을 많이 해쳤
다. 요즘 조경수로 즐겨 심고 있는 벗나무 중에 능수벗나무가 있다. '능
수'는 '수양'과 더불어 가지가 땅으로 처진 경우에 붙이는 접두어다. 이
때문에 능수벗나무 혹은 수양벗나무는 일반 벗나무와 달리 가지를 땅으로
떨어뜨려 운치를 한층 더한다. 영화를 좋아하는 사람들은 일본의 이와이
순지 감독의 「4월 이야기」에서 벗나무의 꽃이 아름답다는 것을 느꼈을 것

이다. 물론 우리나라에서도
봄철 벗꽃이 비처럼 떨어지는
'꽃비'를 만끽할 수 있지만,
이 영화에서는 왕벗나무의 꽃
비를 즐길 수 있다. 일본 니코
에 위치한 다이쇼우 천황의
태자 시절 저택에는 천연기념
물 수양벗나무가 살고 있다.

멋쟁이 새와 수양벗나무, 가츠시카 호쿠사이의
『작은 꽃』 중, 1832.

처마 곁에서도 저렇게 흐드러지게 피는 것이 벚나무다. 봄 한철 환했다가 한순간에 떨어져버리는 시간을 견디기는 참 힘들기도 하겠다.

: 장미과

앵두 *Prunus tomentosa* Thunberg

탄환
처럼
생긴
열매

갈잎 떨기나무인 앵두는 한자 앵도櫻桃의 한글 이름
이다. 앵은 나무에 구슬처럼 열매가 달려 있는 모습, 즉 영罌을 의미한다.
앵도에 '앵'을 붙인 것은 꾀꼬리를 뜻하는 앵조鸎鳥와 관련이 깊다. 앵도의
다른 이름에는 함도含桃가 있다. 함도의 '함'은 바로 앵조가 앵도 열매를
머금고 있기 때문에 붙여진 이름이다. 복사나무를 의미하는 도는 앵도의
열매를 복숭아에 비유한 것이다. 지금 주위에서 보는 복숭아를 생각하면
앵도 열매와 복숭아는 쉽사리 연결되지 않는다. 하지만 개량 복숭아가 아
닌 야생 복숭아를 대비하면 어느 정도 이해할 수 있다.

탄환처럼 생긴 앵도의 열매가 아주 붉은색으로 변하면 '주앵朱櫻'이라
부르며 누런 것은 납앵蠟櫻이라고 한다. 『이아』에서는 앵도를 설楔 혹은 형
도荊桃라 적고 있다. 앵도의 다른 이름으로 우도牛桃, 애밀厓密이 있다. 『송남
잡지』에는 "민간에서는 '앵도는 옮기기를 좋아하기 때문에 이사수移徙樹라
고 부른다'고 했다"는 기록이 보인다. 당나라 시인 장호張祜(?~?)도 앵도 열

매를 시로 읊었다.

「앵도櫻桃」

> 석류는 터지지 않고 매화는 아직 작으니石榴未拆梅猶小
> 이 산의 꽃 네댓 그루를 사랑하네愛此山花四五株
> 해질녘 뜰 앞의 바람에 나부끼고斜日庭前風裊荔
> 앵도 열매가 수많은 잎 사이로 드러나네碧油千片漏紅珠

앵도도 벚나무와 살구나무, 매실나무처럼 잎보다 꽃이 먼저 핀다. 앵도는 작은 가지에 털이 많지만 꽃이 지면서 돋아나는 잎 가장자리에도 백색의 털이 아주 많다. 학명 중 토멘토사tomentosa도 잔털이 많다는 뜻이다.

신라의 최치원은 유학 시절 당나라의 시인이자 회남淮南 절도사였던 고병高騈(821~887)에게 앵두를 하사받고, 「사앵도장謝櫻桃狀」을 지어 고마움을 표했다.

> 맛은 소귤蘇橘(중국 소주에서 난 귤)보다 낫고 만 알의 구슬을 널어놓으니 눈이 만족할 뿐 아니라, 한 알의 한약을 먹은 것 같이 문득 몸이 경쾌함을 깨닫겠습니다.

우리나라에서는 부여 궁남지 발굴 현장에서 앵두 씨가 발견돼 최소한 삼국시대부터는 식용했을 것으로 본다. 앵두는 『고려사』에도 등장한다. 오행 편에 "예종 6년 6월에 중서성에 있는 앵두나무에 열매가 열렸는데, 크기는 살구만 하고 씨가 없었고 속이 비었다"는 기록이 있다. 또 『고려사』예3태묘에서는 "사월 보름에는 보리와 앵두를 드리고"라고 하여 종묘에 천신薦新하는 과일이었음을 알 수 있다.

조선시대 임금들도 앵두 열매를 즐겼는데, 고려부터 조선 초까지 제사에 올릴 만큼 귀한 열매였다. 더욱이 열매가 익는 단오에는 그해 처음 익은 앵두를 태묘에 올리고, 백관에게 나누어준 풍속이 있었다. 관련 기록을 보자.

> "태종 11년(1411)에 교지를 내리기를, '종묘에 천신할 때 앵도를 드리는 것은 반드시 5월 삭망제 때 겸해서 행하는데, 삭제 때에 앵도가 미처 익지 않으면 망제 때를 기다려 겸해서 행한다. 이는 실로 꽉 막힌 처사이니 인정에도 합당하지 않다. 앵도가 익는 시기는 단오일이 알맞으니, 지금부터는 소득에 따라 즉시 올리도록 하고 삭제와 망제에 얽매이지 말라' 고 했다." (『증보문헌비고』 예고4 천신)

백성들도 사당에 올린 후에야 먹을 수 있었다. 이처럼 앵도를 사당에 올린 것은 『사기史記』「숙손통전叔孫通傳」에 따르면, 효 혜제孝惠帝가 이궁離宮으로 나들이했을 때 숙손생叔孫生의 건의로 봄에 익은 앵도를 종묘에 바쳤기 때문이다. 위나라 문제文帝의 조서에 보면, "남방에는 용안龍眼, 여지荔枝가 있어도 서국西國의 포도葡萄, 석밀石蜜에 견줄 수 없다. 그러나 용안과 여지를 대신해서 포도와 석밀에 견줄 만한 것은 앵두뿐이다"라고 했다. 위

4월에 피는 앵두나무 꽃. 앵두꽃을 닮은 나비 한 마리가 꽃을 향해 날아가고 있다.

에서 여지荔枝 혹은 용안龍眼이라 부르는 과일은 꼭 용의 눈알처럼 생긴 중국 고유의 나무 열매로 맛이 좋아 예전부터 궁궐에 상납하던 과일이었다. 당 현종이 양귀비의 생일을 맞아 별궁인 화청궁이 있는 여산에 행차해 연회를 베풀었을 때 남방의 태수가 양귀비에게 진상한 과일이 바로 여지다. 그런 여지보다도 앵도를 더 뛰어나다고 했으니 앵도에 대한 최고의 찬사였다.

:장미과

능금 *Malus asiatica* Nakai

처용가에
나오는
머자

대구 사람들은 사과보다 능금을 입에 올린다. 과일 상자에도 능금이라는 이름을 달고 있다. 사과에 익숙한 사람들은 능금이라는 말이 낯설지 모른다. 이는 중국인들이 만든 한자 임금林檎에서 유래했다. 임금은 이 나무의 열매에 많은 새들이 앉은 모습을 나타낸 말이다.

우리나라의 능금은 중국의 능금 계통의 나무다. 일본의 나카이가 붙인 학명에서 보듯 능금의 원산지는 아시아다. 학명 중 말루스*Malus*는 사과를 뜻하는 그리스어 '말론*malon*'에서 왔다. 말루스는 로마시대에 붙여진 것이다. 우리나라의 구전 자료 가운데 능금에 관한 최초의 기록은 「처용가處容歌」(879)에 등장하는 '머자'다. 문헌 기록상으로는 『계림유사鷄林類事』(1096)에 나오는 '멋부悶子訃'가 최초일 것이다. 그후 능금 재배가 크게 발전한 것은 조선후기에 이르러서다. 조선전기는 물론 17세기 전반에 나온 『도문대작屠門大嚼』에서도 능금의 주산지를 발견할 수 없기 때문이다. 우리나라 토종 능금은 『향약집성방』(1433)과 같은 의약 서적과 『훈몽자회』 같은 자전류에

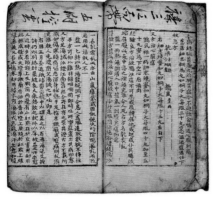

『향약재생집성방』

서나 찾아볼 수 있을 뿐이다.

능금의 재배 기원은 3세기로 거슬러 올라간다. 중국 진대晉代의 『광지廣志』와 『왕희지첩王羲之帖』, 후한시대의 『석명釋名』에서 능금의 다른 표기인 이금里琴과 내금來檎이 발견된다. 『광지』에는 "푸른색, 붉은색, 흰색의 세 종류가 있다. 장액張掖에는 흰 능금이 있고 주천酒泉에는 붉은 능금이 있다"는 기록도 나온다. 이러한 능금의 원산지는 발해였다는 게 통설이다. 중국 당나라 진장기陳藏器가 편찬한 의서 『본초습유本草拾遺』(739)나 『수시통고授時通考』(1737)에서조차 능금의 원산지를 발해로 적고 있다. 『송남잡지』에는 "능금은 일명 빈파頻婆이고 연燕 땅에서 난다. 맛이 비록 평담平淡하지만 밤에 베개 곁에 두면 은은한 향기가 난다. 빈파는 중국말로 '서로 생각한다'는 뜻이다"라는 기록이 나온다.

서울 부암동 뒷골은 창의문 아래 골짜기에 있는 도심 속 두메마을이다. 조선 왕궁의 비밀 정원이라고도 할 수 있는 이 마을엔 예부터 능금나무가 많아 능금나뭇골로 불리기도 했다. 능금은 임금에게 진상했을 정도로 맛이 좋았지만 지금은 몇 그루 남아 있지 않다.

나무사전

: 장미과 | 능금

조선시대 선조들은 꺾꽂이를 즐겼다. 보통 세 가지 종류를 배합하는 경우가 많았다. 현대의 꽃꽂이는 색과 모양이나 질감을 기준으로 삼지만, 조선시대의 꽃꽂이는 내면적인 아름다움을 중시하여 그 기품의 농담과 아속을 기준으로 삼았다.

이규경의 「당화병화변증설棠花瓶花辨證說」이란 글에는 주된 꽃 옆에서 어울리는 꽃을 사령使令이라 불렀다. 능금꽃은 정향과 함께 해당화의 사령이었다. 이규경은 이것을 두고 마치 궁중에 비빈이 있고 규방에 첩이 있는 것과 같다고 하였다.

사과나무 *Malus pumila* var. *dulcissima* Koidzumi

빈과의
방언

우리가 부르는 사과沙果는 중국 화북 지방 빈과蘋果의 방언이다. 영어의 애플Apple이 바로 빈과에 해당된다. 지금은 사과라는 이름에 아주 익숙하지만 『조선왕조실록』에는 1670년 이전까지 사과라는 단어가 등장하지 않는다. 사과를 뜻하는 또다른 한자는 내柰이다. 내는 도홍경陶弘景의 『신농본초경집주神農本草經集註』(502~536)에 처음 나온다고 했으나, 최근 사마상여司馬相如(?~기원전 118)의 『상림부上林賦』에도 '내'가 등장함에 따라 그 기원은 기원전 2세기까지 거슬러 올라간다.

애플이라는 말은 그리스 시대까지만 해도 먹을 수 있는 모든 과일을 지칭했다. 이런 사과가 유럽의 남동부인 코카서스, 터키에서 2차 중심지를 형성했다. 또 기원전 20세기경 스위스 토굴 주거지에서 탄화된 채 발굴되기도 했다. 이런 점으로 미루어 서양의 사과는 4000년 이상의 재배 역사를 지니고 있다. 그리스 시대부터 이미 재배종과 야생종을 접붙이는 방법을 알고 있었다. 그후 유럽 각지에 전파된 사과는 미국으로 전해지고, 19

세기 초 영국은 사과를 가장 많이 생산했다.

우리나라에는 언제 들어왔을까. 연암 박지원의 다음과 같은 말은 사과
의 도입 시기를 추정하는 데 도움을 준다.

> 우리나라에서는 사과沙果라고 한다. 중국에서 말하는 사과는 곧 우리나라의
> 임금林檎이다. 우리나라에는 옛날에 빈과蘋果가 없었다. 속평위東平尉 정재숭
> 鄭載嵩(숙종 때의 문신)이 중국에 사신으로 갔다가 접붙인 가지를 얻어서 온 후
> 로 비로소 온 나라에 널리 퍼지게 되었다. 실제는 잘못된 이름이다.

숙종 때 정재숭이 가져온 사과를 북한산 뒤 자하문 밖 일대에 심었는데,
한말 자하문 밖 20만 그루의 사과나무가 형성된 것은 바로 그때 심은 사과
나무 덕분이었다. 서양 사과는 서양 선교사들에 의해 1890년에 도입되었

: 장미과 | 사과나무

다. 선교사들은 선교 목적으로 사과를 심기 시작했다. 대구 사과의 시초도 애덤스 목사가 도입한 것이었다. 대구 사과의 기원을 알려주는 사과나무가 계명대학교 동산의료원 선교박물관 옆에 아직 살고 있다.

사과나무는 갈잎 작은 키 나무다. 학명의 푸밀라*pumila*도 '난쟁이'라는 뜻이다. 그러나 어떤 식물도감에는 큰 키 나무 혹은 중간 키 나무로 표기하고 있다. 새콤한 맛, 단 맛 등 다양한 맛을 고루 갖추었지만 어쨌든 학명의 둘키시마*dulcissima*는 '매우 달다'는 뜻이다.

사과나무는 대표적인 과수다. 과수에는 과일이 많이 열려야 한다. 이를 위해 옛사람들은 고심에 고심을 거듭했다. 『성호사설』에는 이런 이야기가 나온다. 시골 어느 마을에서 누가 과수를 심는데, 처음부터 아주 배게 심었다. 그러자 사람들은 "나무를 너무 배게 심으면 열매가 맺히지 않습니다"라고 충고했다. 그러자 그가 무슨 소리냐며 대답했다. "처음에 너무 배게 심으면 가지가 많이 생기지 않고, 가지가 많이 생기지 않으면 자라나는데도 반드시 잘 자라나게 됩니다. 점점 자라나기를 기다려 그중 나쁜 것을 골라서 얼마쯤 간격을 두고 없애버리지요. 이렇게 하면 나무가 오래 살고 열매도 많이 맺히며 또는 재목으로 쓰는 이익도 있습니다. 만약 간격을 넓게 심으면 자라기 전에 가지만 많아지고 반드시 높게 크지 않습니다. 나무가 크지 않는다고 옆으로 돋는 가지를 쳐버리면 이로 인해 병충이 생겨서 나무가 저절로 말라 죽지요."

잘 익은 사과는 맛이 아주 달지만, 사과를 바라보는 느낌은 저마다 다르다. 시인 구상은 『개똥밭』 「사과」에서 다음과 같이 노래했다.

과숙래금도果熟來禽圖, 임현, 중국 송대.

한 알의 사과 속에는
구름이 논다.
한 알의 사과 속에는
대지大地가 숨 쉰다.
한 알의 사과 속에는
강이 흐른다.
한 알의 사과 속에는
태양이 불탄다.
한 알의 사과 속에는

나무
사전

: 장미과 | 사과나무

달과 별이 속삭인다.

그리고 한 알의 사과 속에는

우리 땀과 사랑이 영생永生한다.

: 장미과

돌배나무 *Pyrus pyrifolia* Nakai
산돌배나무 *Pyrus ussuriensis* Maximowicz

이화에
월백
하고

『청구영언靑丘永言』에 실린 이조년李兆年(1269~1343)의 시조 「다정가多情歌」는 배나무에 대해 가장 잘 알려진 고전작품이다.

梨花에 月白하고

銀漢이 三更인제

一枝春心을 子規야 알랴마는

多情도 病인 냥하여 잠 못 드러 하노라

이조년만이 아니라 배나무와 관련해서 등장하는 대상은 늘 달이다. 고려시대 가정稼亭 이곡李穀(1298~1351)도 다음과 같은 시를 남겼다(유희령柳希齡, 『대동연주시격大東聯珠詩格』).

배꽃과 달빛 모두 아름답도다梨花月色兩佳哉

꽃 아래 시 짓는 자리 달 뜨기 기다리네花下詩筵待月開

달은 다시 둥글 수 있지만 꽃은 애석하나니月可再圓花可惜

꽃구경 하는 것도 걸핏하면 한 해를 걸러서 돌아오니까看花動是隔年回

이조년과 이곡의 시조에 등장하는 배꽃은 지금의 개량 배나무Pyrus pyrifolia var. culta Nakai 꽃이 아니라 돌배나무 꽃이다. 접두어 '돌'은 동식물 중에서 품종이 낮거나 저절로 난 야생을 뜻한다.

현재 중국에서 사용하고 있는 돌배나무나 산돌배나무의 한자는 산리山梨 이지만, 일반적으로 배나무를 나타내는 한자는 이梨다. 이는 나무의 성질 이 물 흐르듯 이롭기 때문에 붙여진 것이다. 실제 배나무는 대추나무와 더 불어 책을 출판하는 판목版木에 가장 적합하다. 돌배나무의 학명에는 배나 무의 특성을 드러내는 내용은 없다. 피루스Pyrus는 배나무의 라틴어 옛 이 름이고, 피리폴리아pyrifolia는 배나무꽃이라는 뜻이다. 산돌배나무의 우수 리엔시스ussuriensis는 원산지가 시베리아 우스리라는 뜻이다.

이 나무의 다른 이름은 쾌과快果, 과종果宗, 옥유玉乳, 밀부蜜父다. 배나무 꽃, 즉 이화梨花는 눈처럼 희다. 그래서 배꽃을 '이화설梨花雪'이라 부른다. 눈처럼 흰 배꽃이 비처럼 떨어지는 것은 '이화우梨花雨'라 한다. 임진왜란 당시 전북 무안의 관기官妓였던 이매창李梅窓(1573~1610)이 자신의 애인 유희경 劉希慶에게 보낸 노래 제목도 '이화우'다. 이는 1876년(고종 13) 가객 박효관朴 孝寬과 그의 제자 안민영安玟英이 편찬한 가집歌集인 『가곡원류歌曲源流』에 나 온다.

상제집략판목喪祭輯略版木. 조선중기의 문신인 권순경(1676~1744)이 우리나라 전통 예절에 관해 정리한 문집을 판각하기 위한 것이다. 모두 4천으로 구성되어 있으며, 처음 3천은 상喪을 당했을때 지켜야 할 예절에 관한 것이고, 마지막 1천은 제사 때의 예절에 관한 부분으로 되어 있다. 판목의 본체는 배나무, 마구리는 소나무로 되어 있으며, 총 66판 132면이다. 인쇄기술사 연구에 중요한 자료로 평가되고 있다.

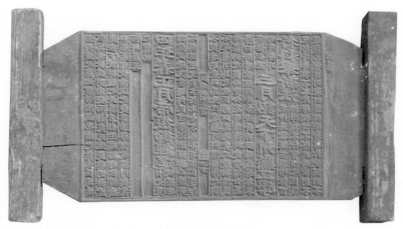

속자치통감강목판목續自治通鑑綱目板木, 배나무, 청천서원 소장.
동강東岡 김우옹(1540~1603)이 기축옥사로 인해 함경도 회령에 유배(1589~1592)되었을 때 저술한 글을 판각한 것이다. 초고 상태로 전해지다가 영조 47년(1771) 왕명에 의해 내각內閣 활자로 처음 출간되었으며, 목판본은 순조 8년(1808) 왕명을 받은 사람의 주선으로 청천서원에서 판각 출간했다. 판목의 재료는 배나무로 제작되었고 규격은 대략 25×34cm로 모두 673매이다.

「이화우梨花雨」

(…)
어젯밤 꿈을 꾸었어요.
이녁은 술 한 병 손에 쥐고 한 손에는 매화
가지를 들고 계셨지요.

마치 아무 일도 없었던 듯
웃으시며 제게 다가오셨어요.
어질어질한 기운으로
부스스 일어나 이녁이 건네는 꽃

가지를 잡으려는 순간
몸서리치며 잠에서 깨어났답니다.
그러곤 비몽사몽간에
혼곤한 취기에 싸여

박명에 닭이 홰를 치기까지

나무
사전
: 장미과 | 돌배나무 · 산돌배나무

몸을 엎치락뒤치락했지요.
임진년 왜구가
새까맣게 밀려오고
이듬해 봄 의병을 모아
서애 선생(유성룡)을 돕겠다며
떠나실 적,

이녁의 두루마기 뒷자락에 비처럼 흩날리던
배꽃을 기억합니다.

그 한순간이 억겁마냥 까마득하고
아련하여
간 심장이 멈추는 듯했습니다.

뒤도 돌아보지 아니하시고 성큼성큼 큰 걸음 옮기시던
이녁이 밟는 황토 먼지가 내려앉는

배꽃과 뒤섞여 분분하였지요.

울며 잡고 이별했지만
풍전등화의 사직 앞에 이녁을 눈물로 어찌
붙잡을 수 있었겠습니까.

사사로운 정으로 어찌 이녁의 마음을 어지럽힐 수 있었겠습니까.

이화앵무도, 작자미상, 중국 송대.

그해 가을

추풍낙엽 흩날릴 즈음

봄날의 배꽃을 떠올렸답니다.

(…)

바위에 앉아 거문고에 시름을 띄워 보내노라면

언덕에 청청하게 우거진 대나무 서걱이는 소리가 거문고 소리와 뒤섞였지요.

그럴 때면 그 옛날 이녁이 난리로

제 곁을 떠나실 적 흩날리던 배꽃이 내 마음에 비 내리듯 흩뿌려지곤 했습니다.

옥 같은 배꽃에 두견새 우는데 달빛은 어쩌자고 뜰을 덮는지

변산의 파도는 변함이 없고

바람은 불어대는데 내 마음속 꽃잎은 어쩌자고

이리도 흩날리는지…

사무치는 옛 생각 둘 곳 없어 이 밤을 고스란히 지샙니다.

(…)

송백 같은 절개도

동백꽃 같은 애절한 사랑도

배꽃 같은 그리움도

저 넓디넓은 바다에 뒤섞여

두런거리며 찰랑거려요. 돌이켜보면

이 몇 해는 얼마나 조촐하고 고마운 시절인지요.

(…)

중국 시인들이 배꽃을 노래하지 않을 리 없다. 그중 백거이는 「강안이화江岸梨花」를 남겼다.

> 배꽃이 잎과 짝하길 생각하고梨花有思緣和葉
> 배나무 한 그루 강가에서 「강화락江花落」을 지은 원진元稹을 아주 괴롭히네
> 一樹江頭惱殺君
> 꽃이 과붓집 어린 여자의最似孀閨少年婦
> 흰 분으로 단장하고 흰 소매 옷을 입고, 푸른 비단 소매 옷을 입은 듯하네
> 白粧素袖碧紗袖

당나라 현종은 수도 장안 금원禁苑에 있는 배나무 동산에서 300명을 선발하여 속악俗樂을 배우게 하고, 궁녀 수백 명을 이원의 제자로 배치했다. 이런 연유로 이원을 연극계, 이원제자梨園弟子를 배우라 부른다. 백거이의 「장한가長恨歌」에도 이원이 등장한다. 더욱이 돌배나무는 산벚나무 다음으로 팔만대장경판에 활용된 것으로 유명하다.

돌배나무와 매우 비슷한 산돌배나무도 같은 가치를 지니고 있다. 돌배나무는 열매에 꽃받침이 없고 색깔이 조금 진한 갈색으로 익는 데 비해 산돌배나무는 열매에 꽃받침이 달려 있고 색깔이 노랗게 익는다. 산에서 흔히 만나는 것은 주로 산돌배나무다. 경북 울진군 서면 쌍전리의 산돌배나무(천연기념물 제408호)는 우리나라에서 가장 오래된 배나무다. 그러나 실제 돌배나무와 산돌배나무의 구분은 전문가조차 하기 어렵다. 우리나라에서 돌배는 4000년 전쯤의 일산 신도시 선사시대 유적이나 2000년 전쯤의 경남 의창 다호리 가야고분에서 발견된 것처럼 아주 일찍부터 애용했다.

산돌배나무는 『이아주소』에 따르면 한자로 수樹 혹은 라蘿이다. 수는 양

수楊檖이다. 수에 관한 내용은 『시경』 「진풍秦風 · 신풍晨風」에 등장한다. 육기의 『모시초목조수충어소』에는 수를 적라赤蘿, 일명 산리山梨, 놀리鹿梨, 서리鼠梨로 표기하고 있다.

배나무에 얽힌 이야기도 적지 않지만, 특히 정몽주와 이성계에 관한 것이 유명하다. 『고려사』에 따르면, 정몽주의 어머니 이씨는 임신

정몽주초상, 이한철 모사, 1880년, 61.5×35cm. 배 꿈을 꾼 후 태어난 이가 바로 정몽주였다.

중 어느 한날 꿈에 난초 화분을 안았다가 갑자기 떨어뜨려 놀라서 잠이 깨어 정몽주를 나았으니, 그 이름을 몽란夢蘭이라 했다. 또한 정몽주의 나이 아홉 살 되던 해 어느 날, 그의 어머니가 낮잠 자다가 꿈에 검은 용이 동산 가운데 있는 배나무에 올라간 것을 보고 놀라서 잠이 깨어 나가보니 다름 아닌 몽란, 즉 정몽주였다.

『조선왕조실록』(정조 15년 4월 17일 조)에 따르면 태조가 왕업을 일으킬 조짐이 있는 꿈을 꾸고 토굴 속에 있는 신승神僧 무학에게 가서 그 뜻을 풀어보게 했다. 즉위한 뒤 토굴이 있던 곳에 절을 세우고 이름을 석왕이라 했다. 그리고 태조가 직접 배나무를 심었다고 한다.

배나무 중에는 천자리天子梨도 있었다. 이는 이규보가 「식천자리食天子梨」에서 읊고 있다.

경북 울진군 서면 쌍전리 산돌배나무, 천연기념물 제408호.

잘 드는 칼로 쪼개려 하니銛刀纔欲破

먹기도 전에 군침이 도는구나未食饞涎垂

다만 천자라는 이름이 있어但有天子名

신하 된 사람으로서 먹기가 마땅치 않도다人臣食非宜

　배나무 이름을 가진 나무 중에는 아그배나무*Malus sieboldii* Regel Rehder와 팥
배나무*Sorbus alnifolia* K. Koch, 콩배나무*Pyrus calleryana* Rehder 등이 있다. 모두 열매
가 팥이나 콩처럼 아주 작은 게 특징이다. 하얀 꽃이 밤에 빛난다는 뜻을
가진 야광夜光나무*Malus baccata* Borkh도 그 성질은 사과나무에 가깝지만 모습
은 돌배나무와 닮았다.

비단 바른 책장, 조선말기, 31.2×48.3×
128cm, 국립고궁박물관 소장. 일반 사랑방에
서 볼 수 있는 가구가 아닌, 왕실 가구의 품격
과 멋을 더한 것으로서, 열개미가 배나무로
만들어졌다.

: 장미과

산사 *Crataegus pinnatifida* Bunge

영국말로
'퀵Quick'

술을 좋아하는 사람들은 산사는 몰라도 산사 열매, 즉 산사자山査子로 만든 '산사춘'은 기억할 것이다. 그만큼 산사는 우리 곁에 있다. 이 나무의 한자 산사山査는 산에서 나무 사이에 해가 나오는 모습을 말한다. 아마 산에서 자라는 이 나무의 붉은 열매가 아침에 해가 뜨는 모습과 닮아서 붙인 듯하다. 그만큼 이 나무의 특징은 열매에 있다. 초여름에 아기사과처럼 생긴 열매가 새빨갛게 익기 시작한다. 구슬 크기만 한 데다 흰 얼룩점을 가진 열매는 한 나무에 수백 수천 개씩 달린다.

때론 山査를 山楂로 표기한다. 이는 산사의 열매 맛이 사楂, 즉 같은 장미과의 풀명자나무(애기명자나무)와 비슷하기 때문에 붙인 것이다. 산사의 다른 이름은 적조자赤爪子, 서사鼠楂, 후사猴楂, 모사茅楂, 구자机子, 양구羊桃, 당구자棠梂子, 산리과山里果 등으로, 대부분 열매를 강조했다. 북한에서는 '찔광나무'라 한다.

산사의 또다른 특징은 작은 가지에 가시가 있다는 점이다. 나무에 가시

를 품고 있으면 동서양을 막론하고 대개 사악한 것을 물리치는 벽사辟邪의 힘이 있다고 믿었다. 우리나라 서북 지방에서는 이 나무를 울타리로 심어 사악한 것으로부터 지키려 했다. 서양에서는 이 나무를 Hawthorn이라 부른다. 이 말은 벼락을 막는다는 뜻이다. 서양 사람들도 이 나무가 천둥이나 벼락을 막아준다고 믿었던 것이다. 영국에서도 우리나라처럼 산사나무를 울타리로 삼았으며, 이 나무를 '퀵Quick'이라 불렀다.

그리스 로마 시대에는 결혼할 때 산사로 신부의 관을 만들기도 하고, 신랑 신부는 산사 가지를 든 들러리를 따라 입장할 뿐 아니라 이 나무로 만든 횃불 사이로 퇴장하기도 했다. 또한 『구약성서』에 나오는 아론의 지팡이에서 보듯 이 나무는 기독교 국가에서 '거룩한 가시나무Holythorn'로 불릴 만큼 성스러운 대상이었다.

산사는 오월을 대표하는 나무로 여겨 메이May라 불렸다. 유럽 청교도들

나무
사전 : 장미과 | 산사

이 신대륙 미국으로 건너가면서 타고 간 배 '메이플라워May Flower' 호 이름도 산사와 관련 있다. 그들이 배의 이름을 산사에 비유한 것은 어려운 항해 중 이 나무가 벼락을 막아줄 거라고 믿었기 때문이다. 산사는 재질도 아주 단단하다. 학명 중 크라타이구스Crataegus는 '힘'을 뜻하는 그리스어 '크라토스kratos'와 '갖다'를 의미하는 '아게인agein'의 합성어다. 이는 재질이 '단단하다'는 뜻이다. 피나티피다pinnatifida는 '잎의 가장자리가 깊게 갈라진다'는 뜻이다.

瀁瀁望不極辰韓杖節且不論

乞假南來邸馬浮雀鼠訟息

崇陰清首陽翠色芙蓉月懷

鄉憶弟言口如戀　闕皇色

見華髮抱病家山學農圃少

游志業誠齟齬四郊半世失收

步庶以天官補玉觸鶺鴒詩成

繫鳾呈出畵此歡俱努力

弟溪拜

去歲何時弟出京東郊細雨傷春　遂作詩奉寄以代遠別　計又墮空不知風雨對床ㅓ時の　陸辭云嶺南之擾旣不得乞假之　兄書出按黃海五月當　一末孟夏寓居月瀾僧舍得

서간, 이황, 1547년, 28.1×47.3cm, 경남대박물
관 소장. 정미년(1547) 초여름 월란승사에 머
물던 중 형의 편지를 받았다. 황해감사로 나
가는데 5월에 임금께 인사 올리고 서울을 떠
난다 했다. 언제쯤 형제가 다시 만날 줄 몰라
이 편지로 대신했는데, 그 안에 산사나무에
관한 이야기가 나와 그리움이 더해진다.

(…)
올해 어느 땐가 형님이 서울을 떠나실 땐
석류꽃이 눈부시고 매실이 익어가는 철이겠
지요.
같은 작별이라지만 이번엔 더욱 멀어져
서해바다 아득하여 바라보아도 끝이 없네요.
경상감사는 논할 필요가 없고
휴가 얻어 고향 오시는 것도 어찌 쉽겠습니
까. 백성들의 소송이 사라지면 당체나무(산
사) 그늘에 서늘하고
수양산의 녹음과 부용대의 달도 좋겠지요.
(…)

모과나무 *Chaenomeles sinensis* Koehen

놀부가
흥부에게
빼앗은
화초장

갈잎 큰 키 나무인 모과나무는 한자 목과木瓜에서 온 말이다. 이는 열매가 오이를 닮아 붙여졌는데, 『이아』의 곽박郭璞 주注에 나온다. 그러나 학명에서는 모과를 사과에 비유하고 있다. 학명 중 카이노멜레스Chaenomeles는 '갈라지다' 라는 뜻의 그리스어 '카이노chaino'와 '사과'를 뜻하는 '말론malon'의 합성어다. 말 그대로 모과나무가 사과처럼 생겼지만 갈라진다는 뜻이다. 시넨시스sinensis는 모과나무의 원산지가 중국임을 뜻한다. 중국에서는 모과나무를 아주 오래전부터 재배해왔다. 『시경』「위풍衛風 · 모과木瓜」에도 이 나무가 등장한다.

나에게 모과를 보내주었으나 아름다운 패옥으로 보답하나니投我以木瓜 報之以瓊琚

보답이 아니라 영원히 친하게 지내자는 거요匪報也 永以爲好也

모과나무의 주요 생산지는 중국 절강성 산음山陰과 난정蘭亭이었다. 특히 난정은 서성書聖 왕희지王羲之가 활동한 곳이다. 모과나무는 열매도 좋고 꽃도 아름답지만 줄기만 봐도 그것이 아주 단단함을 알아챌 수 있다. 중국에서는 오래전부터 이 나무를 주로 곡식을 담는 원통의 재료로 사용했지만, 우리나라에서는 장롱을 만드는 데 썼다. 놀부가 동생 흥부 집에서 자기 집으로 가져가면서 이름을 외우느라 고생한 이른바 화초장이 바로 모과나무로 만든 것이다. 그래서 모과나무를 '화초목'이라고도 부른다. 명대 왕상진王象晉의 식물 농서 『군방보群芳譜』에 따르면 중국에서는 모과나무 껍질로 장漿, 즉 미음을 만들어 먹었다.

모과나무는 꽃으로 사람들의 눈을 즐겁게 하고, 열매와 껍질로 입을 즐겁게 해주는 존재다. 이 나무에 조금이라도 관심을 기울여본다면 5월 꽃 필 무렵 열매가 익을 때 놀라운 사실을 발견하게 된다. 봄이면 모과나무에 물이 오르면서 껍질이 축축해진다. 그런 후 꽃을 피우는 일이 힘겨운지 껍질 일부가 벗겨지는데, 이때 모과나무의 속을 볼 수 있다. 벗겨진 껍질 속을 보면 색깔이 노란 것이 익은 열매와 흡사하다. 『삼국전략三國典略』에는 모과의 성분과 관련된 내용이 나온다.

![calligraphy]

역대 최고의 글씨를 꼽으라면 망설임 없이 왕희지를 택하겠지만, 모과나무와 가장 관계 깊은 사람을 꼽으라 해도 역시 그일 것이다. 왕희지는 모과나무의 주 생산지인 난정에서 활동했다.

제齊나라 효소왕孝昭王이 북으로 고막해庫莫奚를 정벌하러 가다가 천지天池에
도착하여 모과로 고기를 죽였다. 고막해 사람들이 이것을 보고 불길하다 생
각하고 군대를 철수했다. 이 틈을 타서 제나라가 군사를 나누어 출격하여
고막해 사람들을 모두 사로잡았다.

주위에서 모과나무는 흔하게 발견되지만, 아주 오래 살고 있는 것은 드
물다. 남한에는 천연기념물로 지정된 모과나무가 한 그루도 없고, 북한에
는 두 그루 있다. 큰 열매를 맺는 나무는 대개 오래 살 수 없기에 천연기념
물을 찾아보기 어렵다. 그런데 2005년 7월 신라 고찰 도덕암의 모과나무
가 경상북도 보호수로 지정됐다. 이곳의 모과나무는 혜거국사가 팔공산
기슭 도덕산에 위치한 암자를 창건하면서 심은 것으로 전해진다. 전문가
들은 이 나무의 나이를 800년 정도로 추정하고 있다. 즉, 국내 최고령으로
높이 10미터, 둘레 4미터에 이르는 거목이다. 이곳 모과나무의 나이를

모파나무 수피가 벗겨진 위로 거미가 집을 지었다.

800년으로 잡은 것은 모과나무 둘레가 1미터 자라는 데 200년이 걸리는 것으로 보기 때문이다. 이 나무 옆에는 광종이 사흘 동안 머물면서 샘물을 마시고 속병을 고쳤다는 전설의 우물이 있다. 곽재우 장군을 모신 경상남도 의령군에 위치한 충익사 내의 모과나무도 유명하지만, 경상남도 합천군 묘산 묵와고가默窩古家에도 아주 큰 모과나무가 살고

있다. 묵와는 선조 때 선전관을 역임하고, 인조 때 영국원종일등공신寧國原從一等功臣에 봉직된 윤사성尹思晟의 호이다.

: 장미과

명자꽃 *Chaenomeles lagenaria* Loisel Koidzumi

향나무
옆에
키우면
병드는

　　　　중국 원산의 갈잎 떨기나무인 명자꽃이 우리나라
에 언제 들어왔는지는 알 수 없지만, 중부 이남에 주로 심는다. 명자꽃은
향나무와 가까이 심으면 배나무와 마찬가지로 붉은별무늬병에 걸려 꽃을
제대로 볼 수 없다. 명자꽃은 키가 작은 나무에 속하지만 벚꽃처럼 지나치
게 화사하지도, 모란처럼 지나치게 요염하지도 않으면서 품격을 갖추고
있다. 이런 특성으로 일부 지역에서 명자꽃을 꽃 중의 꽃으로 부르기도 하
고, '아가씨꽃나무'라고 칭하기도 한다. 명자는 우리에게 익숙한 여자 이
름이니, 아름다운 아가씨에 비유할 법도 하다.

　아름다운 장미에 가시가 있듯 명자꽃은 가지 끝이 가시로 변한다. 꽃은
홍색, 분홍색, 흰색 등 다양하다. 옛사람들은 이 꽃이 화사하고 한창 봄이
익어가는 시기에 피므로 부녀자가 꽃을 보면 바람난다고 하여 집 안에 심
지 못하게 했다.

　명자꽃은 학명에서 볼 수 있듯이 꽃만큼 열매도 귀중하다. 모과나무의

학명 카이노멜레스*Chaenomeles*가 말해주듯 열매가 모과처럼 생겼다. 키에 비해 열매는 모과보다 작지만 상당히 큰 편이고, 모과처럼 노랗게 익는다. 일본의 고이즈미小泉源一(1883~1953)가 붙인 학명 라게나리아*lagenaria*는 이 열매가 병甁을 닮았다는 뜻이다. 명자꽃을 닮은 풀명자*Chaenomeles japonica* Thunb. Lindley는 일본 원산이다. 열매는 명자꽃보다 작아 '애기명자나무'라 부른다.

명자나무 꽃과 열매. 아름다운 꽃과 대비되는 못난이 열매가 가지에 혹처럼 붙어져 있다.

: 장미과

해당화 *Rosa rugosa* Thunberg

모든
꽃의
기준

이미자의 노래 「섬마을 선생님」은 해당화가 주로
어디에 사는지 알려준다.

해당화 피고 지는 섬마을에

철새 따라 찾아온 총각 선생님

열아홉 살 섬 색시가 순정을 바쳐

사랑한 그 이름은 총각 선생님

서울엘랑 가지를 마오 가지를 마오.

해당화海棠花는 이름에서 이 꽃이 바닷가에 산다는 것을 알려준다. 갈잎
떨기나무인 해당화는 장미를 닮았다. 줄기에 가시가 있는 것도 그렇고,
꽃도 장미와 비슷하다. 툰베르크가 붙인 학명 중 로사Rosa는 '장미'를 의
미하는 로돈rhodon과 '붉음'을 뜻하는 켈트어 로드rhodd에서 유래했다. 또

다른 학명 루고사*rugosa*는 '주름이 있다'는 뜻이다. 이는 잎 모습을 두고 붙인 이름이다. 강희안의 『양화소록』에는 '사계화四季花'라는 이름으로 나오는데, 즉 꽃이 사계절 동안 피기 때문에 붙여진 것이다. 해당화의 다른 한자 이름도 많지만 그중 붉은 옥을 뜻하는 매괴화玫瑰花도 있다. 강희안은 꽃 키우는 방법을 배우려는 사람들에게 반드시 해당화를 기를 것을 강조하고 있다. 그 이유는 해당화가 모든 꽃의 '기준指南'이라 생각했기 때문이다.

영어권에서는 해당화의 원산지를 터키와 일본으로 보고 있다. 현재 노란해당화*Rosa xanthina Lindley*는 중국 원산으로 보나, 송대 진사陳思가 편찬한 『해당보海棠譜』에는 해당화를 외국에서 들여온 나무로 적고 있다. 당나라 단성식段成式이 지은 『유양잡조酉陽雜俎』에 따르면 나무 이름에 해류海柳, 해석류海石榴처럼 해海자가 들어갈 경우 수입한 것으로 여긴다. 해당화는 송 이전까지 촉나라에서 아주 많이 심었지만, 송대에는 북쪽의 주요 수도는 물론 강남지역에서 앞 다투어 심었다. 당시 해당화 한 그루의 값은 수십 금에 달했다.

당나라의 시성詩聖 두보는 해당화가 많았던 촉 땅에 오랫동안 머물렀지만 해당화에 대한 시를 한 편도 짓지 않았다. 사람들은 두보를 무정하다고 평가했지만, 그가 해당화 관련 시를 짓지 않은 것은 어머니의 이름이 '해당 부인'이었기 때문이다. 어쨌든 일반 지식인들은 해당화를 뜰에 심어 즐겼다. 당나라 시인 한악韓偓(844~923)도 그중 한 명이다.

맑은 달이 뜰 안을 비추는데澹月照中庭

해당화 꽃은 저절로 떨어지네海棠花自落

홀로 서서 한가한 계단을 굽어보니獨立俯閑階

: 장미과 | 해당화

백해당도, 추일계, 중국 청대.

바람 따라 그네 끈이 움직였네風動鞦韆索

해당화의 다른 이름은 수화睡花, 즉 '잠자는 꽃'이다. 잠자는 꽃은 다름 아닌 양귀비를 말한다. 당나라의 현종은 어느 날 침향정沈香亭에서 양귀비를 불렀다. 그러나 양귀비는 지난 밤 마신 술에 취해 일어날 수 없었고, 힘센 사람을 불러 부축받고서야 겨우 침향정에 도착했다. 현종 앞에 도착한 양귀비는 여전히 술기운과 분 냄새를 풍겼으며, 머리카락도 헝클어지고 비녀도 제자리에 꽂혀 있지 않았다. 그녀는 도저히 인사를 올릴 수 없었다. 그러나 황제는 그런 양귀비의 모습을 보면서 화를 내기는커녕 웃으면

우리의 옛 기생들도 양귀비처럼 '말을 알아듣는 꽃', 즉 '해어화解語花'라 불렸다. 하지만 이에 대해 후대에는 기생을 버리깎는 말이라는 비판이 제기돼 더 이상 현대에는 통하지 않게 되었다.

서 "그대는 아직도 술에 취해 있느냐"라고 묻자, 양귀비는 "해당은 잠이 부족할 따름입니다"라고 대답했다. 양귀비는 스스로를 해당화에 비유한 것으로, 이는 『냉재야화冷齋夜話』에 나온다. 현종은 양귀비를 '말을 알아듣는 꽃', 즉 '해어화解語花'라 불렀다. 이에 해어화는 미인을 일컫는 대명사로 사용되었다.

붉게 익는 해당화 열매는 크기가 앵두만 하다. 중국 송나라 소식, 즉 소동파도 해당화를 무척 좋아했다. 그는 황주黃州에 귀양 가서 정혜원定慧院의 동쪽에 살았다. 그곳에서 그는 많은 꽃 가운데 해당화를 발견했다. 애초에 그곳 사람들은 해당화를 귀히 여기지 않았다. 하지만 소동파가 해당화와 관련해 장편의 글을 짓자 이때부터 사람들은 돌에 새길 만큼 해당화를 좋아했다. 소동파 역시 다른 어떤 글보다 해당화를 읊은 글을 좋아했다.

이전까지는 해당화에 별로 관심도 두지 않
던 황주 사람들은 소동파가 이를 귀히 여겨
글을 짓자 해당화를 아끼기 시작했다. 소동
파 역시 해당화를 대상으로 삼은 글을 가장
아꼈다.

그는 강소성 의흥宜興에서 직접 해당화를 심고 즐겼다. 중국 공산당 지도 자였던 주은래도 남쪽에서 중요한 회의를 할 때 해당화를 보면서 긴장을 풀었다.

당나라 시인 설도薛濤(768-831?)의 「해당화 계곡海棠溪」도 그 꽃의 아름다움을 잘 전하고 있다.

봄은 여기 해당화 꽃노을을 드리워놓았나니春敎風景駐仙霞
맑은 물에 헤엄치는 물고기도 꽃빛이 물들어 있다水面魚身總帶花
인간세상 사람들은 꽃의 영묘한 아름다움을 몰라人世不思靈卉異
모래 위에 붉게 염색한 비단을 펴 말려 꽃과 경쟁하고 있다競將紅纈染輕沙

: 장미과

찔레꽃 *Rosa multiflora* Thunberg

장미를
낳은
어머니

　　찔레는 장미를 낳은 어머니다. 즉 장미는 찔레를
개량한 나무다. 나이가 지긋한 사람들은 찔레꽃에 대한 향수를 하나둘 품
고 있다. 가난한 시절을 보냈던 이들은 어린 시절 봄에 돋아나는 연한 찔
레순의 껍질을 벗겨 먹던 기억을 떠올릴 것이다. 특히 갈잎 떨기나무인
찔레꽃이 피는 시기는 모내기 철이다. 이때 물 공급이 달려 종종 가뭄으
로 고생하곤 한다. 그런 연유로 이때의 가뭄을 일컬어 '찔레꽃가뭄' 이라
한다.

　찔레에 대한 또다른 기억은 노래 가사 속에 있다. 그런데 식물학자들은
대개 "찔레꽃 붉게 핀 남쪽 나라 내 고향" 이라는 유행가 가사를 두고 찔레
꽃이 붉은 게 아니라 흰색임을 지적하면서 문제점을 꼬집는다. 물론 찔레
꽃은 연분홍색도 없지 않지만, 대부분 흰색이다. 아울러 식물학자들은 찔
레가 따뜻한 남쪽 지방보다 중부 지방에서 훨씬 흔하게 볼 수 있다는 점도
지적한다. 식물학자들이 주장하는 남쪽은 구체적으로 어느 곳을 의미하는

지 알 수 없지만, 경상남도는 물론 경상북도에서도 찔레꽃은 흔히 볼 수 있다. 그런데 유행가 가사에 등장하는 붉게 피는 찔레꽃이 남쪽이라는 점을 상기하면 찔레꽃이 반드시 찔레꽃을 의미하지 않을 수도 있다. 왜냐하면 찔레꽃은 남쪽에서 다른 나무를 부르는 방언일 수도 있기 때문이다. 『우리말어원사전』「찔레」 항목에는 질늬, 즉 해당海棠이 찔레로 바뀐 것으로 표기하고 있다. 따라서 남쪽에서 흔히 보는 해당화가 곧 야생장미에 해당되는 찔레일 수 있다. 해당화는 노래 가사처럼 붉게 핀다. 붉은인가목이나 생열귀나무도 해당화처럼 꽃이 붉으며, 흔히 야생장미라 부른다. 아울러 옛날에는 붉은 찔레가 있었을 가능성도 배제할 수 없다. 정겨운 이름 찔레는 아주 슬픈 탄생 설화를 간직하고 있다.

고려 때 우리나라에서는 북방 몽골에 매년 처녀를 바쳐야만 했다. 가엾은 소녀 찔레는 다른 처녀들과 함께 몽골로 끌려갔다. 몽골 사람은 마음씨가 착한 찔레에게 고된 일을 시키지 않아 찔레의 생활은 호화롭고 자유로웠다. 그러나 찔레는 고향의 부모와 동생 생각으로 10여 년을 보냈다. 그러던 어느 날 찔레를 가엾게 여긴 주인은 사람을 고려로 보내 찔레의 가족을 찾아오게 했으나 찾지 못하고 돌아왔다. 할 수 없이 찔레는 주인의 허가를 얻어 혼자서 고향의 가족을 찾아나섰다. 고려의 고향집을 찾아나선 찔레는 동생의 이름을 부르며 여기저기 산속을 헤매었다. 그렇지만 그리운 동생은 찾지 못했다. 슬픔에 잠긴 찔레는 몽골로 다시 가서 사느니 차라리 죽는 것이 낫다고 생각해 고향집 근처에서 죽고 말았다. 그후 부모와 동생을 찾아 헤매던 골짜기와 개울가마다 그녀의 마음은 흰 꽃이 되고, 소리는 향기가 되어 찔레꽃으로 피어났다.

학명 중 물티플로라*multiflora*에서 알 수 있듯이 찔레는 꽃이 풍성하게 핀다. 한자로도 찔레를 꽃이 많은 장미, 즉 '다화장미多花薔薇'라 부른다. 중국의 지식인들도 찔레를 무척 사랑하여 이를 찬미했다. 당나라 시인 고병高騈(821~887)의「산중 별장에서의 여름날山亭夏日」은 그중 하나다.

> 초록색 나무 짙은 그림자 던지고 여름날 길기도 한데綠樹陰濃夏日長
> 누각은 그 그림자를 거꾸로 하여 연못에 비치네樓臺倒影入池塘
> 수정구슬발이 흔들리며 오솔바람 불어오고水精簾動微風起
> 덩굴째 핀 장미꽃 향기가 저택에 가득히 풍긴다一架薔薇滿園香

중국인들은 찔레를 감상만 한 게 아니라 장식의 대상으로 삼았다. 특히 서진西晉의 석숭石崇은 집을 온통 찔레로 치장했다. 또한 당나라 지식인들은 장미로 만든 향수를 사용했다. 당나라의 양귀비도 고운 피부를 유지하기 위해 찔레꽃을 욕탕에 넣곤 했다.

서양에서는 찔레 뿌리로 담배 파이프를 만든다. 최고급 남성용품 담배 파이프의 대명사인 던힐의 창업주 앨프리드 던힐이 1907년 런던 듀크 가街에 담배가게를 열면서 만든 것이 바로 찔레 뿌리로 아름답게 수가공한 파이프였다.

: 장미과

귀룽나무 *Prunus padus* Linnaeus

아홉
마리의
용

    풍수에서 용은 물을 뜻해 비를 타고 하늘에 올라간다. 폭포 아래를 흔히 용소龍沼나 용추龍湫로 부르는 것도 물이 용을 의미하기 때문이다. 귀룽나무도 아홉 마리 용을 뜻하는 구룡九龍에서 온 말이다. 구룡이 '귀룽'으로 변한 것이다. 왜 하필 나무 이름을 아홉 마리 용에 비유했을까. 석가 탄생 때 아홉 마리 용이 내려왔다거나 금강산의 구룡폭포 등에서 볼 수 있듯 일상에서 구룡은 자주 만난다. 구룡폭포는 떨어지는 물줄기를 용이 하늘에 오르는 모습에 비유한 것이다. 그러니 귀룽나무도 이 나무의 어떤 모습을 용에 빗댄 것이다.

    리나이우스가 붙인 학명에는 자두를 의미하는 프루누스Prunus와 그리스 이름을 뜻하는 파두스padus만 표기하고 있을 뿐 나무의 특성을 알려주는 정보는 없다. 귀룽나무의 꽃은 뭉게뭉게 핀 흰 구름을 닮았다. 그런 까닭에 북한에서는 이 나무를 '구름나무'라 부른다. 아마 구룡도 이 나무의 꽃 모습에서 승천하는 용을 상상했을지 모른다.

이풍익의 『동유첩』 중 '구룡폭포'. 귀룽나무는 그 나무의 형세가 구룡폭포와 마찬가지로 아홉 마리의 용에 비유되어 이름이 붙여진 것이다.

귀룽나무 열매는 벚나무 열매인 버찌만 하다. 이는 새들이 먹기에 적당한 크기라 서양에서는 이 나무를 '유럽의 새 버찌European Bird Cherry'라 부른다. 귀룽나무는 어린 가지를 꺾거나 껍질을 벗기면 좋지 않은 냄새가 난다. 특히 파리가 이 냄새를 싫어해서 파리를 쫓는 데 사용되기도 했다.

비파나무 *Eriobotrya japonica* Lindley

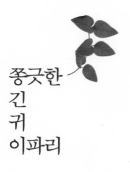

쫑긋한
긴
귀
이파리

늘 푸른 큰 키(혹은 중간 키) 비파枇杷나무는 잎 모양이 악기 비파를 닮아 붙여진 이름이다. 중국 송나라의 강서시파江西詩派의 한 명인 시인 양만리楊萬里(1124~1206)는 비파나무의 잎을 "대엽용장이大葉聾長耳"라 하여 '쫑긋한 긴 귀'에 비유했다. 주지周祗라는 중국 시인은 「비파부枇杷賦」에서 "추위와 더위에 변함없이 눈을 맞으면서 꽃을 흩날리네. 이름은 악기와 같고, 재질은 곧은 소나무와 다르네"라고 노래했다.

학명에는 일본을 원산지로 표기하고 있지만 중국 영남지역에서 쉽게 볼 수 있다. 학명 중 에리오보트리아Eriobotrya는 그리스어로 '부드러운 털'을 의미하는 '에리온erion'과 포도를 뜻하는 '보트리스botrys'를 합친 것이다. 학명은 작은 가지에 연한 갈색 털과 10~11월에 꽃이 핀 후 다음해 5~6월에 익는 둥근 열매를 강조했다. 황금색으로 익는 열매는 포도송이처럼 열린다. 『본초강목』에서는 이 열매를 탄환彈丸에 비유했다.

중국의 경우 비파는 양자강 중상류지역이 원산지다. 한 무제는 상림원上
林苑을 만든 후 전국 각지의 유명한 과수를 수집했는데 그중 비파도 포함돼
있었다. 삼국시대 위나라의 조조는 비파나무 열매를 즐겨 먹었다. 그는 정
원에 한 그루 비파나무를 심기도 했는데, 그 열매를 누가 따 먹을까봐 세
어볼 정도로 아꼈다. 어느 날 집을 지키던 보초병이 열매 두 개를 따 먹었
다. 조조는 금방 그 사실을 알아챘다. 그런데 조조는 그 비파나무가 여러
모로 방해된다며 뿌리째 파서 없애라고 명령하는 것 아닌가. 그러자 비파
두 개를 훔친 보초병이 자신이 먹은 것도 잊은 채 "그렇게 맛있
는 비파를 왜 베어버리십니까?"라고 말했다. 조조는 보초병의
이야기를 듣자마자 "저놈을 당장 끌고 가 처형시켜라!" 하고 명령
했다.

송나라의 시인 소동파도 손님과 더불어 비파나무 열매
를 즐겨 먹었다. 이것은 단맛과 신맛을 동시에 지니고 있어
갈증 해소에 적격이다. 백거이는 비파나무에 대한 시를 남기기도
했다.

「산비파화이수山枇杷花二首」

첩첩의 가파른 푸른 산이 있는 촉나라 입구에萬重靑嶂蜀門口
한 그루 붉은 꽃 산 정상에 피었네一樹紅花山頂頭
봄이 다하도록 집에 돌아갈 생각 않고春盡憶家歸未得
수줍은 붉은 꽃이 그대의 근심을 없애네低紅如解替君愁
잎은 푸른 비단으로 만든 치마 색 같고葉如裙色碧綃淺
꽃은 가벼운 붉은 연꽃 같네花似芙蓉紅粉輕

당나라 비파.

: 장미과 | 비파나무

비파산조도, 송대.

만약 이 꽃으로 말할 수 있게 한다면若使此花兼解語

죄인을 심문하는 어사에게 법규 위반을 바로잡을 수 있을 터!推囚御史定違程

시에서는 산비파의 꽃이 붉다. 중국 당나라의 시인 원진元稹(779~831)도
「산비파山枇杷」에서 이를 붉은 모란꽃에 비유했다. 그러나 실은 산비파의
꽃도 비파처럼 황색이다.

: 장미과

조팝나무 *Spiraea prunifolia* var. *simpliciflora* Nakai

꽃이
보조개다

　　봄날 산자락에 핀 조팝나무의 꽃을 보면 마치 봄에 눈이 내린 듯 눈부시다. 중국 사람들은 이 나무의 꽃을 '보조개笑靨'에 비유했다. 꽃 모양이 예쁜 보조개를 닮아서 붙인 이름일까. 우리말 조팝나무는 꽃이 마치 좁쌀을 튀겨놓은 듯해서 붙여진 것이다. 때론 갈잎 떨기나무인 조팝나무를 '조밥나무'라 부른다. 이는 꽃이 조밥과 비슷해서 그런 것이다. 나카이가 붙인 학명 스피라이아*Spiraea*는 그리스어로 나선螺旋이나 끈을 의미하는 '스페이라*speira*'와 '또렷한'을 뜻하는 '델로스*delos*'의 합성어다. 학명에 등장하는 나선은 조팝나무의 열매 모양이 소라처럼 생겨서 붙인 것이다. 일설에 따르면 조팝이라는 이름은 이 나무의 꽃으로 화환花環을 만들어서 붙인 것이다. 또다른 학명 심플리키플로라*simpliciflora*는 '외겹 꽃'을 뜻한다.

　조팝나무를 때로는 '수선국'이라 한다. 수선국에 관해서는 다음과 같은 사연이 전해진다.

옛날 수선이라는 효녀가 있었다. 그녀는 전쟁에 나갔다가 포로가 된 아버지를 구하러 적의 나라로 들어갔으나 아버지는 벌써 죽고 없었다. 이에 수선은 아버지의 무덤에서 작은 나무 한 그루를 캐어와 아버지를 모시듯 정성들여 가꾸었다. 이 나무에서 핀 아름다운 꽃을 수선국이라 불렀다.

잎보다 꽃이 먼저 피는 조팝나무는 "소상강 기러기는 가노라고 하직하고, 강남서 나오는 제비는 왔노라고 헌신獻身하고, 조팝나무 비쭉새 울고, 함박꽃에 둥웅벌이오……"라며 『토끼전』에도 나올 만큼 우리에게 친근하다. 그런데 조팝나무도 산조팝나무, 공조팝나무, 인가목조팝나무 등을 비롯해 100여 종을 꼽을 만큼 종류가 다양하다. 그중에서도 단양을 비롯하

여 석회암지대에 자라는 갈기조팝나무를 가장 아름다운 나무로 꼽는다. 갈기조팝은 꽃송이가 휜 줄기에 말갈기처럼 달려 있기 때문에 붙여진 이름이다. 이 나무는 1917년 영국의 식물학자 윌슨이 금강산에서 채집하여 외국에 소개했다.

조팝나무의 잎은 산酸이 있어 열을 내리고 통증을 가라앉히는 성분을 포함하고 있다. 진통제의 대명사인 아스피린은 버드나무 등에 들어 있는 진통제의 원료인 아세틸살리산의 'A'와 조팝나무의 속명屬名 스피라이아 *Spiraea*의 영어식 발음 스파이리어에서 'Spir'를 빌리고, 당시 바이엘 사의 제품명 끝에 공통으로 사용한 'in'을 붙여 만들었다.

: 장미과

마가목 *Sorbus commixta* Hedlund

울릉도
성인봉에서
고고하게

식물학자들은 울릉도 성인봉에 고고하게 자라고 있는 마가목을 높이 평가한다. 마가목은 이처럼 주로 산꼭대기에 산다. 이 나무가 산 정상에서 사는 것은 다른 나무와의 경쟁에서 밀렸기 때문이다. 물론 요즘에는 공원에서도 자주 볼 수 있다. 영어권에서도 갈잎 중간 키 나무인 마가목을 '산속의 물푸레나무Mountain Ash' 라 부른다. 마가목은 한자 마아목馬牙木에서 유래했다. 마아목은 새싹이 마치 말 이빨과 닮아 붙여진 것이다. 한편 스웨덴의 식물학자 헤드룬트Hedlund(1861~1953)가 붙인 학명에는 마가목의 특성을 알려주는 구체적인 정보가 없다. 학명 중 소르부스 *Sorbus*는 라틴어로 마가목을, 코믹스타*commixta*는 '함께 섞다' 라는 뜻이다. 마가목도 꽃다발을 만들어 멀리서 보면 아주 풍성하다. 이 나무는 풍성한 꽃만큼 열매도 많이 맺는다. 붉은 열매는 가을에 떨어지지 않고 꿋꿋하게 겨울을 맞이한다.

마가목은 80여 종에 이를 만큼 그 종수가 많다. 최근에는 서양에서 들

가을에 단풍 든 마가목과 초여름에 가까이서 찍은 수형. 마가목은 꽃과 열매, 단풍이 모두 곱고 수형도 가지런해서 조경수로도 인기가 좋다.

여온 마가목까지 곳곳에서 발견할 수 있다. 그렇더라도 대부분의 마가목은 울릉도에서 자라는 것을 포함하여 당마가목*Sorbus amurensis* Koehne이다. 접두어 '당'은 중국을 가리키므로 당마가목도 중국에서 건너온 것이다. 마가목은 두충나무처럼 껍질에 반점이 있고, 소엽의 수가 13~15개이며 겨울눈에 흰 털이 촘촘한 반면, 당마가목은 소엽의 수가 9~13개이고 겨울눈에 털이 없다. 마가목의 변종으로 잎 뒷면에 남아 있는 털의 종류에 따라 잔털마가목, 녹마가목 등이 있고, 당마가목의 변종으로 흰 털을 가진 흰털당마가목, 갈색 털이 있는 차빛당마가목, 잎이 넓은 넓은잎당마가목 등이 있다.

: 장미과

아그배나무 *Malus sieboldii* Rehder

새끼
배나무

사이비似而非는 비슷하지만 같지 않다는 뜻이다. 아그배나무도 사이비가 많아서 쉽사리 구분하기 어렵다. 주위에서 흔히 접하는 제주아그배나무, 꽃해당목, 야광나무 등도 자세히 관찰하지 않으면 아그배나무와 비슷하게 생겨 혼동하기 쉽다. 조경업에 종사하는 사람들은 통칭 꽃사과라 부르기도 한다.

갈잎 중간 키 아그배나무의 유래는 정확히 알려진 게 없지만, '아그'가 '아기'의 지방어라는 점을 감안하면 어린배나무쯤으로 해석할 수 있을 것이다. 그러나 이름은 어린배나무이지만, 사과를 의미하는 학명 말루스*Malus*에서 보듯이 배보다는 사과에 가깝다. 아그배나무의 열매는 아주 작은 사과처럼 생겼다.

어느 아파트에 가도 아그배나무 한 그루쯤은 있기 마련이다. 아파트 정원수로 많이 사용되기 때문이다. 열매는 덜 익었을 때 배처럼 누런빛을 띠는데 익어가면서 점점 빨갛게 변한다. 모여서 매달려 있는 모습은 돌배나

무와 비슷하지만 열매의 개별적인 생김새는 사과의 축소판이다. 얼마나
많이 열리는지 말 그대로 주렁주렁 달린다. 금귤이나 방울토마토처럼 사
과 맛이 나지 싶어 저절로 손이 가 입에 넣어보기도 하나 깨무는 순간 너
무 시어서 뱉어내게 된다. 어쨌든 아그배나무의 열매는 처음 맺히기 시작

할 때가 가장 예쁘다. 아주 가느다란 서너 갈래 줄기가 뻗어나와 그 끝이
얌전하게 동글동글 맺히는데 마치 근접 촬영한 청개구리의 발가락 같다.
갈수록 야생 아그배나무는 더욱 찾아보기 힘들지만 5월 말에서 6월 초엽
에 산을 찾으면 막 맺히기 시작한 열매를 볼 수 있다.

: 장미과

팔배나무 *Sorbus alnifolia* K. Koch

자르지도
베지도
마라

    팥배나무는 '팥' 과 '배' 의 합성어이다. 팥은 콩과의 일년초다. 그러니 팥배는 열매의 크기가 팥을 닮은 배나무라는 뜻이다. 독일의 식물학자 코흐Koch(1809~1879)가 붙인 학명 중 소르부스Sorbus는 고대 라틴어로 '마가목' 을 뜻하기도 하지만, '떫다' 를 의미하는 캘트어 '소브 sorb' 에서 유래했다. 학명에 떫은 점을 강조한 것은 이 나무의 열매 맛 때문이다. 팥배나무의 열매는 먹을 순 있지만 배나 사과처럼 식용하기에 적합한 맛을 지닌 것은 아니다. 알니폴리아alnifolia는 오리나무, 즉 '알누스Alnus의 잎과 닮았다' 는 뜻이다. 팥배나무의 잎은 자작나뭇과의 오리나무 잎과 유사하다.

    한자는 두杜와 감당甘棠이다. 아울러 두와 당을 합해 두당杜棠이라고도 한다. 『이아주소』에 따르면 두와 당은 약간 다르다. 두는 적당赤棠 즉 붉은 팥배나무를, 당은 백당白棠 즉 흰팥배나무를 의미한다. 곽박郭璞에 따르면 열매가 흰 백당은 조금 신맛이 나지만 부드럽고 맛이 좋다. 적당은 열매가 떫고 시며 맛이 없다. 이처럼 팥배나무의 맛으로 볼 때 학명에서 언급한 팥배나무는 적당에 해당된다. 그렇지만 어쨌든 중국에는 감당나무도 많았다.

중국인들에게 팥배나무(감당나무)는 특별한 의미를 지닌다. 즉 팥배나무를 사랑한다는 말은 곧 정치 잘하는 자에 대한 사모를 의미한다. 주대周代 연燕나라의 시조인 소공召公은 섬서지역을 다스릴 때 선정善政을 베풀어 백성들의 사랑과 존경을 한 몸에 받았다. 그는 후侯와 백伯 같은 귀족부터 농사에 종사하는 일반 백성에 이르기까지 적절하게 일을 맡김으로써 직무나 직업을 잃은 사람이 한 명도 없게 했다. 특히 그는 시골 마을이나 도시를 순시할 때마다 감당나무를 심어놓고 그 아래에서 송사訟事를 판결하거나 정사를 처리했다. 이것을 '감당지애甘棠之愛'라 한다. 이런 소공이 죽자 백성들은 그의 정치적 공적을 사모하면서 감당나무를 그리워했다. 그 이후로 백성들은 감당나무를 길렀으며, '감당甘棠'이라는 제목의 시를 지어 그의 공덕을 노래했다. 『시경詩經』「국풍 · 소남召南」의 '감당甘棠'에 다음과 같은 시가 전한다.

싱싱한 팥배나무를 자르지도 베지도 마라
소백님이 멈추신 곳이니 소백님이 쉬신
곳이니
싱싱한 팥배나무를 자르지도 휘지도 말라
소백님이 머무신 곳이니

소공은 팥배나무를 심어놓고
그 아래서 송사를 판결하곤 했다.

: 장미과

황매화 *Kerria japonica* DC.

출단과
어류

봄에 공원이나 길가에 노랗게 핀 황매화를 흔히 볼 수 있다. 갈잎 작은 키 황매화는 색은 다르지만 잎 모양이 매화를 닮아 붙인 이름이다. 그러나 스위스의 식물학자 칸돌레가 붙인 학명에 황매화의 특징을 알려주는 정보는 없다. 학명 중 케리아*Kerria*는 영국의 식물학자 케리아를 가리킨다. 또 야포니카*japonica*는 원산지가 일본이라는 뜻이다.

중국에서는 황매화를 '체당화棣棠花' 혹은 '지당화地棠花'라고 한다. 아울러 황매화는 속칭 '출단화黜壇花'라 불린다. 출단화는 단壇에서 쫓겨났다는 뜻이다. 반대로 단에서 쫓겨나지 않고 살아남은 꽃은 '어류화御留花'라 불렸다. 이 이름은 어류화의 어御에서 알 수 있듯이 황제의 명령으로 이루어졌음을 암시한다. 황제는 왜 꽃을 두기도 하고 버리기도 했을까.

중국의 황제들은 음양오행으로 나라를 다스리곤 했다. 특히 황제는 스스로 하늘의 명을 받아 권좌에 오른다고 생각했다. 이는 자신의 권력 쟁취를 정당화하려는 것이었다. 이에 정권 교체는 단순히 사람의 교체가 아닌

벚꽃과 황매화, 가츠시카 호쿠사이. 죽단화라고도 불리는 겹황매화가 한폭의 채색화로 완성됐다. 황매화는 일본이 원산지인지라 일본에 관련 그림이 간혹 남아 있다.

하늘의 운이 바뀌는 것이라 여겼다. 당나라 황제는 음양오행에 따라 물의 명, 즉 수명水命을 받았기에 황색을 꺼려했다. 이 때문에 궁궐이나 사찰에 심었던 황색의 황매화를 제단에서 없앤 것이다. 이규보李奎報(1168~1241)의 『동국이상국집東國李相國集』 후집後集 권3에도 이러한 이야기가 실려 있다.

> 옛날 군왕이 정사가 한가로운 틈을 타서伊昔君王乘政閑
> 단위에 꽃을 기르면서 꽃을 골라 감상하였네養花壇上選花看
> 황제가 남겨둔 것은 어류화뿐이고帝所留者惟御留
> 이 꽃은 내려치니 이름이 출단이라네此花見黜名黜壇

황매화에 얽힌 또다른 이야기가 전한다.

옛날 어느 조그마한 어촌에 황부자라고 하는 이가 살고 있었다. 그 집의 무남독녀 외딸은 아무 부러울 것 없이 행복하게 살았다. 그러던 어느 날 이 황부자 집 외동딸에게 처음으로 사랑을 심어준 청년이 나타났다. 그러나 황부자는 그 청년의 집안이 가난하다는 이유로 딸과 만나지 못하게 했다. 황부자 몰래 바닷가에서 만난 그 청년과 낭자는 낭자의 손거울을 반으로 나누어 가진 뒤 후일에 꼭 다시 만날 것을 약속한 후 헤어졌다. 이때 황낭자의 아름다운 모습에 반한 도깨비가 나타나 황부자의 집을 단숨에 망하게 한 후 돈 많은 사람으로 둔갑해 황부자 집으로 찾아가서는 황낭자를 외딴 섬에 있는 도깨비굴로 데려가버렸다. 도깨비는 황낭자가 도망치지 못하도록 섬 주위에 온통 가시 돋힌 나무들을 심었다. 그러나 황낭자는 위기 때마다 지혜롭게 피하면서 장래를 약속한 그 청년이 나타나서 도와주기만을 기다리고 있었다. 이윽고 청년은 수소문 끝에 황낭자가 살고 있는 섬을 알아

냈으나, 낭자를 구할 방법이 없었다. 청년이 안타까운 마음으로 가시나무 주위를 돌고 있을 때 황낭자는 헤어질 때 나누어 가진 거울을 맞추어 도깨비를 대적하라고 알려주며 거울을 청년에게 던져주었다. 청년은 거울 반쪽을 자기가 가지고 있던 것과 맞춘 뒤 높은 바위 위로 올라가 거울로 햇빛을 반사시켜 도깨비에게 비추었다. 도깨비는 밝은 빛을 보자마자 얼굴을 감싸면서 괴로워하다 그 자리에서 죽고 말았다. 도깨비가 죽자 그때까지 온통 가시였던 섬 주변의 나무줄기는 갑자기 부드럽고 미끈하게 변하기 시작했다. 황낭자와 청년은 함께 고향으로 무사히 돌아와 행복하게 여생을 보냈다. 그리고 그때 도깨비 섬 주위의 가시나무가 바로 황매화나무로 변했던 것이다.

: 장미과
병아리꽃나무 *Rhodotypos scandens* Makino

하얀 병아리처럼 옹기종기

갈잎 떨기나무인 병아리꽃나무는 하얀 꽃을 병아리에 비유해서 붙인 이름이다. 이는 그만큼 사람들이 이 꽃을 귀엽게 여겼음을 뜻한다. 꽃잎 넉 장이 넉넉하게 벌어지면서 바람에 한들거리는 모습은 연약한 병아리가 봄 마실 나온 듯한 느낌을 준다. 병아리는 비 맞으면 체온이 떨어져 위험하지만 병아리꽃나무는 비를 맞으면 더 청초하다. 가끔 비를 맞고 떨어진 자리는 더 애틋한 아름다움을 준다. 꽃잎이 떨어진 자리에 남은 꽃받침이 여전히 꽃술을 받치고 있는데, 꽃술 주변으로 햇무리가 진 것처럼 희뿌연 흔적이 남아 있다. 이 나무는 '죽도화' '자마꽃' '이리화' '개함박꽃나무' '대대추나무' 등으로도 불린다. 황해도에서는 '계마鷄麻'라 하며 이는 약재명이기도 하다. 혈이 허해서 신장이 약해졌을 때 원기를 회복하기 위해 쓴다.

약재로 쓰이는 열매는 꽃과는 달리 까무잡잡한 게 아주 단단하게 생겼다. 염주알처럼 빛을 받아 반질반질 빛나는 이 열매는 서너 개씩 모여서 달려 있으며 9월이면 여문다. 봄이 올 때까지도 떨어지지 않고 달려 있는 열매를 많이 찾아볼 수 있는 것처럼 잘 떨어지지 않는 것으로도 유명하다. 마치 병아리가 어미 품에서 떨어지지 않으려 하는 듯이… 한자는 백산취白山吹인데 단어의 조합이 운치가 있다. 백산취가 피면 청산青山이 백산白山 되고 그 백산이 불어대는吹 향기가 온 산을 가득 메워 길 가던 나그네는 길 위에서 한없이 취하지 않겠는가.

병아리꽃나무는 노란색과 붉은색의 꽃들이 봄에 주류를 이루는 가운데 흰색으로 피어나 대비를 이루기 때문에 산뜻한 느낌을 준다. 그래서 정원의 첨경목添景木으로 많이 재배했다. 자연수형 그대로 두고 튀어나온 가지 끝부분만 정리해주면 되기에 특별히 손이 가지도 않는다. 토질을 가리지 않고 햇볕이 잘 드는 비옥한 땅이면 최상이다. 가을에 잘 익은 종자를 채취해 노천에 묻어두었다가 봄에 뿌리면 발아가 잘된다.

일본의 도미타로 마키노牧野富太郎(1862~1957)가 붙인 학명 중 속명 로도티포스Rhodotypos는 장미를 의미하는 켈트어 '로돈rhodon' 과 형태를 의미하는 '티포스typos' 의 합성어다. 이는 이 나무의 꽃이 찔레꽃을 닮았다는 뜻이다. 종소명인 스칸덴스scandens는 '기어 올라가는 성질' 을 뜻한다. 이는 이 나무가 키가 작아 가지들이 덩굴성을 띠고 있기 때문에 붙인 것이다.

나무사전 : 장미과 ㅣ 병아리꽃나무

실제로 병아리꽃나무는 덩굴식물은 아니지만 덩굴처럼 가늘게 줄기가 자란다. 포항시 동해면 발산리에 있는 병아리꽃나무 군락지는 천연기념물 제371호다.

: 장미과

국수나무 *Stephanandra incisa* Zabel

꽃은
진주
줄기는
국수

　　　　　　　갈잎 떨기나무인 국수나무는 줄기의 껍질을 벗기
면 국수처럼 흰 가닥이 나와서 붙여진 이름이다. 요즘이야 누구나 흔하게
먹는 국수이지만 밀이 귀했던 예전에 국수는 아주 귀한 음식이었다. 그래
서 국수나무라는 이름은 지금은 소박하게 느껴지질지 모르나 예전에는 한
자 '소진주화小眞珠花' '야주란野珠蘭' '소미공목小米空木' 등과 어울리는 이름
이었다. 소진주화는 이 나무의 꽃이 작은 진주 같다는 뜻이고, 야주란은
이 나무가 야생난 같다는 뜻이며, 소미공목은 이 꽃이 마치 작은 쌀이 하
늘에 떠 있는 것 같아 붙인 이름이다. 작은 쌀처럼 작은 꽃을 피우지만 꿀
이 많아서 꿀벌을 부르는 밀원식물로 심기도 한다.
　　독일의 식물학자 자벨Zabel(1832~1912)이 지은 학명 중 속명인 스테파난드
라Stephanandra는 관冠을 뜻하는 그리스어 '스테파노스Stephanos'와 수술을 뜻
하는 '안드론andron'의 합성어다. 이는 꽃의 수술이 관을 닮아서 붙인 것이
다. 속명 인키사incisa는 '예리하게 갈라진'이라는 뜻이다. 이는 이 나무의

잎 모양을 강조한 것이다.

우리나라에서 누구나 한번쯤은 스치고 지나갔을 만큼 흔한 것이 국수나무다. 우리나라 산 가운데 국수나무 없는 산은 없다. 주로 산 초입에서 등산객을 반기는 것도 이 나무다. 햇볕이 적은 곳에서는 잘 자라지 못하기 때문이다. 그런 까닭에 "숲 보초병"이라는 별명도 갖고 있다. 줄기가 가늘고 불그스름하며 대들보 기능을 하는 큰 줄기 없이 여러 가지가 덤불을 이루고 있는 것이 보초병이라니 정겨우면서도 우습다. 딱 생긴 것처럼 쓰임새가 있어 옛날에는 싸리를 대신해서 삼태기나 소쿠리 등을 많이 만들었다고 한다. 또한 국수나무는 덤불식물이라 작은 새들의 좋은 서식지가 된다. 왜 그럴까? 큰 새들이 덤불의 틈새로 파고 들어와서 작은 새들을 공격할 수 없기 때문에 참새나 종달새 같은 것들이 지친 날개를 안심하고 내려놓을 수 있기 때문이다.

: 장미과

복분자딸기 *Rubus coreanus* Miquel

요강을
엎어?

　　　　　　딸기의 종류는 많지만 '딸기'라는 나무는 없다. 복
분자는 딸기의 한 종이다. 복분자覆盆子는 주로 한방에서 사용되는데, 이름
은 열매가 동이를 엎어놓은 것 같다 하여 붙여진 것이다. 그러나 많은 사
람이 이 열매를 먹으면 요강을 엎을 만큼 정력이 좋다는 뜻으로 사용한다.
물론 한방에서는 청량淸涼, 지갈止渴, 강장약强壯藥으로 쓴다.

　네덜란드 식물학자 미켈Miquel(1811~1871)이 붙인 학명 중 속명인 루부스
*Rubus*는 '붉은'을 의미하는 라틴의 옛말 '루베르*ruber*'에서 왔다. 종소명인
코레아누스*coreanus*는 이 나무의 원산지가 한국이라는 뜻이다.

　딸기의 종류도 많다. 산에서 나는 산딸기, 해안에서 주로 사는 장딸기,
줄기와 엽축에 가시가 있는 가시딸기, 멍덕딸기, 주로 맥도麥島에 사는 맥
도딸기, 가지가 덩굴 같은 줄딸기, 멍석 만드는 띠를 닮은 멍석딸기, 가지
에 붉은 가시가 있는 붉은가시딸기(곰딸기), 주로 섬에서 사는 섬딸기, 거문
도에서 사는 거문딸기(꾸지딸기) 등이 있다.

: 장미과

피라칸타 *Pyracantha angustifolia* (Franch.) C. K. Schneid

붉은
가시
같은
열매

갈잎 떨기나무 혹은 중간 키 나무인 피라칸타는 학명에서 빌린 이름이다. 피라칸다*Pyracantha*는 불꽃을 의미하는 '피로*pyro*' 와 '가시 있는 이집트 상록수' 를 뜻하는 '아칸타*acantha*' 의 합성어다. 이 말을 한자로 옮기면 화극火棘으로, 이는 붉게 익는 열매를 강조한 것이다. 이 나무는 다른 어떤 나무보다 열매가 많이 달린다. 학명 중 안구스티폴리아 *angustifolia*는 '좁은 잎' 을 뜻해 잎을 강조하고 있다. 이 나무의 열매가 유난히 돋보이는 이유 중 하나는 열매가 많아서이기도 하지만 잎이 상대적으로 작기 때문이기도 하다. 줄기에는 꽤 굵직하고 길쭉한 가시들이 달려 있어서 산에 울타리용으로 심기도 한다. 정열적이고 공격적인 나무……. 그래서인지 피라칸타는 아마존 식인어종인 피라니아를 떠올리게 한다.

이 나무는 화려한 열매 때문에 관상용으로도 많이 재배된다. 열매는 한약으로 쓰이며 이때 이름은 적양자赤陽子이다. 이름에 뜨거운 것이 두 개나 들어가 있다. 적양자를 달여 먹으면 몸의 막히고 적체된 부분을 뚫어준다.

그 뜨거운 기운으로 말이다. 이 열매 역시 눈이 내려 겨울이 깊숙해질 때까지 나무에 단단히 붙어 있다. 그 덕택에 직박구리 같은 텃새들에게 겨울철 먹거리를 제공해주기도 한다. 회색 털을 고른 직박구리 일가족이 하루 종일 달라붙어 있어도 적양자는 동나는 법이 없다. 그만큼 열매가 많다는 이야기다. 피라칸타로서는 직박구리들이 고맙다. 배설물에 섞여나온 열매의 씨앗은 자신의 종족을 널리 퍼뜨리게 해주니 말이다.

직박구리는 하루 종일 피라칸타에 달라붙어 있기도 한다. 피라칸타로서도 직박구리들이 고맙다. 배설물에
섞여나온 씨앗들로 자신이 번식할 수 있으니……

: 부처꽃과

배롱나무 *Lagerstroemia indica* Linnaeus

백일홍의
우리말

배롱나무는 한자 백일홍百日紅을 우리말로 바꾼 것이다. 백일홍은 중국 송나라의 시인 양만리楊萬里(1127~1206)가 "누가 꽃이 백일 동안 붉지 않고, 자미화가 반년 동안 꽃핀다는 것을 말하는가誰道花無百日紅 紫薇長放半年花"라고 노래한 것에서 처음 등장한다. 많은 사람이 배롱나무의 원산지를 중국으로 알고 있지만 학명에는 인도로 표기하고 있다. 이 나무는 이름에서 알 수 있듯 꽃이 특징이다. 리나이우스가 붙인 학명에는 원산지 외에 그의 친구인 라게르스트룀Lagerstroem(1696~1759)을 의미하는 라게르스트로이미아Lagerstroemia만 언급하고 있다.

배롱나무의 꽃이 반드시 100일 동안 피는 것은 아니다. 대개 나무의 꽃이 10일을 넘기지 못하는 것과 비교하면 배롱나무의 꽃은 여름 내내 피니 거의 100일간 볼 수 있는 셈이다. 꽃은 한 송이에서 오랫동안 피는 것이 아니라 수많은 꽃이 원추상의 꽃차례를 이루어 차례로 핀다.

중국에서는 배롱나무를 '자미화紫微花'로 즐겨 부른다. 자미는 '붉은 배롱나무'로, 한자 미薇가 배롱나무를 뜻한다. 강희안의 『양화소록』에서도 백일홍은 자미화의 속명으로 풀이하고 있다. 특히 당나라 현종은 배롱나무를 아주 좋아한 것으로 유명하다. 그는

삼성三省(중서성, 상서성, 문하성) 중 자신이 업무를 보던 중서성에 배롱나무를 심고, 황제에 오른 개원원년開元元年(713년)에 중서성을 '자미성紫薇省'으로 고쳤다. 그런 까닭에 중서성을 미원薇垣(배롱나무가 있는 관청)이라 부른다. 이처럼 당 현종이 이름을 바꾼 것은 예부터 제왕의 별을 '자미성紫薇星'이라 불렀기 때문이다. 배롱나무가 관청과 관련된다는 것은 당나라의 백낙천白樂天이 쓴 시에서도 확인할 수 있다.

배롱나무를 너무나 좋아했던 당 현종은 관청에 이 나무를 심고 이름조차 배롱나무와 관련된 것으로 바꾸었다.

사륜각에서는 문서 정리 끝나고絲綸閣下文書靜

종고루에서는 물시계 소리 길기만 하네鐘鼓樓中刻漏長

해질녘 홀로 앉아 누구와 함께하려나獨坐黃昏誰是伴

자미화가 자미랑과 짝이 되었네紫微花對紫薇郎

백거이는「자미화紫微花」에서 자신을 '자미옹紫薇翁'이라 불렀다.

자미화가 자미옹을 마주하고 있으니紫微花對紫薇翁

이름은 같으나 모습은 같지 않네名目雖同貌不同

꽃향기를 독점하여 여름풍경을 감당하고獨點芳菲當夏景

안색을 빌미로 봄바람에 의탁하지 않네不將顔色托春風

심양의 관청에 키 큰 두 그루 배롱나무 있고潯陽官舍雙高樹

흥선사의 스님 계신 뜰에 한 그루 배롱나무는 아주 무성하지만興善僧庭一大叢

어찌 소주에 안치되어 있던 곳에서何似蘇州安置處

화당의 난간 달 밝은 밤에 보았던 것만 하리오花堂欄下月明中

배롱나무를 때로는 '간지럼나무'라 부르기도 한다. 손톱으로 나무를 긁으면 모든 가지가 움직여 간지럼 타는 듯하다 해서 붙여진 이름이다. 『우리가 정말 알아야 할 우리 나무 백가지』에서는 이런 연유로 배롱나무의 다른 이름을 '패양수佰痒樹'라 언급하고 있지만, 중국 청나라 때 유호가 편찬한 『광군방보廣群芳譜』(1621)에는 '파양수爬癢樹'로 적고 있다. 파양은 손톱으로 가려운 곳을 긁는다는 뜻이다. 제주도에서 이 나무를 '저금 타는 낭'이라 부르는 것도 간지럼 타는 나무라는 뜻이다. 일본에서는 '사루스베리さるすべり'라 한다. 이는 '원숭이가 미끄러지는 나무'라는 뜻이다. 나무껍질이

배롱나무도 단풍나무 못지않게 신비로운 수형과 수피를 지니고 있다. 한여름 힘차게 울기 위해서 매미 유충이 배롱나무를 기어오르고 있다.

워낙 매끈해서 원숭이조차도 미끄러진다는 것인데, 이 때문에 '후랑달수猴郎達樹'라고도 부른다. 배롱나무의 또다른 이름은 만당화滿堂花다. 이 나무가 뜰에 가득하다는 뜻이다.

우리나라에 이 나무를 언제 들여왔는지 알 수 없지만, 현재 가장 오랫동안 생존하고 있는 것은 부산 부산진에 있는 배롱이다. 이곳의 배롱나무는 팔백 살이다(천연기념물 제168호). 배롱은 주위에서 흔히 접하지만 대구시 동구 신숭겸 장군 유적지의 배롱나무도 볼만하다. 유적지 안에는 사백 살쯤 된 배롱나무가 다섯 그루 살고 있다. 고려 태조 왕건을 위해 목숨 바친 신숭겸 장군의 유적지의 배롱나무는 남다른 의미를 지닌다. 붉은 배롱나무의 꽃은 곧 신숭겸의 충심을 드러내는 단심丹心이다. 일편단심은 곧 배롱나무 꽃과 같은 붉은 마음이다. 아울러 배롱나무는 다른 나무와 달리 껍질이 없다. 즉 겉과 속이 같은 나무다. 무덤가나 사당 근처에 배롱나무를 심는 것도 이런 특징과 무관하지 않다.

시인 도종환은 「배롱나무」를 통해 사랑을 깨우쳤다.

배롱나무를 알기 전까지는
많은 나무들 중에 배롱나무가 눈에 보이지 않았습니다

가장 뜨거울 때 가장 화사한 꽃을 피워놓고는
가녀린 자태로 소리 없이 물러서 있는 모습을 발견하고

남모르게 배롱나무를 좋아하게 되었는데
그 뒤론 길 떠나면 어디서든 배롱나무가 눈에 들어왔습니다

지루하고 먼 길을 갈 때면 으레 거기 서 있었고
지치도록 걸어오고도 한 고개를 더 넘어야 할 때
고갯마루에 꽃그늘을 만들어놓고 기다리기도 하고

갈림길에서 길을 잘못 들어 다른 길로 접어들면
건너편에서 말없이 진분홍 꽃숭어리를 떨구며
서 있기도 했습니다

이제 그만 하던 일을 포기하고 싶어
혼자 외딴섬을 찾아가던 날은
보아주는 이도 없는 곳에서 바닷바람 맞으며
혼자 꽃을 피우고 있었습니다
꽃은 누구를 위해서 피우는 게 아니라고 말하듯

늘 다니던 길에 오래전부터 피어 있어도
보이지 않다가 늦게사 배롱나무를 알게 된 뒤부터
배롱나무에게서 다시 배웁니다

사랑하면 보인다고
사랑하면 어디에 가 있어도
늘 거기 함께 있는 게 눈에 보인다고

배롱나무는 옛사람들도 아주 좋아했다. 고려 말 목은 이색도 배롱나무
에 반해 다음과 같은 시를 남겼다.

나무
사전
: 부처꽃과 | 배롱나무

푸르고 푸른 솔잎은 사시에 늘 푸른데靑靑松葉四時同

신선의 꽃 봉우리 백 일 동안 붉게 핀 것 또 보네又見仙葩百日紅

옛것과 새것이 서로 이어 하나의 색으로 바뀌니新舊相承成一色

조물주의 교묘한 생각 헤아리기 어려워라天公巧思儘難窮

∴ 팥꽃나뭇과

서향 *Daphne odora* Thunberg

상서로운
천리향

중국 원산으로 알려진 서향은 남부 지방에서 관상용으로 많이 심는다. 서향瑞香은 글자대로 상서로운 향기가 난다는 뜻이다. 하지만 학명 중 오도라odora는 '불쾌한 냄새'라는 뜻이다. 또 다프네Daphne는 그리스 여신의 이름이자 월계수를 의미하기도 한다. 이 나무의 잎이 월계수와 닮았기 때문이다. 영어권에서는 '겨울에 향기가 나는 나무Winter Daphne'라 부른다. 서향이라는 이름은 다음과 같은 설화에서 유래했다.

옛날 중국 여산에 한 여승이 오래도록 도를 닦고 있었다. 어느 날 꿈을 꾸다가 어디선가 좋은 향내가 나기에 그곳으로 가봤더니 극락세계였다. 여승은 너무나 좋아서 코를 대고 향내를 맡다가 그만 잠이 깼다. 그런데 잠에서 깨어나면서까지 그 꽃향기가 났다. 이상하게 생각해 그 꽃을 찾아갔더니 뒷동산에 극락에서 보았던 바로 그 나무가 있었다. 그 나무의 이름을 동네 사람들에게 물었으나 아무도 몰랐다. 그래서 여승은 극락에서 온 것이라고 생각하고 서향이라 이름 붙였다.

서향은 그 향기가 천 리까지 간다고 하여 '천리향千里香'이라고도 하고, 여승이 잠자면서 맡은 향기이기 때문에 '수향睡香'이라 부르기도 한다. 설화에서 보듯 꽃이 안쪽은 흰색, 바깥쪽은 자주색인 서향은 중국 및 일본 원산이다. 『양화소록』에 따르면 서향은 고려 충숙왕忠肅王이 공주를 데리고 우리나라에 올 때 중국 황제가 선물한 것이다. 『양화소록』에는 중국 송나라 양성재楊誠齋(양만리)의 시가 실려 있다.

비단 짜는 직녀가 자그마한 베틀을 만드니織錦天孫矮作機
자줏빛 꽃이 푸른 가지 위에 나풀거리네紫茸飜了綠花枝
장마 지난 후 짙은 향기는 사라지고更將沈水濃薰却
맑은 햇살 은은한 바람결에 한낮이 되어가네日淡風微欲午時

늘 푸른 작은 키 나무인 서향은 봄에는 꽃과 향기를, 여름에는 열매와 잎을 감상할 수 있다. 강희안은 『양화소록』에서 서향을 다음과 같이 감상하고 있다. "꽃이 만발하여 그 향기가 수십 리에 미친다. 꽃이 지고 앵두 같은 열매가 푸른 잎 사이로 반짝이는 것은 차마 한가한 중에 좋은 벗이로다." 수녀이자 시인인 이해인은 「천리향」을 다음과 같이 노래했다.

어떠한 소리보다
아름다운 언어는
향기
멀리 계십시오

오히려

천리 밖에 계셔도

가까운 당신

당신으로 말미암아

내가

꽃이 되는 봄

마음은

천리안

바람 편에 띄웁니다

깊숙이 간직했던

말없는 말을

향기로 대신하여

고려후기의 문인 이색도 서향을 좋아하여 다음과 같은 시를 남겼다(『대동
운부군옥』).

움막 속에 활짝 핀 서향화를窖中開遍瑞香花

청명일에 들고 나오니 향기가 집에 가득하네擎出淸明香滿家

냄새를 먼저 맡고 두 눈을 떠서 바로 보니鼻觀先通楷兩眼

가지 위에 담홍색 남은 꽃이 여기저기 피었네淡紅枝上散餘華

이처럼 많은 문인을 매혹시킨 서향은 겨울과 봄 사이에 보라색의 꽃을

백서향이 활짝 꽃을 피웠다. 한 송이만 피워도 향기가 정원을 가득 채우는데 저렇게 많이 피었으니 오죽할까.

피운다. 잎이 귤나무 잎처럼 두터운 것이 그중에서도 향이 가장 뛰어나다. 한 덩굴에서만 꽃봉오리가 터져도 온 정원이 향기롭다. 꽃이 시들고 열매를 맺으면 마치 앵도같이 붉다. 『증보산림경제』에서는 서향을 재배할 때 유의할 점을 이렇게 적어놓았다.

4월 중에 반드시 행랑채 아래나 섬돌 터 위나 빗물 떨어지는 처마에서 2치 정도 떨어진 곳에 심는다. 서향은 뿌리가 달아 지렁이蚯蚓가 먹기 좋아한다. 옷을 세탁한 잿물이나 소변을 줘서 지렁이를 없애주고, 그 위를 옻칠 찌꺼기로 북돋아준다. 털을 뽑기 전 닭·오리를 담근 끓는 물이나 돼지고기 삶은 물을 주면 무성해진다. 서향의 뿌리는 가늘고 연약해서 마치 헝클어진 머리카락과 같으며, 너무 건조하거나 습하면 손상된다.

서향과 닮은 백서향白瑞香, *Daphne kiusiana* Miquel은 꽃 전체가 흰색이라 붙여진 이름이다. 이것은 흰서향나무 혹은 개서향나무라 한다. 백서향은 은행나무처럼 암수 딴그루다. 학명 중 종소명인 키우시아나*kiusiana*는 원산지가 일본 규슈라는 뜻이다.

: 회양목과

회양목 *Buxus microphylla* var. *koreana* Nakai

세상에서
가장
야무진

회양목은 참 귀한 나무다. 학명에서 보듯 이 나무
가 우리나라 원산인 이유도 있지만, 이 세상의 모든 나무 중에서 가장 야
무지기 때문이다. 대부분의 나무는 물을 운반하는 물관세포가 크고, 나무
를 지탱해주는 섬유세포는 작다. 반면 회양목은 물관과 섬유의 지름이 거
의 같은 유일한 나무다. 아울러 물관이 나이테 전체에 걸쳐 골고루 분포하
고 있기 때문에 나무질이 곱고 균일할 뿐 아니라 치밀하고 단단하기까지
하다. 이런 특징 때문에 회양목은 가공하기도 쉬워 상아나 옥을 대신하는
재료로 흔히 쓰인다.

회양목은 주로 석회암지대에서 자란다. 강원도 회양淮陽지역에서 많이
생산했기 때문에 춘양목, 풍산가문비, 설령오리나무 등과 같이 지명을 빌
린 이름이 붙여졌다. 중국에서는 황양黃楊 혹은 황양목黃楊木이라 부른다.
이는 나무의 껍질이 황색이기 때문에 붙여진 이름이다.

늘 푸른 작은 키 회양목은 나무의 조직이 단단한 만큼 아주 더디게 자란

도산서당의 회양목

다. 대나무가 하루에 30센티미터 정도 자랄 수 있다면, 회양목은 1년에 얼마나 자랄까. 경기도 화성군 태안면에 위치한 용주사의, 지금은 죽은 회양목(천연기념물 제264호)은 우리나라에서 가장 키 큰 회양목으로 키가 5미터가 넘으며, 둘레는 20센티미터였다. 이 나무는 조선시대 정조가 심었다고 하니 이백 살쯤에 죽었다. 1년에 키는 2.5센티미터, 둘레는 0.1센티미터 성장한 셈이다. 『본초강목』에는 속설을 인용하면서 1년에 1촌⁺ 자라는 것으로 기록하고 있다. 1촌은 약 3센티미터이니 정조가 심은 나무의 크기를 계

나무
사전 : 회양목과 | 회양목

산한 것과 대략 일치한다. 잘 자라지 않는 이 나무의 속성은 무수한 속설을 낳았다. 소동파의 「퇴포시退圃詩」를 보면 "무수한 봄 정원의 초목 중에 회양목만 윤년의 액을 당하네園中草木春無數只有黃楊厄閏年"라는 구절이 있다. 다른 나무들은 봄기운을 받아 쑥쑥 자라는데 회양목만 오히려 쪼그라든다는 내용이다. 속설에 따르면, 회양목은 5월에는 1촌이 줄고, 윤년에는 2촌이 준다는 말도 있다. 불가에서는 아둔한 사람이 참선하는 것을 '황양목선黃楊木禪'이라고 비유해서 말한다. 그런데『본초강목』을 보면 윤년에는 회양목이 성장하지 않고 오히려 준다는 속설에 대해 사실과 다르다고 지적하고 있다. 이것은 실험 결과 밝혀졌는데, 윤년에는 성장이 줄어드는 게 아니라 멈춘다고 한다. 그 외에 볼만한 회양목은 경기도 여주에 위치한 효종왕릉 재실의 천연기념물 제459호다.

회양목은 재질이 우수하여 그 쓰임새가 아주 다양했다. 우리에게 가장 잘 알려진 쓰임새는 도장의 재료다. 때문에 이 나무를 흔히 '도장나무' 라

상아나 옥만큼 단단한 회양목은 도장이나 호패의 재료로 곧잘 쓰였다.

부른다. 또다른 쓰임새는 호패였다. 회양목으로 만든 호패는 주로 생원과 진사들이 사용했다. 서양에서는 이 나무로 상자를 만들기도 했는데, 나카이가 붙인 학명 중 북수스*Buxus*는 '상자'를 뜻한다. 영어권에서도 회양목을 '박스 트리Box Tree'라 부른다. 아울러 암·수꽃이 다른 회양목은 재질이 우수한 반면 더디게 자라기 때문에 큰 나무를 구하기 어렵다. 그런 이유로 나라에서는 이 나무의 사용을 엄격하게 제한했다. 『삼국사기』에 나오는 것처럼 5품과 6품의 관리들에게 수레 안장을 만들 때 회양목을 사용하지 말 것을 규정하고 있다.

회양목은 키가 작은 만큼 잎도 작다. 학명 중 미크로필라*microphylla*는 '잎이 작다'는 뜻이다. 회양목의 잎은 1센티미터에도 미치지 못하지만 제법 도톰하면서도 윤기까지 있다. 우리나라에서 울타리로 각광받고 있는 회양목도 이른 봄에 꽃이 피고, 꽃이 피니 열매도 맺는다. 중국의 구양수歐陽修(1007~1072)도 이러한 회양목에 큰 관심을 가졌다.

『증보산림경제』에는 "회양목은 별 하나 뜨지 않은 그믐날 밤에 베어서

베개를 만들면 쪼개지지 않는다"라고 전하는데 아마 회양목을 베는 일은
거의 범죄에 가까운 것이기 때문에 달도 없는 밤에 사람들 몰래 베어야 했
기 때문이 아닐까.

: 노박덩굴과

노박덩굴 *Celastrus orbiculatus* Thunberg

서리
내릴 때
붉게
익는

갈잎 덩굴성 나무인 노박덩굴은 '덩굴'에서 이 나무의 특징을 알 수 있다. 노박덩굴은 경기도 방언이며 '노랑꽃나무' '노박따위나무' 등의 이름도 갖고 있다. 한자로는 남사등南蛇藤, 만성낙상홍蔓性落霜紅이다. 남사등은 나무가 뱀처럼 생긴 등나무와 같다는 뜻이고, 만성낙상홍은 이 나무가 덩굴성이고 서리가 내릴 즈음에 열매가 붉게 익는다는 뜻이다.

학명 중 켈라스트루스Celastrus는 어떤 상록수에 대한 고대 그리스 이름이며, '켈라스celas'는 '늦가을'이라는 뜻이다. 학명에서는 이 나무를 상록수에 비유하고 있긴 하나 노박덩굴은 낙엽수다. 다만 상록수에 비유한 것은 어떤 상록수와 닮아서 붙였을 가능성이 높다. 혹은 노박덩굴과에 속하는 상록수인 사철나무에 비유한 것일 수도 있다. 종소명인 오르비쿨라투스orbiculatus는 '둥글다'는 뜻으로 열매를 강조했다. 영어권에는 이 나무를 일본 노박덩굴 Japanese Bittersweet이라 부른다. 이것을 일본 원산으로 이해하고

있는 것이다. 노박덩굴의 학명을 붙인 사람은
스웨덴의 식물학자 툰베르크다. 그가 이 나무
를 일본에서 보았기 때문에 이곳을 원산지로
표기했던 것이다.

: 노박덩굴과

화살나무 *Euonymus alata* (Thunb.) Siebold

창을
막는
귀전

화살나무의 이름은 나무껍질이 화살처럼 생겼기
에 붙여진 것이다. 중국 사람들이 이 나무를 '귀전鬼箭' '귀전우鬼剪羽' '신
전神箭'이라 부르는 것도 생김새가 화살과 비슷하다고 보았기 때문이다.
그런데 중국 청대의 식물도감에는 화살나무를 위모衛矛로 기록하고 있다.
위모는 '창을 막는다'는 뜻이다. 중국 고대의 제齊나라 사람들은 화살이
자신들을 방어해준다고 믿었다. 화살나무를 때로는 '팔수八樹'라고도 부
른다. 이는 화살처럼 생긴 나뭇가지가 마치 팔八자와 닮아 붙인 이름이다.
'사능수四稜樹'라는 이름도 화살 같은 모양에 직사각형처럼 생겨서 붙인
이름이다.

학명에도 나무 이름에 관한 정보를 담고 있다. 에우오니무스Euonymus
는 '좋다'라는 뜻의 그리스어 '에우eu'와 '이름'을 의미하는 '오노마
onoma'의 합성어다. 이는 가축에 독이 없어 좋다는 뜻으로 화살나무에도
독이 없음을 알려준다. 『본초강목』에도 화살나무에는 독이 없다는 점을

언급하고 있다. 알라타*alata*는 '날개가 있다'는 뜻으로 나무의 줄기를 강
조했다.

: 노박덩굴과

참빗살나무 *Euonymus sieboldiana* Blume

참빗을
만들었을까?

갈잎 작은 키 참빗살나무는 열매에 날개가 없고 네모진 게 특징이다. 네덜란드의 식물학자 블루메Blume(1796~1862)가 붙인 학명 중 속명은 부모인 노박덩굴과 같다. 종소명 시에볼디아나*sieboldiana*는 블루메와 같은 해에 태어나 같은 국적을 가진 식물학자 지볼트를 뜻한다. 그가 이 나무를 연구하는 데 큰 공헌을 했기 때문에 붙인 것이다.

이 나무의 열매는 그냥 네모지다기보다는 울룩불룩 튀어나오고 들어간 곳이 많아 거꾸로 된 삼각형에 사람의 심장과도 닮았다. 처음 보는 사람들은 많이 신기해한다. 늦봄에 연둣빛의 열매를 맺기 시작하는데 9월에 다 익으면 아주 예쁜 연분홍부터 진분홍까지 색깔이 아름답다. 멀리서 보면 열매가 마치 꽃처럼 보인다. 11월 고산지대에 첫눈이 내려 연분홍 열매를 매단 참빗살나무에 눈꽃이 피면 황홀한 자태가 탄성을 자아낸다.

참빗살나무는 화살나무와 혼동하기 쉽다. 참빗살나무는 이 나무를 베어 이를 잡을 때 쓰는 참빗의 살을 만들었기 때문에 붙여진 이름인데, 화살나

무의 줄기를 보면 참빗의 살과 거의 흡사한 날개가 달려 있기 때문이다. 같은 과에 속하고 약재의 효용도 비슷한 두 나무는 그래서 혼동하기 쉽다. 하지만 참빗살나무의 줄기에는 화살나무와는 달리 날개가 없다. 꽃은 아주 작게 피는데 노란빛을 띠다 만 것처럼 은은하게 스며드는 감이 있어서 가까이 다가가서 관찰하거나, 혹은 땅에 떨어진 것을 주워 노트의 빈 페이지 같은 곳에 올려놓고 들여다보면 자못 황홀한 자태를 보여준다.

사철나무 *Euonymus japonica* Thunberg

생울타리
용으로
각광

사철나무는 나무 이름이면서도 나무 이름일 수 없다. 늘 푸르기 때문에 붙인 이름이지만, 이 나무 외에도 늘 푸른 나무들이 있기 때문이다. 누군가 사철나무가 늘 푸른 나무를 대표한다고 붙인 모양이다. 그러나 학명에는 이름과 관련한 내용은 없다. 또 일본을 원산지로 표기하고 있지만, 우리나라 중부 이남에서도 자생한다.

우리나라와 일본에서 사철나무의 한자를 '화두충和杜冲' '동청위모冬青衛矛' 등으로 표기하지만 정확하진 않다. 사철나무를 두충과 동청으로 부르는 것은 강심제로 사용하던 두충과 동청이 귀하여 사철나무로 대신하면서 생긴 오해다. 조선 숙종 때 실학자 유암流巖 홍만선洪萬選(1664~1715)이 편찬한 『산림경제山林經濟』에서도 사철나무를 두충, 동청, 겨우살이로 기록하고 있지만 이는 잘못된 것이다. 『산림경제』는 한국 최초의 자연과학 및 기술에 관한 교본이지만, 저자는 간행을 보지 못했다.

사철나무는 늘 푸른 작은 키 나무이기에 생울타리용으로 각광받고 있

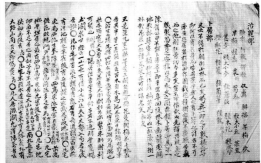

『산림경제』, 홍만선, 조선 숙종. 한국 최초의 자연과학 및 기술에 관한 교본敎本으로서 한국 과학사에 빛나는 금자탑을 이룬 이 저술은 곡식류와 특용작물, 원예작물, 화목, 화초, 청원수 등의 재배법에 대한 내용을 함께 담고 있다.

다. 조선시대 전통 양반 가옥에서도 외간 남자와 바로 얼굴을 대할 수 없도록 만든 문병門屛(문 병풍)용으로 사철나무를 애용했다. 노랑과 흰색이 섞인 이 나무의 꽃을 보는 것도 하나의 즐거움이다. 더운 여름을 지나 점점 익어가는 사철나무의 열매는 아름다운 여인이 얼굴에 홍조를 띤 것처럼

불그스레하다. 열매는 익으면 껍질이 네 개로 갈라지고, 그 사이로 주황색의 종자가 나온다.

마이산 줄사철나무 군락지(천연기념물 제380호)를 제외하면 주위에서 나이 많은 사철나무를 보기란 쉽지 않다. 그 중 경상북도 청도군 각북면 명대리에 삼백 살쯤 된 사철나무가 있다. 이 나무는 키가 5.5미터가량의 고목이지만 담 밖에서 보면 죽은 듯 보인다.

소설가 장정일은 「사철나무 그늘

아래 쉴 때는」에서 사철나무 그늘이 마련해준 여유를 읊고 있지만, 이런 일이 있기란 결코 쉽지 않다. 어쨌든 시는 나무가 크지 않아도 그늘을 만들 수 있는 마력을 지니고 있다.

그랬으면 좋겠다 살다가 지친 사람들
가끔씩 사철나무 그늘 아래 쉴 때는
계절이 달라지지 않고 시간이 흐르지 않아
오랫동안 늙지 않고 배고픔과 실직 잠시라도 잊거나
그늘 아래 휴식한 만큼 아픈 일생이 아물어진다면
좋겠다 정말 그랬으면 좋겠다

굵직굵직한 나무등걸 아래 앉아 억만 시름 접어 날리고
결국 끊지 못했던 흡연의 사슬 끝내 떨칠 수 있을 때
그늘 아래 앉은 그것이 그대로 하나의 뿌리가 되어
나는 지층 가장 깊은 곳에 내려앉은 물맛을 보고
수액이 체관 타고 흐르는 그대로 한됫박 녹말이 되어
나뭇가지 흔드는 어깨짓으로 지친 새들의 날개와
부르튼 구름의 발바닥 쉬게 할 수 있다면

좋겠다 사철나무 그늘 아래 또 내가 앉아
아무것도 되지 못하고 내가 나밖에 될 수 없을 때
이제는 홀로 있음이 만물 자유케 하며
스물두 살 앞에 쌓인 술병 먼 길 돌아서 가고
공장들과 공장들 숱한 대장간과 국경의 거미줄로부터

그대 걸어나와 서로의 팔목 야윈 슬픔 잡아준다면
좋을 것이다 그제야 조금씩 시간의 얼레도 풀어져
초록의 대지는 저녁 타는 그림으로 어둑하고
형제들은 출근에 가위 눌리지 않는 단잠의 베개 벨 것인데
한켠에서 되게 낮잠 자버린 사람들이 나지막이 노래 불러
유행 지난 시편의 몇 구절을 기억하겠지

바빌론 강가에 앉아
사철나무 그늘을 생각하며 우리는
눈물 흘렸지요

꽃의 줄기가 Y자로 벌어지면서 규칙적인 모양을 만들어내는 사철나무의 꽃은 마치 꽃꽂이를 해놓은 것 같은 착각을 하게 한다. 저렇게 개미 한 마리가 앉아 있지 않으면 말이다.

: 현삼과

오동 *Paulownia coreana* Uyeki

그
복잡한
유래

갈잎 큰 키 오동梧桐은 '오梧'와 '동桐'의 합성어다. 다년초 현삼*Scrophularia buergeriana Miquel*과라는 게 하나의 특징이다. 대나무와 오동처럼 나무가 풀을 부모로 삼고 있는 경우는 종종 있다. 그런데 한자 오동의 오梧는 일반적으로 벽오동을 의미한다. 우리나라 식물도감에도 벽오동의 한자를 오동으로 표기하고 있다. 『이아주소』에서는 '츤櫬'을 오梧로 풀이하면서 오동과 같은 의미로 보고 있다. 반면 이보다 늦은 『제민요술』에는 오동을 벽오동으로 풀이하고 있다. 박상진 교수는 『본초강목』에 나오는 오동을 벽오동으로 풀이하고 있지만 『본초강목』은 가사협의 『제민요술』을 인용하고 있을 뿐이다. 오히려 『본초강목』의 오동 항목에서는 오동의 껍질을 백피白皮로, 동을 백동으로 풀이하고 있다. 백동은 우리나라에서 참오동을 가리킨다.

일본의 식물학자 호미키 유에키植木秀幹(1892~1977)가 붙인 학명에는 오동이 한국 원산이라는 코레아나*coreana*로 표기되어 있다. 속명 파울로우니아

*Paulownia*는 네덜란드의 식물학자 지볼트가 자신의 연구를 후원해준 네덜란드의 여왕 안나 파울로브나Paulowna(1795~1865)를 기념하기 위해 붙인 것이다. 즉 학명에는 이 나무의 특징을 알려주는 정보가 없다.

사료에 나오는 오동나무는 분간하기 어렵다.『삼국유사』에서도 '동수桐藪' 혹은 '동지야桐旨野' 등으로 언급하고 있지만, 구체적으로 어떤 나무를 일컫는지 분명치 않다. 어쨌든 우리나라에서는 대체로 오동을 벽오동碧梧桐과 구별하고 있다. 문제는 한자 오동을 벽오동으로 볼 것인가이다. 중국의 고대 자료에서는 벽오동을 청동靑桐으로 기록하고 있다. 그렇지만 중국에서도 청동을 오동으로 보는 사람이 있기에 어느 주장을 일방적으로 따르기가 어렵다.

오동은 참오동과 마찬가지로『제민요술』이나『본초강목』등에서 언급하

나전칠기이층농, 오동나무, 18세기,
국립민속박물관 소장.

고 있듯이 각종 가구나 악기를 만드는 데 사용되었다. 오동나무로 악기를 만든 것은 이 나무의 속이 비어 있기도 하지만 벌레가 없기 때문이었다. 아울러 '초동焦桐'을 거문고라 부른다. 이는 중국 후한後漢, 東漢의 채옹蔡邕이 이웃 사람이 밥을 짓는 데 사용한 오동나무 타는 소리를 듣고 좋은 나무인 줄 알고 타다 남은 오동나무로 거문고를 만들었기 때문에 생긴 말이다. 그래서 '초미금焦尾琴'이라 부른다. 신라

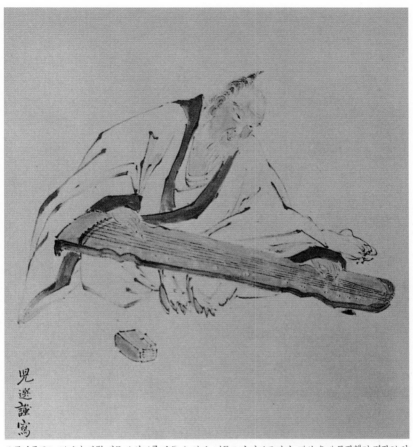

오동나무로는 뛰어난 재질 때문에 악기를 만들 수 있다. 거문고며 가야금이며, 역사 속에 등장했던 명장의 악기들이 실은 오동나무로 만들어진 것들이었다.

진흥왕 때 가양국 가실왕의 악사였던 우륵이 신라로 가서 만든 가야금도 오동으로 만든 것이었다.

　오동나무는 세월을 가늠하는 나무다. 많은 사람이 오동나무 떨어지는 것을 보고 가을을 느꼈다. 중국 남송시대 주희朱熹(1130~1200)의 「즉흥시偶成」에서도 그 기운을 짐작해볼 수 있다.

젊은 날은 늙기 쉬우나 학업을 이루기 어려우매少年易老學難成
아주 짧은 시간도 하찮게 여기지 말라一寸光陰不可輕
연못가 봄풀의 꿈이 깨기도 전에未覺池塘春草夢
섬돌 앞 오동잎은 벌써 가을 소리를 낸다階前梧葉已秋聲

『둔갑서遁甲書』와 『군방보群芳譜』 등에 따르면 중국 사람들은 오동나무 잎을 보고 윤년까지 짐작했다. 또 주周나라 성왕成王은 오동나무 잎으로 제후의 믿음을 상징하는 홀, 즉 규珪로 삼았다. 춘추전국시대 제나라 왕이 거처한 곳도 오궁梧宮이었다. 송나라 진저陳翥가 편찬한 『동보桐譜』에는 송 이전 시기의 오동나무와 관련한 정보가 가득하다. 오동상장梧桐喪杖에서 알 수 있듯이 모친상을 당하면 오동으로 지팡이를 만들기도 했다. 버드나무와 함께 오동은 가볍고 부드럽기 때문이다. 여자는 음양으로 볼 때 음이기 때문에 돌아가시면 부드러운 나무를 사용한다. 또한 오동나무는 습기를 제거하기 때문에 몇 년 동안 두어도 손상되지 않는다. 오동은 때로는 이별할 때 버드나무 대신 사용되기도 했다.

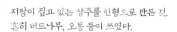
지팡이 짚고 있는 상주를 인형으로 만든 것.
흔히 버드나무, 오동 등이 쓰였다.

「송여소부送呂少府」

좋은 때 함께 취하고 혼자서 돌아가니公醉流芳獨歸去

고향의 고사들과 날로 서로 친하리故園高士日相親

깊은 산 옛길에는 버드나무 없어서深山古路無楊柳

오동나무 꽃을 꺾어 멀리 가는 사람에게 주노라折取桐花寄遠人

우리나라 역시 예로부터 오동나무를 많이 심었다. 집집마다 10미터가 넘는 오동나무가 있었다. 어릴 때 올려다보면 오동나무의 꼭대기는 잘 보이지 않는다. 안개라도 짙게 끼면 그 키는 더 높아 보인다. 텅 비어서 텅텅 울리며 말할 수 없이 높은 이 나무는 시적 상상력을 자극한다. 시인 이윤학은 이렇게 노래했다.

「오동나무」

그의 빈속으로 들기 위하여

나는 그 나무를 자를 수는 없었다

깊은 생각으로 불면의 나뭇잎을

흔들었는데, 쥐어뜯었는데 달빛이 한 바가지

쏟아져 몽글몽글 피어오르고 있었다

피어오르고 있었다, 먹고 싶은 생각이

멀리멀리 떠나고

고요하여라, 바닥에 떨어진 부채

일오헌도一梧軒圖
종국 명대.

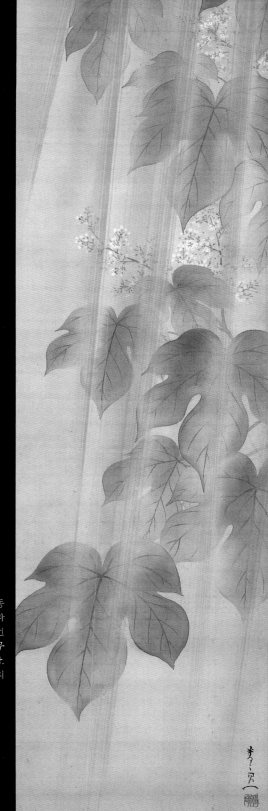

나무마다 어울리는 풍경이 있다. 오동
나무는 단연 비 온 뒤 맑게 갠 풍경과
가장 잘 어울린다. 시에서도 자주 언
급되고, 이처럼 그림에서도 오동나무
는 빗줄기 사이에 꽃을 피우고 있다.
그래서 그림을 보는 이가 비 갠 뒤의
오동나무를 상상하게 **만든다.**

오동나무 열매와 꽃.

입을 모으며 부서지는 추억,

벌레는

벌레는, 저렇게 높은 곳에서 무얼 하나?

- 『먼지의 집』

때로는 나무에 대한 세심한 관찰이 얼마나 뛰어난 삶의 비유로 다시 태어나는가를 잘 보여주는 시다. "입을 모으며 부서지는 추억"과 "그의 빈 속" "몽글몽글" 등은 각각 오동나무 잎과 줄기, 꽃이 피어 있는 모습의 특징을 간취한 것이리라.

오동은 참오동과 구분하기 어렵지만 잎과 꽃을 보면 가늠할 수 있다. 오동의 잎은 앞면에 털이 없고, 뒷면에 별 모양의 털이 있다. 또 오동의 꽃은 안쪽에 무늬가 없다. 청대 원예식물 전문서인 『화경花鏡』에 따르면, 중국 사람들은 오동 꽃이 청명淸明(4월 5일경) 후에 피지 않으면 다가오는 겨울이 아주 추울 거라 예상했다.

참오동 *Paulownia tomentosa* Steudel

안쪽에
무늬가
있는
꽃

갈잎 큰 키 나무인 참오동나무는 진짜 오동이라는 뜻이다. 학명 중 속명은 오동과 같다. 종소명 토멘토사 *tomentosa*는 '가느다란 면모綿毛가 아주 많이 있다' 라는 뜻으로 이게 바로 참오동의 특징이다. 오동잎 앞면에는 털이 없기 때문이다. 참오동의 꽃은 안쪽에 무늬가 있는 반면 오동은 무늬가 없다. 참오동과 오동나무의 중간형이 경상남도 통영(충무)시에서 채집되었는데 이것을 충무오동이라고 하며 한 나무에 참오동과 오동나무의 꽃이 같이 달린다. 울릉도를 원산지로 보고 있으며, 동아시아 지역의 특산종이다. 이른바 혼혈인 셈인가.

: 벽오동과

벽오동 *Firmiana simplex* (L.) W. F. Wight

봉황이 앉는 나무

갈잎 큰 키 나무 벽오동碧梧桐은 푸른 오동이라는 뜻이다. 학명 중 피르미아나Firmiana는 오스트리아의 피르미안K. J. von Firmian(1718~1782)을 기념하기 위해 붙인 것이고, 심플렉스simplex는 '단생單生'이라는 뜻이다.

벽오동 하면 떠올리는 것이 봉황이다. 한국에 나와 있는 식물 관련 책에는 거의 예외 없이 봉황과 관련한 나무는 오동이 아니라 벽오동으로 적고 있다. 이규보의 시 "벽오동이 시든 가을 봉황새는 근심하네碧梧秋老鳳凰愁"에서 보듯 봉황은 벽오동에 앉지만, 반면 작자 미상의 글 "봉황새는 오랫동안 오지 않고 오동잎만 부질없이 무성하구나"에서는 오동나무를 언급하고 있다(『대동운부군옥』). 중국 송대의 양억楊億(974~1020)이 지은 시 「작은 정원의 가을 저녁小園秋夕」 가운데 "아름다운 우물가의 기울어진 오동나무는 봉황을 기다리는 듯하고玉井梧傾猶待鳳"에서 보듯 봉황은 오동나무와 관련이 깊다.

오동이든 벽오동이든 오동과 봉황의 관계를 언급한 가장 이른 시기의
자료는 아마 『시경』「생민지십生民之什」의 '권아卷阿'일 것이다. "봉황이 저
높은 산등성이에서 우네 / 오동나무가 산 동쪽 기슭에서 자랐네 / 오동나
무 무성하고 봉황 소리 조화롭네于彼高岡 梧桐生矣 于彼朝陽 菶菶萋萋雝雝喈喈." 그런
데 한국의 식물학자들은 『시경』에 등장하는 오동을 모두 벽오동으로 해석
하고 있다. 벽오동과 봉황을 연결할 때 단골로 등장하는 것이 바로 아래에
나오는 작자 미상의 노래이다.

벽오동 심은 뜻은 봉황을 보잣더니
내가 심은 탓인지
기다려도 아니 오고

오동과 봉황(화조도 6폭 중 1폭),
95.2×39.3.2cm, 선문대박물관 소장.

밤중에만 일편명월—片明月이

빈 가지에 걸려 있네

대구시 팔봉산 자락에는 동화사桐華寺가 있다. 이 절은 신라 흥덕왕 때 심지라는 사람이 겨울인데도 오동꽃이 피었기에 붙인 이름이다. 오동나무든 벽오동이든 꽃이 핀다. 그런데 동화사에는 봉서루鳳棲樓가 있다. 봉서루는 봉황이 깃든다는 뜻이다. 과연 동화사는 벽오동인가, 오동인가. 고려 태조 왕건이 팔공산에서 전투한 곳 중 하나도 동수桐藪였다. 동수는 오동나무 숲인가, 아니면 벽오동 숲인가. 분간하기 어렵다.

벽오청서도, 지운영, 1915, 견본담채, 134×51.7㎝, 선문대박물관 소장.

나무사전
: 벽오동과 | 벽오동

벽오동은 열매는 독특하다. 가을이면 암술이 성숙해서 다섯 갈래로 갈라져 생긴 열매는 마치 작은 표주박 다섯 개를 동그랗게 모아놓은 듯 가운데가 오목하다. 이 열매는 커피 대용으로도 쓰였다. 사진에서는 열매의 껍질이 벌어져서 안쪽의 씨앗이 드러나 있다.

: 단풍나뭇과

단풍나무 *Acer palmatum* Thunberg

치우를
죽인
형틀

단풍丹楓나무의 단풍은 붉게 물드는 잎을 강조한 이름이다. 학명 중 아케르Acer는 '갈라진다'는 뜻이다. 이 나무는 잎이 몇 갈래인가에 따라 이름이 달라지는 점을 감안하면 아케르의 뜻은 중요하다. 또다른 학명 팔마툼palmatum은 '장상掌狀', 즉 손바닥 모양이란 뜻으로 단풍잎의 생김새를 본뜬 것이다. 이러한 단풍나무는 『산해경山海經』「대남황경大南荒經」에 따르면 황제가 치우蚩尤를 죽인 다음 그 형틀을 버린 것이 변하여 생긴 나무다. 어떤 식물학자는 단풍나무를 단풍으로 사용하고 풍나무는 다른 나무로 설명하고 있다. 그러나 『이아주소』나 중국 청나라 주준성의 문자 연구서인 『설문통훈정성說文通訓定聲』에서 언급하는 '풍'은 단풍나무를 의미한다. 『설문해자』에서는 풍을 일명 섭섭欇欇이라 불렀다. 이는 『송남잡지』에도 기록이 보인다. "지금 사람들은 (단풍나무) 옹이를 일러 섭欇이라고 한다. 섭이 비바람을 만나면 자라기 때문에 나무 목木과 바람 풍風을 따른 것이다. 그 진액은 향을 만들 수 있으며, 땅속에 스며들어 천 년이 지나면

호박虎魄이 된다. 혹은 신선으로 변하기도 하므로 풍인楓人이라고 한다." 곽
박郭璞(276~324)은 풍을 백양白楊나무와 비슷하고, 잎은 둥글지만 갈라져 있다
고 설명한다. 한漢나라 때는 궁궐에 단풍나무를 많이 심어 궁궐을 '풍신楓
宸'이라 불렀다.

　　단풍과 관련된 시 중 당나라 장계張繼의 「풍교야박楓橋夜泊」과 두목의 「산
행山行」을 빠뜨릴 수 없다.

　　「풍교야박」

　　달 지고 까마귀 울며 하늘 가득 서리가 내리는데月落烏啼霜滿天
　　강가 단풍에 고깃배 불빛 어른거려 잠 못 이루네江楓漁火對愁眠
　　고소성 밖 한산사에서 울리는姑蘇城外寒山寺
　　한밤중 종소리가 나그네 뱃전을 두드리네夜半鐘聲到客船

　　「산행」

　　멀리 쓸쓸한 산길 오르니 자갈길 경사져 이어 있고遠上寒山石徑斜

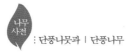

흰 구름 일어나는 곳에 아련히 인가가 있다白雲生處有人家

수레 멈추고 황혼진 단풍숲을 멍하게 바라보니停車坐愛楓林晩

물든 잎은 봄철 꽃보다 한층 붉구나霜葉紅於二月花

김영랑도 가을날 단풍나무를 보면서 시를 읊었다.

오매, 단풍들것네

장광에 골 붉은 감잎 날아오아

누이는 놀란 듯이 치오다보며

오매, 단풍들것네

추석이 내일 모레 기둘리니

바람이 자지어서 걱정이리

누이의 마음아 나를 보아라

오매, 단풍들것네

남조시대 임방이 편찬한 『술이기』에 따르면 중국 남쪽 지방에는 단풍나무로 만든 풍자귀楓子鬼가 있었다. 이것은 오래된 단풍나무로 만든 인형인데, 이를 영풍靈楓이라 불렀다. 곧 신령스러운 단풍나무라는 뜻으로, 무당들은 신령스러운 기운을 얻고자 영풍을 지니고 다녔다. 이는 단풍나무가 음목陰木이라 귀신이 잘 모인다는 속설이 반영된 이야기다.

중국의 귀주성 동남부 종강현從江縣에 위치한 절사岊沙 먀오족은 단풍나무를 우주목(세계수)으로 여긴다. 그들에게 단풍나무란 성스러운 존재다. 이들은 큰 제사인 고장절牯臟節에 소의 뿔을 단풍나무로 묶으며, 조상의 영혼이 깃들었다고 믿는 북도 단풍나무로 만든다. 아울러 집을 지을 때는 가운

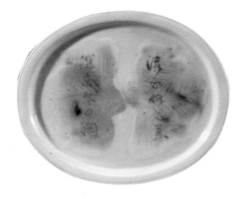

잎사귀무늬접시, 중국 원 14세기, 지름 16.4cm, 국립중앙박물관 소장. 접시 위에는 시의 일부분이 적혀 있는데, 당나라 때 우우라는 선비가 계곡 주위의 풍경을 감상하다가 계곡 물에 떠내려오는 낙엽을 발견했다. 그런데 그 낙엽은 궁녀 한씨가 시를 적어 흘려보낸 것이었다. 시의 내용은 이렇다.
"흐르는 물은 저리도 급한가
깊은 궁궐의 하루는 지루하기만 하네
은근히 단풍잎에 부탁하여
내 마음을 세상에 전해볼까나"
두 사람은 후대에 백년가약을 맺었다.

데 기둥은 단풍나무를 사용한다. 이들이 즐겨 부르는 「묘족고가苗族古歌」에서는 단풍나무가 이들을 낳은 어머니임을 알 수 있다. 노래에 등장하는 메이방메이류妹榜妹留는 호접마마胡蝶媽媽, 즉 '나비엄마'라는 뜻을 지닌 여신이다. 그녀가 단풍나무에서 태어난 것이다.

단풍나무에서 메이방이 태어났네
단풍나무에서 메이류가 태어났지
찬미하고 노래하네

지금도
아빠 엄마가 너와 나를 낳으시지
탄생에 대한 이야기
들려줄 만한 것이라네
아득한 옛날을 생각해보세
단풍나무가 메이방메이류를 낳았어
어머니가 계셔야

함, 19세기, 단풍나무, 51.5×13.4×15cm, 서울역사박물관 소장.

나무
사전
: 단풍나뭇과 | 단풍나무

너와 내가 있는 것

어머니를 위한 노래를 불러야 하지

메이방의 탄생을 노래해

메이류의 탄생을 노래해

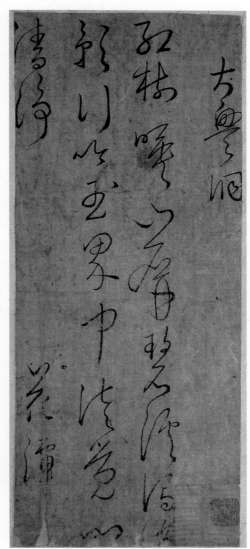

'대흥동', 서경덕, 지본묵서, 24.7×10.1cm,
경남대박물관 소장.
"단풍나무 병풍 산 둘러이고
맑은 시내 산 그림자 비추네
선경 속을 가며 시를 읊으니
문득 마음이 맑아짐을 느끼네"

: 단풍나뭇과
고로쇠나무 *Acer mono* Maximowicz

뼈를
이롭게
한다

고로쇠나무는 한자 '골리수骨利樹'에서 왔다. 이는 '뼈를 이롭게 한다'는 뜻으로, 여기서 나오는 수액이 뼈에 좋기 때문에 붙여진 것이다. 고로쇠나무가 골리수라는 이름으로 탄생한 이야기가 전하고 있다.

고려를 건국한 왕건에게 큰 영향을 준 도선국사(827~898)는 백운산에서 오랫동안 좌선한 후 마침내 도를 깨우쳐 일어나려는 순간 무릎이 펴지지 않았다. 엉겁결에 옆에 있던 나뭇가지를 잡고 다시 일어나려 하였으나 이번에는 아예 가지가 부러져버렸다. 엉덩방아를 찧은 도선국사는 갈증을 느끼고 있던 터에 부러진 나뭇가지에서 떨어지는 물방울을 먹기 시작했다. 도선국사는 물을 마신 후에는 쉽게 일어날 수 있었다. 이에 도선국사는 이 나무의 이름을 뼈에 이롭다는 의미로 '골리수骨利樹'라 붙였다. 이후 사람들도 이 나무를 부르기 쉽게 고로쇠라 했다.

고로쇠나무는 어떻게 그렇게 많은 물을 만들 수 있을까? 이 나무의 가지나 줄기 꼭지에 있는 겨울눈은 봄기운을 가장 먼저 감지하고, 식물의 생장 물질인 옥신auxin을 겨울잠 자고 있는 나무의 각 부분에 내보내 뿌리까지 내려간 옥신은 필요한 물과 영양분을 흡수하여 잎과 줄기로 보낸다. 뿌리의 세포들은 물과 양분을 빨아들여 위로 올려 보낸다. 이에 사람들은 올라가는 길목의 수액을 채취할 수 있는 것이다. 그러나 물을 빼앗긴 고로쇠나무는 차츰 기력이 떨어져 한여름인데도 잎이 노르스름하다. 우리나라 산림청에서는 무분별한 고로쇠 수액 채취를 방지하려고 지침까지 내리고 있으나 큰 효과를 거두지 못한다.

단풍나무는 대개 갈라진 잎에 따라 구분한다. 고로쇠나무는 잎이 나무에 따라 5~7개 갈라진다. 그래서 중국 단풍나무를 삼각풍이라 부르듯이 고로쇠의 한자 중 하나가 '오각풍五角楓'이다. 잎은 물갈퀴 달린 오리나 개구리 발을 닮았다. 꽃은 5월경 연한 황록색을 띠면서 핀다. 꽃은 암수가 하나다. 이는 러시아의 식물학자 막시모비츠가 붙인 학명 '모노mono'에서 알 수 있다. 모노는 '한 개'라는 뜻이다. 열매는 프로펠러 같은 날개가 서로 마주보며 달린다.

: 단풍나뭇과 | 고로쇠나무

도선국사진영, 1805, 견본채색, 선암사 소장.

∴ 단풍나뭇과

홍단풍 *Acer palmatum* var. *amoenum* cv. *sanguineum* Nakai

늘
붉게
조작된

　　단풍에 붉은 홍紅자가 붙은 것은 '늘 붉음'을 의미
한다. 보통 나무는 잎이 늘 붉을 수가 없다. 그런데도 잎이 늘 붉다는 것은
누군가 '조작'했음을 말한다. 엽록소 만들기를 억제하고 붉은색의 원인이
되는 안토시아닌의 활성을 인위적으로 높였기 때문이다. 세상이 신록으로
덮일 5월에도 홍단풍만 홀로 붉다. 계절을 착각하게 만드는 홍단풍은 그
래서 더욱 사람들의 눈길을 끈다. 청단풍은 홍단풍과 달리 여름까지는 푸
르다가 가을에 붉게 변한다. 간혹 잡종 홍단풍은 여름까지는 붉다가 가을
에 푸르게 변하기도 한다. 그래서 이 나무를 육종한 사람인 일본의 노무라
野村를 붙여 흔히 '노무라단풍'이라 부른다.

　일본에서 만든 갈잎 큰 키 홍단풍은 1930년경 우리나라에 들어왔다. 요
즘 전국 곳곳 정원에서 홍단풍을 볼 수 있다. 홍단풍은 봄과 여름에도 붉
지만 가을이면 더욱 붉어진다. 그렇다고 더 예쁜 것은 아니다. 무릇 봄에
새순처럼 나오는 홍단풍의 어린 이파리의 투명한 붉음을 따라갈 수는 없

홍단풍은 원색이 두드러지는 일본 그림과 잘 어울리는 나무 중 하나다. 단풍이 바닥에도 떨어져 있고 여인의
소반에도 가득 담겨 있다.

다. 다만 대구시 달성군 가창면에 가면 '허브힐즈'라는 홍단풍 길이 조성돼 있는데 길게 리아시스식 해안처럼 굽이굽이 돌아가는 길을 온통 홍단풍나무가 내려다보고 있어서 아름답기 그지없다. 매년 10월에서 11월이면 이곳에서 홍단풍 축제가 열린다. 벚꽃나무와 마찬가지로 일본에서 들여온 나무는 이처럼 축제와 곧잘 연결된다. 벚꽃축제, 홍단풍축제라 해서 사람들이 모여들어 꽃과 단풍의 아름다움에 흠뻑 취하게 만든다. 개중에는 묘한 역사적 아픔의 역설을 경험하는 이들도 있을 것이다. 홍단풍은 궁궐이나 이순신 장군 묘역에도 어김없이 심겨져 있는데, 이 때문에 역사에 민감한 사람들의 눈총을 받기도 하는 나무다. 일본의 식물학자 나카이가 붙인 학명에는 '귀엽다'는 뜻의 아모이눔*amoenum*이 있다. 종소명 산귀네움 *sanguineum*은 '피같이 붉다'는 뜻이다.

: 단풍나뭇과

세열단풍나무 *Acer palmatum* var. *dissectum* Maxim.

공작
꼬리를
닮은
잎

　　단풍나무는 대부분 부모를 닮아 학명도 비슷하다. 세열細裂단풍나무는 잎이 가늘게 갈라진다는 뜻이다. 가느다란 잎들을 바라보면 공작 꼬리를 닮았다. 이 때문에 이 나무를 '공작단풍'이라 부르기도 한다. 홍단풍과 마찬가지로 세열단풍나무도 일본에서 들여왔다. 이 나무는 갈잎 중간 키 나무이고, 가지가 사방으로 퍼지면서 처진다. 작은 키에 가지가 마치 능수버들이나 능수벚나무처럼 처져 있다. 더욱이 세열단풍나무는 잎이 자갈색이고 가을이면 붉게 변하는 게 아니라 오히려 푸른 빛을 띤다. 이 나무는 이름처럼 잎이 마주보면서 손바닥 모양으로 깊게 7~11개로 갈라진다. 종소명 디섹툼dissectum도 '모두 갈라진다'는 뜻이다.

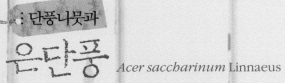

은단풍 *Acer saccharinum* Linnaeus

실버
메이플이
있는
정원

　　　단풍나무 중에서도 은단풍銀丹楓은 글자대로 잎 뒷면에 있는 은색 털 때문에 붙여진 이름이다. 영어도 '실버 메이플Silver Maple'이다. 북미 원산인 은단풍은 흔히 볼 순 없었지만, 최근에는 종종 정원수로 심고 있다. 갈잎 큰 키 나무 은단풍의 껍질은 회갈색이지만 어린 것은 적갈색을 띤다. 이팝나무처럼 나이가 어리면 피부가 붉다가 어른으로 성장하면서 거친 세월을 견디느라 피부가 바뀌는 셈이다. 잎은 마주나고 손바닥처럼 5~7개로 깊게 갈라진다. 리나이우스가 붙인 학명 중 사카리눔saccharinum은 설탕을 뜻하는 '사카룸saccharum과 비슷하다'는 말이다. 학명에서의 '사카룸'은 곧 '설탕단풍'을 의미한다.

: 단풍나뭇과

설탕단풍 *Acer saccharum* Marsh

수액으로
설탕을
만들다

설탕단풍나무는 우리가 알고 있는 설탕, 영어로 Sugar와 관련 있다. 고로쇠나무처럼 이 나무의 수액으로 설탕을 만들기 때문에 붙여진 이름이다. 미국 중서부 지방에 널리 분포하는 설탕단풍나무는 캐나다와 밀접한 관련이 있다. 이 나무의 수액으로 만든 '메이플 시럽maple syrup'이 캐나다 특산품이기 때문이다. 설탕단풍나무에서 추출하여 끓인 시럽은 북아메리카 인디언들의 전통 기호식품이다. 인디언들은 수액을 모아 장작불을 끓이는 동안 그 주위를 빙빙 돌며 함께 춤을 추면서 기다린다. 학명 중 사카룸saccharum이 바로 이 나무의 특징인 설탕을 뜻한다. 이 나무는 주위에서 흔히 볼 순 없지만 잎은 아주 익숙하다. 그 잎이 캐나다 국기에 그려져 있기 때문이다.

설탕단풍나무는 대부분의 단풍나무가 그렇듯이 목재 가치도 매우 높다. 흔히 이 나무를 '땔감의 여왕'이라 부른다. 그 이유는 이 나무로 벽난로에 불을 지피면 불똥이 튀지 않으면서도 불꽃 색이 아름답고 냄새도 좋을 뿐

아니라 남은 재의 색깔까지 아름답기 때문이다. 이 나무는 우리나라에서 자라는 단풍나무와는 달리 키가 아주 크다.

설탕단풍나무 중 나이가 많은 것은 껍질이 세로로 깊게 갈라지며 짙은 회갈색을 띤다. 잎은 마주보기하며 손바닥을 완전히 펼친 크기의 원형이다. 가장자리는 3~5갈래로 갈라지며 각 갈래는 끝이 차츰 뾰족해진다. 꽃은 우산 모양의 꽃차례에 황색의 작은 꽃들이 모여 핀다. 열매는 전형적인 날개열매이다.

밤낮의 기온 차가 심한 북아메리카 원산지에서는 이른 봄에 설탕단풍의 수액을 받아 설탕을 만드는데, 이것을 메이플시럽이라고 한다.

: 단풍나뭇과

중국단풍나무 *Acer buergerianum* Miquel

잎이
오리를
닮은
삼각

　　　중국의 고대 신화집인 『산해경』에서는 단풍나무의
또다른 이름을 '풍향수楓香樹'로 표기하고 있다. 풍향수는 청대의 식물도감
에서 잎이 오리를 닮은 삼각이라고 설명하는 것으로 미루어 곧 중국단풍
을 뜻한다. 현재 우리나라 어느 곳에서든 흔히 볼 수 있는 단풍나무 중 하
나가 바로 중국단풍나무다.

　학명 가운데 아케르$Acer$는 단풍나무 학명에 공통으로 등장한다. 이는
'갈라진다'는 뜻이다. 그만큼 단풍나무의 특색은 잎의 갈림에 있는 셈이
다. 중국단풍나무는 잎이 세 갈래로 갈라져, 한자로 '삼각풍三角楓'이라
한다. 네덜란드 식물학자 미켈이 붙인 학명 중 부에르게리아눔$buergerianum$
은 일본 식물 채집가인 뷔르거$Buerger(1804?~1858)$를 가리킨다. 이 사람이 일
본에서 식물을 채집하면서 중국단풍나무에 관해서도 채집했던 것으로
보인다.

: 단풍나뭇과

신나무 *Acer ginnala* Maximowicz

잎에서
염료를
얻는
색목

        단풍나무의 경우 대부분 '단풍'이라는 단어를 갖고 있지만, 신나무는 그렇지 않아 사람들은 이것이 단풍나무인지조차 잘 모른다. 『우리말어원사전』에 따르면 신은 단풍 '풍楓'을 의미하는 '싣'에서 유래했다. 이 나무의 한자 이름인 풍수楓樹도 우리말 신과 어울린다. 또 다른 한자로는 '색목色木'이 있다. 고로쇠나무에 관한 어떤 정보에는 신나무의 한자 중 색목을 고로쇠나무의 한자로 표기하고 있으나 이는 잘못된 것이다. 아울러 신나무를 고로쇠나무의 속명으로 표기하고 있으나 이 역시 잘못됐다. 신나무는 고로쇠나무와는 다른 나무다. 신나무의 한자가 색목인 것은 이 나무의 잎에서 염료를 얻기 때문이다. '다조축茶條槭' 또한 신나무를 지칭하는 한자다. 이는 신나무의 뿌리가 차나무의 뿌리와 비슷해서 붙인 이름이고, 축은 단풍나무를 나타내는 한자다. 축은 본래의 음이긴 하나 일반적으로 척이라 읽는다.

    신나무는 우리나라 전역의 계곡과 산록에서 자생한다. 그런데 학명은

가느다란 줄기에 달려 있는 신나무 열매는 언제라도 떠날 채비를 갖춘 것 같다. 바람이 불면 허공을 날아서 다른 세계로······.

이 나무의 원산지를 시베리아로 기록하는데, 즉 '기날라*ginnala*'는 시베리아의 땅 이름이다. 이처럼 신나무의 원산지를 시베리아로 표기한 것은 결코 우연이 아니다. 이 나무의 학명을 붙인 사람이 바로 러시아 출신의 식물학자 막시모비츠이기 때문이다. 그러나 원산지는 학명을 붙인 사람의 사정에 달린 것이기에 크게 신경 쓸 것은 없다. 단지 신나무가 우리나라에 자생한다는 점은 매우 중요하다. 우리나라 농업사회에서는 농부들이 이 나무로 농기구 재료로 사용했다. 다른 단풍나무처럼 신나무의 재질도 아주 단단하다.

: 단풍나뭇과

복자기 *Acer triflorum* Komarov

껍질
벗겨져
너덜너덜한

복자기도 단풍나무이면서 '단풍'이라는 이름이 붙지 않았다. 하지만 그 어느 단풍나무보다 잎이 아름다워 많은 사람의 사랑을 받고 있다. 나무 이름인 '복자기'의 뜻은 알 수 없다. 다만 한자 이름 중 하나인 '삼화축三花槭'이 복자기의 특징을 드러낸다. 복자기는 잎도 세 개씩 나오지만 꽃도 세 개다. 삼화축(혹은 삼화척)도 바로 이 나무의 꽃을 상징하는 이름이다. 러시아의 식물학자 코마로프Komarov(1869~1945)가 붙인 학명 중 트리플로룸 *triflorum*도 3을 뜻하는 '트리tri'와 꽃을 뜻하는 '플로룸 *florum*'의 합성어다. 복자기의 또다른 한자는 '섬서풍陝西楓'이다. 이는 중국 섬서성陝西省의 단풍나무를 의미한다. 학명에는 이 나무의 원산지를 표기하지 않았지만, 중국에서는 섬서지역을 대표하는 나무로 여기고 있다.

갈잎 큰 키 나무 복자기가 단풍나무와 구별되는 점은 이름만이 아니라 껍질에서도 찾을 수 있다. 대부분의 단풍나무는 껍질이 단단하지만 복자기의 껍질은 벗겨진다. 색깔은 회백색인데, 이것이 너덜너덜해진 모습은

마치 어린 이팝나무와 닮았다. 아울러 복자기는 박
달나무 껍질과도 닮아서 '나도박달'로도 불린다.
너만 박달이 아니라 나도 박달나무라는 뜻이다. 이
나무는 목재로 유명하다. 잎도 다른 단풍에 비해
인기가 높지만, 목질 또한 색이 곱고 진하다. 그런
장점으로 인해 가구를 만들거나 무늬 합판을 만들
때 많이 사용된다.

　복자기와 비슷한 단풍나무로 복장나무Acer mand-
shuricum Maximowicz가 있다. 이 나무의 한자는 '만주축
滿洲檿'이다. 복자기처럼 지역 명을 따서 붙인 이름
이다. 복장나무는 만주에 많이 산다. 이 나무를 달
리 '동북축東北檿'이라 부르는 것도 만주를 포함한
동북지역에 널리 살고 있기 때문이다. 학명의 만드
수리쿰mandshuricum 역시 이 나무가 만주에 산다는
뜻이다. 복장나무는 복자기에 비해 잎이 작고 열매
에 잔털이 없다. 복자기는 잎 윗부분에 굵은 톱니
가 2~4개 정도지만 복장나무는 잎 가장자리 전부
에 톱니가 있다.

: 무환자나무못과

무환자나무 *Sapindus mukoross* Gaertner

근심을
없애는
열매

　　　　　　무환자나무는 갈잎 큰 키 나무이지만 주로 따뜻한
곳에서 자라기 때문에 흔하게 볼 순 없다. 이 때문에 작은 식물도감에는
소개조차 되지 않는다. 이 나무는 한자 '무환자無患子'에서 유래했다. 곧
'근심을 없애는 열매'라는 뜻이다. 왜 그런 뜻으로 불리는 걸까. 중국 진晉
나라의 최표崔豹가 명물名物을 고증하여 엮은 책 『고금주古今注』에 따르면,
"옛날에 어떤 신통한 무당이 귀신을 만나자 이것으로 때려 죽였다"라고
하였다. 그 뒤 세상 사람들은 뭇 귀신들이 이 나무를 두려워한다고 여겼
기에 무환無患이라 이름 붙였다. 후에 이런 이야기가 널리 퍼지면서 이 나
무로 그릇을 만들어 귀신을 쫓기도 했다. 사람들이 그렇게 믿었던 것은
『본초습유』나 『산해경』 『광운廣韻』 등에서 언급하고 있듯 이 나무에 얼마
간의 독이 있고, 나무를 태우면 아주 진한 향기가 나 사악한 기운을 없애
기 때문일 것이다. 사악한 기운이나 귀신을 쫓을 정도라면 이 나무는 분
명 생명을 연장하는 존재라 할 수 있다. 그래서 이 나무의 다른 이름이

'연명피延命皮'다.

무환자나무의 또다른 이름은 '금루^{𣎴䍡}' 혹은 '환桓'이다. 『본초습유』에서는 무환자의 이름이 환의 음에서 와전된 것으로 보고 있다. 이 나무의 또다른 한자로 '흑단자黑丹子'가 있다. 이는 열매를 강조한 이름이다. 무환자나무의 열매는 검은 빛이 감돌면서 홍자색을 띠기에 붙여진 이름이다. 이 열매로 스님들은 염주를 만들었다.

명나라 장자열張自烈의 『정자통正字通』을 보면 불교 경전을 인용해 "번뇌를 없애고자 하는 자는 목환자木槵子 108개를 꿰어 항상 몸에 지니고 다녀야만 한다"라고 말하고 있다. 독일의 식물학자 게르트너Gaertner(1732~1791)가 붙인 무환자나무의 학명 중 사핀두스Sapindus는 라틴어 '사포 인디쿠스sapo indicus', 즉 '인도의 비누'에서 온 말이다. 이 학명은 인도 원산임을 뜻함과 동시에 이 나무의 열매 껍질이 비누를 만드는 데 사용되었음을 알려준다. 영어권에서도 '비누열매soapberry'라 부른다. 이 나무의 열매 껍질과 줄기 혹은 가지의 속껍질에 사포닌이라는 계면활성제가 들어 있어 인도에서는 일찍부터 이것을 세척제로 사용했다. 우리나라 진도에서도 무환자나무 열매 껍질을 비누 대신으로 사용한 민간 풍습이 있었다. 진도군 의신면 초하리에는 높이 15미터, 가슴높이 둘레 3.6미터에 수령 400년의 무환자나무(도지정기념물 제216호)가 있다. 국내의 무환자나무 중에서는 나이가 아주 많은 편이다. 학명 무코로스mukoross는 무환자를 뜻하는 일본어 무쿠로지むくろじ이다.

경남 진주시 집현면 정평리에 위치한 응석사 관음전 뒤편에는 우리나라에서 보기 드문 무환자나무 군락지(경남기념물 제96호)가 있다. 이 절은 고려 말에는 지공과 나옹 혜근, 무학 자초 등이 머물렀으며, 조선시대에는 진묵 일옥(1562~1663)과 사명 유정(1544~1610) 등이 머물 정도로 전통 있는 도량이다.

무환자나무 한 그루가 시원하게 자라 있다. 이 나무의 열매 껍질과 줄기 혹은 가지의 속껍질에는 사포닌이라
는 계면활성제가 들어 있어 비누 대신 사용되곤 했다.

무환자나무과

모감주나무 *Koelreuteria paniculata* Laxman

여름을
아름답게
만들다

모감주나무는 여름을 아름답게 만드는 나무다. 요즘 아주 흔히 볼 수 있는 조경수이며 때로는 가로수로 심기까지 한다. 이 나무의 유래는 정확하지 않지만, 염주와 밀접한 관련이 있다. 일설에는 중국 선종을 대표하는 영은사靈隱寺 주지의 법명이 묘감妙堪이고, 불교에서 보살이 가장 높은 경지에 오르면 묘각妙覺이라 부른 데서 유래했을 것으로 추측한다. 열매는 금강석처럼 아주 단단해서 금강자金剛子라 부르고, 열매가 아주 귀한 까닭에 큰 스님의 염주를 만들 때 사용한 점을 감안하면 불교의 염주와 밀접한 관계가 있는 듯하다. 러시아의 식물학자 락스만 Laxman(1737~1796)이 붙인 학명 중 속명 코일레우테리아Koelreuteria는 독일의 식물학자 켈로이터Joseph Koelreuter(1734~1806)에서 유래했다. 종소명 파니쿨라타 paniculata는 '원추형圓錐形의'를 뜻한다. 이는 모감주나무의 꽃을 강조한 것이다.

영어권에서는 '황금비 나무Golden Rain Tree'라 부르는데, 꽃이 마치 황금비

가 내리는 것처럼 아름답기 때문이다. 모감주나무의 꽃을 멀리서 보면 황금 왕관인 듯 혹은 황금비가 쏟아지는 듯하다. 우리나라 도감에는 모감주나무의 한자를 '보리수菩提樹' '난수欒樹' '목란수木欒樹' 등으로 표기하고 있다. 보리수는 이 나무의 열매라서 붙인 이름인 반면, 난수와 목란수는 모감주나무를 뜻하는 한자다. 그런데 어떤 도감에는 모감주의 한자를 낙수樂樹 혹은 낙화樂華로 표기하고 있다. 아마 이는 난을 잘 못 읽은 데서 온 오류일 것이다. 청대의 『식물명실도고』나 『대한화사전』에도 난화欒華로 표기하고 있기 때문이다. 한자 난은 나무에 실이 계속 엉켜 있는 모습을 본뜬 글자로 꽃 모양을 강조한 듯싶다.

　모감주는 열매가 귀하고 꽃도 아름다

충남 태안 안면도 모감주 군락, 천연기념물 제138호.

운 까닭에 예부터 사람들이 특별하게 인식했다. 어떤 식물 관련 책에는 중국에서 학덕 있는 선비가 죽은 무덤에 모감주를 심는다고 기록하고 있다. 물론 후한後漢의 반고班固가 편찬한 『백호통白虎通』 등 중국의 자료들은 무덤에 심는 나무를 조금씩 다르게 언급하고 있지만, 『춘추위春秋緯』에 따르면 모감주는 주나라 때 제후 아래의 대부大夫 무덤에 심었다고 한다.

:두릅나뭇과

두릅나무 *Aralia elat* Seem

새순이
나물의
일품

　　　요즘 냉동 기술로 철없이 나물을 먹을 수 있지만, 먹는 게 부족했던 옛날에는 제철에 나오는 나물을 캐서 먹는 일이야말로 생존에 큰 몫을 했다. 특히 추운 겨울을 견디고 나오는 봄철 나물은 영양가가 아주 높았다. 봄철 나물이야 수없이 많지만 두릅나무에서 나오는 새순은 그중에서도 일품이었다. 두릅나물이 얼마나 좋은지는 『농가월령가農家月令歌』「삼월령三月令」에서 확인할 수 있다.

　　　앞산에 비가 개니 살진 향채 캐오리라 / 삽주, 두릅, 고사리며 고비, 도라지, 으아리를 / 절반은 엮어 달고 나머지는 무쳐 먹세 / 떨어진 꽃 쓸고 앉아 빚은 술로 즐길 적에 / 산채를 준비한 것 좋은 안주 이뿐이다.

　　　『농가월령가』는 농가에서 그 달 그 달의 할 일을 노래로 읊은 조선시대의 가사다. 제작 연대는 알 수 없지만 작가에 대해서는 두 가지 설이 있다.

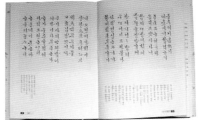

『농가월령가』

하나는 광해군 때 고상안高尙顏이 지었다는 것이고, 다른 하나는 철종 때 다산 정약용의 둘째 아들인 정학유丁學游가 지었다는 것이다. 현재는 정학유 설이 유력하다.

두릅나무의 유래에 대해서는 그다지 알려진 게 없다. 단지 한자 이름에서 유추해볼 수 있을 듯싶다. 두릅나무의 한자 중 하나는 총목憁木이다. 『본초강목』에 따르면 주로 강남에서 자라는 두릅나무는 사람들이 봄에 올라오는 두릅순을 먹기 때문에 문두吻頭라 불렀다. 때론 두릅순을 '목두채木頭菜'라고도 한다. 두릅은 두릅순을 의미하는 목두에서 왔을 수도 있다. 독일의 제만Seemann(1825~1871)이 붙인 학명 중 '가지 끝'을 뜻하는 엘라트elat도 순을 드러내는 말이다. 아랄리아Aralia는 캐나다 퀘벡의 의사인 사라신Sarrasin이 보낸 두릅나무 표본에 프랑스 식물학자 투르네포르Tournefort(1656~1708)가 붙인 지명이다. 영어식 표기 Japanese Angelica Tree 중 안젤리카에서도 두릅나무 순을 강조하고 있다.

『이아주소』에는 두릅나무를 '역檅'으로 표기하고 있다. 역은 백유白楡다. 『이아주소』는 또한 이 나무의 자적색紫赤色을 띤 열매를 귀걸이로 묘사했다. 중국 진晉나

라 육기陸璣(260~303)의 『모씨초목오수충어소毛詩草木鳥獸蟲魚疏』에는 역을 상수
리나무 혹은 떡갈나무를 의미하는 작栎과 같은 뜻으로 표기하고 있다. 이
에 따르면 두릅나무는 결이 고와 잘 쪼개지므로 궤짝이나 수레바퀴살을
만드는 데 적합하다.

　우리나라 어디서나 양지 바른 산자락에 흔히 자라는 두릅나무는 갈잎
떨기나무다. 이 나무는 가지가 많이 갈라지지 않고 가시가 많은 게 특징이
다. 두릅나무를 달리 '작부답鵲不踏'이라 부르는 것도 까치가 앉을 만한 가
지가 드물고 가시가 있기 때문이다. 『본초강목』에는 아예 가지가 없다고
표기했다. 두릅나무보다 가시가 적은 것을 애기두릅나무, 작은 잎이 둥근
것을 둥근두릅나무, 가시가 거의 없는 것을 민두릅나무라 부른다. 시인 박
승수의 시는 두릅을 이해하기에 적합할 뿐 아니라 '맛'도 상큼하다.

「두릅木頭菜의 목」

두릅은 산록이나 골짜기에 뿌리를 내리지만

특히 양지바른 곳에 자리잡기를 좋아해서

이웃들과도 잘 어울린다

두릅은 회백색의 피부에 가시를 촘촘히 세우지만

그것이 제 모가지를 지켜주지는 못한다

키는 두 길을 넘지 않아서 이웃의

일조권을 해치는 일은 없으나 목이 길어

슬픈 기린보다 더 슬픈 삶을 살아간다

사월 중순경 엽탁葉托으로 감싼

머리를 한 치 반쯤 세상에 내밀고

"하느님!

긴 겨울을 엽탁 하나로 버틴 씨눈이

당신이 내리신 햇볕을 이웃과 함께 나누어

맑고 깨끗한 하늘과 강물을 빚게 하시고

숲이 숲다워진 산에서 우리 함께 감사ㅎ…"

막 겨울잠을 떨쳐버린

복수초, 제비꽃, 양지꽃, 꿩의바람꽃, 현호색,

피나물, 동의나물, 진달래, 생강나무랑

이웃들이 지켜보는 그의 마을에서 목이 잘린다

정수리 없는 빈 모가지를 꼿꼿이 세운 두릅

진득진득한 눈물로 온몸을 적시며 그래도

"내 아들의 아들, 그리고 아들의 아들을

나무
사전 : 두릅나뭇과 ┃ 두릅나무

여기 세울 것이오" 라고 외친다
두릅은 목이 졌다
죄가 있다면 이른 봄 머리 내밀고
기도한 것이 그것일 게다

두릅나무는 수레바퀴살을 만드는 데 적격이었다. 결이 곱고 잘 쪼개졌기 때문이다.

 두릅나뭇과

음나무 *Kalopanax pictus* Nakai

채마밭을
보호하다

옛날 농촌지역은 거의 집집마다 집 안이나 채마밭에 음나무가 있었다. 음나무를 심은 이유 중 하나는 이 나무가 가시를 품고 있기 때문이다. 그것도 작은 것이 아니라 무시무시할 만큼 큰 가시가 달려 있다. 그런 이유로 이 나무를 가시가 무섭다는 뜻의 '엄ᔆ나무'라 부른다. 그러나 나이가 많이 든 음나무 줄기에는 가시가 없다. 나무에 가시가 달리는 것은 자신을 보호하기 위함이다. 그러니 가시를 스스로 없애는 것은 외부의 침입에 자신 있다는 것을 뜻한다. 나이가 상당히 많은 음나무에 가시가 없는 것도 같은 이치다. 오래 산 음나무의 줄기는 검다. 칠백 살쯤 먹은 충청북도 청원군 강외면의 천연기념물 제305호, 창원시 동읍의 천연기념물 제164호 음나무도 껍질이 검다.

농촌 사람들은 무시무시한 가시를 지닌 음나무가 좋지 않은 기운을 없애준다고 믿었다. 한자 이름 '자추刺楸'나 '엄목嚴木'도 가시를 강조한 것이다. 그러나 학명을 붙인 일본의 나카이는 가시를 강조하지 않

충북 청원군 강외면 음나무, 천연기념물 제305호.

　　았다. 학명 중 칼로파낙스Kalopanax는 '아름답
다'를 의미하는 그리스어 '칼로스kalos'와 '인삼 속屬'을 의미하는 '파
낙스panax'를 합성한 말이다. 학명에서 아름답다는 것은 이 나무의 갈
라진 잎이 규칙적임을 뜻한다. 음나무 잎은 손바닥처럼 규칙적으로 갈
라져 있다. 픽투스pictus 또한 '색이 있는' 혹은 '아름답다'는 뜻이다.
정확히 무엇이 아름답다는 것인지 알 순 없지만, 어쨌든 잎을 강조하
고 있는 셈이다.

　　『본초강목』과 『식물명실도고장편』에 나오는 '해동海桐' '해동피海桐皮'도
잎을 강조한 이름이다. 음나무를 『본초강목』에서는 해동, 『식물명실도고
장편』에서는 해동피라 부른 것은 이 나무의 잎이 오동나무를 닮았기 때문
이다. 음나무 이름 중 '해海' 자가 들어간 것은 이 나무가 남해南海 산골에서
자라기 때문이다. 또다른 이름인 자추에서도 나무의 잎을 강조한 흔적을

발견할 수 있다. 자梯는 가시를 의미하지만 추楸는 개오동과 가래나무를
의미한다. 물론 여기서는 개오동을 뜻한다.

송악 *Hedera rhombe* Bean

소가
잘 먹는
소밥나무

송악은 주위에서 쉽게 볼 수 없다. 더욱이 덩굴성이기 때문에 나무인지조차 모르는 사람도 있다. 영어로 Ivy라 표기하듯이 담쟁이덩굴과 같은 성질을 지닌다. 그러나 담쟁이덩굴은 잎이 떨어지는 반면 송악은 늘 푸른 나무다. 이 나무 이름은 송악松岳에서 유래했을 것이다. 주로 해안과 도서지방의 숲속에서 자라는 송악을 '담장나무' 라 부른다. 이는 가지와 원줄기에서 기근이 자라면서 다른 물체에 붙어 올라가기 때문에 그런 것이다. 남쪽 지방에서는 소가 잘 먹는다고 '소밥나무' 라고도 한다.

영국 출신의 식물학자 빈W. J. Bean(1893~1947)이 붙인 학명 중 헤데라Hedera는 '유럽산 송악' 을 뜻하고, 롬베rhombe는 '능형菱形' 을 의미한다. 능은 마름과에 속하는 마름으로, 송악의 생김새가 마름과 닮아서 붙인 이름이다. 송악을 뜻하는 한자 중 파산호爬山虎는 송악의 성질을 가장 잘 드러내는 말이다. 즉 '산에 오르는 호랑이' 라는 뜻으로, 송악이 덩굴성이면서 늘 푸르

기 때문에 호랑이에 비유한 것이다. 또다른 한자인 '용린龍鱗', 즉 용 비늘
은 절벽에 붙어 있는 이 나무의 겉모습이 마치 용트림하는 듯해서 빌린
이름이다.

　열매는 다음해 6월에 검은색으로 익는다. 남쪽에 살지 않는다면 열매를
보기란 쉽지 않다. 송악 자체를 보기 어려울 뿐 아니라 이 나무가 사는 곳

나무
사전
　: 두릅나뭇과 | 송악

이 대부분 암벽이기 때문이다. 그나마 송악을 쉽게 볼 수 있는 곳은 우리나라에서 유일한 송악 천연기념물(제367호)이 살고 있는 전북 고창 삼인리다. 이곳은 천연기념물 동백수림이 있는 선운사 동구洞口에 있다.

: 두릅나뭇과

황칠나무 *Dendropanax morbifera* Léveillé

황금빛
염료의
탄생

　　늘 푸른 큰 키 황칠나무의 특징은 한자 '황칠_{黃漆}'에서 잘 드러난다. 우리나라 전통 칠은 대부분 짙은 적갈색이지만 황금빛을 내는 황칠도 있었다. 황칠은 황칠나무 껍질에 상처를 내 수액을 채취하고 이 수액을 정제해서 얻기에 그 이름이 탄생했다. 고려 때는 '금칠_{金漆}'로 불렸다.

　　프랑스의 식물학자 레벨레_{Léveillé(1863~1918)}가 붙인 학명 중 덴드로파낙스 *Dendropanax*는 그리스어 수목_{樹木}을 의미하는 덴드론*dendron*과 인삼 속을 의미하는 파낙스*panax*의 합성어다. 그래서 이 나무의 한자 이름 중 하나가 '수삼_{樹參}'으로 학명에서 빌린 이름이다. 모르비페라*morbifera*는 '병을 가진'이라는 뜻이다.

　　황칠나무가 황칠을 분비하는 것은 자신이 상처를 입었을 때 수분 증발을 막고 상처를 빨리 아물게 하기 위함이다. 더욱이 황칠나무는 우리나라 나무에서 찾아보기 아주 어려운 '수평수지구_{水平樹脂溝}'를 지니고 있다. 이

것이 바로 나무 속에서 바깥으로 배출을 쉽게 하는 기다란 관이다. 황칠에 대한 기록은 『삼국사기』 「고구려본기」와 『해동역사』에 등장할 만큼 오래되었다. 신라에는 '칠전漆典'이라는 관청이 있을 정도였다.

황칠나무의 이러한 특징 때문에 사람들은 이 나무를 좋아했다. 특히 이 나무에서 얻을 수 있는 황금색은 곧 황제의 색깔이다. 그러니 일반인은 물론이거니와 황제들이 탐을 낼 만한 나무였다. 황칠은 중국에도 알려져 진晉나라의 장화張華가 저술한 『박물지博物誌』와 북송시대 문헌인 『책부원구冊府元龜』에도 소개될 정도였다. 『책부원구』에 따르면 당나라 태종 이세민은 백제에 의전용 갑옷에 사용할 황칠을 요구했다. 『고려사』(원종 12년)에 따르면 몽골에서 중서성의 지시로 금칠 등의 물품을 요구했다. 그런데 황칠나무는 주로 남부 해안지역에 살기 때문에 귀했다. 고려는 저축해두었던 금칠을 강화도에서 육지로 나올 때 모두 잃어버렸다. 더욱이 강화도의 도적들 때문에 쉽게 구할 수도 없었다. 이런 상황에서도 고려는 몽골의 요구를 거절할 수 없어 각 지방에서 황칠나무를 징발하여 보냈다. 중국 절강성 사람들은 우리나라의 황칠을 '신라칠'이라 불렀다.

황칠의 징발은 조선에서도 이루어졌다. 『조선왕조실록』에 따르면 완도에서 일어난 황칠 징발의 부작용을 언급하고 있다. 완도의 감영·병영·수영 및 강진·해남·영암 등 세 읍에서는 연례적으로 바치는 것 외에 추가적인 요구도 있었다. 이 과정에서 아전의 농락이 심했는데 뇌물까지 요구할 정도였다. 이처럼 황칠의 사용과 징발이 많아지면서 황칠나무는 점점 줄어들었다.

이 나무의 어린 가지는 초록빛이며 윤기가 난다. 잎은 어긋나기하며 처음에는 3~5개로 갈라지나 나이를 먹으면서 타원형에 톱니가 없는 잎으로 변한다. 다산 정약용도 이런 황칠나무에 반하여 다음과 같은 시를 남겼다.

「황칠黃漆」

그대 아니 보았더냐 궁복산 가득한 황君不見弓福山滿山黃

금빛 액 맑고 고와 반짝반짝 빛이 나네金泥澄潔生楼光

껍질 벗겨 즙을 받기 옻칠 받듯 한데割皮取汁如取漆

아름드리나무에서 겨우 한 잔 넘칠 정도拱把檟殘纔濫觴

상자에 칠을 하면 검붉은색 없어지나니贛箱潤色奪髹碧

잘 익은 치자나무 어찌 이와 견줄소냐巵子腐腸那得方

서예가의 경황지 이 때문에 더 좋으니書家硬黃尤絶妙

납지와 양각 모두 무색해서 물러나네蠟紙羊角皆退藏

이 나무 명성 천하에 자자해서此樹名聲達天下

박물지에 왕왕 그 이름 올려 있네博物志往往收遺芳

공납으로 해마다 공장工匠에게 옮기는데貢苞年年輸匠作

서리들 농간을 막을 길 없어胥吏徵求奸莫防

지방민이 이 나무 악목이라 여기고土人指樹爲惡木

밤마다 도끼 들고 몰래 와서 찍었다네每夜村斧潛來戕

지난 봄 조정에서 공납 면제해준 후로聖旨前春許蠲免

영릉의 석종유 신기하게 다시 나네零陵復乳眞奇祥

바람 불어 비가 오니 죽은 등걸 싹이 나고風吹
雨潤長髮鬤

나뭇가지 무성하여 푸른 하늘에 어울
리네枒椏擢秀交靑蒼

　　　 - 『다산시선茶山詩選』

합죽황칠선

다산의 시에는 황칠의 역사가 고스란히 담겨 있다. 이러한 황칠이 임진왜란 이후 이 땅에서 사라진 것으로 알려졌으나 1990년대 초 전남 해남 해안가에서 발견되었다. 이후 황칠을 이용한 현대 공예품이 나왔으나 옛 황칠은 공예품조차 실물이 없었다. 그런데 2007년 2월 경주 계림 북쪽 황남동 유적지에서 발견된 토기에서 그 흔적이 발견됐다. "옻칠 천 년 황칠 만 년"이란 속담에서 보듯 황칠 공예품은 엄청나게 긴 세월을 견뎌냈던 것이다.

"**만** 년의 황칠"로 불리는, 경주에서 발굴된 황칠 공예품 유물들.

: 두릅나뭇과
오갈피 *Acanthopanax sessiliflorus* (Rupr. *et* Max.) Seemen

금과
옥에
비유된
약효

        오갈피는 우리나라에서 아주 인기 있는 나무다. 나무 자체가 좋아서이기도 하지만 그 약효를 빼놓을 수 없다. 특히 가시오갈피의 약효는 더욱 뛰어나다. 오갈피를 소개한 글 대부분도 이 나무의 약효를 크게 부각시키고 있다.

    오갈피는 한자 오가피五加皮의 변용으로, 이 말은 나무의 특징을 잘 드러낸다. 오가피의 '오가'가 바로 이 나뭇잎 수와 모양을, '피'는 껍질을 지칭하기 때문이다. 그러나 모든 오갈피의 잎이 다섯 개라고 생각하면 곤란하다. 개중에는 잎이 세 개 혹은 네 개인 것도 있는데 다섯 개를 가진 게 가장 좋기 때문에 붙여진 이름이다. 한자 이름은 『본초강목』에서처럼 '피皮'자 없이 사용하기도 하지만, 다른 이름도 적지 않다. 또다른 한자 이름은 오가五佳, 오화五花, 문장초文章草, 백자白刺, 추풍사追風使, 목골木骨, 금염金鹽, 시칠豺漆, 시절豺節 등이다. 흰 가시를 뜻하는 백자는 중국의 촉지역, 즉 지금의 사천성 지역 사람들이 부른 이름이다. 문장초는 이 나무로 술을 만들

기 때문에 풀로 금을 산다고 여겨 붙인 것이다. 목골은 지금의 호북성 기주蘄州 사람들이 부른 이름이다. 금염은 도가道家의 염모鹽母가 오갈피를 '금옥만차金玉滿車', 즉 '금옥이 수레에 가득하다'는 것에 비유한 것이다. 추풍사는 양자강 하류 사람들이 부른 이름이다. 시칠과 시절은 그 유래를 알 수 없다.

　오갈피의 학명 중 아칸토파낙스Acanthopanax는 가시를 뜻하는 그리스어 아칸타akantha와 인삼 속을 의미하는 파낙스panax의 합성어다. 학명에도 나오는 것처럼 오갈피의 또다른 특징은 가시에 있다. 가시오갈피에 비해 가시가 드물다 해도 가시는 이 나무의 주요한 특징이다. 세실리플로루스sessiliflorus는 '대가 없는 잎'을 말한다. 이처럼 학명에서는 가시와 잎을 강조하고 있다. 8~9월경에 피는 오갈피의 꽃은 마치 벌집 같은 느낌을 준다. 더욱이 갈잎 작은 키 나무인 오갈피는 꽃 모양대로 열매가 열리는 게 또다른 특징이다. 오갈피 중에도 가시가 많은 가시오갈피, 가시가 없는 서울오갈피 등이 있다.

가시오갈피

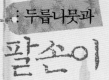 : 두릅나뭇과

팔손이 *Fatsia japonica* Decaisne *et* Planchon

손이
여덟 개

팔손이는 따뜻한 섬에서 자라는 늘 푸른 작은 키 나무로 '손이 여덟 개'라는 뜻이다. 마로니에를 칠엽수라 부르는 것처럼 팔손이도 손 모양의 잎이 여덟 개로 갈라졌기 때문에 붙인 것이다. 이러한 팔손이의 이름에는 다음과 같은 전설이 전한다.

옛날 인도에 '바스라'라는 공주가 살고 있었다. 그녀는 생일 날에 어머니에게 쌍가락지를 선물받았다. 그런데 공주의 시녀가 방을 청소하면서 거울 앞에 놓인 예쁜 반지를 보고 탐이 나서 양손의 엄지손가락에 각각 한 개씩 끼워보았다. 그러나 반지가 빠지지 않아 그 위에 더 큰 반지를 덮어 끼워 감추고 있었다. 임금님이 시녀에게 손을 펴보라고 하자 시녀는 엄지손가락 둘을 안으로 감추고 내밀었다. 이때 하늘에서 무서운 소리가 나고 시녀는 한 그루 팔손이나무로 변했다.

학명에도 팔손이의 뜻을 담고 있다. 파트시아 *Fatsia* 는 일본어 야츠데 やつで 의 하치(8)에서 유래했다. 학명에도 이 나무의 원산지를 일본으로 표기하고 있지만 팔손이는 우리나라에 자생한다. 경상남도 통영시 한산면 비진리 산 51외(천연기념물 제63호)에 살고 있다. 이곳에서는 이 나무를 총각나무라 부른다. 그런데 팔손이의 잎이 반드시 여덟 개로 갈라지는 것은 아니다. 칠엽수가 반드시 일곱 개의 잎이 아니듯이 팔손이도 일곱 개 혹은 아홉 개 잎을 가진 것이 있다. 단지 기본형이 여덟 개라서 붙여진 이름이다. 이 나무의 한자 이름은 '팔각금반八角金盤'으로, 이것 역시 잎을 본떠 붙였다.

경남 통영시 한산면 비진도 팔손이, 천연기념물 제63호.

: 협죽도과

협죽도 *Nerium indicum* Miller

멀리서
보면
대나무

협죽도는 우리나라에서 쉽게 볼 수 없다. 주로 제주에서 자라는 늘 푸른 작은 키 나무이기 때문이다. 나무의 특징은 이름에 들어 있다. 협죽도夾竹桃는 대나무를 닮았다는 뜻으로, 꽃 피는 여름 말고는 멀리서 보면 마치 대나무로 착각하기 십상이다. 1920년경에 도입한 이 나무의 다른 이름은 유도화柳桃花다. 이는 잎이 버드나무 모양이고 꽃은 얼핏 복숭아 같아 붙여진 것이다. 협죽도 중에서도 꽃이 노란 노랑협죽, 흰 꽃이 피는 흰협죽도가 있다. 중국에는 협죽도의 전설이 전한다.

어느 고을에 가씨賈氏 성을 가진 상인이 있었다. 그런데 그의 처가 돌도 지나지 않은 아이 가죽賈竹을 남겨둔 채 병으로 죽었다. 상인은 왕씨王氏를 아내로 맞이했다. 얼마 후 그는 새로 맞은 아내에게서 자식 하나를 얻었다. 이름은 가도賈桃였다. 그런데 상인은 얼마 지나지 않아 병으로 죽고 말았다. 왕씨의 노력으로 두 아이는 훌륭한 군관으로 임명되었다. 그러나 두 아들은

흰협죽도.

먼 곳에서 벼슬살이 하면서 어머니에게 효도를 다하지 못한 것을 늘 가슴
아파했다. 그러다 세 사람은 차례로 세상을 떠났다. 세 사람의 무덤은 서로
가까웠다. 그러던 어느 날 무덤에서 대나무와 복숭아를 닮은 나무가 태어났
다. 가지도 세 갈래이고, 잎도 세 개였다. 사람들은 이 나무를 세 명의 정령
이라 믿었으며, 나무 이름을 협죽도라 불렀다.

명나라 이개선李開先(1502~1568)은 이러한 전설을 품고 있는 협죽도에 대해
다음과 같이 읊었다.

계단 아래 대나무가 복숭아를 피우고階下竹抽桃
비온 뒤 꽃이 만발하네雨餘生意饒

나무
사전 : 협죽도과 | 협죽도

해 있는 동안 붉은 꽃은 빛나고日留丹灼灼

바람에 푸른 잎은 쓸쓸하네風散綠蕭蕭

앵무새 달려가 꽃술을 쪼아먹을 듯하고鸚逐還疑蕊

난새는 깃들어 가지를 헝클어놓을 것 같네鸞栖錯認條

다만 긴 마디만 안고 있는데도但能長抱節

어쩌면 그렇게도 아름다운 모습을 드러내는가何必太呈嬌

영국의 식물학자 밀러Miller(1691~1771)가 붙인 학명에도 등장하듯 이 나무의 원산지는 인도다. 협죽도는 따뜻하면서도 습한 곳에서 잘 자란다. 제주도에 주로 심는 것도 이 나무의 성질과 무관하지 않다. 학명 중 네리움 Nerium은 '습한'을 뜻하는 그리스어 네로스neros에서 따온 라틴어다. 협죽도의 나무껍질과 뿌리에는 네리안틴이라는 독성물질이 들어 있다. 그래서 야외에서 이 나무를 젓가락으로 사용해서는 안 된다.

：마편초과

작살나무 *Callicarpa japonica* Thunberg

물고기를
잡는
무기

작살나무가 속한 마편초과의 마편馬鞭은 말채찍을
뜻한다. 이 과에 속한 나무가 말의 채찍으로 사용하기에 적합해서 붙인 이
름이다. 그러나 작살나무의 이름은 말채찍이 아니라 고기 잡는 작살에서
빌린 이름이다. 세 갈래로 벌어진 이 나무의 가지가 곧 작살을 닮았기 때
문이다. 중국 사람들은 이 나무의 가지보다는 열매를 중시했다. 그런 까닭
에 한자는 '자주紫珠'로, 자주색 구슬이라는 뜻이다. 이 나무의 일본말 '무
라사키시키부むらさきしきぶ'도 자주색을 의미한다. 툰베르크가 붙인 학명 중
속명 칼리카르파Callicarpa는 그리스어로 '아름답다'를 뜻하는 칼로스calos와
'꽃'을 뜻하는 안토스anthos의 합성어로, 곧 꽃이 아름답다는 의미다. 종소
명 야포니카japonica는 일본 원산임을 가리킨다.

김태정의 시 「산」에서도 작살나무 열매의 색깔을 노래하고 있다(『물푸레나
무를 생각하는 저녁』).

생솔잎 씹으며 산을 오른다

작살나무 자줏빛 꽃내음이 자주

발길을 혼곤하게도 하지만

마음은 벌써 저 능선 위 바람 끝에 머문다

(…)

옛 할아버지 적부터 배고픈 산

굶주림에 지친 사람들은 산으로 가

붕붕거리는 여린 날개가 되고

작살나무 자줏빛 꽃내음이 되고

(…)

작살나무의 열매도 크기에 따라 좀작살나무*Callicarpa dichotoma* Raeuschel, 왕
작살나무*Callicarpa japonica var. luxurians* Rehder로 나뉜다. 좀작살나무는 열매가 작
다는 뜻으로, 나무 이름에 좀이 붙은 경우 작다는 뜻이다. 즉, 한자로 작을
소小와 같다. 왕작살나무는 당연히 열매가 크다는 뜻이다. 작살나무와 비
슷한 것으로 새비나무*Callicarpa mollis* Siebold et Zuccarini도 있다.

누리장나무 *Clerodendron trichotomum* Thunberg

근처에만
가도
고얀
냄새가

        누리장나무는 다른 나무와 달리 향기를 뿜어내지 않고 고얀 냄새를 풍긴다. 이 나무가 한창 자라는 봄에서 여름 사이 그 근처에만 가도 독특한 냄새가 난다. 특히 잎을 찢어보면 냄새가 지독하다. 그래서 이름도 냄새가 고약하다는 뜻의 '누리장나무'를 얻었다. 한자 이름 중 '취오동臭梧桐'도 냄새와 관련된 것이다. 나무 이름에 오동을 붙인 것은 잎이 오동나무처럼 생겼기 때문이다. 자라기도 잘 자라 야트막한 산이나 들판, 해안가나 인적 드문 섬에서도 어김없이 발견할 수 있다. 고약한 냄새로 접근금지의 팻말을 들고서…. 하지만 냄새 구린 것이 맛은 좋다. 누리장나무의 어린잎은 똑똑 끊어서 나물을 무쳐 먹기도 한다. 기름진 땅에 살아 잎에 영양분이 많기 때문에 초식동물들의 좋은 먹거리이기도 하다.

    남쪽 다도해에 올망졸망 모여 있는 섬들은 대개 곰솔로 뒤덮여 있다. 하지만 원래 다도해의 섬들을 차지하고 있었던 나무는 잎이 넓은 활엽수들이었다. 최근 들어 다도해 섬에 활엽수림을 복원하고자 조림 작업이 한창

인데 이 작업이 수월치 않다. 야생동물들이 키 작은 나무들의 잎을 다 뜯어먹고 줄기를 갉아먹기 때문이다. 그 주범은 바로 야생 토끼다. 구실잣밤나무, 광나무, 돈나무 등은 토끼들의 공격에 남아나질 않는다. 노화도 동쪽에 자리 잡은 소구도에는 토끼로부터 키 작은 나무들을 보호하기 위해 울타리를 쳐놓기도 했다. 그런데 누리장나무만큼은 울타리 밖에 심어도 상관없다. 밑둥의 이파리들이 다 뜯겨 헐벗은 아랫도리를 다 드러낸 누리장나무들이 군락을 이루고 있기 때문이다. 동물에게 내줄 만큼 다 내주고도 더욱 번성하니 여러모로 생태계에 이로운 나무다.

나무
사전
: 마편초과 | 누리장나무

학명은 우리가 부르는 이름 뜻과는 전혀 다르다. 툰베르크가 붙인 학명 중 클레로덴드론 *Clerodendron*은 '운명'을 의미하는 그리스어 클레로스 *kleros* 와 '나무'를 뜻하는 덴드론 *dendron*의 합성어다. 왜 나무 이름에 운명이라는 뜻을 넣었을까? 이는 셀론 섬에서 자라는 누리장나무 중 하나를 '행운목幸運木', 다른 하나를 '불운목不運木'으로 부른 데서 유래했기 때문이다. 트리코토뭄 *trichotomum*은 마편초과의 특징 가운데 하나인 '가지가 세 갈래로 나뉜다'는 뜻이다. 이것은 사실 작살나무에 잘 어울리는데 그 학명에는 들어 있지 않다.

: 가지과

구기자나무 *Lycium chinense* Miller

강장제
식물의
대표
선수

인류는 여태껏 식물을 식용이나 약용의 대상으로만 파악했다. 『본초강목』이나 『동의보감』 등 식물 관련 자료에 등장하는 설명도 약효에 초점을 맞추고 있다. 특히 강장제 성분의 유무에 관심이 높았다. 구기자나무 역시 예부터 강장제 식물을 대표하는 것으로 알려져 있다. 학명에도 표기하고 있는 것처럼 이 나무는 중국 원산으로, 중국의 식물 관련 자료에 다양한 정보가 실려 있다. 나무 이름 역시 강장제와 무관하지 않다.

구기자나무의 이름은 일설에 이 나무의 뿌리가 개와 닮아 붙였다고 한다. 구가 개 구狗와 같은 음이다. 이 나무의 개와 관련된 내용은 『속신선전續神仙傳』에 나온다.

중국 서진西晉시대 주유자朱孺子라는 사람이 어린 시절에 도사道士 왕원진王元眞을 섬겼다. 그는 큰 바위에 거처하면서 늘 산에 올라 약초를 캐어 먹었다. 어느 날 계곡에서 나물을 썼으면서 갑자기 언덕에서 작은 꽃을 닮은 개가 달려가는 것을 보았다. 주유진이 이상해서 조금 뒤에 구기자나무 쪽으로 쫓아갔다. 주유자가 거처로 돌아가 왕원진에게 그 사실을 말했다. 그러자 왕원진도 놀라 마침내 두 사람은 다시 엿보기로 했다. 그러자 두 마리의 개가 서로 뛰어놀고 있었다. 이에 두 사람이 개를 쫓아갔으나 다시 구기자나무 속으로 들어가버렸다. 주유자와 왕원진은 땅을 파서 두 그루의 구기자나무를 얻었다. 그런데 나무뿌리를 보니 방금 보았던 화견花犬과 같았고, 세우면 돌과 같았다. 두 사람은 돌아와 그것을 썼어 삶아 먹었다. 그런데 잠시 후 갑자기 주유자가 앞의 산봉우리로 날아올랐다. 왕원진은 놀라 한참 동안 쳐다보았으나 주유자는 원진과 이별하면서 구름을 타고 가버렸다. 그래서 이 산봉우리를 동자봉童子峰이라 불렀다.

구기자는 예로부터 불로장생의 나무로 알려져 있던 터라 이 나무를 하늘이 내린 정기(천정天精), 땅의 신선(지선地仙), 신선의 지팡이(선인장仙人杖), 신선의 상징인 서왕모의 지팡이(서왕모장西王母杖) 등으로 불렀다. 반면 밀러가 붙인 학명은 이 나무의 가시를 강조하고 있다. 그중 리키움 Lycium은 중앙아시아 리키아Lycia에서 자라는 가시가 많은 키 작은 나무 '리키온-lycion'에서 빌린 말이다. 구기자나무의 또다른 한자인 '구자枸刺'도 가시를 강조했다. 두보의 「병거행兵車行」에 등장하는 형기荊杞 역시 가시 있는 구기자나무를 뜻한다. 그렇지만 구기자나무에 반드시 가시가 있는 것은 아니다. 중국의 『회남침중기淮南沈中記』에는 가시 없는 것이 진정한 구기자나무라고 평가하고 있다.

갈잎 작은 키 구기자나무의 중요한 특징 중 하나는 붉은 열매에 있다. 8~9월에 붉은빛으로 익는 열매는 크기만 다를 뿐 부모인 가지를 닮았다.

한방에서 구기자枸杞子로 부르는 것도 이 나무의 열매를 의미한다. 이 나무의 잎 역시 먹을 수 있다. 구기자나무의 다른 이름은 '고기苦杞'인데, 이는 국을 끓이면 나는 쓴맛을 뜻한다. 이처럼 구기자나무는 『시경』「소아小雅·사모四牡」에 "떨기로 나 있는 구기자나무에 앉았다"라는 구절에서 보듯 이른 시기부터 사람들에게 관심을 받았다. 『이아주소』에 따르면 기杞는 처음엔 구계枸繼라 불렀으며 또다른 이름은 '지골地骨'이었다.

구기자는 예로부터 신선의 지팡이, 서왕모의 지팡이로 불렸다. 이만큼 불로장생과 관련 있는 나무도 드물 것이다.

구기자나무는 앵두처럼 동네 어귀 우물가나 담 옆에 많이 심었다. 때로는 울타리로 삼기도 했다. 그만큼 관상용으로도 그만이다. 당나라 시인 유우석劉禹錫(772~842)의 시에서도 구기자나무의 다른 이름인 선인장과 그 이름에 얽힌 이야기를 확인할 수 있다.

가지에 줄줄이 열린 빨간 구기자 열매가 예쁘다. 7~11월 하순에 걸쳐 빨갛게 잘 익은 것부터 수시로 수확한다.

「초주 개원사 북원 우물가의 구기자나무楚州開元寺北院枸杞臨井」

승방의 약나무 찬 우물에 의지하고僧房藥樹依寒泉

우물의 향천수는 영험도 하지井有香泉樹有靈

검푸른 빛으로 돋아난 잎이 우물 벽을 감싸고翠黛葉生籠石甃

은홍색의 구기자 열매가 우물에 잘 비치네銀紅子熟照銅瓶

무성한 가지는 본디 선인장이고枝繁本是仙人杖

오래된 뿌리에서 다시 생긴 것은 상스러운 개의 형상이네根老新成瑞犬形

아주 뛰어난 기능은 감로 맛이고上品功能甘露味

조그마한 양으로 생명을 연장할 수 있다는 것을 알겠네還知一勺可延齡

: 층층나뭇과

층층나무 *Cornus controversa* Hemsley

아파트처럼 층을 이룬 모습

　대부분의 나뭇가지는 어긋난다. 반면 층층나무는 독특하게도 마치 아파트처럼 층을 이루는데, 나무 이름은 이런 겉모습을 본뜬 것이다. 한자 이름 중 하나인 '단목端木'도 모습이 곧고 단정하다는 뜻이다. 또다른 이름 '등대수燈臺樹' 역시 계단 모양의 가지가 마치 등대 같아서 붙여진 것이다. 층층나무처럼 나무의 모습을 본뜬 이름은 드물다. 이 나무는 층을 이루기에 옆으로 뻗으면서 자란다. 게다가 5~6월에 하얀 꽃까지 달려 있는 모습을 보면 감탄이 절로 나온다. 그런데 사람들은 층층나무의 이런 모습을 곱게 보지 않는다. 그것은 나무가 옆으로 자라면서 다른 나무가 햇볕을 받는 것까지 방해하기 때문이다. 이에 사람들은 간혹 층층나무의 이런 행동에 빗대어 무법자의 나무를 의미하는 '폭목暴木'이라 부른다.

　영국의 식물학자 햄슬리Hemsley(1843~1924)가 붙인 학명은 이 나무의 모습을 강조하지 않고 재질을 표기하고 있다. 코르누스Cornus는 라틴어 '코르누

cornu'에서 유래했다. 코르누는 '뿔=角'이란 뜻으로, 나무 재질이 뿔처럼 단단하다는 의미다. 경상남도 해인사의 팔만대장경판의 재질 일부가 층층 나무인 데서 알 수 있듯이 연한 황색을 띤 이 나무의 재질은 고르다. 아울러 코르누스는 잎 모양을 의미하기도 한다. 그래서 이 나무를 한자로 '육각수六角樹'라 부르는데, 즉 줄기 하나에 여섯 개의 잎이 달려 있다.

: 층층나뭇과

말채나무 *Cornus walteri* Wanger

말을
달리게
하다

　　나무의 가지는 다양한 용도로 사용할 수 있다. 그
럼에도 특정 용도를 강조하는 경우가 있는데, 그만한 이유가 있기 때문이
다. 말채나무는 이 나무가 말의 채찍에 아주 적합했기 때문에 붙여진 이름
이다. 봄에 한창 물이 오를 때 가느다랗고 낭창낭창한 가지는 말채찍을 만
드는 데 아주 적합하다. 독일의 식물학자 반게린Wangerin(1884~1938)이 붙인
학명에도 층층나무처럼 재질이 단단한 코르누스Cornus가 포함되어 있다.
말채찍으로 사용할 정도면 탄력도 있어야겠지만 아주 단단해야 한다. 한
자 이름 중 '거양목車梁木'도 이 나무를 수레의 대들보로 사용했다는 뜻이
다. 학명 중 발테리walteri는 미국인 토마스 월터Thomas Walter를 가리킨다.
　　말채나무는 전국 어디서나 아름드리로 잘 자라는 갈잎 큰 키 나무이다.
초여름에 멀리서도 알아볼 수 있을 만큼 흰 꽃이 가득 핀다. 열매는 둥글
고 가을에 까맣게 익으며 말랑말랑한 과육果肉으로 둘러싸인 속에 단단한
종자가 들어 있다. 말채나무의 한자 중 조선송양朝鮮松楊은 이 나무가 우리

나라 원산임을 가리킨다. 그런 까닭에 조금만 관심을 가지면 도심에서도 쉽게 만날 수 있다. 경복궁 수정전修政殿 앞에도 70~80년 된 말채나무가 살고 있었다. 그러나 복원과정에서 시민들의 반발에도 불구하고 잘라버리고 말았다. 지금도 경복궁 이곳저곳에 말채나무가 살고 있다.

아도화상이 세웠다는 갑사 가는 길에서는 군락을 이룬 말채나무를 만날 수 있다. 사찰 앞에는 말채나무가 많은 이유가 전해진다. 하루는 말이 사찰로 들어서면서 주인의 명을 따르지 않았다. 온갖 방법을 동원해도 꿈쩍도 않던 말이 말채나무 가지로 툭 치니 비로소 주인을 따라 움직였고, 그런 연유로 절 입구에 말채나무를 많이 심었던 것이다.

말채나무는 충청북도 괴산군에 위치한 화양계곡에서도 볼 수 있다. 이중환도 『택리지擇里志』에서 괴산을 "금강산 남쪽에서는 으뜸가는 산수"라 칭송했다. 화양계곡은 괴산을 상징하는 곳으로, 조선시대에 처음으로 중국에서 가서 '자子'를 받아온 우암 송시열宋時烈(1607~1689)의 근거지이기도 하다. 화양구곡(경천벽, 운영담, 읍궁암, 금사담, 첨성대, 능운대, 와룡암, 학소대, 파곶)에는 송시열이 은거한 암서재巖棲齋가 아직 남아 있다. 특히 송시열이 죽은 뒤 그를 배향한 화양서원華陽書院도 이곳에 세워졌다. 이 서원은 한동안 조선 팔도에서 가장 당당한 위세를 뽐냈다. 노론의 영수인 송시열이 은거하던 곳에 세워진 사액賜額서원인 데다 인근에 명나라 신종(임진왜란 때 조선에 원군을 보내준 임금)과 의종(명나라의 마지막 임금)의 위패가 봉안된 만동묘萬東廟가 있었기 때문이다. 병자호란 직후 청나라에 대한 적개심과 복수심이 크게 고조돼 있던 시절 만동묘를 끼고 있는 화양서원에서 하는 일은 무조건 옳다고 여길 정도였다. 그러자 나날이 방자해진 화양서원의 유생들은 온갖 수탈과 횡포를 일삼았다. 흥선대원군도 파락호破落戶 시절 이곳을 지나다가 크게 봉변을 당했다. 훗날 대원군은 화양서원과 만동묘를 '도

둑놈 소굴' 이라면서 철폐해버렸다. 화양서원은 대원군의 서원 철폐령의 빌미를 제공했던 것이다. 어쨌든 바로 이 근처 길가에서 말채나무를 만날 수 있다.

나무
사전 : 층층나뭇과 | 말채나무

말채나무 중에는 미국 플로리다에서 온 꽃말채나무도 있다. 이 나무의
열매는 도깨비방망이를 닮았다.

충충나뭇과

산수유 *Cornus officinalis* Siebold *et* Zuccarini

양반들이 즐겨 심은 이유는?

우리나라 양반집에 가면 거의 예외 없이 뜰에서 산수유를 발견할 수 있다. 왜 양반들은 이 나무를 즐겨 심었을까. 봄에 잎보다 일찍 피는 노란 꽃을 보기 위해서였을까. 아니면 부모인 층층나무를 닮아 단단한 목재를 사용하기 위해서였을까. 이유야 여러 가지겠지만, 무엇보다 이 나무의 붉은 열매를 얻기 위해서였다. 이 열매는 강장제로 사용되었다. 학명에 층층나무처럼 재질이 단단한 코르누스*Cornus* 외에 '약용의'를 뜻하는 오피키날리스*officinalis*만 보아도 열매가 이 나무의 특징임을 알 수 있다.

산수유의 열매는 크기가 멧대추만 하다. 그래서 산수유를 중국 촉나라(지금의 사천성)에서 나는 신맛의 대추, 즉 촉산조蜀酸棗라 불렀다. 이는 『본초강목』에도 언급하고 있듯이 산수유가 신맛을 내기 때문이다. 명대에는 촉산조를 '육조肉棗'라 불렀다. 산수유의 수유는 산복숭아를 말한다.

산수유는 잎보다 꽃이 먼저 핀다. 노란 꽃은 봄을 알린다. 우리나라 경

기도 이남지역 어디서나 볼 수 있는 산수유지만 경상북도 의성군 사곡면
과 전라남도 구례군 산동면의 산수유는 그중에서도 장관이다. 두 지역의
산수유는 특히 구경거리만이 아닌 주요한 생계 수단이기도 하다.

　『삼국유사』에도 산수유가 등장할 만큼 이 나무의 재배 역사는 길다. 『삼
국유사』에는 19종의 나무가 등장하지만 나무와 관련한 설화 중 아주 유명
한 것은 신라 제48대 경문왕과 관련한 산수유이다.

　　경문왕은 왕위에 오르자 귀가 갑자기 당나귀 귀처럼 길어졌다. 왕비를 비롯
　　한 궁궐 사람들은 이 같은 사실을 몰랐지만 오직 모자를 만드는 장인만은
　　알고 있었다. 그러나 그는 평생 이 사실을 남에게 말하지 못하다가 죽을 즈
　　음 도림사 대나무 숲에서 대나무를 향해 '임금님 귀는 당나귀 귀' 라고 외

첬다. 그 뒤 바람이 불 때마다 대나무 숲에서 '임금님 귀는 당나귀 귀'라는 소리가 났다. 왕은 그 소리가 듣기 싫어 대나무를 모두 베어버리고 대신 그 자리에 산수유를 심었다. 그랬더니 그 뒤에는 다만 '임금님 귀는 길다'는 소리만 났다.

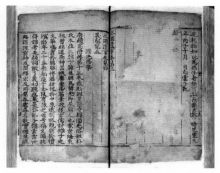

산수유는 『삼국유사』에도 등장할 만큼 오랜 역사를 지니고 있다. 특히 신라 경문왕과 관련한 신화에서 산수유는 대나무를 대신해서 심은 나무로 등장한다.

: 층층나뭇과
산딸나무 *Cornus kousa* Buerger

하얀
옷을
입은
천사

       초여름 산딸나무의 꽃을 보는 순간 하얀 옷을 입은 천사를 만난 듯할 것이다. 멀리서 산딸나무를 보면 꽃이 핀 게 아니라 마치 잎 위에 둥둥 떠 있는 것처럼 보인다. 층마다 순백의 꽃으로 수놓은 그 장면은 정말 환상적이다. 그런 까닭에 산딸나무의 한자는 사방에 비추는 '사조화四照花'다. 특히 꽃이 십자 모양이라 기독교인들이 아주 좋아한다.

  네 장의 꽃잎 안에는 조그마한 딸기 모양의 열매가 숨어 있다. 꽃이 진 후 이 열매는 햇살을 받으면서 점점 커가 9~10월경에 진분홍색으로 익는다. 산딸나무는 익은 모습이 딸기 모양 같아서 붙인 것이다. 갈잎 큰 키 나무로 껍질이 벗겨지면 모과나무처럼 매끈하고 아름답다. 아울러 산딸나무도 코르누스Cornus라는 학명에서 보듯 재질이 단단하다. 학명 중 코우사kousa는 '풀'을 뜻하는

일본어 '쿠사くさ'이며, 일본 상근箱根 지방의 방언이다. 산딸나무의 학명은 독일의 뷔르거가 붙였다.

이 나무의 영어식 표기는 dogwood다. 구태여 우리말로 직역하자면 '개나무'이다. 이렇게 재미있는 이름이지만 무슨 뜻인지는 알 수 없다. 단지 한 가지 설은 독우드가 원래 대거우드daggerwood였는데 세월이 흐르면서 독우드로 바뀌었다는 것이다. 영어의 대거dagger는 '단검'을 뜻한다. 산딸나무의 학명 중 코르누스도 뿔을 의미하는 라틴어 '코르누Cornu'에서 유래했다. 물론 이러한 설은 전적으로 믿을 순 없지만 산딸나무의 익살스러운 영어식 이름을 이해하는 방법 중 하나인 셈이다.

시인 고정국도 「밤뻐꾸기」에서 산딸나무 꽃을 응시했다.

: 층층나뭇과 | 산딸나무

산딸나무의 꽃이 활짝 피었다. 모양이 십자가 형상을 하고 있어 기독교인들이 무척 좋아한다.

행자승 삭발에 든 듯
온 산이 숨을 죽일 때

낭설처럼 피었다 지는
산딸나무 창백한 꽃잎

순전히 딴 세상 어투의
法名 하나가
내려진다.

서양산딸나무 *Cornus florida* Linnaeus

도깨비
방망이가
매달린

갈잎 큰 키 서양산딸나무는 서양에서 들어온 산딸나무라는 뜻이다. 리나이우스가 붙인 학명 중 종소명에서 보듯 이 나무의 원산지는 미국의 플로리다이다. 이 때문에 어떤 식물학자는 '플로리다말채나무' 혹은 '꽃말채나무'라 부른다. 그러나 이 나무는 서양산딸나무와는 이름이 다르다. 말채나무와 산딸나무는 전혀 다르기 때문에 정리할 필요가 있다. 때로는 꽃산딸나무 혹은 미국산딸나무라 부르기도 한다.

이 나무는 산딸나무라는 이름을 가졌지만 열매는 전혀 다르다. 산딸나무는 열매가 딸기처럼 생겼지만 이 나무의 열매는 도깨비방망이처럼 생겼다. 서양산딸나무 중에는 꽃잎이 붉은 붉은꽃서양산딸나무도 있다.

멀구슬나무 *Melia azedarach* var. *Japonica* Makino

배 안의
세 가지
충을
죽이다

갈잎 큰 키 멀구슬나무는 주로 제주도와 전남 등 난대림지역에서 자란다. 이 나무의 열매 속 딱딱한 씨앗은 염주를 만드는 데 쓰였기 때문에 '목구슬나무'라고도 불렸다. 멀구슬나무는 바로 목구슬나무에서 유래했다. 허준의 『동의보감』에서도 '멀구슬나무 열매는 열이 몹시 나고 답답한 것을 낫게 하며 오줌을 잘 통하게 한다. 배 안의 세 가지 충을 죽이고 옴과 헌데를 낫게 한다'라고 언급하고 있다. 이 나무는 예부터 줄기는 구충제나 피부병 치료제로, 잎은 화장실에 넣어 구더기가 생기는 것을 방지하는 데 사용했으며, 즙은 살충제로 썼다. 또 인도에서는 멀구슬나무의 작은 가지를 칫솔로 쓰고 있다. 이 나무의 가지가 치석을 없애는 데 효과가 있다고 여기기 때문이다.

멀구슬나무의 학명에는 나무의 특징을 알려주는 정보가 두 가지 들어 있다. 하나는 속명 멜리스*Melia*이고, 다른 하나는 야포니카*Japonica*이다. 멜리스는 그리스어로 물푸레나무를 가리킨다. 그 이유는 멀구슬나무의 잎이

허준의 『동의보감』은 "멀구슬나무 열매는
열이 몹시 나고 답답한 것을 낫게 하며 오줌을 잘 통하게 한다"라며 그 효과에 대해 기록하고 있다.

물푸레나무와 닮았기 때문이다. 이 나무의 학명을 붙인 이는 일본의 마키
노 도미타로牧野富太郎(1862~1957)이다. 그러나 자세히 관찰하면 멀구슬나무와
물푸레나무의 잎은 구분 못 할 만큼 닮지 않았다. 중국의 『도경圖經』에는
회화나무 잎을 닮았다고 기록하고 있다. 오히려 멀구슬나무의 잎 모양은
물푸레나무 잎보다 회화나무 잎에 가깝다. 야포니카는 이 나무의 원산지
가 일본이라는 의미다. 아라비아 지명인 아제다라크azedarac도 이 나무의
원산지를 뜻한다.

중국에서는 이 나무의 꽃을 곡우穀雨에 피는 화신花信으로 여겼다. 북송
시대 왕안석의 「종산만보鍾山晚步」에서 이 나무의 꽃 얘길 들어보자.

작은 비 가벼운 바람에 멀구슬나무 꽃 떨어지니小雨輕風落楝花
가느다란 붉은 꽃이 눈처럼 평평한 모래에 수놓네細紅如雪點平沙

이 나무의 한자는 연楝 혹은 고련苦楝이다. 북한에서 이 나무의 이름을 고
련수苦楝樹라 부르는 것도 한자 이름에서 빌린 것이다. 그런데 『도경』에 의
하면 고련수는 일반인들이 이 나무의 암컷을 부르는 이름이다. 『당본초주
唐本草注』에 따르면 멀구슬나무에는 암수 2종이 있다(한국의 식물도감에는 이 나무의

5월에 연보라빛으로 활짝 피는 멀구슬나무의 꽃은 모양새나 빛깔, 향기가 라일락 꽃을 연상시킨다.

암수를 언급하지 않고 있다). 수컷은 뿌리가 붉고 열매가 없으며, 암컷은 뿌리가 희며 열매가 있다. 이 나무의 열매는 노란 방울처럼 생겨 '금령자金鈴子'라 불렸다. 때론 이 나무를 탄환彈丸에 비유하기도 한다.

『제민요술齊民要術』에 따르면, 이 나무는 빨리 자라는 속성수이기에 5년쯤 되면 큰 서까래로 사용할 수 있어 민가에서 많이 심었다. 중국 강남의 『무석현지無錫縣志』에 따르면, 이곳에는 호랑이가 나타나 어린아이들은 낮에도 밖에 나갈 수 없었다. 이에 마을 사람들은 멀구슬나무를 엮어 성을 쌓음으로써 호랑이가 출현하는 것을 막았다. 그러고는 그 성 이름을 '멀구슬나무 성', 즉 '연성楝城'이라 불렀다. 이후 마을에는 대문을 열어

나무
사전
: 멀구슬나뭇과 | 멀구슬나무

놔도 호랑이가 들어오지 않았다고 한다. 『회남자』 또한 이 나무의 효능에 얽힌 이야기를 담고 있다. 후한後漢 광무제光武帝 때 삼려대부三閭大夫가 제사를 지내는데 교룡蛟龍이 나타나 골칫거리였다. 이에 그는 교룡이 멀구슬나무 잎을 두려워한다는 사실을 알고 제사 때마다 이 나뭇잎으로 교룡을 물리쳤다고 한다.

: 멀구슬나뭇과

참죽나무 *Cedrela sinensis* A. Jussieu

1만
6천 년을
살아
참죽

생명에 진짜와 가짜는 있을 수 없지만, 인간은 나름대로 이를 구분했다. 참죽나무는 가죽나무와 달리 '진짜 중', 즉 '진승목眞僧木'이라는 뜻이다. 중국 원산으로 한자 이름은 춘椿, 대춘大椿, 향춘香椿 등이다. 참죽나무의 춘椿은 장수長壽를 뜻하는데, 그 근거는 『장자莊子』「소요유逍遙遊」에서 이 나무가 "팔천 년을 봄으로 삼고, 팔천 년을 가을로 삼았다"는 구절이 나오기 때문이다. 이에 따르면 참죽나무는 1만6000년을 산 셈이다. 물론 이것은 우화로 실제 생존 나이와 무관하지만

어쨌든 당시 사람들은 참죽나무를 아주 오래 사는 나무로 여겼던 듯 하다.

『증보산림경제』에도 참죽나무가 나온다. "봄에 뿌리를 나누어서 심는다. 성질이 곧고 잘 자라서 틈

소형궤, 20세기 초, 참죽·소나무,
27.5×12.3×9.5cm, 서울역사박물관 소장.

새 땅에 여기저기 심어 재목에 충당했으며, 뿌리가 매우 길게 자라므로 집 가까운 곳에는 심지 않았다. 산누에는 참죽나무 잎을 먹고 고치를 만들기도 했다. 뿌리의 껍질은 오래된 이질을 치료하는 데 효험을 나타냈다."

프랑스 식물학자 쥐시외Jussieu(1748~1836)가 붙인 학명은 이 나무의 목재를 강조하고 있다. 학명 케드렐라Cedrela는 '케드루스Cedrus'의 축소형이며, 목재가 케드루스와 비슷하게 때문에 붙여진 것이다. 케드루스

참죽나무(춘천도), 심주, 중국 명대.

는 향나무를 의미하는 그리스어 '케드론kedron'에서 유래했다.

참죽나무와 관련해서 한 가지 재미있는 사실은, 일본에서는 이 나무를 동백나무로 부른다는 점이다. 베르디의 오페라 「라 트라비아타La Traviata」를 흔히 「춘희椿姬」로 번역하며, 우리나라에서도 그 이름을 사용한다. 왜 일본에서는 참죽나무를 동백나무로 부를까? 그 이유는 중국에서 참죽나무를

의미하는 춘을 중국식으로 이해하지 않고 따로 글자를 만들었기 때문이다. 그런 까닭에 일본에서는 참죽나무 춘을 츠바키つばき로 읽고, 동백나무로 사용하는 것이다.

: 버즘나뭇과

버즘나무 *Platanus orientalis* Linnaeus

플라타너스
혹은
방울나무

한국 사람에게 버즘나무는 낯설지만 플라타너스는 익숙하다. 플라타너스는 학명에 등장하는 이름이고, 버즘나무는 우리나라 이름이다. 북한에서는 방울나무라 부른다. 학명 플라타너스*Platanus*는 그리스어로 '잎이 넓다'는 뜻으로, 잎을 강조했다. 실제로 버즘나무의 잎은 상당히 넓다. 중국에서 이 나무를 '법국오동法國梧桐'이라 부르는데 역시 잎을 강조했다. 법국은 프랑스어 음역으로, 잎이 오동나무처럼 생겼음을 뜻한다. 한편 한국과 북한의 학명은 다르다. 한국의 버즘나무라는 이름은 이 나무의 껍질이 버짐과 닮아 붙인 것이다. 반면 북한에서 부르는 방울나무는 이 나무의 열매가 방울처럼 생겨 붙인 것으로, 열매를 강조했다. 이 나무의 또다른 한자 이름은 '삼구현령목三球懸鈴木'이다. 이는 세 개의 공이 방울처럼 달렸다는 뜻으로, 역시 열매를 강조했다. 이 나무가 속한 버즘나뭇과를 한자로 현령목과懸鈴木科라 부르는 것 역시 방울을 강조했다.

　리나이우스가 붙인 학명에는 버즘나무의 원산지를 동양으로 표기하고
있지만 대개는 그 원산지가 발칸반도에서 히말라야 지역에 이른다. 이탈
리아, 프랑스, 영국, 일본, 이란 등 세계 곳곳에 심는 나무다. 그중 우리나
라에서 볼 수 있는 버즘나무는 대부분 양버즘나무이다. 이 나무를 한자로
'미국오동'이라 부르며, 원산지는 미국이다. 단풍버즘나무라는 것도 있는
데, 이는 단풍처럼 잎이 붉게 물들기 때문에 붙여진 이름이다. 이 세 나무
중 잎 가운데 열편이 길고 열매가 2~6개 정도 달리면 버즘나무, 가운데
열편의 길이와 폭이 비슷하고 열매가 주로 2개씩 달리면 단풍버즘나무,
가운데 열편이 길이보다 폭이 더 넓으면 양버즘나무다.

　『구약성서』「창세기」30장에도 버즘나무가 등장한다. 이를 개신교에서
는 버즘나무로, 공동번역 성경에는 플라타너스로 번역했다. 또한 개신교
성경에 등장하는 신풍나무는 바로 버즘나무를 가리킨다. 아래 성경 내용

역시 버즘나무 껍질의 특성을 알려준다.

> 야곱은 미루나무와 복숭아나무와 플라타너스의 푸른 가지를 꺾어 흰 줄무
> 늬가 나게 껍질을 벗겼다. 야곱은 껍질을 벗긴 그 가지를 물 먹이는 구유
> 안에 세워놓고 양떼가 와서 그것을 보면서 물을 먹게 했다. 양들은 물을 먹
> 으러 와서 거기서 교미했다. 양들은 그 나뭇가지 앞에서 교미한 후 줄무늬
> 가 있거나 얼룩진 새끼를 낳았다. 야곱은 그런 양 새끼들을 가려놓았다. 라
> 반의 양떼 가운데 줄무늬가 있거나 검은 것은 그 양떼에서 가려내었다. 야
> 곱은 이렇게 자기 양떼를 라반의 양과 섞이지 않게 가려내었다. 그런데 야
> 곱은 양떼 중 튼튼한 것이 교미할 때만 그 나뭇가지를 구유 안에 세워놓았
> 다. 결국 약한 새끼들이 라반의 것이 되고 튼튼한 것은 야곱의 것이 되었다.
> 이에 야곱은 큰 부자가 되었다.

양버즘나무는 우리나라 가로수로 많이 사용된다. 여기에는 여러 이유가
있겠지만, 이 나무가 특히 먼지와 매연에 강하기 때문이다. 그런 까닭에
이 나무를 한자로 토양을 정화시키는 나무, 즉 '정토수淨土樹'라고도 한다.
이 나무를 가로수로 삼은 역사는 아주 길다. 그리스에서는 기원전 5세기
경에 가로수로 심었다. 그렇지만 우리나라에서는 요즘 들어 그 꽃가루가
사람들을 괴롭혀 즐겨 심지는 않는다.

버즘나무는 낭만의 나무다. 한국 사람들이 가장 애송하는 버즘나무 관
련 시는 아마 김현승의 「플라타너스」일 것이다.

꿈을 아느냐 네게 물으면,

플라타너스

너의 머리는 어느덧 파아란 하늘에 젖어 있다.

너는 사모할 줄 모르나

플라타너스

너는 네게 있는 것으로 그늘을 늘인다.

먼 길에 올 제

호올로 되어 외로울 제

플라타너스

너는 그 길을 나와 같이 걸었다.

이제 너의 뿌리 깊이
나의 영혼을 불어 넣고 가도 좋으련만
플라타너스
나는 너와 함께 신神이 아니다!

이제 수고로운 우리의 길이 다하는 오늘
너를 맞아 줄 검은 흙이 먼 곳에 따로이 있느냐?
플라타너스
나는 너를 지켜 오직 이웃이 되고 싶을 뿐
그곳은 아름다운 별과 나의 사랑하는 창이 열린 길이다.

: 석류나뭇과

석류 *Punica granatum* Linnaeus

페르시아에서 온 붉은 구슬

　　요즘 갈잎 작은 키 석류가 건강식품으로 각광받고 있지만 석류에 대한 사람들의 관심은 아주 오랜 역사를 지니고 있다. 방송에서 간혹 이란지역에 대해 방영하면 어김없이 등장하는 게 석류다. 우리나라에서도 이란으로부터 수입한 석류를 흔히 볼 수 있다. 이란에 석류가 많은 것은 이 나무의 원산지이기 때문이다. 한편 리나이우스가 붙인 학명에는 석류의 원산지를 푸니카*Punica*로 표기하고 있다. 푸니카는 현재 튀니지에 해당하는 카르타고에서 유래했다. 즉 리나이우스는 석류의 원산지를 북아프리카로 생각한 것인데, 일반적으로는 이란, 아프가니스탄, 파키스탄 등지가 원산지이다. 우리나라와 중국에서 사용하고 있는 석류 이름도 원산지와 관련된 것이다. 석류石榴는 안석류安石榴라고도 불린다. 이들 이름은 서역에 있던 나라 이름 안석국安石國, 安息國에서 가져왔기 때문이다. 중국 한漢 무제 때 장건張騫(?~114)이 서역에서 포도나 호두 등과 함께 가져온 것이다. 우리나라에서는 조선초기까지 안석류라는 이름을 사용했다. 당나라의

중국 송대에 노종귀가 그린 석류도.

『유양잡조』에 따르면 석류의 또다른 이름은 단약丹若이다. 단은 열매 속이 붉은 데서 따온 이름일 것이다. 또 약은 청나라 왕염손王念孫의 『광아소증廣雅疏證』에서 석류를 '약류楉榴'라 부른 것과 관련 있다. 석류는 중국 원산이 아니라 외국에서 가져왔기에 '해석류海石榴' 혹은 '해류海榴'라 불렸다.

석류의 특징은 학명 그라나툼granatum에서 보듯 열매에 있다. 그라나툼은 '입상粒狀'을 뜻하는데, 석류 알갱이가 쌀처럼 많다 해서 붙여진 것이다. 장건이 기원전 126년에 중국에 오면서 가져온 석류인 만큼 중국 측의 기록도 풍부하다. 먼저 『제민요술』에 나온다. 여기서는 석류를 단 것과 신 것 두 종류를 소개하고 있으나, 『본초강목』에는 쓴 것을 더하여 세 가지를 언급하고 있다. 우리나라에서는 대개 단맛과 신맛 두 종류를 볼 수 있다. 『유양잡조』에 따르면 단맛 나는 석류를 '천장天漿'이라 불렀다. 5호16국 중 하나였던 후조後趙의 석호石虎 뜰에는 사발만 한 열매가 달렸다. 북위의 양현지楊玄之가 지은 『낙양가람기洛陽伽藍記』에는 백마사 부도 앞의 석류, 즉 도림茶林의 열매는 무게가 일곱 근이었다고 나온다. 이곳의 석류 열매는 낙양에서도 가장 유명해 궁인들은 이를 얻어 고향으로 보냈다. 그러나 그것을 받은 자들은 감히 먹지 못해 결국 여러 집을 거쳤다고 한다. 심지어 낙양에서는 "백마사의 달콤한 석류, 열매 하나에 소 한 마리 값"이라는 이야기가 나돌 정도였다.

인구수가 생산력을 결정하는 시대는 다산多産을 중시한다. 이때 열매가 많은 경우 다산을 상징한다 하여 매우 소중히 여겼다. 석류는 열매가 많이 열리는 건 아니지만 속의 씨가 아주 많기에 다산을 상징하는 나무로 인식되었다. 조선시대 공주나 옹주 등의 대례복인 활옷과 여성용 예복인 원삼圓杉 문양에 석류를 장식한 것도 그런 까닭에서다. 신왕국시대(기원전 1570?~1070?)의 이집트, 페니키아, 고대 로마 등에서도 석류는 신성한 식물로 취급되었다. 『구약성서』「출애굽기」를 비롯한 곳곳에서도 석류를 문양으로 삼게 한 예를 발견할 수 있다. 초기 르네상스 시대의 대표적인 화가 보티첼리가 그린 「석류의 성모」 역시 석류의 다산성을 보여준다. 『북제서위수전北齊書魏收傳』에서도 석류의 다산성을 엿볼 수 있다.

중국 북위 시기 안덕왕安德王 연종延宗이 조군趙君 이조수李祖收의 딸을 비妃로 맞이했다. 뒷날 이조수의 집에서 잔치를 베풀었는데 딸의 모친 송씨가 두 개의 석류를 왕에게 바쳤다. 왕은 그 이유를 다른 사람들에게 물었으나 아는 이가 없었다. 이에 임금이 석류를 던져버렸다. 이때 이조수가 "석류는 자식을 많이 낳는 씨앗입니다. 왕께서 새로 장가들었기에 비의 모친이 자식을 많이 낳으시라고 바친 것입니다"라고 말했다. 임금은 이조수의 말을 듣고 크게 기뻐하며 벼슬과 비단을 내렸다.

인도에서 석류는 마귀를 쫓는 식물로 등장한다.

석류문접시, 17세기, 입지름 30cm, 일본 아이치현 도자자료관 소장.

히말라야 산기슭에 어린아이만을 잡아먹는 못된 마귀할멈이 있었다. 이를 본 부처님은 그 못된 버릇을 고쳐주려고 몰래 마귀할멈의 딸을 한 명 감추었다. 그러자 딸을 찾느라 난리가 난 마귀할멈을 보고 부처님은 "그까짓 딸 하나 없다고 야단법석 할 것 없지 않나?" 하시니, "딸을 잃고 슬퍼하는 나에게 그런 말을 하실 수 있느냐?"라고 마귀할멈이 말했다. 그러자 부처님은 "많은 자식 중 하나를 잃어도 자식을

나무사전 : 석류나뭇과 | 석류

잃는다는 것은 그렇게 슬픈 일인데 한두 명밖에 없는 자식을 잃은 부모는 얼마나 가슴이 아프겠는가? 오늘부터 아이를 잡아먹지 말고 이것을 먹어라" 하시며 석류를 주었다. 마귀할멈은 참회의 눈물을 흘리며 어디론가 가 버렸다.

『고려사』 권17, 「세가世家」 제17에 따르면, 의종毅宗도 석류를 매우 좋아했다고 한다. 그는 밤에 내시와 사관을 봉원전奉元殿에 불러 석류를 소재 삼아 시를 짓게 할 정도였다. 이때 의종은 붓과 종이를 준 후 촛불에 금을 그어놓고 시간까지 정했다. 강희안의 『양화소록』에는 석류를 분재한 반류盤榴에 관한 내용이 나온다. 사대부들은 가지와 줄기를 구부려 몇 층으로 만들어 열매 보는 재미를 만끽했다. 이런 것을 즐긴 이유는 북쪽의 경우 날씨가 추워 석류가 살 수 없었기 때문이다. 한편 『유양잡조』에 따르면 중국에서는 사시사철 꽃 피는 석류도 있었다.

사람들이 석류를 좋아한 것은 열매만이 아니라 이 나무의 붉은 꽃이 아름다웠기 때문이다. 물론 황색과 백색 꽃도 있지만 우리나라에서 보는 것은 대개 붉은색이다. 석류꽃은 '홍일점紅一點'이라는 유명한 단어를 낳은 주인공이다. 이 말은 "많은 남자 중 유일한 여자" 혹은 여럿

당송팔대가 중 한 명인 왕안석은 석류와 관련해 '홍일점'이라는 상징적인 단어를 낳았다.

중 "오직 하나의 이채로운 것"을 의미한다. 홍일점은 당송팔대가 중 한 명인 왕안석의 시에서 유래했다.

> 온통 새파란 덤불 속에 핀 붉은 꽃 한 송이萬綠叢中紅一點
> 사람의 마음을 들뜨게 하는 봄의 색깔은 굳이 많은 것을 필요로 하지 않는다動人春色不須多

석류 관련 한시 중 최치원의 아래 시는 이 나무의 특징을 잘 드러내고 있다.

> 뿌리는 진흙을 좋아하고 성품은 바다를 사랑하고根愛泥沙性愛海
> 열매는 구슬 같고 껍질은 게 같네實如珠玉甲如蟹
> 시면서도 단맛 어느 때 맛보려나山中甘味何時來
> 잎 지고 바람 높은 사월이라네葉落風高月建亥

『양화소록』에 수록된 한유韓愈의 「유화榴花」에서는 꽃을 주제로 삼고 있다.

> 오월에 핀 석류꽃 눈에 비쳐 밝고五月榴花照眼明
> 가지 사이 때맞춰 막 열매 달리는 걸 보겠네枝間時見子初成
> 가련하도다! 이곳에 수레와 말이 없다는 것이可憐此地無車馬
> 오히려 푸른 잎이 분홍 꽃 봉우리에 떨어지네顚倒靑苔落絳英

이문재의 「석류는 폭발한다」에는 철학적인 의미가 담겨 있다.

나무
사전
: 석류나뭇과 | 석류

모름지기 그가 살아 있는 시인이라면 최소한 혼자 있을 때만이라도 게을러야 한다 게으르고 또 게을러서 마침내 게을러터져야 한다

익지 않은 석류는 터지지 않는다 석류는 익을 때까지 오로지 중심을 향하는 힘으로 부풀어오른다

앞으로 가는 뒷걸음질. 중심을 향하여 원주 밖으로 튀어나가는 힘-게으름이 지름길이다 시인은 석류처럼 익어서 그 석류알들을, 게으름의 익은 알갱이들을 폭발시켜야 한다 천지사방으로 번식시켜야 한다

비켜서서 멈추어서니 단순해지는 고요
멈추어서 돌아서니 단정해지는 마음

이 시에서 보이는 석류 알처럼 아주 많고 작은 탄알들을 넣어 만든 대포알을 '유산탄榴散彈'이라 한다.

화조도, 심주, 중국 명대. 문인화가들은 석류나무의 열매와 꽃을 함께 사랑했다. 꽃은 오뉴월에 피고 열매는 구시월에 익지만 화폭에는 활짝 핀 꽃과 잘 익어 벌어진 열매가 함께 담겼다. 옛사람들의 그림에서 이처럼 자연과 어긋나는 풍경을 만나는 것은 쉽지 않은 일이라, 더욱 신선하게 다가온다.

: 차나뭇과

차나무 *Thea sinensis* Linnaeus

중국인가
인도인가

차나무의 이름은 한자 차茶에서 왔다. 차의 또다른 음은 '다'이다. 우리나라의 한자사전에는 茶의 음을 '다'로 표기하고 있고, 차는 다의 속음이라고 적고 있다. 우리는 일반적으로 차 마시는 곳을 '차방'이라 하지 않고 '다방茶房'이라 부른다. 반면 제사의 경우 차례 혹은 다례라 부른다. 이처럼 茶의 한글 음은 혼동되지만, 나무와 관련한 음은 '차'이다. 학명에서도 차로 발음하고 있다. 풀 초와 여·야·도荼를 합한 차는 풀이 자란다는 뜻이다. 테아Thea는 중국 명 'tcha茶'에서 유래했다. 차나무 열매를 모르는 사람은 동백의 열매를 연상하면 대략 짐작할 수 있다. 차나무 열매는 그 꽃, 즉 운화雲華가 영롱하게 피는 모습을 지켜보면서 익어간다. 다른 존재들이 숨죽이고 살아가는 늦가을과 겨울 동안 차나무는 꽃을 피우고 열매를 맺으니 독특한 삶이 아닐 수 없다. 특히 꽃과 열매가 만나는 특이한 나무라 '실화상봉수實花相逢樹'라 부른다.

차나무의 원산지는 논란거리이지만 학명의 시넨시스sinensis는 원산지가

尚 沿 金 鑾 不 順 情
折 蘆 階 向 少 林 行 志 在
斷 臂 覓
承 受 至 習 西 来 十 萬 程
庚 子 新 至 日 當 于 畫 同

趙 果 精 舍

石 門 宗 起

중국임을 뜻한다. 그렇다 해도 차나무의 탄생 설화는 그 고향이 인도라는 설을 시사한다. 설화에 나오는 주인공은 중국 선종禪宗의 시조인 달마達磨(?~528)다. 그는 앉아서 명상만 하면 졸음이 와 졸지 않으려고 자신의 눈꺼풀을 베어버렸다. 그러고는 그 눈꺼풀을 땅 위에 떨어뜨렸는데, 거기서 차나무 싹이 돋아났다고 한다. 이 설화 역시 여느 탄생 설화처럼 다소 황당하지만 여기에는 적지 않은 정보가 들어 있다. 우선 차나무의 탄생에 달마가 등장한다는 것은 차나무의 고향이 달마와 관련 있음을 시사하고, 차나무가 눈꺼풀에서 태어났다는 것은 이 나무의 특징이 잠을 쫓는 것과 관련 있음을 암시한다.

신화의 이야기는 허무맹랑해 보일 때가 있지만, 그 맥락을 잘 추적해보면 의외로 현실을 기반으로 할 때가 많다. 차나무와 달마의 눈썹도 마찬가지다.

중국에서 차가 발달한 것은 재배할 수 있는 넓은 지역이 있기 때문이기도 하지만 인구 증가와 사회경제의 변화가 크게 작용했다. 세계 최초의 차 전문서인 육우陸羽의 『다경茶經』이 당나라 때 만들어진 것은 결코 우연이 아니다. 그동안 차는 음료가 아닌 주로 약용이었다. 그러나 당나라 때 인구 증가와 경제 발달로 차 수요가 한층 늘어났다. 더욱이 당대에 차가 발달한 것은 불교의 성행과 밀접한 관련이 있다. '다선일미茶禪一味'는 차와 불교의 관계를 상징적으로 보여준다. 흔히 말하는 다도茶道가 당대에 자리 잡은 것도 불교와 관계있다. 스님들은 차 마시는 행위를 단순히 음료를 즐기는 것이 아닌 수도의 일환으로 생각했던 것이다.

스님들은 차를 공부하는 방법 중 하나인 간화선看話禪의 화두話頭로 사용하기도 했다. 아래 내용은 그 유명한 당나라 조주 스님의 화두「끽다거喫茶去」다.

어느 날 조주 스님이 한 스님에게 물었다.
"자네 여기 온 적 있나?"
"네."
그러자 조주는 말했다.

『다경』을 저술한 육우.

"차 한잔 들게나."
또 한 스님에게 물었다.
"자네 여기 온 적 있나?"
"아뇨."
그러자 조주는 말하는 것이었다.
"차 한잔 들게나."
그러자 후원의 원주가 조주에게 여쭈었다.
"온 적 있는 스님에게 차 한잔 들게나라고 말씀하시고, 온 적 없는 사람에게도 차 한잔 들게나라고 말씀하시니 도대체 그게 무슨 뜻입니까?"
그러자 조주는 원주를 쳐다보더니 크게 불렀다.

"원주!"
겁먹은 원주는 갑자기 목청을 올려,
"네" 하고 대답했다.
그러자 조주는 온화한 목소리로 말했다.
"차 한잔 들게나喫茶去."

　　우리나라의 경우 차에 대한 기록은 『삼국사기』「신라본기」에 나온다. 이에 따르면 당에 사신으로 갔던 대렴이 차 종자를 가지고 돌아와 지리산에 심은 게 그 시초다. 물론 차는 선덕왕 때도 있었지만 이때에 이르러서야

나무
사전
: 차나뭇과 | 차나무

성행하기 시작했다. 차 시배지가 구례군 마산면 황전리 산 30-1(지방기념물 제
138호)에 있다. 우리나라의 차도 불교와 더불어 발달했다. 고려시대 팔관회
와 연등회 같은 국가적 불교 행사에는 차가 많이 소요되었다. 다방茶房은
바로 이런 불교 행사에 필요한 차를 공급하는 국가기관이었다.

차와 관련한 시 또한 적지 않다. 그중 차와 관련한 호를 가진 다산茶山 정
약용이 지은 시가 있다. 다산이 머문 전라도 강진의 다산초당 앞에는 그가
차를 끓여 마신 다조茶竈가 아직 남아 있다.

「다산팔경茶山八景」

차나무 밀집하여 푸른 숲을 이루었는데油茶接葉翠成林
서갑같이 모서리 진 학정도 무성하다네犀甲稜中鶴頂深
봄바람에 곳곳마다 꽃만을 피우기 위해只爲春風花滿眼
그것들은 뜰 한쪽에서 피거나 지거나라네任地開落小庭陰

팽다세연도烹茶洗硯圖, 먼 곳을 보며 명상하는 스님의 곁에서 한 아이는 차를 끓이고 다른 아이는 벼루를 물에 씻고 있다.

우리 민족은 차에 특별한 의미를 부여했다. 흰빛을 띤 다섯 장의 차나무 꽃은 백의민족을 뜻했고, 군자에게는 지조를, 여인에게는 정절을 상징한다. 더욱이 다섯 장의 꽃잎은 차가 지니고 있는 고苦 · 감甘 · 산酸 · 신辛 · 삽澁 등 다섯 가지 맛으로 드러나지만, 이 맛들은 너무 힘들게도澁, 너무 티 내지도酸, 너무 복잡하게도辛, 너무 편하게도甘, 그리고 너무 어렵게도苦 살지 말라는 인생에 비유되기도 한다. 차나무의 이 같은 성품 때문에 딸을 시집보낼 때 예물로 차를 보내기도 하고, 며느리에겐 씨를 선물하기도 했다. 또한 혼례를 마친 신부가 친정에서 마련해온 차와 다식을 시댁의 사당에 바친 것도 직근성直根性의 차나무가 옮겨 심으면 쉽게 죽기에 개가하지 말고 가문을 지키라는 뜻을 담고 있다.

경남 밀양시 산외면 혜산서원 버 차나무.

동백나무 *Camellia japonica* Linnaeus

옮기면
잘
죽는

     늘 푸른 큰 키 동백나무는 한자 뜻대로 풀이하면 '겨울측백나무' 다. 그런데 아쉽게도 이름에서는 나무의 특성을 구체적으로 드러내는 정보를 발견할 수 없다. 중국 식물사전에 등장하는 동백의 한자 이름은 '산다山茶' 로 '산에 사는 차나무' 라는 뜻이다. 이 이름은 나무의 특성을 담고 있다. 산다에서 이 나무가 차나뭇과라는 것을 알 수 있기 때문이다. 산다는 잎이 차나무와 닮아 붙인 이름이지만, 꽃도 차나무와 닮았다. 동백나무도 차나무처럼 직근성直根性이기에 옮기면 잘 죽는다. 『본초강목』에 따르면 이 나무의 이름에 '차' 자를 붙인 것은 동백나무 잎 역시 차나무 잎처럼 차로 만들어 마실 수 있기 때문이다. 동백의 또다른 이름은 명산다名山茶, 다화茶花, 만타라수曼陀羅樹, 천다수川茶樹, 내동耐冬, 만산다晩山茶, 사철山, 양다洋茶, 수춘藪春 등으로 전 세계에 5000여 종이 살고 있다.

    리나이우스가 붙인 동백나무의 학명Camellia japonica Linnaeus에는 원산지를 일본으로 표기하고 있다. 그중 카멜리아Camellia는 17세기 체코의 선교사

카멜G. J. Kamell을 가리킨다. 그는 마닐라에 살면서 아시아의 식물을 채집했던 인물이다. 반면 중국인들은 동백나무를 중국 원산으로 주장한다. 일본이 7세기경 중국 절강에서 동백나무를 수입했다는 것이다. 영국은 17세기에 한 의사가 중국에서 가져갔고, 이후 영국의 동백나무가 유럽 각지로 보급되었다. 1840년대에는 오스트리아가 운남산 동백나무를 가져갔다.

중국 시 가운데 동백나무를 읊은 것으로 남송시대 시인 육유陸游(1125~1209)의 「산다화山茶花」가 유명하다.

눈 속에 동백꽃 피었으니 늦봄이로다雪裡開花到晚春
세간에 잘 견디는 자 너 같은 이 있으랴世間耐久孰如君
난간에 기대어 사람 모이지 않는 것을 탄식하니憑欄歎息無人會
삼천 년 전 성도 해운사에 동백이 피었다네三千年前宴海雲

나무
사전
: 차나뭇과 | 동백나무

중국 청대의 왕사신이 그린 동백꽃, '홍산다紅山茶'.

중국인들은 동백나무를 아주 좋아했다. 명나라의 작품인 『산다백운시山
茶百韻詩』에는 열 가지 이유를 들어 동백을 칭찬하고 있다. 첫째, 고우면서
도 요염하지 않다. 둘째, 300~400년이 지나도 금방 심은 듯하다. 셋째,
가지가 16미터나 올라가 어른이 손을 벌려 맞잡을 만큼 크다. 넷째, 나무
껍질이 푸르고 윤기 나서 차나무가 탐낼 정도로 기운이 넘친다. 다섯째,
나뭇가지가 특출해서 마치 치켜올린 용꼬리 같다. 여섯째, 쟁반 같은 뿌리
를 비롯한 나무의 모습은 여러 짐승이 지내기에 적합하다. 일곱째, 풍만한
잎은 깊어 마치 천막 같다. 여덟째, 성품은 서리와 눈을 견딜 수 있어 사계
절 동안 늘 푸르다. 아홉째, 꽃이 피면 2~3개월을 난다. 열번째, 물을 넣
고 병에 길러도 10여 일 동안 색이 변하지 않는다.

거제도 바람의 언덕에 있는 동백나무.

　　우리나라에서도 동백나무를 산다라 불렀다. 여말선초의 문인 이첨李詹 (1345~1405)의 『쌍매당집雙梅堂集』에 실린 시, "산다가 꽃을 피워 바다 구름이 붉어지니山茶花開海雲紅 / 한겨울에도 내가 봄바람 속에 앉아 있는 듯하네仲冬 坐我春風中"에서도 그 사실을 확인할 수 있다. 이 시에 담긴 운치는 천연기념 물로 지정된 백련사의 동백나무 숲이나 선운사의 동백숲에 가면 직접 체험할 수 있다. 선운사 동백은 미당 서정주의 「선운사 동구禪雲寺 洞口」와 미당의 시에 곡을 붙인 송창식의 「선운사」로 유명해졌고, 백련사 동백숲은 18년간 강진에 유배당한 실학자 정약용이 살았던 다산초당과 가까워 더욱 유명하다. 정약용은 동백을 보면서 많은 생각을 했다.

「타향에서 회포를 읊음客中書懷」

북쪽 바람 눈 휘몰듯이 나를 몰아붙여北風吹我如飛雪

머나먼 남쪽 강진의 주막집에 던졌구나南抵康津賣飯家

다행히도 나지막한 산 있어 바다 모습 가리고幸有殘山遮海邑

우거진 대숲이 가는 세월 알려주니 더욱 좋아라好將叢竹作年華

옷이야 남방이라 겨울에도 덜 입지만衣緣地瘴冬還滅

술이야 근심 때문에 밤마다 그 양이 느는구나酒爲愁多夜更加

나그네 근심 덜 일 겨우 한 가지 있으니一事纔能消客慮

산다가 설도 오기 전에 꽃을 피웠다네山茶已吐臘前花

「탐진촌요耽津村謠二十首 2」

동백나무 잎사귀 차갑고 무성하지만山茶接葉冷童童

눈 속에 피는 꽃 백학의 붉은 이마인 듯雪裏花開鶴頂紅

(…)

「탐진촌요耽津村謠二十首 14」

옛날부터 벼슬 높은 사람들 복어를 즐겨 먹지自古漸臺者鰒魚

산다로 기름 짜낸다는 말 빈말이 아니라오山茶濯脂語非虛

읍내의 이속들의 방 농 속에城中小吏房櫳中

규영부 학사들 편지 가득히 꽂혀 있네編插奎瀛學士書

: 차나뭇과

노각나무 *Stewartia koreana* Nakai

해오라기의
다리

　　　　　갈잎 큰 키 노각나무의 이름은 해오라기의 다리를
의미하며 한자로는 노각鷺脚이다. 노각은 백로과의 새 이름으로, 나무에 그
이름을 붙인 것은 해오라기 다리의 흐린 세로무늬와 작은 얼룩점 때문이
다. 노각나무 껍질에도 홍황색의 얼룩무늬가 있다.

　일설에는 줄기의 무늬가 사슴 무늬를 닮아서 녹각鹿角나무라 불리다가
노각나무로 순화되었다는 설이 있다. 이 나무는 이름과는 달리 학명에 특징
을 알려주는 정보는 하나도 없다. 속명인 스테바르티아Stewartia는 18세기에 살
았던 존 스튜어트John Stuart(1713~1792)를 가리킨다. 종소명인 코레아나koreana는
이 나무의 원산지가 한국이라는 뜻이다. 그런 까닭에 중국에서는 이 나무
를 조선자경朝鮮紫莖이라 부른다. 자경은 '붉은 줄기'라는 뜻이니, 이 나무의
홍황색 껍질을 두고 붙인 이름일 것이다. 노각나무는 한국 특산이지만 이
름을 붙인 사람은 일본의 나카이다. 그는 한국의 나무 이름을 가장 많이 붙
인 식물학자이다.

노각나무는 멀리서 보면 줄기가 얼룩덜룩하고, 가까이 가서 보면 리아시스식 해안처럼 큰 곡선의 무늬들이 있어 구별하기도 쉽고 아름답다. 꽃은 차나무 꽃과 흡사하다. 꽃을 보기 힘든 초여름에 속이 깊고 주둥이가 좁은 대접 모양에 흰 꽃잎과 노란색 술이 대비되어 환하고 진하다. 암술 하나를 엄청나게 많은 수술이 둘러싸고 있는 구조이다. 이 때문에 벌이 날아들면 수술에 파묻혀서 꽁무니밖에 보이지 않는다. 언뜻 보면 꼭 꽃이 벌을 잡아먹는 모양새다.

뭐니뭐니해도 이 나무의 마스코트는 껍질이다. 배롱나무처럼 껍질이 아주 매끈하고 수려하다. 그런 까닭에 중국에서는 비단나무, 즉 '금수목錦繡木'이라 부른다. 수피가 아름다운 나무는 나이가 들면 더욱 그 이름값을 한다. 꽃이나 잎은 세월이 흘러도 예전 모습 그대로이지만 줄기에는 세월의 흐름이 고스란히 얹히기 때문이다. 추위와 그늘을 잘 견디긴 해도 차나뭇과라서 따뜻한 남쪽에서 잘 자란다. 그렇다고 흔하게 볼 수 있는 것은 아니다. 경상도와 충청북도에 가면 나이 지긋한 노각나무가 종종 눈에 띈다. 특히 경남 합천 가야산에 많이 서식하는데, 해인사 입구에는 300년 된 것이 한 그루 있다. 그러나 지금은 세월을 견디지 못한 채 그 흔적만 겨우 볼 수

있다. 지리산 뱀사골에 가도 이
나무를 볼 수 있다. 뱀사골 노각
나무는 서너 그루씩 모여서 자
라는데, 그 아름다운 수피로 인
해 주변과 풍경이 확연하게 구
분된다.

현재 식물학계에서는 노각나
무가 전 세계적으로 일곱 종류
서식하고 있는 것으로 파악하는
데 아름답기로는 한국의 것을
최고로 꼽는다. 역시 원조가 으
뜸인 듯싶다. 그렇다면 플라타
너스와 히말라야시다 같은 외래
수종보다는 노각나무를 잘 키워

서 가로수 길을 꾸며보는 것도 괜찮겠다. 다행히 이 나무는 공해에도 매우
강한 성질을 지니고 있다.

: 운항과

탱자나무 *Poncirus trifoliata* Rafinesque

주막집
담장을
희게
물들인

갈잎 작은 키 탱자나무는 경기도 이남 어디서든 볼 수 있을 만큼 흔하다. 동네 어귀 밭 울타리로 많이 심기 때문이다. 탱자나무 울타리는 한자로 지리枳籬라 부른다. 울타리로 심는 이유는 가시가 많기 때문이다.

당나라 시인 온정균溫庭筠(812~872?)의 「상산조행商山早行」과 옹도雍陶(?~?)의 「성서방우신별야城西訪友人別墅」에서도 탱자의 모습을 확인할 수 있다.

「상산조행商山早行」

새벽에 일찍 일어나 말방울 울리며 드디어 출발할 때晨起動征驛
나그네인 나는 고향 생각에 슬프기만 하네客行悲故鄉
닭 소리 들리고 지는 달 초가지붕에 걸려 있고鷄聲茅店月
판자다리 위에 서리 내려 발자취 나 있다人跡板橋霜

떡갈나무 잎 떨어진 산길을 걸어가노라면槲葉落山路
탱자꽃이 주막집 담장을 배경으로 희고 밝게 피고 있다枳花明驛牆
하염없는 꿈인 듯 고향 장안 근처의 경치 눈에 어리고因思杜陵夢
지금쯤 철새들 연못 근방에 잔뜩 떼 지어 있으리라鳧鴈滿回塘

「성서방우인별야城西訪友人別墅」

풍수교 서쪽으로 오솔길 비스듬히 통해 있는데灃水橋西小路斜
해 높이 떴건만 아직 그대 집에 도착하지 못했다日高猶未到君家
지나온 마을은 마당도 문도 모두 비슷하고村園門巷多相似
곳곳마다 봄바람 부는 울타리에는 탱자꽃 피어 있다處處春風枳穀花

나무
사전
: 운향과 | 탱자나무

조선시대 패관문학서인 『대동야승大東野乘』 제19권에 실려 있는 권별權鼈의 『해동잡록海東雜錄』에 따르면, 남방의 바닷가에 사는 백성들은 집 둘레에 탱자나무를 심어 울타리를 만듦으로써 도적을 방비했다. 그것을 탱자울타리, 즉 '지번枳藩'이라 불렀다. 성 아래에도 줄을 맞춰 심어서 성을 견고하게 했다. 강화도 역사박물관 옆에 있는 갑곶리의 탱자나무(천연기념물 제78호)도 외척을 물리치기 위해 심은 역사적인 나무다. 강화도는 고려 고종(재위 1213~1259)이 몽골의 침략 당시 피난한 곳이며, 조선 인조(재위 1623~1649)도 정묘호란(1627) 때 난을 피했던 곳이다. 이때 외적을 막는 수단으로 강화도에 성을 쌓고, 바깥쪽에 탱자나무를 심어서 외적이 쉬 접근하지 못하게 했다. 갑곶리 탱자나무의 나이는 사백 살쯤 되었다. 사기리 탱자나무(천연기념물 제79호)도 마찬가지다. 특히 강화도는 탱자나무가 자랄 수 있는 북쪽 한계선이다.

가을에 익는 탁구공만 한 열매도 이 나무의 특징이다. 먹고살기 어려운

갑곶리 탱자나무, 천연기념물 제78호.

오래된 탱자나무는 가지 뒤틀림이 심하다. 하지만 관목이라 수백 년 자란 나무도 키는 4미터 남짓하다.

시절에는 탱자나무의 열매를 먹곤 했다. 씨가 아주 많은 이 열매는 신맛을 낸다. 현재 중국 한방에서 열매를 일컫는 한자는 두 가지다. 덜 익은 푸른 색 열매는 지실枳實이고, 잘 익은 열매는 지각枳殼이다. 그런데 송대의 학자 심괄沈括(1031~1095)의 『보필담補筆談』에 따르면, 중국 육조六朝(오吳·동진東晉·송宋·제齊·양梁·진陳) 이전에는 지실만 있었고 지각은 없었다. 아울러 지실은 탱자나무 가운데 작은 것을, 지각은 큰 것을 일컬었다. 중국의 식물도감에는 지실과 지각을 각각 다른 항목에서 다루고 있다.

미국의 라피네스쿼시Rafinesquesch(1783~1840)가 붙인 학명은 가시보다 잎을 강조하고 있다. 학명 중 트리폴리아타trifoliata는 '잎이 세 개'라는 뜻이다. 이는 탱자나무의 잎이 세 개씩 달리는 것을 강조한 것으로, 영어권에서도 '트리폴리지 오렌지Trifoliage Orange'라 부른다. 폰키루스Poncirus는 귤을 뜻하는 프랑스어 '퐁키레poncire'에서 유래했다.

우리말 탱자는 어원을 알 수 없다. 단지 『우리말어원사전』에 따르면 나무 목木＋장張을 합한 글자와 아들 자子로 표기하고 있을 뿐이다. 또한 탱자는 추한 등자나무귤과 닮은 나무를 뜻하는 '추등수醜橙樹'와 관련해서 설명되고 있다.

: 운향과

초피나무 *Zanthoxylum piperitum* A. P. de Candolle

꽃잎이
없는
향신료

　　인류의 역사는 곧 음식의 역사다. 인간은 먹는 문제를 해결하기 위해 수많은 방법을 찾았다. 그중에서도 오랫동안 혹은 맛있게 먹기 위해 냄새를 제거하고 오래 저장하는 것이 중요했다. 그런 가운데 발견한 것이 향료인데, 이는 대부분 식물에서 추출되었다. 초피나무도 향료를 만드는 원료 중 하나다. 이것은 산초山椒와 혼동되곤 하는데, 두 나무의 모습이 닮아서이기도 하지만 초피나무의 한자가 산초이기 때문이다. 산초나무의 한자는 향초자香椒子, 야초野椒, 애초崖椒 등이다.

　　갈잎 작은 키 초피나무가 향신료라는 사실은 학명에서도 확인할 수 있다. 잔톡실룸Zanthoxylum은 황색을 뜻하는 그리스어 '크산토스xanthos'와 목재를 뜻하는 그리스어 '크실론xylon'의 합성어다. 이 학명은 산초나무에도 들어 있다. 피페리툼piperitum은 '후추 같은'이라는 뜻이다. 또 스키니폴리움schinifolium은 '옻나뭇과 속'을 의미한다. 사실 피페리툼은 후추를 뜻하는 영어 페퍼pepper의 어원이기도 하다. 사람들이 흔히 말하는 후추는 한자 호

초胡椒에서 온 말로, 즉 중국 밖에서 온 초를 의미한다.

초피나무는 꽃잎이 없는 게 또 하나의 특징이다. 반면 산초나무는 꽃잎이 있다. 『본초강목』에는 초와 관련해서 진초秦椒, 촉초蜀椒, 애초崖椒, 호초胡椒 등을 소개하고 있다. 그러나 어느 것이 초피나무인지는 명확히 구분하기 어렵다. 단지 진초는 진나라의 초라는 뜻으로, 주로 진나라가 발원한 섬서성에서 자라기 때문에 붙여진 이름이다. 진초는 『이아』에서 언급하는 훼檓이고, 대초大椒 혹은 화초花椒라 부른다. 그 특징은 향이 많이 난다는 점으로, 이는 초피와 닮았다. 한국의 식물도감 중에도 초피의 한자로 진초를 표기하는 것이 있다. 촉초는 주로 삼국의 촉나라에서 많이 나기 때문에 붙인 이름이고, 진초와 닮았다. 애초는 야초라 부른다. 이는 야인野人들이 닭을 요리할 때 사용하기에 붙여진 이름이다.

초피의 향은 아주 강해 매운 맛이 느껴질 정도다. 그래서 물맛이 초피처

왕비가 거처했던 대조전. 이는 '초각椒閣' '초방椒房' '초액椒掖' 등으로 불려 초피나무와 관련성 있는 이름
으로 거론되기도 한다.

럼 맵고 찬 것을 '초수椒水'라 한다. 『동국여지승람東國輿地勝覽』에 따르면 조
선시대 세종과 세조는 청주 청안현淸安縣의 초수에서 목욕을 했다고 한다.
왕후가 거처하는 방을 '초각椒閣' '초방椒房' '초액椒掖'이라 불렀다. 이때
초를 초피라 볼 것인지 산초라 볼 것인지는 아주 애매하다. 우리나라 식물
학자 중에는 초방의 초를 산초로 해석하고 있으나, 초피의 한자가 산초임
을 감안하면 초피일 가능성도 배제할 수 없다. 초방(산초)은 초피와 진흙을
이겨 벽에 붙인 것이다. 이는 초피 향기와 온기를 보존하고 사악한 기운을
막기 위한 것이기도 하지만, 자식을 많이 낳도록 한 조치이기도 했다. 당
나라 시인 백거이의 「장한가長恨歌」에도 초방椒房이 등장한다.

: 운향과

귤 *Citrus unshiu* Markovich

파랗고
노란 것이
어지럽게
섞여

　　모든 생명체는 누군가를 닮으면서 살아갈 수밖에 없다. 춘추시대 말 노자의 『도덕경』 25장에 따르면, 인간은 땅을 닮고, 땅은 하늘을 닮고, 하늘은 도를 닮고, 도는 자연을 닮는다人法地 地法天 天法道 道法自然. 그러니 인간은 결국 자연을 닮을 수밖에 없다. 인간이 자연을 닮는다면 자연의 모습에 따라 인간의 형상도 달라진다. 마찬가지로 나무의 삶 역시 땅과 기후에 따라 달라진다. 우리가 흔히 사용하는 "귤이 회수淮水를 건너면 탱자로 변한다橘踰淮而北爲枳"는 말도 그래서 생긴 것이다. 귤화위지橘化爲枳로도 표현되는 이 말은 중국의 고전 『주례周禮』 「고공기考工記」를 비롯하여 『이아』 『안자춘추晏子春秋』 『회남자』 등에서 확인할 수 있다. 한편 학명을 붙인 마르코비츠Markovich(1926~?)는 귤을 레몬에 비유했다. 학명 중 키트루스citrus는 상자箱子를 뜻하는 그리스어 '키트론kitron'에서 유래했다. 이 말은 오래전부터 레몬을 의미했다.

　　운향과芸香科의 늘 푸른 작은 키 귤橘은 제주도에 살지 않아도 흔히 먹을

노자의 『도덕경』 25장에 '인간은 땅을 닮는다'는 구절이 나온다. 나무의 삶 역시 땅과 기후에 따라 달라진다. 우리가 흔히 사용하고 있는 "귤이 회수를 건너면 탱자로 변한다橘踰淮而北爲枳"라는 말도 그래서 생긴 것이다.

수 있는 겨울철 한국인의 주요 과일이다. 국내의 한 식물도감은 귤의 원산지를 일본으로 표기하고 있지만, 학명에는 중국 원산으로 되어 있다. 학명 중 운시우unshiu는 절강성 온주溫州의 일본식 표기다. 귤을 한자로 '온주감귤溫州柑橘'로 표기하는 것도 이 때문이다. 귤의 또다른 한자는 '감자목柑子木'이다. 감은 홍색 귤을 의미하며, 흔히 귤을 감귤柑橘로 표현할 때 사용하는 한자다. 『본초강목』에서도 언급하듯 후한시대 이형李衡(?~?)은 감을 나무 노예를 의미하는 '목노木奴'라 불렀다.

　귤은 제주도와 일본 등 온대지역에서라면 대부분 재배할 수 있는데, 그 중에서도 중국 강남은 귤 재배를 일찍부터 시작했다. 중국의 경우 귤에 대한 기록은 『주례』외에 오경五經 중 하나인 『서경書經』에도 나온다. 특히 전국시대 초楚나라의 굴원屈原은 『귤송橘頌』을 남겼다. "층층이 뻗은 가지와 날카로운 가시에 / 둥글둥글한 과일이여 / 파랗고 노란 것이 어지럽게 섞여 / 화려한 무늬를 이루는구나." 송대 한언직韓彦直(1131~?)이 편찬한 『귤보橘譜』에는 귤과 관련한 내용이 아주 상세히 실려 있다. 이 글에 따르면 온주산 귤은 중국 소주蘇州, 태주台州, 형주荊州, 광동廣東, 무주撫州 등지의 귤보다 우수했다. 즉 온주의 귤은 중국을 대표했다. 또한 명대만 하더라도 귤 종

탐라순력도 중 '귤림풍악橘林風樂', 김남길, 1702년, 지본채색, 56.8×36.4cm, 보물 652-6호, 제주시청 소장. 탐라순력도耽羅巡歷圖는 조선 숙종 때(1702) 이형상이 제주목사에 부임해 제주도 버 고을들을 순력하며 거행한 행사와 역사, 산물 등을 그림으로 남기게 한 것이다. 그중 풍악을 줄기는 모습이 그려졌는데, 1702년 삼읍 귤의 총결실수摠結實數를 부기하고 있다. 그 버용은 당금귤 1050개, 유자 48947개, 금귤 10831개, 유감 4785개, 동정귤 3364개, 산귤 188455개, 청귤 70438개, 유자 22041개, 당유자 9533개, 등자귤橙子橘 4369개, 우금귤右金橘 1021개, 치자 17900개, 지각枳殼 16034개, 지실枳實 2225개 등이다.

자 가운데 열에 넷은 교접 품종이었다. 이는 귤 재배 기술이 일찍부터 발달했음을 알려준다.

우리나라에는 귤이 삼국시대부터 들어왔다. 고려 학사學士 이인로李仁老(1152~1220)의 『파한집破閑集』 권下는 귤 재배 상황을 전하고 있다. "궁궐에서 어원御苑 가는 길에 한 길 높이의 귤나무에 열매가 많이 달려 있었다. 정원의 관리에게 그 이유를 물으니 '남주南州 사람들이 바친 것인데 아침마다 소금물로 뿌리를 기름지게 하여 무성해졌습니다'라고 하였다. 이 내용은 『고려사』 권7에 나오는 것처럼 고려 때에 제주도에서 귤을 조공으로 바쳤음을 알려준다. 『고려사』 「열전」에도 충렬왕 때 전라도 안렴사按廉使가 귤을 조공으로 바쳤다는 기록이 나온다. 이 안렴사가 두 그루의 귤을 옮기는 데 사용한 소는 열두 마리였다. 그러나 옮긴 귤은 가지와 잎이 모두 시들어버렸다고 한다. 또한 『파한집』에 소개된 귤을 무성케 하는 방법도 흥미롭다. 귤을 많이 열리게 하는 방법에 대해서는 중국의 남송말 원초의 『사림광기事林廣記』와 석가가 입적할 때 설법한 불교 경전 『열반경涅槃經』에서도 언급하고 있는데, 내용인즉슨 뿌리에 죽은 쥐를 넣으면 좋다는 것이다.

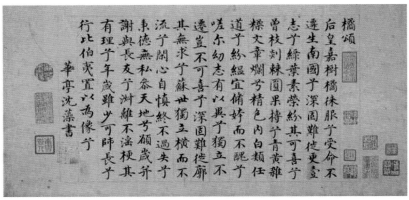

굴원屈原이 남긴 『귤송橘頌』.

귤은 우리나라에서 일찍부터 재배됐지만 제주도를 제외한 곳에서는 자라나기 어렵기에 식용 과일은 아니었다. 그런 까닭에 귤을 어떻게 먹는지 잘 모르는 사람이 많았다. 조선시대 서거정徐居正의 『태평한화골계전太平閑話滑稽傳』 권1에는 다음과 같은 이야기가 전한다.

생원시험과 진사시험에 합격한 유생 오척지吳陟之가 한 고을을 지나는데 아름다운 손님들이 모두 모여 있었다. 오척지가 뒤늦게 도착하여 말석에 앉았지만, 행동거지가 어색하고 껄끄러웠다. 주인이 귤을 쪼개 술잔을 만들어 술을 돌리다 그에게 돌아왔다. 그는 술을 마신 뒤 귤로 만든 술잔마저 함께 삼켜버렸다. 앉아 있던 사람들이 한바탕 크게 웃었다.

귤이 귀했던 만큼 조선시대에는 매년 섣달 제주도에서 진상해오는 귤·유자·감 등의 특산물 중 일부를 성균관과 사학四學의 유생들에게 나누어주고 과거시험을 치렀다. 이 시험을 바로 '황감제黃柑製'라 일렀다. 귤은 귀하고 맛있는 덕분인지 병 치료나 즐거움을 드러내는 이야기들과 관련 있다. 그중 '귤중지락橘中之樂'이라는 고사가 있다. 이는 바둑이나 장기 두는 즐거움을 말한다. 중국 파양鄱陽 출신 한 명이 뜰에 있는 큰 귤의 열매를 쪼개자 그 안에

귤록도, 마린, 중국 송대.

서 두 노인이 장기를 두며 즐거워하고 있었다는 이야기가 전하는데, 바로 송나라의 유의경劉義慶(403~444)이 편찬한 『유명록幽明錄』에 나온다.

『동문선』 권11을 보면 고려의 문신으로 강직하고 소박한 성품에 문장이 뛰어났던 곽예郭預(1232~1286)의 「영귤수詠橘樹」가 실려 있는데 귤의 생리, 생태와 형태를 잘 묘사했다.

남쪽 나라 나무를 누가 가져다

금원禁苑 곁에다 옮겨 심었나

장기瘴氣 많은 바다에서 몸을 빼어서

아늑한 궁전 담에 뿌리 박았네

옥같이 여윈 포기 가시가 많고

구름처럼 무성한 잎, 가시랭이 있네

봄엔 꽃이 피어 온통 하얀 빛

가을엔 열매 맺어 동글 노랑이

이슬 맺힌 듯 엉기어 골腦이 되고

얇은 깁으로 알맹이를 싸서 보호했으리

딸 적엔 궁녀들 곱고 흰 손으로

익기는 맑은 서리 기다려야 하네

따서 쪼갤 적에 이슬을 내뿜어서 옷을 적시고

샘물을 흘려서 배를 축이네

회수를 멀리 건너왔으나

동정의 것 못지않게 향기롭구나

선계처럼 기미氣味는 맑디맑으나

고향 소식은 멀고 멀어라

땅의 성질에는 비록 맞지 않으나

임금의 은혜 빛을 받았네

천노千奴와 나란히 서기가 부끄러워서

사호四皓만 숨기를 허용하나니

그대는 보게나, 기상노인이

초나라 버리고 한 고조를 돕지 않았나

: 운향과

유자나무 *Citrus junos* Tamaka

누렇게
익어가는
냄새

늘 푸른 작은 키 유자柚子나무는 귤과 닮았다. 중국
당나라 공안국孔安國은 큰 것을 귤, 작은 것을 유라 부를 정도로 두 나무는
비슷했다. 학명에도 귤과 같은 키트루스citrus가 들어 있다. 유자는 '조條'라
고도 부르는데, 발음이 비슷했기 때문이다. 조는 때론 개오동나무를 일컫
기도 한다. 유자의 또다른 한자는 '호감壺柑'이다. 이는 열매가 병을 닮은
감귤 같아 붙인 것이다. '취등臭橙'이라는 한자도 쓰인다. 즉 '냄새 나는 등
자나무'라는 뜻이다. 등자나무는 금색 공을 뜻하는 '금구金球'라 불린다.
등자나무는 귤과 닮았지만 잎이 더 크다. 취등은 '유자도 등자나무와 닮았
다'는 뜻이다. 명나라 때는 유자 가운데 누렇고 작은 것을 밀통蜜筒, 누렇
고 큰 것을 주란朱欒이라 불렀다.

일본의 요시노 다나카田中芳男(1838~1916)가 붙인 학명 중 속명은 귤과 같고,
종소명 유노스junos는 유자나무를 뜻하는 일본어의 옛 이름 유노스ゆのす에
서 유래했다. 일본말로 유자는 유즈ゆず이다. 유자의 원산지는 중국으로 알

유자금조도, 지본채색, 20세기 전반, 53.6×32.8cm, 경기대박물관 소장.

려져 있다.

유자나무는 열매가 적게 맺힐 때는 나무에게 고통을 준다. 막대기로 줄기를 때리고 가지도 많이 꺾어놓고 발로 차고 뿌리도 몇 군데 잘라놓고 하면 나무가 본능적으로 번식을 위해 열매를 많이 맺는다는 이야기가 전해 내려온다.

유자나무를 심어서 자식 대학교육 시킨다는 말이 있었다. 1990년대 유자 열매 하나를 백화점에서 사려면 1200원을 줘야 했다. 그 당시 1200원은 지금 물가로 치면 3000원쯤 되니 비싼 편이다. 그런데 1993년 유자 값이 폭락해 2000년대 초반까지 유자는 미운오리새끼 취급을 받았다. 유자나무를 키우는 농가는 갈수록 줄었다. 그러다 출로를 만났으니 바로 일본이었다. 유자를 유자차로 가공해서 일본에 수출한 것이 주효했던 것이다. 유자에 들어 있는 풍부한 비타민C가 미용에 좋다는 인식이 확산되면서 유자는 화려하게 부활했다.

유자나무는 다산 정약용과의 인연도 깊다. 다산이 유배생활을 했던 곳은 전남 강진의 귤동마을이다. 해변을 낀 중산간 마을인 귤동마을은 가학산駕鶴山이 감싸고 있는데 이 산 주변으로 예부터 유자나무가 많았다. 그래서 유자마을이라고 불렀으나 이것이 나중에 귤동으로 바뀌었다.

: 운향과

황벽나무 *Phellodendron amurense* Ruprecht

온통
노랗다

　　한 존재의 속을 알기란 아주 어려운 일이다. 나무
의 속 역시 잘라보지 않고는 알 수 없다. 황벽黃蘗나무는 속살이 누렇다고
붙여진 이름으로, 그 속은 마치 아까시나무를 보는 듯하다. 속껍질을 씹으
면 쓰지만 소태나무처럼 엄청나게 쓴 것은 아니다. 반면 러시아의 식물학
자 루프레히트Ruprecht(1814~1870)가 붙인 학명에는 나무껍질을 강조하고 있
다. 학명 중 펠로덴드론Phellodendron은 코르크를 뜻하는 그리스어 '펠로스
phellos' 와 수목樹木을 뜻하는 '덴드론dendron' 을 합친 말이다. 이는 이 나무에
코르크가 발달했음을 뜻한다. 실제 황벽나무의 수피는 코르크마개의 원료
로도 쓰인다. 황벽나무의 껍질을 보면 마치 굴참나무 껍질과 비슷하다. 또
다른 학명 아무렌세amurense는 러시아 아무르 지역을 가리킨다. 영어 표기
Amur Corktree도 학명의 뜻을 옮긴 것이다.

　　『본초강목』에는 황벽나무를 벽목蘗木으로 표기하고 있다. 유 · 불 · 도에
능통했던 중국 남조南朝 양梁나라의 학자 도홍경陶弘景(456~536)은 『본초경집주

本草經集注』에서 "벽목의 종자子蘗는 작고 석류와 비슷하게 생겼다. 껍질은 누렇고 쓴데, 염료로 쓸 수 있다"라고 기록했다. 황벽나무의 뿌리는 단환檀桓으로 강장제로 사용된다. 『동의보감』에는 "담즙이 잘 나오게 하여 간에 독을 풀고 열을 내리며, 신경성 대장염에 좋고 살균 성분도 있어 눈병을 치료한다"는 등의 약효가 소개되어 있다. 갈잎 큰 키 황벽나무의 꽃은 6월에 노랗게 핀다. 열매는 9~10월에 검게 익은 채 다음 해까지 달려 있다. 그런데 마주나기 하는 홀수 우상복엽인 잎만 보면 쉬나무와 구별하기 쉽지 않다. 둘을 구분하는 방법 중 하나는 껍질로, 쉬나무 껍질이 황벽나무보다 매끈하다.

　최고로 오래 된 목판 인쇄물이라는 국보 제126호 무구정광대다라니경이 1000년 이상 보전될 수 있었던 이유도 바로 황벽나무에 있는데, 닥나무로 종이를 만드는 마지막 과정에서 황벽나무 열매의 황색 색소로 착색

: 운향과 | 황벽나무

을 했고, 이것이 벌레나 세균을 막는 역할을 했던 것이다. 이런 점이 강조되어 황벽나무는 약재와 염료를 생산하기 위한 특용수로만 간주되며 조경수로서의 이해와 이용은 거의 없다. 식물원이나 수목원 등에 전시목 정도로 이용된다. 그러나 코르크가 발달된 수피와 우상복엽의 울밀한 잎 등의 특징과 매력이 있으며 병해충 피해도 적어 공원이나 학교의 녹음수로도 좋다. 또한 황벽나무 잎은 제비나비, 산제비나비 유충 등의 먹이이기도 해 생태공원 등에서는 나비를 유인하고 기르기 위한 용도로 이용 가능하다. 황벽나무는 대개 높아서 열매와 꽃을 관찰하기가 쉽지 않은데 간혹 산길을 걷다보면 쓰러진 황벽나무를 만나게 된다. 잎을 손으로 문지르면 특이한 냄새가 나며 잎 뒤에는 거무튀튀한 애벌레가 붙어 있다. 물론 산제비나무의 애벌레다. 이것을 알 수 있는 이유는 애벌레의 주변에 산제비나비가 날고 있기 때문이다. 척박한 땅에 대한 적응력이 좋고 내한성이 강해 우리나라 전역에서 재배가 가능하다.

머귀나무 *Zanthoxylum ailanthoides* Siebold *et* Zuccarini

새순과
열매가
귀한

갈잎 큰 키 머귀나무는 제주도와 울릉도 등 난대림 등지에서 주로 자라지만 남쪽 지방에서도 볼 수 있다. '머귀'가 뜻하는 바는 정확하지 않지만 먹는 데 귀한 나무라는 뜻으로 추정된다. 그 이유는 이 나무의 새순과 열매가 귀한 식품이기 때문이다. 이우철의 『한국식물명의 유래』에 따르면 머귀나무는 제주 방언이다. 이 나무의 한자는 수유茱萸 혹은 식수유食茱萸로, 식수유는 '먹는 수유'라는 뜻이다.

중국에서는 중양절(9월 9일)에 머귀나무를 가슴에 안고 국화술을 먹었다. 이는 액운을 막기 위한 것으로 한나라 때 시작되었다. 이런 풍속은 당나라 시인 왕유王維(699?~759)의 시에서도 확인할 수 있다.

「구월구일회산동형제九月九日懷山東兄弟」

홀로 타향 객이 되어獨在異鄕爲異客

매번 좋은 시절 만나니 부모 생각 더욱 간절하네每逢佳節倍思親

멀리서도 알겠느니 형제들이 산에 올라遙知兄弟登高處

두루 수유를 심으면서 자식 하나 적다는 것을遍插茱萸少一人

일반 가정에서는 수유 가지를 집에 걸어두고 귀신이 들어오지 못하게
했다. 중국 사람들이 수유를 귀신 쫓는 나무로 여긴 것은 이 나무에서 진
한 향이 남과 동시에 가지에 가시가 있었기 때문이다. 머귀나무 줄기와 가
지에는 음나무처럼 가시가 달려 있다. 『이소離騷』에서는 이 나무를 '살樧'
이라 불렀는데, 즉 뭔가를 죽인다는 뜻이다. 살은 '오수유吳茱萸'를 의미하
며, 이는 삼국시대 오나라 땅, 즉 강남의 수유라는 뜻이다. 어쨌든 오수유
Zanthoxylum rutaecarpa Juss.는 머귀나무와 닮았지만 다른 나무이다.

삼국시대 촉나라 사람들은 머귀나무를 '애자攼子'라 불렀다. 이 나무의

또다른 한자는 당자欓子, 월초越椒
다. 월초는 월나라에서 나는 초라
는 뜻이다. 후한後漢의 조엽趙曄이
편찬한 『오월춘추吳越春秋』에 월나
라가 귤과 머귀나무를 오나라에
바쳤다는 기록이 나올 만큼 머귀
나무는 월나라의 특산품이었다.
이 나무의 또다른 한자인 야초野椒
도 향을 중시한 이름이다.

중국인들은 머귀나무의 진한
향 때문에 이것을 향료로 사용했
다. 아울러 살균이나 해독하는 데

도 쓰였다. 살균하는 방법은 우물가에 머귀나무를 심어 잎이 우물에 떨어
지도록 해서 물을 마시는 것이었다.

학명에는 머귀나무의 목재 특징만 언급하고 있다. 잔톡실룸$_{Zanthoxylum}$은
황색을 뜻하는 그리스어 '크산토스$_{xanthos}$'와 목재를 뜻하는 '크실론$_{xylon}$'
의 합성이다. 또다른 학명 아일란토이데스$_{ailanthoides}$는 '가죽나무 속'을 의
미한다. 이는 이 나무의 잎이 가죽나무 잎과 닮아서 붙인 것이다.

쉬나무 *Evodia daniellii* Hemsley

기름을
짜서
불을
밝히는

　　　　　머귀나무를 닮은 오수유나무는 중국에서는 자라고 우리나라에서는 자생하지 않는다. 오수유와 비슷한 나무가 쉬나무로, 그 이름은 수유나무에서 빌렸다. 북한에서는 쉬나무를 한자 그대로 수유나무라 하고, 우리나라에서는 중국의 오수유와 구분하기 위해 조선수유라 부르곤 한다.

　경상도 일부 지역에서는 쉬나무를 '소등燒燈'이라 한다. 이는 그 열매로 기름을 짜서 불을 밝혔기 때문에 붙여진 것이다. 영국의 식물학자 햄슬리가 붙인 학명 에보디아*Evodia*도 열매를 강조했다. 에보디아는 '좋다'는 뜻의 그리스어 '에우*eu*'와 '향기'를 의미하는 '오디아*odia*'의 합성어로, 열매에 기름이 있어 향기롭다는 뜻이다. 또다른 학명 다니엘리이*daniellii*는 '다니엘*Daniell*'을 의미하지만 누구를 가리키는 것인지 알 수 없다. 아마 영국인 중 쉬나무 연구에 큰 도움을 준 사람일 듯하다.

　쉬나무의 열매는 양이 아주 많다. 그래서 열매로 등불을 밝히는 일은 결

쉬나무 열매에는 정유와 비슷한 화학 성분이 있어 전기가 없던 시절 기름을 짜서 등을 밝혔다. '쉬'가 아이 오줌 누일 때의 소리를 연상시키는데, 실제로 열매가 이뇨제로도 쓰였다.

코 어렵지 않았다. 조선시대 양반들이 이사할 때 반드시 쉬나무의 열매를 가져갔다는 이야기가 전해질 정도니 말이다.

: 매자나뭇과

매자나무 *Berberis koreana* Palibin

조개
껍질을
닮은
잎

갈잎 떨기 매자나무는 학명 코레아나*koreana*에서 알
수 있듯이 한국 원산이다. 이 나무의 학명을 붙인 팔리빈Palibin(1872~1949)은
러시아 출신이다. 학명 중 베르베리스*Berberis*는 열매를 의미하는 아랍어
'베르베리스berberys'를 가리키는데, 잎이 조개껍질*berberi*을 닮았기 때문에
붙여졌다. 아울러 베르베리스는 베르베린 성분이 들어 있다는 뜻이기도
하다. 매자나무의 노란 껍질 속에 들어 있는 베르베린 성분은 조선 순조
때 유희柳僖(1773~1837)의 『물명고物名攷』에서도 언급하는 것처럼 쓴맛을 의미
한다.

매자나무를 작은 황벽나무小蘗로 부르는 것도 매자나무에 황벽나무처럼
베르베린 성분이 들어 있기 때문이다. 매자나무의 특징 중 하나는 열매에
있다. 이 때문에 9월경에 붉게 익는 열매를 강조한 이 나무의 한자가 자벽
子蘗이다. 중국에서는 이 나무 모양이 석류나무 같다 하여 산석류山石榴라
부른다.

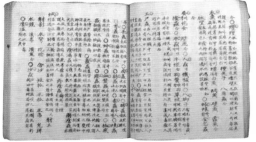

조선시대 유희가 쓴 『물명고』. 매자의 쓴맛을 강조하고 있다.

　매자나무의 또다른 특징은 가시에 있다. 이 나무와 아주 닮은 매발톱나무*Berberis amurensis* Ruprecht의 이름도 가시가 매의 발톱처럼 날카로워 붙여진 것이다. 이런 특징 때문에 매자나무는 울타리용으로 심겨지곤 하는데, 이때 그 열매와 더불어 자줏빛 단풍을 즐길 수 있다.

　매자나무 중에는 당매자나무도 있다. 이처럼 식물 이름에 '당唐' 자가 있으면 당나라가 아닌 '중국'을 뜻한다. 매자나무는 잎 가장자리에 고르지 않은 톱니가 있는 반면, 당매자나무는 잎 가장자리가 밋밋하다. 슈나이더 Schneider(1876~1951)가 붙인 당매자나무의 학명 중 속명은 매자나무와 같고, 종소명 포이레티이*poiretii*는 이 나무 연구에 큰 기여를 한 프랑스의 푸와레 Jean Louis Poiret(1755~1834)를 가리킨다.

당매자나무

: 뽕나뭇과

뽕나무 *Morus alba* Linnaeus

사랑과 연애의 기원

    갈잎 큰 키 뽕나무 이름 중 '뽕'이 어디서 왔는지는 정확히 알 수 없다. 다만 민간에서는 오디를 먹으면 소화가 잘되어 방귀 소리를 냈기 때문이라는 설이 전한다. 오디가 소화에 좋다는 『본초강목』의 오디에 관한 설명을 보더라도 이 설이 황당한 것만은 아니다.

  특히 뽕나무는 사랑과 뗄 수 없는 관계다. 영화 「뽕」에서 그러하듯 뽕밭은 사랑을 연상시킨다. 왜 그럴까? 그 단서는 『시경』 「국풍 · 용풍」 '상중桑中' 에서 확인할 수 있다.

새삼을 캐러 매고을로 갔었네爰采唐矣 沫之鄉矣

누구를 생각하고 갔던고? 어여쁜 강씨네 맏딸이지云誰之思 美孟姜矣

상중에서 날 기다리다가 상궁으로 날 맞아들이더니期我乎桑中 要我乎上宮

기수가까지 바래다주더군送我乎淇之上矣

명주를 생산하는 과정을 보여주는 18세기 중국의 작품.

보리를 베려고 매고을 북쪽엘 갔었네爰采麥矣 沫之北矣

누구를 생각하고 갔던고? 어여쁜 익씨네 맏딸이지云誰之思 美孟弋矣

상중에서 날 기다리다가 상궁으로 날 맞아들이더니期我乎桑中 要我乎上宮

기수가까지 바래다주더군送我乎淇之上矣

순무를 뽑으러 매고을 동쪽에 갔었네爰采唐矣 沫之東矣

누구를 생각하고 갔던고? 어여쁜 용씨네 맏딸이지云誰之思 美孟庸矣

상중에서 날 기다리다가 상궁으로 날 맞아들이더니期我乎桑中 要我乎上宮

기수가까지 바래다주더군送我乎淇之上矣

여기에 등장하는 노래는 주나라 선혜宣惠 시기 위衛나라의 공실公室이 문란하여 세족世族과 재위자在位者에 이르기까지 처첩을 서로 훔쳐 뽕밭桑中에서 밀회하는 등 퇴폐적인 풍속을 풍자한 것이다. 그리하여 남녀 간 밀회의 기쁨을 '상중지희桑中之喜'라 부른다.

뽕나무는 우리나라만이 아니라 서양에서도 사랑과 관련된 것으로 여긴다. 이 나무가 그리스 원산이라고 하는 설도 서양에서 뽕나무가 존재했음을 말해준다. 여느 사랑이 그러하듯 신화 속 사랑도 언제나 비극적이다. 로마의 시인 오비디우스가 전하는 퓌마모스와 테스베, 팔레몬과 바우키스에 얽힌 사랑 이야기 역시 비극적이다.

바빌로니아에 살고 있는 두 연인은 부모의 반대로 몰래 사랑을 나눈다. 둘은 옆 집에 살지만 볼 수도 포옹할 수도 없다. 그래서 그들은 샘 옆에 있는 뽕나무 밑에서 만나자는 약속을 한다. 뽕나무에는 눈처럼 흰 열매가 주렁주렁 달려 있었기에 남들의 시선을 피할 수 있었다. 어느 날 약속한 장소에 먼저 도착한 티스베는 물을 마시러 그곳에 온 암사자를 발견하고 공포에 질려 베일을 떨어뜨린 채 도망쳤다. 사자는 그녀가 떨어뜨린 베일을 발견했다. 먹이를 잡아먹은 지 얼마 안 된 암사자는 피로 범벅 된 입으로 티스베의 베일을 갈기갈기 찢는다. 한편 뒤늦게 도착한 퓌라모스는 사자가 남겨놓은 피 묻은 티스베의 베일을 보고 그녀가 죽었다고 생각한다. 그는 사랑하는 연인이 다시 살아날 수 없다는 사실에 비통해하면서 칼로 자신의 심장을 찌른다. 그러자 피가 솟구쳐 올라 뽕나무 열매에 붉은 자국을 남겼다. 그 장소에 다시 온 티스베는 잠시 후 바닥에 길게 누워 있는 시체를 발견한다. 그것이 바로 자신의 연인이라는 것을 깨닫고 뽕나무에게 다음과 같이 말한다. '나무여, 지금 그대의 가지로는 단 하나의 몸밖에 숨길 수 없지만 머지않아 두 개의 몸을 숨겨주소서. 우리 죽음의 표지를 거두어주시고, 영원히 죽음을 상징하는 슬픈 열매를 맺으소서. 이는 두 연인이 피로 그대를 적시는 것을 증명하는 것이리라.' 그녀는 이렇게 말하고 퓌라모스의 더운 피가 아직 식지 않은 칼 위로 몸을 던진다. 그녀의 기도는 신들을 감동시켰다. 그후 뽕나무에는 검은색 열매가 열렸으며, 사람들은 연인의 시신을 화장한 다음 그 재를 한 항아리에 넣어주었다.

로미오와 줄리엣을 연상시키는 이 이야기는 뽕나무 열매인 오디가 처음에는 흰색이었다가 붉은색으로, 나중에는 다시 검은색으로 바뀌는 것과 동일하다. 리나이우스가 붙인 학명 중 알바*alba*는 '흰색'을 뜻하고, 모루스 *Morus*는 '흑黑'을 의미하는 캘트어 '모르*mor*'에서 유래했다. 뽕나무의 열매를 의미하는 지중해 지역의 단어인 모론*moron*은 죽음을 뜻하는 '모르스*mors*'와 유사하다. 오디를 의미하는 한자는 심椹, 葚이다. 중국 남조시대 양

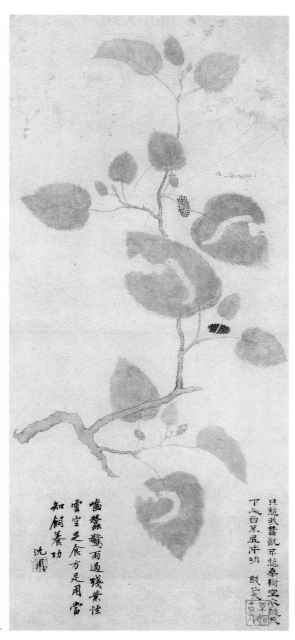

잠상도, 손애, 중국 명대.

나라 사람 소역蕭繹이 쓴 『금루자金樓子』에 이르기를 "진시황제가 서복을 파견하여 해외로 가서 금과 옥으로 된 채소, 그리고 한 치짜리 오디를 구해 오게 했다"는 기록이 나온다. 『송남잡지』에는 "지금 삼척三陟의 오디는 크기가 밤만 하다. 또 맛은 달고 향기로우며 꿀에 절여서 먹는다. 진상품 목록에 실려 있다"고 했다. 조선시대 삼척지역의 뽕나무는 남쪽 노곡산蘆谷山에서 재배했는데 활을 만드는 재료로 쓰여 궁간상弓幹桑이라 불렸다는 기록이 『신증동국여지승람』에 나온다. 오디는 병사들이 행군 도중 허기를 달래기 위해 먹는 대표적인 구황작물이기도 했다.

뽕나무는 크게 집뽕나무와 산뽕나무Morus bombycis Koidzumi로 나뉜다. 집뽕나무의 한자는 상桑이고, 산뽕나무의 한자는 자柘이다. 우리가 일반적으로 이야기하는 뽕나무는 집뽕나무이며, 흔히 '가상家桑'이라 부른다. 중국은 뽕나무의 원산지이다. 중국을 의미하는 영어 차이나China의 어원도 진나라에서 온 게 아니라 '비단Cina'에서 유래했다. 그러니 중국은 곧 비단을 의미한다. 중국산 비단을 애용했던 로마인들도 중국을 비단의 나라로 불렀다.

뽕나무의 잎을 먹고 자란 누에가 '창조한' 비단은 단순한 옷이 아니었다. 비단은 화폐이기도 했다. 이 때문에 중국의 중세시대 균전제는 국가에서 토지를 나누어주면서 뽕나무를 강제로 심도록 했다. 우리나

『친잠의궤』, 1767년, 규장각한국학연구원 소장. 왕실에서 친잠에 대해 명령을 내린 것, 예행연습, 친잠제, 작헌례 등과 의례에 맞춰 뽕잎을 따 누에에게 먹이는 등의 의례가 실려 있다.

라도 중국처럼 뽕나무를 중시했다. 『삼국사기』「신라본기」에 나오는 것처럼 박혁거세도 누에치는 것을 권장했다. 고려 때도 누에치기를 권장했고, 조선초기의 법전인 『경제육전經濟六典』에 따르면 큰 집에는 뽕나무 300그루, 중간 규모의 집에는 뽕나무 200그루, 제일 작은 집에는 뽕나무 100그루를 심도록 했다. 만약 규정대로 심지 않으면 그 지역의 수령을 파면했다. 조선 왕조에서는 왕비가 친히 누에를 치는 친잠례親蠶禮를 거행했다. 현재 선잠단지先蠶壇址(사적 제83호)가 서울 성북동에 남아 있다. 누에를 키우고 종자를 나누어주는 잠실蠶室

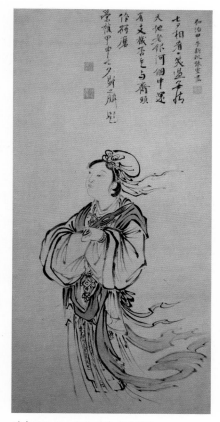

직녀도(베 짜는 여자), 장영, 중국 명대.

도 설치했다. 서울 송파구 잠실이 바로 이런 역사적 현장을 알려주는 지명이다.

세종 5년(1423) 잠실을 담당하는 관리가 임금께 올린 공문에는 '뽕나무는 경복궁에 3590그루, 창덕궁에 1000여 그루, 밤섬에 8280그루로 누에 종자 2근10냥을 먹일 수 있습니다'라는 내용이 있다. 지금도 창덕궁에는 천연기념물(제471호)로 지정된 뽕나무가 있다. 경상북도 상주 은척면 두곡리에도 뽕나무의 고장답게 350년 된 뽕나무가 살고 있다.

우리나라에서 뽕나무 재배를 권장한 이유는 중국과 마찬가지겠지만, 다산 정약용의 아래 시에서도 그 이유를 확인할 수 있다.

「완진사妧珍詞」

기상氣桑이 좋다 해도 지상地桑만 못하거늘氣桑不似地桑肥
한 뙈기만 심어도 열 집 옷은 나온다네一畝栽成十室衣
노상魯桑이랑 형상荊桑이랑 심을 만한 뽕나무魯沃荊剛具可種
붉은 오디 까마귀가 물고 가게 하지 마라莫教紅葚烏銜歸

창덕궁의 뽕나무, 천연기념물 제471호.

: 뽕나뭇과

꾸지뽕나무 *Cudrania tricuspidata* (Carr.) Bureau

인기
있어
괴로운

그 어느 때보다 건강에 대한 관심이 높은 요즘, 식물 약효에 대한 관심도 커지고 있다. 언론에서 특정 식물에 대해 홍보한 덕분(?)에 일반인들의 식물에 대한 정보력도 높아졌다. 하지만 그에 비례해 식물에 대한 수난도 날로 심해지고 있다. 꾸지뽕나무가 그중 하나다. 꾸지뽕나무는 전남지역의 방언이다. 이 나무는 상과는 다른 또다른 뽕나무를 말한다. 이른바 야생 뽕나무이며, 한자로 자柘, 자수柘樹, 자자柘刺, 자상柘桑이라 부른다. 이 나무의 특징 중 하나는 한자 이름에서 보듯 가시에 있다.

갈잎 작은 키 혹은 떨기나무인 꾸지뽕나무는 꽃과 열매가 집뽕나무와 다르다. 이 나무는 꽃과 열매 모양이 닮았다. 더욱이 학명도 집뽕나무와 같은 것이 없다. 쿠드라니아Cudrania는 '영광이 있는'을 의미하는 그리스어의 '크드로스kdros'에서 유래했다. 이 나무에서 어떤 영광을 찾았는지 알 수 없지만 그리스인들에겐 이 나무가 무척 큰 의미를 지녔음을 시사한다.

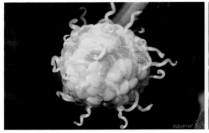 

트리쿠스피다타*tricuspidata*는 '세 개의 뾰족한'이라는 뜻이다. 이 나뭇잎을 보면 중국단풍나무처럼 잎 윗부분이 세 갈래다. 이 나뭇잎은 집뽕나무 잎보다 누에에겐 인기가 없었을지 모르나 중국에서는 꾸지뽕나무로 만든 활을 최고로 여겼다.

꾸지뽕은 혈당 조절과 노화 억제에 효능이 있다고 하여 건강식품으로도

인기가 높다. 최근엔 꾸지뽕잎이 아토피 피부염 억제에 효과가 있는 것으로 확인돼 특허가 출원되는 일도 있었다. 꾸지뽕잎과 열매 추출물을 적정 비율로 배합해 생쥐와 사람에게 실험한 결과 그 효과가 입증됐다. 이것은 곧 이와 관련된 화장품이 출시된다는 이야기다. 이제 우리는 나무를 얼굴에 바르는 시대에 살고 있다.

: 뽕나뭇과

탁나무

Broussonetia kazinoki Siebold

부러뜨리면
딱 소리
나는

한국 사람들은 닥나무 껍질로 종이를 만드는 것을 알고, 이집트 사람들은 파피루스가 종이의 어원임을 알며, 중국 사람들은 종이를 중국에서 처음 만들었다는 사실을 안다. 종이는 여러 가지 식물로 만들 수 있지만, 그중 닥나무로 만든 것이 가장 좋다. 닥나무를 부러뜨리면 '딱' 하면서 소리가 난다. 갈잎 작은 키 닥나무의 이런 소리 때문에 어린 시절 "죽으면서 자신의 소리를 내는 나무는?" 하면서 퀴즈를 내곤 했다. 물론 어떤 나무든 가지를 꺾으면 소리를 내지만 닥나무는 그 소리가 유달리 커, 닥나무라는 이름이 붙여졌다. 이 나무의 이름이 부러뜨리는 소리에서 왔다는 것은 조선후기 작자미상의 어원 연구서 『동언고략東言攷略』에서 확인할 수 있다. 닥나무를 꺾으면 '탁檡' 하면서 소리가 난다는 것이다. 이 나무는 껍질에 섬유질이 아주 풍부하기에 가지를 꺾어도 껍질은 달려 있다. 한지로 옷을 만들 수 있는 것도 이 나무의 섬유질 때문이다. 중국의 무릉武陵 사람들은 닥나무 껍질로 옷을 만들어 입었다. 닥나무 껍질로

이불을 만들면 단단하고 따뜻하다 하여 조선시대 가난한 집에서 이불을 만들어 덮기도 했다.

닥나무의 한자 중 가장 많이 사용되는 것은 저楮다. 『산림경제』에는 "닥나무는 껍질이 얼룩무늬인 것이 저楮이고 흰 것이 곡穀이다"라고 기록돼 있다.

이는 '나무에 글자를 적어넣는다'는 뜻이다. 종이는 일반적으로 후한 때 채륜蔡倫(?~121?)이 만들었다고 알려져 있지만 후한 이전부터 일찍이 사용되었다. 이는 종이를 의미하는 한자가 진나라 때 만들어졌다는 것만 봐도 알 수 있다. 종이는 저국공楮國公, 저선생楮先生, 저부자楮夫子, 저대제楮待制, 저지백楮知白 등으로 다양하게 불린다. 이는 당나라 설직薛稷이 종이를 만들었기 때문에 붙인 이름이다. 닥나무로 만든 종이는 단순한 종이가 아니라 화폐였다. 그래서 저는 '저폐楮幣' 혹은 '저화楮貨'라 부른다.

『송남잡지』를 보면 반계磻溪 유형원柳馨遠이 닥나무와 관련해 말한 것을 인용하고 있다.

우리 옛 문서들은 닥나무로 만들어져
몇백 년이 지난 지금도 전해 내려오
고 있다.

우리나라의 닥나무가 종이를 만들기에 적당하다. 그러나 무겁고 보풀이 일어나서 왜倭의 닥나무가 가볍고 매끄러우며 정치精緻함만 못하다. 통상적으로 인쇄한 서책은 대부분 닥나무 재질이니 보배로 여길 만하다. 일찍이 선왕 때 닥나무의 씨앗을 널리 심었다고 한다. 지금 남쪽 지방 여기저기에 그것이 있다.

닥나무의 또다른 한자 이름은 저상楮桑이다. 이는 형양荊揚(호남), 호북, 광서, 귀주, 절강, 강서, 복건과 교광交廣(광동)에서 부른 이름이다. 한자 구枸나 구상枸桑도 닥나무를 의미한다. 이는 중국의 유주幽州(북경)에서 부른 이름이다. 저상과 구상에서 닥나무가 뽕나뭇과에 속함을 알 수 있다. 한편 네덜

란드의 식물학자 지볼트가 붙인 학명에 나무의 특징을 알려주는 정보는 없다. 속명 브로우소네티아Broussonetia는 프랑스 몽펠리의 의사이며, 자연과학자인 브루소네 Broussonet(1761~1807)를 가리킨다. 종소명 '카지노키かじの き'는 꾸지뽕나무를 의미하는 일본어이다.

『제민요술』에는 닥나무의 수입에 대해 언급하고 있다.

닥나무로 만든 옷

: 뽕나뭇과 | 닥나무

서 있는 나무를 팔면 품을 줄일 수 있지만 수입은 적다. 껍질을 벗겨서 파는 일은 노력을 들여야 하지만 수입은 많다. 그 잔가지는 땔감으로 사용할 수 있다. 스스로 종이를 만들 수 있다면 이익은 클 수밖에 없다. 30무畝의 땅에 닥나무를 심으면 연간 10무를 잘라 3년에 한 번씩 순환하므로 연간 수입은 비단 100필에 해당한다.

중국에서도 황태자 교육용으로 쓸 교과서나 귀한 책을 만들 때는 조선의 닥나무로 만든 종이를 수입해가곤 했다. 푸른
하늘을 배경으로 푸르게 뻗어 있는 닥나무가 더욱 의젓해 보이는 것은 이런 역사적 배경과 무관하지 않으리라.

:뽕나뭇과

무화과 *Ficus carica* Linnaeus

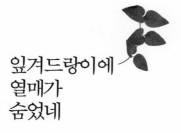

잎겨드랑이에
열매가
숨었네

생명체는 생존하기 위해 후손을 낳는다. 식물들 또한 다양한 형태로 꽃과 열매를 만드는데, 유독 무화과無花果는 '꽃이 없는 열매'라는 이름을 갖고 있다. 『본초강목』에서도 무화과를 꽃이 피지 않고 열매 맺는 나무로 소개하고 있다. 과연 무화과는 꽃 없이 열매를 맺을까. 실은 그렇지 않다. 이 나무의 이름을 꽃이 없는 과실로 지은 것은 다른 나무와 달리 겉에서 꽃을 볼 수 없기 때문이다. 그러나 무화과에도 분명 꽃이 핀다. 이 나무는 봄부터 여름 동안 잎겨드랑이葉腋에 주머니 모양의 열매가 발달하는데, 그 안에는 작은 꽃이 많이 들어 있다. 그러면 열매 안의 꽃에는 어떻게 벌레가 날아올까. 바로 무화화는 무화과좀벌레를 유인하여 열매를 맺는다.

리나이우스가 붙인 학명에는 꽃이 없다는 점을 언급하지 않았다. 피쿠스Ficus는 그리스어 '시콘sycon'에서 유래했다. 그리스 크레타 섬에서는 시콘이 무화과의 마른 열매를 의미했다. 무화과의 생열매는 '올린토스

olynthos'라 불렀다. 그런데 피쿠스는 여성형일 때는 무화과이지만 남성형일 때는 '무사마귀'를 뜻한다. 더욱이 피쿠스의 어원은 이 나무의 열매가 음낭과 반쯤 열린 여자의 외음부와 연결되어 있다고 되어 있다. 학명의 카리카 carica도 '무화과'를 의미한다.

나무
사전

: 뽕나뭇과 | 무화과

　갈잎 중간 키(혹은 딸기나무) 나무인 무화과는 우리나라의 경우 남부지역에서, 중국에서는 양주, 운남, 강남 등지에서 흔히 볼 수 있다. 운남에서는 무화과를 나무만두, 즉 '목만두木饅頭'라 불렀다. 이는 열매의 모양이 만두를 닮았기 때문이다. 우리나라 식물도감에서 사용하고 있는 무화과의 또

다른 이름인 '선도仙桃' 역시 이 나무의 열매가 복숭아를 닮은 것과 무관하지 않다.

당나라의 『유양잡조』에 따르면, 선도는 어떤 사람이 마음으로 병을 낫게 해달라고 빌자 하늘에서 떨어졌다고 붙인 이름이기도 하다. 이 이름은 『본초강목』에서는 '천선과天仙果'로 나온다. 천선과처럼 무화과와 비슷한 종류가 적지 않았다. 문광과文光果와 고도자古度子도 무화과류에 속하는 나무다. 중국 명대의 농서인 『편민도찬便民圖纂』에는 무화과를 '영일과映日果'라 기록하고 있다. 무화과의 또다른 이름으로는 우담발優曇鉢, 명목과明目果, 아장阿馹 등이 있다.

이 나무의 원산지는 아라비아 서부 및 지중해다. 이집트에서는 기원전 14세기경에 무화과 계통을 가로수로 삼을 만큼 중시했다. 고대 중동지역에서는 유실수有實樹, 편도扁桃 등과 함께 무화과를 가로수로 삼았다. 이는 오늘날과 달리 가로수에서 식용품을 얻으려는 의도였다. 무화과는 올리브처럼 고대 유럽을 이해하는 데 매우 중요하다. 심지어 성서에는 60회 이상 등장하는데, 특히 처음 등장하는 나무로도 유명하다. 아담과 이브는 이 나무의 잎으로 자신들의 치부를 가렸다. 『구약성서』「열왕기」에는 평화와 번영, 「신명기」에는 축복의 나무로 등장하지만, 『신약성서』「마태복음」에는 예수가 저주한 나무로 등장한다. 무화과 열매는 지중해 패권을 둘러싼 로마와 페니키아의 식민시植民市 카르타고와 제3차 포에니전쟁(기원전 149~146)을 일으켜 카르타고를 멸망시켰다. 카르타고인에 대한 증오심과 로마인의 안전에 불안을 느낀 카토는 어느 날 원로원들에게 한 개의 무화과 열매를 보여주었다. 그는 그 열매가 사흘 전 카르타고에서 따온 것임을 강조했다. 이는 적군이 바로 로마 근처에 있음을 암시한 것이었다.

사시사철 먹을 수 있는 무화과는 그리스의 중요한 양식이었다. 잘 익은

무화과는 건강에 좋은 식품으로 인식되었으며, 의사들은 건강이 좋지 못한 사람들에게 무화과를 처방하기도 했다. 그런 까닭에 무화과의 풍작은 매우 중요했다. 중국에서도 무화과를 중시했다. 『군방보』에 따르면, 집 근처에 많이 심어 구황에 대비한 식품이기도 했다. 그의 작품은 무화과의 일곱 가지 이득을 소개하고 있다. 첫째, 열매가 달 뿐 아니라 많이 먹어도 사람을 상하게 하지 않는다. 더욱이 노인이나 어린이 모두 먹을 수 있다. 둘째, 감처럼 말려서 먹을 수 있다. 셋째, 다른 과실과 달리 6월에서 서리가 내릴 때까지 오랜 기간 맛있는 열매를 먹을 수 있다. 넷째, 다른 나무들은 10년, 뽕나무와 복숭아도 빨라야 4~5년 이후에 열매를 먹을 수 있는 데 반해 무화과는 심은 후 1년 만에 열매가 열린다. 다섯째, 잎을 약으로 사용할 수 있다. 여섯째, 서리가 내린 후에도 익지 않은 열매는 따서 절여 먹을 수 있다. 일곱째, 구황救荒식물로 적합하다.

: 옻나뭇과

옻나무 *Rhus verniciflua* Stokes

나전칠기의 탄생

중국 원산의 옻나무는 옻으로 유명하다. 옻은 껍질에서 뽑은 진을 말한다. 나전칠기는 이러한 옻의 특징을 가장 잘 드러낸다. 한자는 칠漆, 혹은 칠수漆樹다. 처음에는 桼을 사용하다가 漆로 바뀐 것은 이 나무에서 물이 흐르는 모습을 강조하기 위해서였다. 그러나 한자 칠漆은 처음엔 수액이 아니라 물 이름이었다.

옻칠의 주성분은 '우루시올urushiol'이다. 영국의 식물학자 스톡스Stokes(1755~1831)가 붙인 학명 중 베르니키플루아verniciflua도 '윤기 있다'는 뜻이다. 옻나무를 의미하는 속명 루스Rhus는 그리스어 '로우스rhous'에서 왔다.

갈잎 큰 키 옻나무의 액인 칠은 검다. 교실에서 사용하는 칠판漆板도 나무에 옻칠한 것을 말한다. 옻칠은 관에 진흙이 들어가는 것을 막기 위해 사용했다. 그래서 관을 '칠택漆宅'이라 한다.

옻나무와 닮은 나무에는 개옻나무Rhus trichocarpa Miquel와 검양옻나무Rhus

sylvestris Siebold *et* Zuccarini 등이 있다. 옻나무의 잎은 누렇게 물들지만, 개옻나무는 붉게 물든다.

옻나무는 장자莊子를 생각나게 한다. 유유자적 은둔하며 세상을 향해 야유와 쓴소리를 던진 장자가 옻밭을 관리하는 관직에 몸담았다는 점은 그리 강조되지 않았다. 하지만 당시 칠원리漆園吏는 중요한 관직이었다. 춘추전국시대 칠원은 국가에서 직접 관리할 정도로 중요한 곳이었다. 칠원을 잘

장자는 옻밭을 관리하는 칠원리에 몸담았던 만큼 옻나무와의 인연을 뗄 수 없을 것이다.

못 관리하면 관리자는 벼슬에서 쫓겨나고 벌까지 받았다. 칠원이 이토록 중요했던 이유는 먹이 발명되기 이전 칠은 중요한 필기도구였기 때문이다. 죽간이나 갑골에 쓰여진 중국의 고대 문자는 대개 칠액을 이용해서 작성된 것이다. 이때 사용한 것은 붓이 아니라 죽정竹挺이라는 대나무로 만든 펜이었다. 대나무가 없는 곳에서는 다른 나무를 깎아 옻나무 액을 찍어서 글씨를 썼다. 이렇게 쓴 글씨를 죽첩과두문이라 불렀다. 대나무가 처음 닿은 부분은 굵고 끝은 가늘어서 얼핏 보면 올챙이처럼 생겼기에 붙은 이름이다. 이렇게 작성된 문서가 바로 죽간칠서竹簡漆書다. 공자나 맹자 시대에 쓰여진 문서는 대부분 죽간칠서였다. 국가 행정에서 문서가 차지하는 중요성을 감안할 때 칠을 공급하는 칠원은 따로 직책을 두고 관리하지 않을

옻나무는 까다로운 나무다. 씨앗이 발아해 잔뿌리를 버리는 데 3년이나 걸린다. 행여 덩굴식물들이 이 나무를 감아올라갈까, 나무 주인은 항상 신경을 써야 한다. 게다가 쉽게 다가갈 수도 없다. 만지는 건 고사하고 옆에만 지나가도 알레르기가 일어나기 때문이다.

나전칠반짇고리, 조선시대,
38.5×38.5×9.2cm, 국립중앙박물관 소장.

수 없었던 것이다.

만약 옻나무가 쉽게 크고 잘 죽지 않는 나무라면 국가에서 큰 신경을 쓰지 않아도 됐을 것이다. 하지만 옻나무는 재배하기 까다로운 나무였다. 씨앗이 발아해서 잔뿌리를 뻗을 때까지 대략 3년의 시간이 걸린다. 또한 덩굴식물들이 옻나무를 휘감기 때문에 1년에 몇 번은 풀을 쳐내고 거름을 줘야 한다. 옻나무는 또한 사람을 공격한다. 만지는 것은 고사하고 옻밭 옆을 지나가기만 해도 알레르기 현상이 일어난다. 이는 옻나무의 우르시올이 공기를 타고 퍼져나가기 때문이다. 예전에는 옻을 옮겨 심거나 즙을 짤 때 초피나무川椒 가루를 물에 타서 입과 코에 발라 독기를 피했다.

조선시대에도 옻나무를 많이 심었다. 게·참깨와 상극이며 밤나무와도 상극이라 함께 심지 않았다. 옻을 심는 방법으로 과실이 막 열릴 때 따서 마른 풀에 불을 붙여 그 불에 살짝 볶아 꺼내 심으면 곧 싹이 튼다는 이야기가 있다. 그 이유는 『산림경제』에서 확인할 수 있다.

죽간 등에 쓰여진 중국의 고대 문자는 대개 칠액을 이용해 작성된 것이다.

강원도 정선 와평瓦坪의 백성 중에 옻나무 옆에 초가집을 지어놓고 사는 사람이 있었다. 그 집에 불이 나서 옻나무까지 탔는데, 이듬해 봄에 옻나무 아래에 무수히 싹이 나왔으므로, 그후에 씨를 볶아서 심어보았더니 과연 싹이 나왔다고 한다. 믿을 만한 직접 본 친구에게서 들었으니 시험해볼 일이다.

:: 옻나뭇과

붉나무 *Rhus chinensis* Miller

단풍만큼 아름다운 단풍

중국 원산의 붉나무는 단풍을 강조한 이름이다. 갈잎 중간 키 붉나무의 단풍은 단풍나무만큼 아름답다. 붉나무의 이름도 단풍이 붉어서 붙여진 이름이다. 한편 식물학자 밀러가 붙인 학명에 붉나무의 특성을 알려주는 정보는 없다. 속명은 옻나무와 같고, 종소명 키넨시스 *chinensis*는 원산지가 중국이라는 뜻이다.

우리나라에서는 붉나무를 '오배자五倍子'라 부르기도 한다. 이는 한방에서 쓰는 것이기도 하고 중국 촉나라 사람들이 불렀던 이름이기도 하다. 오배자에는 타닌이 많이 들어 있다. 이는 가죽을 가공할 때뿐 아니라 약재로도 쓰인다. 붉나무에 기생하는 오배자 진딧물이 잎자루의 날개 부분에 새끼벌레를 낳으면 자라면서 어린잎으로 옮겨가 벌레집을 만든다. 이것이 점점 자라 생긴 폐 모양의 주머니 속에서 오배자 진딧물의 유충이 자란다. 이 주머니를 오배자라 부른다.

붉나무는 단풍이 고울 뿐 아니라 그것으로 소금도 만들 수 있다. 소금小

金은 글자에서 알 수 있듯이 '작은 금'이라 불릴 정도로 귀한 것으로, 그만큼 구하기 어려웠다. 이런 상황에서 붉나무의 열매는 시큼하면서도 짠맛이 있어 소금 대용으로 사용했기에 중요한 나무가 아닐 수 없었다.

붉나무의 열매를 보면 콩만 한 열매가 하얀 소금처럼 생긴다. 이 때문에 중국에서는 붉나무의 열매를 '반노염叛奴鹽'이라 불렀다. 이 나무의 다른 한자는 염부자鹽麩子다. 이는 열매가 소금을 만들고, 밀가루처럼 희다는 뜻이다. 우리나라의 한 식물 관련 책에는 이를 '염부자鹽膚子'라 표기하고 있다. 촉나라 사람들이 붉나무를 '목염木鹽', 즉 소금나무라 부른 것도 이 나무의 열매를 강조한 것이다. 또한 촉나라 사람들은 '산통酸桶'이라 불렀다. 이는 붉나무의 열매가 신맛을 내기 때문에 그런 것이다.

조선시대 붉나무는 공터에 많이 심었고 다 자라면 지팡이를 만들었다. 소갈증(당뇨병) 치료에도 사용했으며 외양간을 안고 심으면 역병을 예방할 수 있었다고 한다. 또한 나무의 즙을 짜서는 황금빛을 내는 염료인 황칠黃漆을 얻었으며, 그 기름으로는 안식향安息香을 만들었다.

: 옻나뭇과

안개나무 *Cotinus coggygria* Scopoli

꽃이
피면
안개가
낀 듯

　　　갈잎 떨기나무인 안개나무는 이 나무의 꽃이 마치
안개처럼 생겨 붙인 이름이다. 남부 유럽과 중앙아시아가 원산지로 알려
져 있지만, 학명에는 원산지 표시가 없다. 이탈리아 식물학자 스코폴리
Scopoli(1723~1788)가 붙인 속명 코티누스*Cotinus*는 '야생 올리브나무' 라는 뜻으
로, 생김새가 올리브를 닮아 붙인 것이다. 종소명 코기그리아*coggygria*는 데
오프라스투스Theophrastus가 사용한 코키게아*Coccygea*의 변용을 뜻한다.

　영어 이름은 '스모크 트리smoke tree' 인데 우리나라에 서식하는 대부분의
외래종이 그렇듯, 이 나무도 영어를 우리말로 옮겨 안개나무라 부르게 되
었다.

　안개나무의 비밀은 꽃에 있다. 오뉴월에 뭉게뭉게 피어오르는 안개나무
의 꽃은 사실 꽃이 아니다. 꽃 자체는 눈에 거의 띄지 않는 노란색의 자잘
한 것에 불과하다. 그런데 여름으로 접어들면 이 나무에 큰 변화가 생긴
다. 꽃자루가 점차 자라면서 흰 털이 생기고 이 털이 마치 세포분열을 하

밑에서 올려다보며 찍은 안개나무. 꽃에 붙은 작은 씨앗들이 마치 날아가는 듯하다.

듯이 빨리 자라면서 나무 전체를 뒤덮는 장관을 연출한다. 서양 동화에서 못생긴 추녀가 왕자의 입맞춤을 받자마자 아름다운 미녀로 돌변하는 것을 연상시키기도 한다.

안개나무는 옻나뭇과 나무들 가운데 잎이 동글동글하게 귀엽게 달리는 것으로도 유명하다. 단풍도 옻나뭇과의 붉나무와 마찬가지로 선명한 붉은 색으로 물들기 때문에 가을에 좋은 볼거리를 선사한다. 개중에는 자주색 잎을 매단 것도 있다.

안개나무는 관상용으로 많이 심기 때문에 공원에 가면 쉽게 만나볼 수 있다. 서울대학교 농과대학 정문 옆에는 보기 드물 정도로 크게 자란 안개 나무가 있다. 키가 7~8미터는 됨 직한 이 나무를 보고 있으면 안개보다는 뭉게구름을 보는 듯한 느낌이다. 외래종인 안개나무는 우리나라에 심어진 지가 그리 오래되지 않아 자그마한 관상수들이 띠를 이루고 있어 멀리서 보면 안개가 띠를 만든 듯한데, 이 나무는 홀로 자신만의 둥근 존재감을 이루고 있다.

소태나무 *Picrasma quassioides* (D. Don) Bennett

우리나라에서
가장
나이
많은

       음식의 간이 맞지 않아 너무 짜거나 쓴맛이 나면 흔히 소태맛이라고 한다. 이 단어는 바로 갈잎 중간 키 나무인 소태나무가 쓴맛을 지닌 데서 비롯되었다. 영국의 식물학자 베네트Bennett(1833~1902)가 붙인 학명에도 이러한 특성이 들어 있다. 픽라스마 *Picrasma*는 그리스어로 쓴맛을 의미하는 픽라스몬*picrasmon*에서 유래했다. 콰시오이데스*quassioides* 역시 쓴맛을 뜻하는 말이다. 소태나무의 한자 또한 쓴 나무를 의미하는 고목苦木이다. 동서양 모두 이 나무에게 쓴맛을 제대로 본 모양이다. 식물 중에 쓴맛을 내는 것으로는 씀바귀와 고들빼기 등도 있지만 소태나무는 이보다 훨씬 쓰다. 잎을 따서 씹어보면 몇 시간이나 쓴맛이 사라지지 않고 입 안에 감돌 정도다. 그 이유는 이 나무의 목부에 쓴맛을 품은 쿠아신, 니가키락톤 등이 함유되어 있기 때문이다. 옛날 어머니들은 아이가 젖을 뗄 무렵이 되면 젖꼭지에 소태나무 즙을 발랐다. 맥주의 쓴맛을 내기 위해 넣는 '호프'를 대신해 소태나무 잎을 갈아서 넣기도 한다.

우리나라에서 가장 나이 많은 나무로 알려진 소태나무는 마을마다 노거수들이 종종 남아서 옛날의 위용을 증명하고 있다. 이것이 수백 년 동안 사람들에게 쓴맛을 보여준 바로 그 나무껍질이다.

소태나무의 또다른 한자는 황동수黃棟樹이다. 붉은 나무껍질 위에 황색 피목이 있고 꽃도 황록색으로 피기 때문에 붙여진 이름이다. 꽃잎과 수술은 4~5개이고, 열매는 핵과로 달걀 모양의 구형이며 녹색이 도는 적색으로 익는다.

경상북도 안동시 길안면 송사동 길안초등학교 길송분교 뒷마당에는 높이 37미터, 나무 둘레는 4.7미터에 이르는 소태나무(천연기념물 제174호)가 살고 있다. 이 나무의 나이는 정확하게는 알 수 없으나 최소 칠백 살은 된 노거수이다. 현재 우리나라에서 가장 크고 오랜 산 나무로 알려져 있다. 마을 사람들은 이 나무를 신목神木이라 믿고 음력 정월보름에 동제를 지낸다. 겉으로 보기에는 싱싱한 것 같으나 속이 썩었고 딱따구리가 뚫은 구멍이 10여 개 보인다.

경북 청송군 현서면의 수락동에도 오래된 소태나무가 있다. 옛날 임씨 성을 가진 사람이 처음으로 개척한 이 동리는 소태나무가 많았기 때문에 소태나무정이라 불렀다. 이곳에 남아 있는 나무는 200년쯤 된 것으로 높이가 15미터에 이른다. 현재 이 나무는 고사한 상태이지만 뿌리에서 새움이 두 가지 나와서 자라고 있다. 이곳에서 재배된 인삼은 품질 또한 뛰어나 전국적으로 유명했으며 소태나무정 인삼이라고 불렀다.

소설가 이문구는 단편소설 「장천리 소태나무」에서 나이 쉰 넘은 총각들, 진작에 은퇴했어야 할 이들이 지키고 있는 농촌의 쓰디쓴 현실을 소태나무에 빗대어 사실적으로 그렸다.

: 소태나뭇과

가죽나무 *Ailanthus altissima* Swingle

먹을 수
없어
거짓이 된

　　　　　나무에는 '진짜' 와 '가짜' 라는 이름이 종종 붙는
다. 갈잎 큰 키 가죽나무도 그중 하나다. 가죽나무는 가짜 중을 의미하는
한자 '가승假僧' 에서 유래했다. 같은 나무라도 지역에 따라 달리 부르는 경
우가 적지 않다. 경상도와 전라도 일부 지방에서는 참죽나무를 가죽나무
라 부르고, 표준말의 가죽나무는 개가죽나무라 부른다. 가죽나무는 채식
하는 스님들이 나물로 먹던 참죽나무와 비교하여 이름만 비슷하고 먹을
수 없다는 뜻으로 부른다고 알려져 있다.

　갈잎 큰 키 가죽나무를 의미하는 한자는 가승 외에 호랑이 눈을 의미하
는 호목수虎目樹 혹은 호안虎眼이 있다. 이는 가죽나무의 떨어진 잎 자국이
마치 호랑이 눈처럼 생겨 붙인 것으로, 중국 강동江東에서 불렀던 명칭이
다. 또다른 이름은 저수樗樹, 취춘수臭椿樹, 산춘수山椿樹 등이다. 한자 저樗는
상수리나무 역櫟과 함께 '쓸모없는 나무' 의 대명사로 불린다. 즉 저산樗散
(樗櫟散木의 줄임), 저재樗材 등은 쓸모없다는 뜻이다. 그러나 이런 뜻을 지닌 가

죽나무를 중국의 지식인들은 호로 즐겨 삼았다. 예컨대 원대의 저은樗隱(胡行簡), 명대의 저암樗菴(鄭潛), 청대의 저암樗菴(何其仁)과 저암樗菴(方薰), 저옹樗翁(史致儼) 등을 꼽을 수 있다. 또다른 한자 취춘과 산춘은 참죽나무를 의미하는 춘椿과 연결된 글자다. 취춘은 가죽나무 잎에서 냄새가 나기 때문에 붙인 것이고, 산춘은 산에서 나는 참죽나무와 닮아 그렇게 불린다. 이처럼 가죽나무를 참죽나무와 연결시키는 것은 이 나무가 식물학적으로 같은 과가 아니면서도 잎 모양이 비슷하기 때문이다. 가죽나무는 3~4개의 큰 톱니와 선점사마귀가 있고, 참죽나무는 잎 가장자리 전체에 잔 톱니가 있다.

그런데 중국 사람들은 왜 이 나무를 쓸모없는 존재로 여겼을까. 그렇게 만든 인물은 바로 전국시대의 장자莊子이다. 그가 『장자莊子』 「소요유逍遙遊」에서 이 나무를 쓸모없는 존재로 묘사한 이래 중국은 물론 한국에서도 이 나무의 존재를 '쓸모없음'의 상징으로 여겨왔다. 과연 장자는 왜 그렇게 표현했던 것일까. 그가 파악한 가죽나무는 다음과 같다. "줄기는 울퉁불퉁해서 먹줄에 맞지 않고, 잔가지들은 꼬불꼬불해서 잣대에 맞지 않다. 그래서 네거리에 내놓았더니 목수들도 그것을 돌아보지 않았다." 하지만 장자는 이 나무가 전혀 가치 없다고 생각한 것은 아니다. 단지 전국시대 인재 등용의 문제점을 이 나무를 통해 드러낸 것이다. 그런데도 후대 사람들은 이 나무를 단지 쓸모없다는 뜻으로 받아들였다.

이후 사람들이 가죽나무를 무용하게 본 것은 『본초강목』에도 언급하고 있듯이 잎에서 냄새가 나고, 줄기에 옹기가 많기 때문이다. 그렇

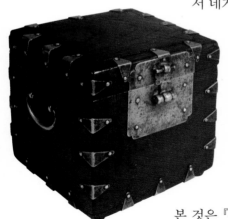

인궤, 19세기, 가죽나무,
14.5×15.2×15.4㎝, 서울역사박물관 소장.

나무
사전
: 소태나뭇과 | 가죽나무

더라도 이 세상에 어
찌 쓸모없는 나무가
있겠으며, 쓸모없는
생명이 있겠는가. 가
죽나무의 잎은 누에
의 원료이기도 했다.
이 나뭇잎을 먹은 누

에를 '저잠樗蠶'이라 불렀고 그렇게 자란 누에는 다
른 나뭇잎을 먹은 것보다 실을 더 많이 뽑아냈다. 가죽
나무의 열매는 또 주사위 원료였다. 그래서 저포樗蒲는 '노름' 혹은 '도박'
을 의미한다.

　미국의 식물학자 스윙글W. T. Swingle(1871~1952)이 붙인 학명에는 '쓸모없
다'는 뜻이 없다. 아일란투스Ailanthus는 '아일란토aylanto'라는 인도네시아의
몰루카어에서 유래한 '하늘의 나무'를, 알티시마altissima는 '키가 매우 큰'
을 뜻한다. 영어권에서도 '하늘의 나무Tree of Heaven'로 부르고 있다.

: 감탕나뭇과

감탕나무 *Ilex integra* Thunberg

활과
수레바퀴의
재료

늘 푸른 작은 키 감탕나무의 이름은 우리나라 식물
도감에서 어원을 설명하고 있지 않지만, 이 나무의 한약 이름인 감탕고무
에서 추측할 수 있다. 국어사전에 실린 감탕甘湯은 "엿을 고아낸 솥을 가시
어낸 단물 혹은 메주를 쑤어낸 솥에 남은 진한 물"을 뜻한다. 감탕나무도
껍질에서 꽤 많은 고무를 추출할 수 있어 감탕으로 불린 듯하다. 제주도에
서는 감탕나무를 떡가지나무, 끈제기나무라 부른다.

감탕나무의 한자는 동청凍靑이다. 이는 추운 날씨에도 푸르른 특성을 드
러낸 것으로, 중국 강동江東 사람이 불렀던 이름이다. 툰베르크가 붙인 학
명 중 일렉스Ilex는 '서양호랑가시holly'를, 인테그라integra는 '전체가 푸른全
綠'을 뜻한다. 또다른 이름은 뉴杻와 억檍이다. 이는 『이아』에 등장한다. 뉴
는 『시경』 「소아」에 "북산에 감탕나무 있네北山有杻"라는 표현에서도 보인
다. 억은 『설문說文』에 가래나무와 닮았다고 풀이하고 있는데, 이는 껍질
색깔을 염두에 둔 해석인 듯하다. 한편 뉴는 한국에서는 싸리나무를 의미

한다.

감탕나무는 재질이 단단하여 활을 만드는 데 사용되었다. 뉴가 수갑을 의미하는 것도 바로 나무 재질에서 파생된 것이다. 아울러 감탕나무는 수레바퀴의 테인 차망車輞에 사용되었다. 중국의 관서關西 지방에서는 차망을 뉴자杻子 혹은 토강土橿이라 불렀다.

감탕나무는 2월경에 꽃이 핀다. 『이아』에서는 이 나무의 꽃을 비단 같고 가늘며, 껍질은 순백색이라 표현하고 있다. 감탕나무의 새잎은 소에게 먹였다. 중국의 경우 감탕은 주로 불교의 성지인 오대산五台山에 많았다. 관청에서도 잎이 아름답기 때문에 이 나무를 많이 심었는데, 이를 '만세萬歲'라 불렀다. 만세의 만은 억만億萬에서 빌린 것이다. 우리나라에서도 요즘 원예식물로 가꾸고 있는데, 완도 예송리에는 삼백 살쯤 된 감탕나무(천연기념물 제338호)가 살고 있다. 이 나무는 높이가 11미터, 둘레는 2.68미터에 달한다. 이 나무는 200여 년 전 이곳에 처음 정착한 홍씨와 김씨가 마을을 지켜주고 보호하는 당나무로 모셨다. 그후 새해에 마을 주민들이 모여서 제사를 지내고 행운과 풍어를 기원해왔다.

동청凍靑이라는 별명에서 보듯 겨울에도 푸른 감탕나무의 모습. 단단하기도 이를 데 없어 수레바퀴를 만드는 데 사용했다.

: 감탕나뭇과

호랑가시나무 *Ilex cornuta* Lindley

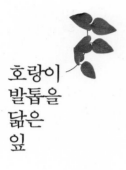

호랑이
발톱을
닮은
잎

늘 푸른 떨기나무(혹은 중간 키 나무)인 호랑가시나무는 '호랑이'와 '가시'의 합성어다. 두 단어를 합친 이유는 이 나무의 잎이 호랑이 발톱을 닮았기 때문이다. 한자는 노호자老虎刺로 역시 호랑이 가시라는 뜻이고, 또다른 한자 묘아자猫兒刺는 고양이 가시라는 뜻이다. 호랑이나 고양이 모두 날카로운 발톱을 가지고 있으니 같은 뜻으로 풀이된다. 이외에 구골枸骨이란 한자도 있다. 한편 물푸레나뭇과에 속한 구골나무의 한자도 같지만 두 나무의 생김새는 다르다. 또 호랑가시나무는 5월경에 꽃이 피는 반면 구골나무는 11월경에 피고, 호랑가시나무의 열매는 9월경에 익고 붉게 물들지만 구골나무는 열매가 다음해 5월에 익고 검은색을 띤다. 어쨌든 중국 명청대의 식물도감에는 호랑가시나무를 구골나무로 표기하고 있다.

린들리가 붙인 학명 중 일렉스*Ilex*는 '서양호랑가시holly'를 의미한다. 코르누타*cornuta*는 '뿔처럼 각角이 있는'을 뜻한다. 학명에 등장하는 각은 이

나무의 잎 끝 부분에 가시가 있다는 뜻이다. 호랑가시나무는 잎에 따라 가시의 수가 다르지만, 『본초강목』에는 다섯 개로 기록하고 있다.

이 나무의 영어 이름은 '차이나 홀리China Holly' 다. 영어권에서 호랑가시나무를 중국 원산으로 인식하고 있는 것이다. 『시경』「소아」에 "남산에 호랑가시나무 있네南山有栒"라는 구절이 나오는 것으로 보아 중국에서 호랑가시나무가 아주 오랜 시절부터 자생해왔던 것으로 추정된다.

호랑가시나무는 크리스마스를 상징하는데, 그 이유는 이렇다. 십자가를 진 예수가 가시관을 쓰고 골고다 언덕을 오를 때, 이마에 파고드는 날카로운 가시에 찔려 피를 흘리며 고난을 받자 그 고통을 덜어주기 위해 몸을 던진 새가 있었다. 그 새가 바로 지빠귀과의 티티새인 로빈이었다. 로빈은 부리로 열심히 가시를 파내었고, 그 과정에서 자신도 가시에 찔려 붉은 피로 물든 채 죽고 말았다. 지금도 가슴이 붉은 이 새가 여전히 호랑가시나무의 열매를 잘 먹기 때문에 사람들은 이 나무를 귀히 여기고 있다. 이에 따라 예수가 탄생한 성탄을 장식하는 전통이 생겼다. 호랑가시나무의 잎과 줄기를 둥글게 엮는 것은 예수의 가시관을, 붉은 열매는 예수의 핏방울을, 희면서도 노란 꽃은 우윳빛 같아서 예수의 탄생을, 나무껍질의 쓰디쓴 맛은 예수의 수난을 의미한다.

호랑가시나무의 열매는 겨울 동안 볼 수 있다. 잎 사이로 나는 구슬같이 생긴 둥근 열매는 딱딱한 잎과 잘 어울린다. 열매 안에는 네 개의 종자가 들어 있다. 이런 호랑가시나무는 제주도를 비롯한 주로 따뜻한 남쪽 지방에서 자란다. 제주에서는 '더러가시낭'이라고 부른다. 이성복 시인도 이 나무를 기억하고 있었다.

「호랑가시나무의 기억」

(…)
흐린 봄날에 연둣빛 싹이 돋는다
애기 손 같은 죽음이 하나 둘 싹을 내민다
아파트 입구에는 산나물과 찬거리를 벌여놓고
수건 쓴 할머니 엎드려 떨고 있다
호랑가시나무,
내 기억 속에 떠오르는 그런 나무 이름,
오랫동안 너는 어디 가 있었던가

: 감탕나뭇과

꽝꽝나무 *Ilex crenata* Thunberg

몸을
태워
얻은
이름

　　나무 중에는 종종 자신의 몸을 태워 이름을 얻는 경우가 있다. 대나무의 영어식 이름 뱀부bamboo가 나무 타는 소리에서 빌린 것처럼, 꽝꽝나무도 잎과 가지가 타면서 생긴 소리 때문에 붙여진 이름이다. 물론 학명에는 이런 뜻이 없다. 일렉스Ilex는 '서양호랑가시'를, 크레나타crenata는 '둥근 톱니'를 의미한다. 둥근 톱니는 둥근 모양의 잎에 톱니가 있기 때문에 붙여진 것이다. 꽝꽝나무를 한자로 둔치동청鈍齒冬靑이라 하는 것도 잎 가장자리에 둔한 톱니가 있기 때문이다. 동청은 겨울에도 푸르다는 뜻이다. 꽝꽝나무의 열매와 동청의 열매는 아주 닮았다. 꽝꽝나무의 또다른 한자로는 구황양狗黃楊이 있다.

　　꽝꽝나무는 쉽게 볼 수 없으며, 현재 한라산에 자생한다. 전라북도 부안군 중계리의 꽝꽝나무를 천연기념물 제124호로 지정한 것도 이 나무가 자랄 수 있는 북쪽 한계지역이기 때문이다. 이곳의 꽝꽝나무 군락은 옛날에는 700그루쯤 됐으나 지금은 200여 그루만 남아 있다. 이 나무는 크게 자라야 겨우 3미터에 불과한데, 그 까닭은 아주 더디게 자라기 때문이다. 그렇다 해도 쓰임새는 많다. 이 나무 역시 회양목처럼 도장의 재료가 될 정도로 목질이 아주 단단하다.

현재 우리나라에서 꽝꽝나무로 부르는 나무의 절대다수는 조경업자들이 보급한 늘 푸른 떨기 콘벡사*Convexa*다. 꽝꽝나무는 잎이 둥글지만 콘벡사는 잎이 뒤집어진다.

: 느릅나뭇과

느릅나무 *Ulmus davidiana* var. *japonica* Nakai

한없이
늘어지는
느릅

갈잎 큰 키 느릅나무의 어원은 힘없이 늘어짐을 의
미하는 '느름'에서 왔다. 이는 껍질을 벗겨서 물을 조금 붓고 짓이기면 끈
적끈적한 풀처럼 되기 때문에 붙인 이름일 것이다. 혹은 곁에서 잡아주는
잡목이 촘촘하지 않으면 한없이 구부러지고 흉하게 자라기에 그런 이름이
생겼을 수도 있다. 느릅나무를 의미하는 한자 유楡는 나무 목과 유兪를 합
한 글자다. 유는 나무를 파서 만든 '마상이'를 뜻해 느릅나무가 기구 세공
에 사용됨을 말해준다. 『이아주소』에 따르면 느릅나무를 무고無姑, 그 열매
는 이夷라 했다. 무고는 고유姑楡라고도 한다. 느릅나무를 유로 부르는 것도
여기서 유래했다.

한자 어원에서 보듯 느릅나무는 예부터 목재 가치가 아주 높았다. 심은
지 3년째 되는 봄에 서까래를 만들 정도로 자라고, 10년이면 각종 농기구
와 생활기구를 만들 수 있고, 15년이면 수레바퀴를 만들 수 있었다. 만지
지 않고 눈으로만 봐도 느릅나무가 아주 단단한 재질임을 알 수 있다. 『한

서漢書』「한안국전韓安國傳」과 『수경水經』에 나오는 것처럼 중국에서는 흉노족을 방어하기 위해 느릅나무로 보루堡壘를 만들었다. 중국의 '천하제일관' 으로 불리는 산해관山海館을 유관楡館이라 부르는 것도 이곳의 보루를 느릅나무로 만들었기 때문이다. 이런 예는 당나라 시인 이군우李君虞의 「청효각聽曉角」에서도 확인할 수 있다.

변방의 서리가 간밤에 관문의 느릅나무에 내리고邊霜昨夜墮關楡
뿔피리 부는 강가의 성에는 조각달이 외로웠네吹角江城片月孤
무한한 변방의 기러기들 날아서 건너지 않고 있는데無限塞鴻飛不度
서풍이 불어서 소선우로 들어가는구나西風吹入小單于

느릅나무는 신라시대 월지국月氏國에서 쇠북종을 가져와 가지에 매달 만큼 강했다. 이 때문에 『삼국사기』에 따르면 신라시대에는 궁궐을 지을 때 느릅나무를 사용하지 못하게 했다. 또한 『경국대전經國大典』에 따르면 봄에만 땔감으로 사용하도록 규정했다. 느릅나무는 늦봄에 잎보다 깍지가 먼저 생긴다. 그런 특성으로 인해 한나라 때의 농서인 『범승지서氾勝之書』에 나오는 것처럼 이즈음에 내리는 비를 '유협우楡莢雨' 라 불렀다. 5월경 느릅나무에 꽃이 피면 중국에서는 과거시험을 치렀다. 즉 과거시험을 '유책楡策' 이라 한다.

느릅나무 열매에 날개처럼 달린 깍지는 돈처럼 생겨서 유전楡錢이라 불렀다. 유전은 국을 끓여 먹거나 가루로 쪄서 밥으로 만들어 먹었다. 수확했다가 겨울에 술을 빚어도 되고, 데쳐내서 볕에 말려 빻은 것을 체로 쳐

가루를 만든 뒤 소금물에 고루 섞어서 볕에 말린 후 미음粥을 만들었다. 정 먹을 것이 없는 흉년에는 말려서 가루를 낸 느릅나무 여린 껍질을 꺼내어 죽을 만들어 먹었다. 그 외에도 느릅나무 껍질은 축축하게 찧어서 진흙에 섞어 기왓장이나 돌을 붙였는데 힘이 있었다.

느릅나무에 꽃이 피면 중국에서는 파거시험을 치렀기에, 느릅나무 楡를 따서 파거시험을 '楡策楡策' 이라 불렀다.

식물학자 나카이가 붙인 학명에는 일본 원산지 표기 외에 느릅나무의 특징을 알리는 정보가 없다. 속명 울무스Ulmus는 라틴 고명이며 켈트어 '엘름Elm'에서 왔다. 엘름은 느릅나무를 뜻한다. 종소명 다비디아나davidiana는 중국 식물 채집가이면서 선교사였던 데이비드A. David를 가리킨다.

느릅나무를 알면 사랑도 보인다. 『삼국사기』에 나오는 평강공주와 온달 장군의 운명적인 만남도 느릅나무와 관련되어 있다.

평강공주는 보물 팔찌 수십 개를 팔꿈치에 걸고 궁궐을 나와 혼자 온달의 집까지 찾아가서 시집을 가겠다고 청했다. 눈먼 온달의 노모는 다음과 같이 거절했다. "내 아들은 가난하고 보잘것없기에 귀인이 가까이할 수 있는 사람이 아닙니다. 누구의 속임수로 여기까지 왔습니까? 내 자식은 굶주림을 참다 못해 느릅나무 껍질을 벗기려고 산속으로 간 지 오래입니다."

평강공주는 마침 산에서 내려오는 온달과 마주쳤다. 그에게 자기 생각을 이야기하니 온달이 불끈 화를 내며 말했다. "이는 어린 여자가 취할 행동이 아니니 반드시 여우나 귀신일 것이다. 나에게 가까이 오지 말라!' 라고 하며 돌아보지도 않고 가버렸다. 평강공주는 끈질기게 온달의 초가집 사립문 밖에서 '노숙' 하면서 이튿날 아침에 다시 들어가 드디어 허락을 받았다.

온달이 자신과 눈먼 노모의 목숨을 구하기 위해 느릅나무 껍질, 즉 유백피檢白皮를 벗기러 갔다는 이야기를 단순히 옛날 이야기쯤으로 생각한다면

오산이다. 느릅나무 껍질이 구황식물이라는 사실은 조선 명종 때의 『구황촬요救荒撮要』나 중국의 『제민요술』을 비롯한 식물 관련 자료에서 쉽게 확인할 수 있다. 특히 『제민요술』에는 느릅나무를 심는 방법과 그 이익을 자세히 언급하고 있는데, "한번 수고하면 영원히 편안하다"고 할 정도로 그 가치를 높이 평가하고 있다.

느릅나무에는 참느릅나무를 비롯하여 종류가 많은데, 청대의 식물도감에는 10종이나 소개하고 있다. 그중 흰느릅나무는 잎이 먼저 난 후 열매가 생기는 게 특징이다. 『시경』「국풍·동문지분東門之枌」에도 흰느릅나무가 등장한다. 분枌은 흰느릅나무를 의미하는 한자이며, 흑느릅나무도 있다.

느릅나무는 잎이 작아 가로수로 삼기엔 적합하지 않을 수 있지만 숲을 조성하면 아주 멋있을 듯하다. 귀양살이 하던 정약용은 느릅나무 숲을 거닐면서 삶의 의미를 곱씹었다.

『구황촬요』

「느릅나무 숲을 거닐면서楡林晚步」

작지 짚고 시냇가 사립을 나와曳杖溪扉外

고운 모래 밟으며 천천히 걸어보니徐過的歷斜

온몸은 병들어 약할 대로 약해지고筋骸沈瘴弱

옷자락 바람결에 너울거리네衣帶受風斜

어여쁜 풀 위에 햇빛 비치고日照娟娟草

고요한 꽃 위에 봄이 깃드네春樓寂寂花

사물이 변해도 상관없어라未妨時物變

이내 몸 있는 곳이 내 집인 것을身在卽吾家

느릅나무 잎사귀 토한 듯 무성한데黃楡齊吐葉

우거진 녹음 아래 둘러앉은 촌사람들環坐綠陰濃

파리한 꽃술에 벌들 다퉈 날아들고花瘦蜂爭蘂

따뜻한 숲속엔 사슴이 뿔 기르네林暄鹿養茸

임금님 은혜로 목숨은 남았으나主恩餘性命

필묵합, 18세기, 느릅나무, 31.5×13×5.3cm, 서울역사박물관 소장.

나무
사전
：느릅나뭇과 ｜ 느릅나무

촌 노인들 내 모습 가여워하네村老惜形容

나라 다스리는 방책을 알려거든欲識治安策

마땅히 농부들에게 물어야 할 일端宜問野農

:느릅나뭇과

느티나무 *Zelkova serrata* (Thunb.) Makino

매끈한
줄기와
넓게 퍼진
가지

갈잎 큰 키 느티나무는 우리나라에서는 신령스런 나무, 즉 신목神木으로 꼽는다. 그래서일까? 많은 사람이 이 나무를 좋아하는데, 아마도 껍질이 매끈하면서 넓게 퍼지는 가지, 여름에 피는 무성한 잎 때문인 듯하다. 느티나무에도 잎이 긴 긴잎느티나무가 있고, 잎이 둥근 둥근느티나무가 있다. 이런 느티나무를 21세기가 시작되면서 우리나라에서 '밀레니엄 나무'로 선정한 것도 한민족의 삶에 깊이 자리 잡고 있기 때문이었다. 김민수의 『우리말어원사전』에 따르면, 나무 이름은 누를 황의 '눌'과 회화나무 '괴槐'의 합성어인 '느튀나모'에서 유래했다. 느티나무의 이름을 황이나 괴와 관련해서 정한 것은 잎이 누렇고 회화나무와 닮았기 때문이다. 물론 회화나무와 느티나무는 상당히 다르지만 옛사람들은 두 나무를 비슷하다고 여겼다. 이 때문에 『훈몽자회』에서는 느티나무를 푸른 느릅나무인 청유수靑楡樹 혹은 잎이 누른 느릅나무인 황유수黃楡樹라 불렀다. 옛 어른들이 느티나무를 괴목槐木이라 불렀던 것도 회화나무와 비슷하다고 여겼기 때문이다. 그러하기에 때론 느티나무를 '버금 홰나무' 라 부른다. 중국 청나라 정초鄭樵가 지은 『통지通志』에 따르면, 느티나무를 느릅나무류로 본 것은 이 나무의 열매가 느릅나무 열매, 즉 유전榆錢을 닮았기 때문이다.

식물학자 마키노가 붙인 학명 중 젤코바Zelkova는 코카서스Caucasus에서 자라는 카르피니폴리아Z. carpinifolia의 토착어이고, 젤코우아Zelkoua에서 유래했다. 종소명인 세라타serrata는 '톱니가 있는' 을 뜻한다. 이는 잎을 강조한 것이다. 영어에서도 톱니 있는 잎Sawleaf을 강조하고 있다. 이처럼 느티나무의 특징은 무엇보다도 잎에 있다. 우리나라에서는 느티나무가 회화나무를 닮아 한자 괴로 사용하지만, 중국에서는 한자 괴를 느티나무가 아닌 회화나무로만 사용한다. 이 때문에 한국 사람이 번역한 중국 관련 책이나 우리나라 책에 등장하는 괴를 모두 느티나무로 풀이하는 것은 오역이다. 『대동운부군옥』의 남가일몽南柯一夢을 언급하면서 괴를 느티나무로 해석하고 있는 것이 그 한 예이다.

중국에서 느티나무를 의미하는 한자는 거欅이고, 두보의 시에는 거류欅柳로 등장한다. 거는 고리버들을 뜻하는 거柜와 함께 사용되며, 거류柜柳라고도 한다. 『이아』에는 느티나무를 거櫸로 표기하고 있으며, 『시경』에서도 버드나무와 함께 등장한다. 이처럼 느티나무를 거류로 부르는 것에 대해『본초연의本草衍義』에서는 껍질이 버드나무와 닮아서 붙인 이름으로 해석하고 있지만, 『본초강목』에는 나무가 버드나무처럼 커서 붙인 것으로 보고 있다. 이 나무의 또다른 한자로는 귀櫷와 규槻가 있다. 규는 잎이 둥근 느티나무를 말한다. 느티나무는 중국 호남에 아주 많지만, 목재 가치는 높이 평가되지 않았다. 반면 우리나라의 경우 느티나무 목재는 상급으로 평가되고 있다. 경상북도 영주시 부석사 무량수전의 기둥이 바로 느티나무로 만

부석사 무량수전, 국보 제18호.

들어졌다.

　우리나라에서는 1000년 이상 사는 느티나무를 신목으로 삼기에 전국에 천연기념물로 지정된 것이 적지 않다. 그중 천연기념물 제493호인 경상남도 의령군 유곡면 세간리의 '현고수懸鼓樹'는 특별하다. 이 나무를 현고수라 부른 까닭은 여기에 북을 달았기 때문이다. 북을 단 사람은 우리에게 잘 알려진 홍의장군 곽재우다. 이곳에서 태어난 곽재우 장군은 임진왜란 때 이 나무에 북을 달아 의병을 모았다. 마을 입구에 살고 있는 현고수 옆에는 그의 기념관이 있고, 그 앞에는 천연기념물 은행나무(제302호)가 살고 있다.

책상, 20세기 초, 느티나무,
42.8×28.5×20cm, 서울역사박물관 소장.

경남 의령군 유곡면 헌고수, 천연기념물 제 493호.

느티나무는 다른 나무에 비해 둥치가 유난히 크고 수형이 넓게 퍼져서 시각적으로 그 위용이 압도적이며 마을 어귀의 풍경에서 그 중심을 차지해왔다.

: 느릅나뭇과

팽나무 *Celtis sinensis* Persoon

팽 하고
날아가는
팽총의
추억

갈잎 큰 키 팽나무는 느티나무와 은행나무 다음으로 우리나라에서 오래 살고 있는 나무가 많을 만큼 역사를 함께해왔다. 팽나무의 이름은 열매에서 빌린 것이다. 이 나무의 열매를 작은 대나무 대롱에 넣고 대나무 꼬챙이를 꽂아 공기 압축을 이용해서 탁 치면 팽 하고 날아가는 것을 '팽총'이라 한다. 프랑스의 식물학자 페르송Persoon(1762~1836)이 붙인 학명도 이 나무의 열매를 강조하고 있다. 켈티스Celtis는 '단맛을 가진 열매'에서 온 말이다. 영어권에서 이 나무를 '슈거 베리Sugar berry'라고 하는 것도 학명과 통한다. 한편 영어권에서 이 나무를 Japanese Hackberry, 즉 '일본 팽나무'로 표기한 것은 학명에 표기된 중국 원산과 다르다.

이 나무의 한자 이름인 박수朴樹, 박수樸樹, 박유樸楡 등은 모두 질박하다는 뜻을 지니고 있다. 이런 한자는 한방에서 사용하는 것으로, 나무의 껍질을 강조한 이름이다. 아울러 한자 박유는 이 나무가 느릅나뭇과에 속함을 넌지시 알려준다. 팽나무는 껍질만이 아니라 느티나무처럼 부모인 느

오래된 팽나무는 속이 텅 비기 때문에 외과수술로 그 구멍을 막아놓는다. 하지만 그 틈새를 비집고 버섯을 키워내는 나무는 생명의 오묘함을 보여주기에 부족함이 없다.

릅나뭇과에 속하기 때문에 재질도 좋을 수밖에 없다. 그래서 이 나무로 통나무배인 '마상이' 또는 '마상'을 만들었다.

일본에서도 이 나무를 소중히 여겼다. 우리나라에서 5리마다 오리나무를 심었던 것처럼 일본에서는 1리마다 심어 이정표로 삼았다. 일본에서 팽나무를 이정표로 삼은 것은 중국 한나라 때 가로수로 사용한 회화나무가 자생하지 않는 데다 진나라 때 가로수로 삼은 소나무가 개미로 잘 죽었기 때문이다.

부산시 구포동의 천연기념물 제309호를 비롯하여 팽나무를 마을의 당산나무로 삼고 있는 곳은 적지 않다. 그중에서도 예천의 소나무 석송령처럼 팽나무가 땅의 소유주인 경우도 있다. '금목신金木神'이라 부르는 경남 고성의 팽나무는 삼락지 108-2번지 논밭의 소유주이다. 400여 평의 땅에서 나오는 곡식으로 마을 사람들이 이곳에서 매년 동제洞祭를 지내는데, 바로 이 나무가 재앙을 막아준다고 믿기 때문이다. 경북 예천군 용궁면 금남리의 '황목근黃木根'이라 불리는 팽나무(천연기념물 제400호)도 땅 소유주다. 황목근은 성이 황색 꽃을 피우는 황씨요, 이름이 나무의 근본인 목근이다. 이 나무가 내는 세금도 있다. 한 번도 세금을 체납하지 않아 '납세목納稅木'이라고도 부른다. 전남 무안군 현경면 가입리의 팽나무(천연기념물 제310호)는 3년에 한 번씩 마을 사람들이 볏짚으로 옷을 입힐 정도로 특별 대접을 받기도 한다. 이처럼 영호남 지방 곡창지대에 팽나무가 많은 것은 싹이 나오는 모습을 보고 그해의 풍작과 흉작을 점쳤기 때문이다. 이 지역 사람들은 새싹이 일제히 나오면 풍작, 그렇지 않으면 흉작이라 믿었다.

팽나무의 열매는 적갈색이다. 그렇지만 열매가 검게 익는 팽나무도 있어 검팽나무라 부른다. 특히 나카이가 붙인 검팽나무는 학명 코세니아나 *choseniana*에서 알 수 있듯이 한국 원산이다. 팽나무와 비슷한 풍게나무도 열

경북 예천군 용궁면 팽나무, 천연기념물 제 400호.

매가 검게 익는다. 열매가 팽나무보다 크면 왕팽나무, 산에서 자라면 산팽나무라 부른다.

　팽나무 잎과 느티나무 잎, 쑥은 보릿고개를 견디게 해주는 3대 잎이다. 2월 이후에 팽나무 잎을 따서 곡식과 섞어 먹으면 기근을 구제할 수 있었다. 민간에서는 아무리 배가 고파도 보릿고개 때 산채나 팽나무 잎과 섞어 먹을 곡물은 꼭 남겨두었다. 2월이 되어 나무에 새싹이 돋기 전에는 팽나무 잎조차 없어서 못 먹는 경우도 많았다. 『증보산림경제』를 보면 그럴 때를 대비한 침 삼키는 법嚥津法이 소개되어 있다. 보고 있노라니 눈물겹다.

나무
사전
: 느릅나뭇과 | 팽나무

문득 입을 다물고 혀로 위아래 이를 휘저어서 침津液을 취하여 삼킨다. 하루에 360번 삼키게 되면 좋다. 차츰 습관이 되면 1천 번 삼킬 수 있게 되어 자연히 배고 고프지 않다. 3~5일에는 피로가 심하지만 이를 넘기면 차츰 몸이 가볍고 강해진다.

:느릅나뭇과

풍게나무 *Celtis jessoensis* Koidz

몽둥이를
만들어
봉봉목

갈잎 큰 키 풍게나무는 경상도에서 자두를 의미하는 '풍개'와 비슷해서 오해하기 쉽다. 이 나무의 말은 울릉도 방언으로 알려져 있다. 다른 이름으로는 단감주나무, 팽나무, 단감나무가 있다. 한자로는 봉봉목棒棒木이라 하는데, 이는 한약 이름으로 이 나무의 가지를 일컫는다. 봉봉목이라 부르는 이유는 이 나무 가지로 몽둥이를 만들었기 때문일 것이다. 중국에서는 풍게나무를 박수朴樹의 일종으로 보고 있다. 박수는 후박나무로 이 나무의 껍질이 후박과 닮았기 때문에 같은 종으로 보는 듯하다.

일본의 코이츠小泉源一(1883~1953)가 붙인 속명 켈티스Celtis는 '단맛이 열리는 열매 나무'를 의미하는 그리스어에서 유래했다. 그러니 이 나무의 특징은 열매인 셈이고, 열매의 특징은 단맛에 있다. 속명의 이 같은 뜻으로 인해 우리나라에서는 단감주나무 혹은 단감나무라 부른다. 그러나 떫지 않은 감나무를 단감나무라고도 부르기에 주의해야 한다. 이 나무를 달리 팽나무로 부르는 것은 팽나무와 아주 닮았기 때문이다. 그러나 잎의 하반부가 상반부보다 폭이 넓은 게 팽나무와 다른 점이다.

풍게나무는 인간의 입장에서 보면 열매가 주요한 특징으로 여겨지지만 애벌레들에게 가장 인기가 좋은 나무라는 점에서 보면 잎에 특징이 있는 셈이다. 이 이야기는 『광릉숲 이야기』라는 책에 자세히 나온다. 소개하면 다음과 같다. 풍게나무 잎을 먹고 자라는 애벌레는 뿔나비, 배추흰나비, 홍점 알락나비, 흑백 알락나비, 왕오색나비 등이 있다. 이들은 4월경이면 풍게나무 가지에 알을 낳고 새끼들을 먹여서 키운다. 곤충들이라고 아무 나뭇잎이나 마구 먹는 게 아니다. 알고 보면 곤충들만큼 편식이 심한 생물도 없다. 풍게나무 잎은 이들 애벌레 팬 덕분에 늘 구멍이 숭숭 난 잎을 매단 그물옷 패션을 연출한다. 한여름에 산에 갔다가 반쯤 갉아 먹힌 풍게나무를 보고 불쌍한 마음에 잎을 만졌다가는 소스라치게 놀라기 쉽다. 하나의 이파리 뒤에 무려 수십 마리의 애벌레가 붙어 있는 경우도 있기 때문이다.

그런 까닭에 혹자는 이런 걱정을 할 수 있다. 애벌레들이 잎을 다 파먹으면 나무가 병들지 않을까? 하지만 풍게나무는 애벌레들의 공습을 기꺼이 받아들이면서도 잘 살아간다. 그 이유는 풍게나무가 나무의 규칙을 충실하게 지키기 때문이다. 나무들의 규칙이란 나무가 10장의 잎을 만들었을 때 이것들을 각각 어떤 곳에 쓰려고 했는가 하는 '생산자의 의도'를 말한다. 보통의 나무는 두 장은 나무가 자라기 위해, 두 장은 꽃을 피우기 위해, 두 장은 씨앗을 만들기 위해, 두 장은 자기 자신을 지키는 물질을 만들기 위해 그리고 마지막 두 장은 숲속 다른 동물들을 먹이기 위해서 만든다. 그냥 10장이 아니라 다 쓰임새가 있는 것이다. 다 큰 풍게나무가 매달고 있는 잎은 수천 장이 넘을 테니 애벌레들에게 충분한 먹이를 주고도 남는 것이다. 물론 나무만 규칙을 지키는 것은 아니다. 애벌레들도 규칙을 지킨다. 풍게나무가 준비한 식사용 잎이 다 떨어져갈 때쯤이면 애벌레들은 다 자라서 번데기로 변하거나 나비가 되어 날아간다. 나무와 애벌레가 더불어 살아가는 방식이니 이는 숲의 규칙이라고 할 만하다.

풍게나무는 일본의 네 개 주요 섬 가운데 제일 북쪽에 있는 홋카이도北海道에서 흔히 볼 수 있다. 종소명인 예소엔시스*jessoensis*가 바로 북해도에서 자란다는 뜻이다. 이 나무가 바닷가에서 주로 사는 것은 팽나무와 닮은꼴이다. 풍게나무도 팽나무와 곰솔처럼 짠 소금물에서도 잘 자라는 성질이기 때문이다.

: 느릅나뭇과

푸조나무

Aphananthe aspera (Thunb.) Planchon

이국적이면서
거친
잎

　　　　　　갈잎 큰 키 푸조나무는 경상북도 위쪽으로는 드문 난대성 식물로 경상남도와 전라도, 제주도 등지에서 주로 볼 수 있다. 푸조나무는 이름부터 이국적으로 낯설게 느껴진다. 푸조의 한자는 조엽수糙葉樹 혹은 조엽유糙葉楡다. 조糙는 거칠다는 뜻으로, 나무에서 거친 것은 대부분 껍질이나 잎이다. 그런데 사실 대부분의 나무껍질이 거칠기에 이것은 잎을 두고 붙인 이름인 듯하다. 사실 느릅나뭇과의 잎은 느릅나무 잎을 닮아 대부분 거친 게 특징이다. 이 나무의 또다른 한자인 조엽유의 유楡는 느릅나무라는 뜻이다. 이는 이 나무가 느릅나뭇과에 속한다는 사실을 알려준다. 푸조나무는 한글 푸와 한자 조를 섞은 이름이다. '푸'는 정확한 어원을 알 순 없지만, '풀'을 의미하거나 '가꾸지 않은' 상태를 뜻한다. 그러니 푸조는 거칠다는 이 나무 학명의 뜻을 함축한 단어로 보인다. 『삼재도회』에 따르면 잎이 거칠어 상아와 녹각, 혹은 목기木器를 다듬는 데 사용했다고 한다.

자웅 한몸인 푸조나무의 학명도 잎이 지닌 특징을 담고 있다. 아스페라*aspera*는 '까칠까칠하다'는 뜻이다. 프랑스의 식물학자 플랑숑Planchon(1823~1888)이 붙인 학명은 이 나무의 꽃도 강조하고 있다. 아파난테*Aphananthe*는 '희미하다'는 뜻을 지닌 그리스어 '아파네스*aphanes*'와 '꽃'을 의미하는 '안토스*anthos*'의 합성어다. 이는 이 나무의 꽃차례가 분명하지 않다는 뜻이다. 푸조나무는 『이아주소』에 나올 만큼 아주 오래전부터 살았다. 『이아주소』에는 푸조나무를 양檍과 즉래卽來로 표기하고 있다. 곽박郭璞의 주注에 따르면 이 나무는 수레바퀴를 만드는 데 적합했다고 한다.

현재 우리나라에는 세 그루의 푸조나무가 천연기념물로 지정되어 있다. 하나는 부산시 수영에, 다른 하나는 전라남도 대구면에, 또 하나는 전라남도 장흥에 살고 있다. 천연기념물이 바닷가에 인접해 있다는 것도 이 나무의 특성과 무관하지 않다. 푸조나무는 곰솔과 팽나무처럼 소금기 있는 바닷가에서도 잘 견디기 때문이다. 천연기념물로 지정된 나무는 대부분의 신목이 그러하듯이 마을에서 제사를 지낸다. 부산 수영동 사람들은 푸조나무에 할머니의 넋이 깃들어 있다며 나무에서 떨어져도 다치지 않는다고 믿는다.

: 느릅나뭇과

시무나무 *Hemiptelea davidii* (Hance) Planchon

20리마다
한 그루씩
심었다는

도로 표지판이 없었던 시절에는 나무로 거리를 표시했다. 5리마다 심었던 오리나무처럼 갈잎 큰 키 시무나무는 20리마다 심었다. 이 때문에 과거시험을 치르러 길 떠난 선비에게는 거리를 알려주는 이정표가 되곤 했다. 원래는 '스무나무'로 부르던 것이 오늘날에 와선 시무나무로 변했다. 이 나무는 잎이 느릅나무보다 크지만 느릅나뭇과에 속하기 때문에 그 부모를 많이 닮았다. 또 이 나무의 새싹은 쌀가루나 콩가루 같은 곡식가루에 묻혀 떡을 만들어 먹었다. 한자 또한 자유刺榆로, 가시가 있는 느릅나무라는 뜻이다. 자유는 이 나무의 특징 중 하나인 가시를 강조한 이름이다. 회색 껍질을 가진 시무나무의 작은 가지에는 긴 가시가 있다. 그래서 이 나무의 영어 이름도 thorn이다.

시무나무의 열매도 부모인 느릅나무를 닮아 엽전처럼 생겼다. 플랑숑이 붙인 학명 중 속명인 헤미프텔레아Hemiptelea는 '열매가 날개의 반 정도'라는 뜻이다. 시무나무 열매는 다른 어떤 나무에도 없는 흥미로운 생김새를 갖고 있다. 비행접시처럼 동그란 날개를 가지고 씨가 한가운데 들어 있는 느릅나무 무리와는 달리 이 나무의 씨는 구석으로 치우쳐 있어 한쪽에만 날개가 반달 모양으로 붙어 있다. 특히 우리나라 어디에서나 자라는 흔한 것이라 아무도 귀하게 여기지 않지만, 세계적으로 희귀해서 학술 가치가 아주 높다. 서양에는 시무나무가 아예 자라지 않으며, 동양에서도 우리나라와 중국에만 있고 일본에는 없다. 종소명인 다비디이*davidii*는 프랑스 신부 다비드David를 가리킨다. 그가 어떤 형태로든 이 나무에 많은 영향을 준 모양이다. 아쉽게도 학명에는 한국 원산지 표기가 없다. 김삿갓의 다음의 시에 시무나무가 등장한다.

> 시무나무 아래 서러운 손님이二十樹下三十客
> 망할 놈의 마을에서 쉰밥을 얻어먹었네四十村中五十飯

『시경』「당풍唐風」 '산유추山有樞'에도 시무나무가 등장한다.

> 산에는 시무나무 있고山有樞
> 진펄엔 느릅나무 있네濕有愉

『시경』의 시무나무 한자는 우樞이다. 우는 시무나무를 일컫는 음이고, 대개 지도리, 즉 중심을 의미할 때는 추로 읽는다. 여기에 등장하는 느릅나무를 뜻하는 유愉는 楡와 같은 의미다.

봄이 오려는지 드문드문 풀들이 올라오고 있다. 시무나무는 앙상한 가지와 기피할 정도로 크고 부풀어 오른 가시만 남아 아직 한겨울처럼 춥다. 온몸이 가시라는 말이 자연스럽게 떠오르는 모습이다.

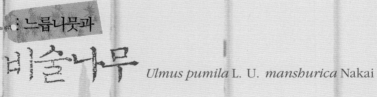

비슬나무 *Ulmus pumila* L. U. *manshurica* Nakai

어린
가지가
아주
많은

갈잎 큰 키 비술나무는 함경북도 방언이다. 다른 이름은 비슬나무로, 이는 연변 방언이다. 개느릅이나 떡느릅나무로도 불린다. 한자는 야유野楡, 즉 야생느릅나무다. 이처럼 비술나무는 참느릅과 구별되는 느릅이라는 뜻을 담고 있다. 참느릅나무가 우리나라의 중부 이남에서 주로 사는 반면, 비술나무는 중부 이북에 주로 산다. 더욱이 중국에서도 북부, 몽골, 극동지역에 분포한다. 2004년 대구 도심에서 수령 20~70년에 이르는 비술나무가 2000여 그루 자라는 군락지가 발견돼 화제가 됐던 것도 이 나무가 한대성 수종이라 중부 이남에서는 잘 발견되지 않기 때문이다. 이 경우 인공적으로 심어졌을 가능성이 크다. 나카이가 붙인 학명 중 푸밀라*pumila*는 '난쟁이처럼 작다'는 뜻이지만 어떤 부분을 강조한 것인지는 불명확하다.

비술나무의 잎은 느릅나무와 닮았지만, 나무껍질은 느릅나무와 달리 세로로 깊게 갈라진다. 어린 가지가 아주 많은 게 특징이고, 수양버들처럼 아래로 처지는 것도 있다. 하지만 나무가 수령이 많아지면 껍질에 변형이 오는 등 가지의 생김새에서 구별하기란 쉽지 않다. 그럴 때는 꽃눈을 보면 된다. 비술나무의 겨울 꽃눈을 보면 작은 꽃눈 여러 개가 뭉쳐서 하나의 원 모양을 이루고 있다. 반면 느릅나무는 단 하나의 꽃눈이 통으로 생겨나서 껍질을 뚫고 나온 새순에는 솜털이 보송보송 올라온다. 비술나무의 또 다른 특징은 가을에 잎이 지고 나면 가지가 흰색으로 변한다는 것이다. 중국 북부지역에서는 가지가 처지는 '능수비술나무' 조경을 쉽게 볼 수 있다. 2007년 초에 경북 영양군 석보면 주남리(주사골)의 비술나무 숲이 시무나무와 함께 천연기념물 제476호로 지정되었다.

비슬나무 껍질은 배고픈 시절 식품 대용으로 많이 먹었다. 하지만 그 대가를 치러야 했다. 민족주의 계열의 독립운동가 박재호의 자서전을 보면 다음과 같은 구절이 나온다. 그가 길림성 휘남현輝南縣의 깊은 산속 벌 목장으로 잡혀갔을 때의 일이다.

"식염도 귀하고 채소는 구경조차 할 수 없었다. 나중에는 우리 약한 사람들만 모아서 나를 책임지게 하고 한 개 조를 묶어 비슬나무 껍질을 벗겨오게 했다. 이는 대식품代食品의 원료였다. 그것을 쪄서 가루를 낸 다음 통 옥수수 가루와 섞어서 떡을 만들어 먹었다. 그러자 항문이 막혀서 손으로 파내는 형편이었다. 그리고 배가 너무 고파 뱀고기도 먹었고 개구리 알도 먹었고 비슬나무 씨도 훑어서 먹었다."

다래 *Actinidia arguta* (S. *et* Z.) Planchon

원숭이의
복숭아

갈잎 덩굴성인 다래는 머루와 마찬가지로 고려 가
요『청산별곡青山別曲』에 등장한다. "살어리 살어리랏다 / 청산青山애 살어리
랏다 / 멀위랑 두래랑 먹고 / 청산애 살어리랏다"에서 알 수 있듯이 산속에
서 흔히 마주치는 것이 다래 혹은 다래나무다. 다래는 은행나무처럼 암수
가 따로 있고, 수꽃과 암꽃의 모양도 다르다. 특히 암꽃은 순백으로 가운
데 암술이 툭 튀어나와 나팔이나 꼬마 분수대와 닮았다. 식물학자 플랑숑
이 붙인 학명 중 속명인 악티니디아Actinidia가 바로 다래의 암꽃을 강조한
말이다. 이 말은 '방사상放射狀'을 의미하는 그리스어 '악티스aktis'에서 온
것으로, 다래의 암꽃이 방사 모양이다. 종소명인 아르구타arguta는 '잎이
톱처럼 뾰족하다'는 뜻으로 즉 잎을 강조한 학명이다.

우리말 다래는 경기도 방언으로 알려져 있다. 한자는 연조軟棗 혹은 연조
자軟棗子로, 그 열매가 마치 부드러운 대추 크기와 닮았다 하여 붙여진 것이
다. 학명을 지은 이는 꽃과 잎을 강조한 반면, 중국에서는 열매를 강조하

고 있다. 또한 다래의 한약 이름은 미후도彌猴桃로, 『본초강목』에서도 그렇게 표기하고 있다. 미후도의 '미후'는 원숭이를 뜻하니, 미후도는 원숭이의 복숭아라는 뜻이다. 즉 원숭이가 이 열매를 잘 먹기 때문에 붙여진 이름이다. 다래는 모양은 다르지만 맛은 바나나와 비슷해 원숭이가 즐겨 먹는데, 이처럼 먹을 수 있는 다래를 참다래라 부른다. 『본초강목』에는 다래의 또다른 한자로 미후리彌猴梨, 등리藤梨, 양도陽桃, 목자木子, 오렴자五斂子, 오릉자五棱子 등을 소개하고 있다. 양도는 복건 사람들이 부르는 이름이다.

다래는 깊은 산에서 흔히 발견할 수 있지만, 도심에도 산다. 서울 종로구 와룡동 창덕궁의 다래나무(천연기념물 제251호)는 육백 살쯤 됐다. 경상남도 합천군에 위치한 해인사 일주문 근처에서도 창덕궁의 것 못지않은 다래를 만날 수 있다. 다래 중에는 참다래 외에 개다래, 쥐다래, 섬다래가 있다. 개다래는 참다래와 달리 잎이 흰 페인트가 벗겨진 듯하다.

다래를 '서양 키위'라고 부르는 사람도 있다. 둘이 조금 닮았지만 전혀 다른 나무다. 키위의 학명Actinidia chinensis Planchon도 다래와 마찬가지로 플랑숑이 붙었다. 키위의 학명은 다래와 종소명만 다르다. 종소명 키넨시스chi-

*nensis*에서 알 수 있듯이 키위의 원산지는 중국이다. 그래서 키위의 중국명은 '중화미후도中華獼猴桃'이다. 한편 우리가 부르는 키위는 영어식 이름이다. 이 이름은 나무의 열매가 뉴질랜드의 날지 못하는 키위 새의 모양과 닮았기 때문에 붙인 것이다. 키위 역시 다래처럼 암수딴그루다.

: 꼭두서니과

치자나무 *Gardenia jasminoides* for. *grandiflora* Makino

손잡이가
있는
술잔

치자나무는 늘 푸른 작은 키 나무다. '치자梔子'는 한자 이름으로 巵子로도 표기한다. '치'는 '손잡이가 있는 술잔'을 뜻하는데, 왜 나무에 이런 한자를 사용했을까? 아마 이 나무 열매가 술잔을 닮은 데서 붙인 듯하다. 그러니 치자나무는 열매를 강조한 이름인 셈이다. 한편 일본의 마키노가 붙인 학명은 열매보다 꽃을 강조하고 있다. 가르데니아*Gardenia*는 미국의 식물학자 가든A. Garden(1730~1792)을 가리키고, 야스미노이데스*jasminoides*는 '재스민*jasmine*을 닮았다'는 뜻이다. 이는 치자나무의 꽃향기를 재스민에 비유한 것으로, 재스민은 열대나 아열대에 사는 특유한 향내를 품은 나무다. 노란색이나 하얀색의 꽃이 피는 이 나무의 향기는 우리에게 아주 익숙하다. 학명 중 그란디플로라*grandiflora*는 '큰 꽃'을 의미해, 역시 꽃을 강조했다. 치자나무의 다른 한자 이름인 대화大花와 같은 뜻이며, 영어식 이름인 케이프 재스민Cape jasmine도 꽃향기를 강조하고 있다.

이 나무의 향기를 언급한 문서는 꽤 많다. 당나라의 육구몽陸龜蒙이 언급한 것처럼 인간은 치자 꽃향기를 모든 향기 중에서 으뜸簷葡冠諸香이라 여겼다. 불교에서도 치자나무를 '담복簷葡'이라 부른다. 유마대사가 대승大乘의 진리를 설명한 『유마경維摩經』에서는 '마치 사람이 담복꽃 숲에 들어가면 담복 향기만 맡고 다른 향기는 맡지 못하는 것처럼, 이 집에 들어오면 부처님 공덕의 향기만 맡고, 성문聲聞이나 벽지불辟支佛(부처 없는 세상에 나서 꽃이 피고 잎이 지는 무상한 인연을 보아 깨달음을 얻은 이. 연각緣覺 혹은 독각獨覺이라고도 함) 공덕의 향기는 맡기를 좋아하지 않나이다' 라고 했다. 조선후기의 화훼 전문서 『화암수록花菴隨錄』을 지은 유박柳璞은 치자꽃을 두고 "비쩍 마른 학과 구름 속의 기러기가 곡기를 끊고 세상을 피하는 듯瘦鶴雲鴻絶粒逃世" 하다고 했다.

치자나무의 또다른 이름은 『본초강목』의 근간이었던 송宋의 『증류본초證類本草』에 나오는 '월도越桃' 다. '월나라의 복숭아'를 의미하는 이 말은 당나라 시인 유우석의 「영치자화詠梔子花」에서도 확인할 수 있다.

촉국화는 벌써 졌지만蜀國花已盡
월도는 지금 또 피네越桃今又開
꽃 색깔은 구슬나무인 듯하고色疑琼樹倚
꽃향기는 옥경과 같구나香似玉京來

또한 마음 같이함을 칭송하니且賞同心處

어찌 잎을 달리함이 꺾어질까 걱정하리那憂別葉催

아름다운 사람이 만약 시를 읊는다면佳人如擬詠

어찌 반드시 한겨울의 매화를 기다릴 것이 있겠는가何必待寒梅

이외에도 황치자黃梔子, 백섬화白蟾花, 목단木丹, 황지黃枝, 산치山梔, 수황치水黃梔, 수치화水梔花, 임란林蘭, 대화大花, 선포嬋浦, 선지鮮枝, 첨복簷葍 등의 한자 이름이 있다.

유우석이 자랑해 마지않았던 치자나무를 조선시대 강희안은 『양화소록』에서 네 가지로 정리했다. 첫째, 꽃 색깔이 희고 기름지다. 둘째, 꽃향기가 맑고 풍부하다. 셋째, 겨울에도 잎이 변하지 않는다. 넷째, 열매로 물을 들일 수 있다. 중국 당나라의 『유양잡조』에서도 치자나무의 흰 꽃이 여섯 장이라는 점을 강조하고 있다. 장미과 나무의 꽃이 다섯 장인 데 반해 치자나무는 나무 중에서도 드물게 꽃잎이 여섯 장이다. 학명에서도 언급한 것처럼 6~7월에 피는 이 나무의 꽃잎은 잎에 비해 상당히 큰 편이다. 특히 열매는 긴요한 염료로, 옛 어른들이 뜰에 치자나무를 심었던 까닭이 여기에 있었다.

불교에서도 치자꽃 향기를 모든 꽃 가운데 으뜸이라 여겨 마치 부처님의 공덕이 버뿜는 향기에 비유하기도 했다.

중국에서 치자나무를 재배한 시기는 한나라의 자료에 보일 만큼 오랜 역사를 지니고 있다. 불경에 치자의 다른 이름인 담복을 언급하고 있는 점으로 미루어 치자가 인도에서 중국으로 건너온 것으로 보기도 한다. 명나라 진순陳淳도 치자나무가 인도에서 온 것으로 보았다. 어쨌든 17~18세기경 유럽과 19세기 초 미국은 중국에서 치자나무를 도입했다. 우리나라는 삼국시대에 중국으로부터 들여왔다.

치자는 건조하고 따뜻한 것을 아주 싫어한다. 너무 따뜻한 곳에 두면 가지와 잎이 누렇게 시들어버려서 꽃이 피지 않는다. 너무 추워도 나무가 얼고 상하기 때문에 좋지 않다. 볕을 두려워하니 볕을 쏘여서도 안 된다.

비록 키우기는 어려웠지만 우리의 옛 조상들도 중국 사람만큼 치자나무를 즐겼다. 세종의 셋째 아들로 문장에 조예가 깊었던 안평대군은 명화名花와 이훼異卉를 읊으면서, 고아한 것은 매화, 난초, 국화, 대나무이고, 염려한 것은 모란과 해당화이며, 청초한 것은 옥잠화, 목련 그리고 치자라 했다. 홍만선은 『산림경제』에서 화훼류 중의 명품이라고 칭송했다. 다산 정약용도 치자나무에 관한 시를 남겼다.

「다산화사茶山花史 11」

치자나무 사람에게 정말 특별한 것巵子人間誠絶殊
소릉(두보)의 시에 했던 말 속임이 없으리라少陵詩句未應誣
늦게 가는 비 올 때 긴 보습 들고 가서晚來微雨携長鑱
한 그루에서 분재하여 여러 그루 만든다네一樹分栽得數樹

다산의 시를 보면, 치자나무에 관한 정보를 중국 시인으로부터 얻었음을 알 수 있다. 그런데 당나라의 시성詩聖으로 꼽히는 두보가 치자나무에 대해 어떻게 노래했기에 정약용이 믿었을까? 두보는 치자나무를 다음과 같이 읊었다.

「강두사영江頭四詠 · 치자梔子」

치자를 뭇 나무와 비교하자梔子比衆木

인간 세상에 참으로 많지 않다네人間誠未多

몸통은 염색으로 쓰이고于身色有用

도와 기는 서로 어울리네與道氣傷和

붉은색은 풍상을 맞은 열매에서 취하고紅取風霜實

푸른색은 우로를 맞은 가지에서 보네靑看雨露柯

무정하게 너를 여기에 옮겨 심은 것은無情移得汝

색깔이 강물에 비추고 있음을 귀하게 여기기 때문이네貴在映江波

예부터 중국 사람들이 치자나무를 어느 정도 귀하게 여겼는가를 알려주는 내용은 『사기史記』에 나온다. 그들은 천무千畝의 치자나무를 재배하는 것은 천호千戶의 후侯와 같다고 여겼다. 즉 치자나무는 강남지역에서 많은 돈을 가져다주는 주요한 경제 작물이었던 것이다.

: 참나뭇과

졸참나무 *Quercus serrata* Thunberg

참나무
중에
잎이
가장 작은

참나무 종류에는 대개 졸참나무, 굴참나무, 상수리나무, 신갈나무, 갈참나무, 떡갈나무 등 여섯 종이 있다. 그중 갈잎 큰 키 졸참나무는 잎이 가장 작아서 붙인 이름인데, 실제로 상수리나무와 비교하면 그다지 작지 않다. 툰베르크가 붙인 학명에는 잎이 작다는 뜻이 없다. 단지 종소명인 세라타*serrata*는 잎에 톱니가 있다는 뜻을 담고 있다. 영어 이름인 Serrata Oak도 학명을 그대로 옮긴 것이다. 그런데 사실 여섯 종의 참나무 중 잎에 톱니가 없는 것은 없다. 졸참나무가 다른 참나무 종과 다른 점은 잎도 작지만 톱니가 안으로 굽었다는 점이다. 속명인 퀘르쿠스*Quercus*는 켈트어의 '질이 좋은'이라는 뜻의 '퀘르*quer*'와 '재목'을 의미하는 '퀘즈*cuez*'의 합성어다. 즉 퀘르쿠스는 '질이 좋은 재질'이라는 뜻이다. 이는 졸참나무가 재질이 좋다는 뜻이긴 하나, 나머지 다섯 종도 같은 학명을 갖고 있다. 졸참나무가 속한 참나무가 '진짜 나무'라는 뜻을 가진 것도 이 나무의 재질이 다른 나무보다 좋기 때문이다. 그러나 나무에 진짜

真木田

山問

王子旧址

羔屯果園

柑橘木

탐라순력도 중 '고원방고羔園訪古', 김남길, 1702년, 지본채색, 56.8×36.4cm, 보물 652-6호, 제주시청 소장.
제주 대정현에서 동쪽으로 55리에 위치한 고둔과원에서 연회를 베푸는 모습. 아래쪽에는 대나무 방풍림이
있고, 위쪽에는 참나무밭眞木田이라 기록되어 있다.

와 가짜는 없다. 여섯 종의 참
나무 속명은 모두 재질이 좋
다는 퀘르쿠스Quercus를 포함
하고 있다.

졸참나무의 한자는 포枹와
유楢다. 이 나무로 북채를 만
들었기에 이를 뜻하는 枹를
썼다. 楢는 상수리나무를 의미하는 한자이기에, 졸참나무가 상수리나무와
그만큼 비슷함을 뜻한다. 실제 두 나무의 잎은 다른 참나무들보다 더 닮았
다. 졸참나무는 갈참나무, 떡갈나무, 신갈나무 등과 함께 꽃이 핀 해에 열
매가 성숙하는데, 이들 열매는 모두 털이 없는 게 특징이다.

졸참나무하늘소Batocera lineolata는 졸참나무에 살기 때문에 붙여진 이름
이다.

: 참나뭇과

상수리나무 *Quercus acutissima* Carruthers

임금님
상에
오른
도토리

　　　　　참나뭇과에서 가장 흔히 만날 수 있는 게 상수리나무다. 북한에서도 상수리나무를 참나무라 부른다. 갈잎 큰 키 상수리나무라는 이름이 붙여진 연유에는 몇 가지 전설이 있다. "임진왜란 때 의주로 피난 간 선조의 수라상에 먹을 것이 마땅치 않아 도토리묵을 자주 올렸다. 맛을 들인 선조가 궁으로 돌아와서도 도토리묵을 좋아해 늘 수라상에 올렸다"라고 하여 붙여진 이름이라는 것이다. 또다른 이야기도 전한다. "황해도의 은율과 송화 사이에 구왕산이 있고, 그 중턱에 구왕굴이라는 석굴이 있었다. 예부터 전란이 일어나면 임금이 이곳으로 피난하곤 했다. 어느날 양식이 떨어져 임금님에게 수라도 올릴 수 없자 산 아래 사는 촌로가 기근을 이겨내는 양식이라면서 도토리 밥을 지어 바쳤다." 구왕굴과 구왕산은 도토리 밥으로 임금을 구했기 때문에 붙여진 이름이고, 상수리는 그 후 도토리를 임금의 수라상에 올려서 붙여진 것이다. 두 전설 모두 상수리가 전쟁으로 임금이 피난하여 먹은 데서 생겨났다.

이처럼 상수리나무는 열매인 도토리가 주요 특징으로, 대표적인 구황열매임을 알 수 있다. 이 나무의 열매는 굴참나무와 마찬가지로 2년 만에 익는데, 모두 털로 감싸져 있는 게 특징이다. 경상도에서 상수리나무를 '꿀밤나무'라 부르는 것도 열매를 강조한 말이다. 상수리나무의 열매는 한자로 구椽인데, 즉 나무에서 구한다는 뜻이다. 그러나 학명에는 열매가 아닌 잎을 강조했다. 영국의 식물학자 캐러터스Carruthers(1830~1922)가 붙인 종소명 아쿠티시마acutissima는 '잎이 가장 뾰족하다'는 뜻으로, 참나무 종류보다 길고 뾰족하다. 상수리나무 잎은 누에의 먹잇감이기도 했다. 중국 청대 유조헌劉祖憲이 지은『상견도설橡繭圖說』은 상수리나무를 심고 기르는 방법에 대해 기록하고 있다.

이 나무의 한자는 역櫟 · 상橡 · 허栩 · 저杼 등이다. 『이아주소』에는 떡갈나무를 의미하는 작柞도 상수리나무로 풀이하고 있지만 일반적으로는 역과 상을 꼽는다. 특히 역櫟은『시경』과『장자』등 고대 사료에 등장할 만큼 오랜 역사를 갖고 있다. 지금도 상수리나무의 역과 가죽나무의 저樗를 합친 '역저櫟樗'를 '쓸모없다'라는 의미로 사용하고 있다. 이 단어를 만든 이 역시 전국시대의 장자로,『장자』「내편內篇」의 '인간세人間世'에 다음과 같은 내용이 나온다.

장석匠石은 상수리나무에 대해 다음과 같이 깔보았다. "그것으로 배를 만들면 가라앉을 것이요, 널을 만들면 쉬이 썩을 것이요, 그릇을 만들면 이내 깨질 것이요, 문을 만들면 나무진이 밸 것이요, 기둥을 만들면 좀이 먹을 것이다. 이처럼 이 나무는 아무데도 쓸모없기에 오래 사는 것이다.

『장자』에서 역저를 묶어서 표현한 것은 아마『이아주소』에서 언급하듯

이제현 초상, 1319년, 93×177.3cm, 국립중앙박물관 소장.

이 상수리나무가 가죽나무와 비슷했기 때문일 것이다. 쓸모없다는 뜻을 담고 있는 상수리나무의 한자 '역'은 우리나라에도 많은 영향을 주었다. 고려시대 이제현의 호 역옹櫟翁은 바로 상수리나무에서 따왔다. 이제현은 여든한 살까지 살면서 충선왕, 충혜왕, 충목왕, 공민왕까지 무려 네 임금을 모셨을 뿐 아니라 중국에 다섯 차례나 다녀왔다. 그가 상수리나무를 호로 삼은 것도 『장자』의 우화에 나오는 것처럼 오래 살고 싶었기 때문이다. 이 내용은 그의 작품 『역옹패설櫟翁稗說』 서문에 나온다.

남명 소식의 시 「영리詠梨」(『남명집』 권1)에도 역저가 등장한다.

> 흩어진 배나무 문 앞에 서 있고支離梨樹立門前
> 신맛 나는 열매 이빨로 깰 수 없네子實辛酸齒未穿
> 그 사람과 주인이 함께 물을 버리고渠與主人同棄物
> 차라리 저역을 가지고 천 년을 보존하리라猶將樗櫟保千年

『송남잡지』에서는 상수리나무와 관련해 "『회남자』가 말하기를 '관아의 감옥에 상수리나무櫟를 심는다. 보통 나무는 불을 일으킬 수 없는데 오직

나무사전 : 참나뭇과 | 상수리나무

상수리나무만이 불을 일으킬 수 있기 때문이다.' 진秦나라 사람들은 '작력柞櫟이라 부른다"고 적고 있는데 '불을 일으킨다'는 의미가 무엇인지는 알 수 없다.

조선전기의 학자 성현成俔(1439~1504)의 『용재총화慵齋叢話』에는 이방실李芳實(?~1362)이 상수리나무로 도적을 잡은 일화가 전한다.

젊었을 때 날래고 용맹스러웠던 이방실이 길에서 도적을 만나 빈집에서 묵었다. 그는 차고 있던 활과 화살을 풀어 도적에게 주면서 말하길 "너는 잠깐 여기 있어라" 하면서 측간에 걸터앉았다. 도적이 활을 가져다 힘껏 쏘았지만 이방실은 손으로 날아오는 화살집을 잡아 측간에 꽂아두었다. 한 통의 화살이 없어지자 도적이 절을 하면서 목숨만 살려달라고 애원했다. 그러나 이방실은 몸을 솟구쳐 수십 길의 상수리나무를 구부려 나무 끝에 도적의 머리카락을 묶고 칼로 머리 가죽을 벗긴 후 뒤도 돌아보지 않고 가버렸다.

: 참나뭇과

갈참나무 *Quercus aliena* Blume

매미가
붙어 우는
나무

갈참나무의 '갈'은 '작다'는 뜻인지, 아니면 '갈색'을 뜻하는지 명확하지 않다. 한자는 곡역櫟櫟 혹은 백피역白皮櫟으로, 모두 상수리나무와 관련 있다. 블루메가 붙인 '변한'을 의미하는 종소명 알리에나aliena도 상수리나무에서 변한 뜻일 수 있다. 껍질이 희다는 뜻의 백피역은 이 나무의 껍질을 드러내는 이름이다. 물론 갈참나무의 껍질은 희다기보다 다른 참나무 종류에 비해 상대적으로 흴 뿐이다. 영어 이름도 오리엔탈 화이트 오크Oriental White Oak이다. 갈잎 큰 키 갈참나무는 졸참나무, 신갈나무 등과 함께 꽃이 핀 해에 열매가 성숙한다. 그 열매는 졸참나무나 신갈나무의 열매와 마찬가지로 털이 없는 게 특징이다.

갈참나무는 우리나라에서는 쉽게 볼 수 없다. 대체로 양지바른 산골짜기나 산기슭의 비옥한 땅에서 자라기 때문이다. 그런 희소성 때문에 경북 영주시 단산면의 천연기념물 제285호로 육백 년쯤 된 갈참나무는 학술 가치가 아주 높다. 높이가 15미터가량 되는 이 나무는 조선시대 창원 황씨의

경북 영주시 단산면 갈참나무, 천연기념물 제285호

황전이 세종 8년(1426)에 '선무랑통례원봉례' 직으로 이 마을에 왔을 때 심었다고 한다. 동네 사람들은 매년 정월보름에 마을 입구 언덕에 살고 있는 이 나무에서 마을의 안녕과 풍년을 기원하기 위해 제사를 지낸다. 시인은 갈참나무를 어떻게 바라볼까?

　「갈참나무」

　알밤 떨어지는 숲 지나
　가을 설봉산에 오르면
　목이 긴 굴참나무 가지 끝
　매미가 보지 못하고 울어대던 갈잎 편지
　모자를 스쳐 신발 코에 떨어지는

한 잎 인사가 젖어 있다

어디선가 바람이 몰려오고

알밤이 뒤통수에 대고 수런대면

괜스레 몸 사리는 갈참나무 사이로

한 장

또 한 장

흔들리며 살짝

지표에 내려앉는 갈잎 편지

맨 나중 것이 가볍다는 것을

우두커니 바라보는 갈참나무

한 잎 인사가 바닥에서 파르르 흔들리는

　나도 우두커니 서서

　설봉산 갈참나무에 붙어 우는 매미소리에 젖어

마음을 어루만지지 못한 누군가에게

참 미안하다

- 이영휴, 『이행』

: 참나뭇과

떡갈나무 *Quercus dentata* Thunberg

송편을
찔 때
깔았다

        갈잎 큰 키 떡갈나무는 '떡'과 관련한 이름이다. 나무에 떡이 붙은 게 낯설지만 송편의 뜻을 이해하면 수긍이 간다. 옛날에는 송편을 찔 때 소나무 잎을 깔았다. 송편과 마찬가지로 떡갈나무의 '떡'도 이 나무의 잎을 깔고 만들었다(『우리말어원사전』). 옛날 시루떡을 해 먹을 때 밑에 넓은 나뭇잎을 깔고 쪘다. 이때 주로 잎이 아주 넓은 칡잎을 사용했지만, 때론 주위에서 흔히 구할 수 있는 떡갈나무 잎을 사용하기도 했다. 떡갈나무는 졸참나무와 상수리나무에 비해 잎이 넓으며 그 이름 역시 떡을 찔 때 잎을 깐다는 데서 유래했다. 또 '갈'은 갈참나무와 어울리게 하려고 붙인 이름이다. 이 나무의 한자 이름 중 하나인 대엽작大葉柞도 나무의 큰 잎을 강조한 것이다. 이 잎은 떡을 찌는 데만 사용한 게 아니라 누에의 먹이이기도 했다. 중국 청대 동원량董元亮이 편찬한 『작잠휘지柞蠶彙誌』와 증온繒韞이 편찬한 『작잠잡지柞蠶雜誌』 『작잠문답柞蠶問答』에서는 떡갈나무 키우는 방법과 그 종류에 대해 언급하고 있다.

툰베르크가 붙인 학명 중 종소명에는 '뾰족한 이빨'을 의미하는 덴타타 *dentata*를 표기하고 있다. 학명은 열매를 강조하고 있지 않지만, 떡갈나무는 갈참나무, 졸참나무, 신갈나무 등과 함께 꽃이 핀 해에 열매가 성숙한다. 또 그 열매는 상수리나무나 굴참나무와 마찬가지로 털로 감싸져 있는 게 특징이다.

한자로는 대엽작 외에 곡槲·작柞 등이 있다. 『이아주소』에는 속복樕樸의 별명, 즉 곡속槲樕으로 등장한다. 일명 심心으로 불리는 복속은 습기를 견딜 수 있기 때문에 강수江水와 하수河水에서 기둥으로 삼았다. 복속은 때로는 하찮은 사람을 뜻한다. 떡갈나무를 의미하는 곡은 당나라 시인 온정균溫庭筠(812~872?)의 「상산조행商山早行」에도 등장한다.

「상산조행商山早行」

새벽에 일찍 일어나 말방울 울리며 드디어 출발할 때晨起動征驛

나그네인 나는 고향 생각에 슬프기만 하네客行悲故鄉

닭 소리 들리고 지는 달 초가지붕에 걸려 있고鷄聲茅店月

판자다리 위에 서리 내려 발자취 나 있다人跡板橋霜

떡갈나무 잎 떨어진 산길을 걸어가노라면槲葉落山路

탱자 꽃이 주막집 담장을 배경으로 희고 밝게 피고 있다枳花明驛牆

하염없는 꿈인 듯 고향 장안 근처의 경치 눈에 어리고因思杜陵夢

지금쯤 철새들 연못 근방에 잔뜩 떼 지어 있으리라鳧鴈滿回塘

　　떡갈나무를 의미하는 '작'은 이 나무를 의미하는 가장 흔한 단어다. 바로『시경』「소남」'야유사균野有死麕'에 등장한다.

들의 죽은 노루를 흰 띠 풀로 싸다주지요野有死麕 白茅包之

아가씨 봄님을 그리워하기에 미쁜 사나이가 유혹했지요有女懷春 吉士誘之

숲에는 떡갈나무 있고, 들에는 죽은 사슴 있네林有樸樕 野有死鹿

흰 띠 풀로 묶어 가보니 아가씨는 구슬 같네요白茅純束 有女如玉

가만가만 천천히 내 행주치마는 건드리지 마세요舒而脫脫兮 無感我帨兮

삽살개가 짖으면 안 되니까요無使尨也吠

: 참나뭇과

신갈나무 *Quercus mongolica* Fischer

짚신
만들어
신었던
잎

갈잎 큰 키 신갈나무의 이름은 떡갈나무의 이름 유래와 비슷하다. 옛날 나무꾼들이 숲속에서 짚신 바닥이 해지면 잎이 넓은 이 나무의 잎을 짚신 바닥에 깔아 사용해서 생긴 이름이다. 신갈나무는 떡갈나무처럼 갈참나무와 맞추기 위해 바뀐 것이지만, 그 잎은 떡갈나무 잎보다 작다. 이 나무의 한자 이름 중 소엽작수小葉柞樹가 바로 잎 작은 떡갈나무라는 뜻이다. 또다른 한자는 청강목靑剛木이다. 신갈나무를 청강목이라 부르는 것은 이 나무의 잎이 상수리나무보다 푸르기 때문이다(『식물명실도고장편』). 신갈나무는 떡갈나무처럼 다른 네 종의 참나무보다 잎이 훨씬 푸른 게 특징이다. 『준의부지遵義府志』에 따르면 신갈나무에는 잎이 엷고 푸른 마자麻子 종류도 있었다. 이 나뭇잎은 누에 먹잇감이었다. 또한 신갈나무에는 잎이 후율猴栗처럼 생긴 나귀청강羅鬼青捆, 잎이 시들지 않는 수청강水青捆 등이 있었다. 신갈나무를 돌참나무, 물가리나무라 부르기도 한다.

러시아의 식물학자 피셔Fischer(1782~1854)가 붙인 학명에는 다른 다섯 종의 참나무와 다른 점이 있는데, 나머지 나무의 학명 중 종소명은 그 나무의 특징을 기록하고 있는 반면, 신갈나무에는 원산지를 표기하고 있다. 즉 종소명 몽골리카 *mongolica*는 원산지 몽골을 가리킨다. 신갈나무를 중국에서 몽골의 상수리나무, 즉 몽역蒙櫟이라 부르는 것도 원산지를 강조한 것이다.

열매는 졸참나무나 갈참나무의 열매와 마찬가지로 털이 없는 게 특징이다. 잎은 어긋나고 가지 끝에 모여 달리며 달걀을 거꾸로 세워놓은 모양이다. 이 나무는 갈참나무, 졸참나무, 떡갈나무 등과 함께 꽃이 핀 해에 열매가 성숙한다. 우리나라의 한 시인도 신갈나무의 열매를 읊었다.

「신갈나무 우화」

8월, 푸른 잎 그늘에 싸여
풋풋하게 도토리가 익고 있다

이따금 잔가지가 잘려서 떨어진다
바람 없는 날인데 낙하라니,
어디서 톱질소리가 난 것 같기도 하다
바라보니, 널따란 잎과 열매마다
거위벌레들이 까맣게 달라붙어 있다
송곳주둥이로 구멍을 뚫는 중이다
그 구멍에 엉덩이를 밀어 넣고

재빨리 산란을 하는 놈도 보인다

그런 다음, 알집이 된 열매의

잔가지를 스스스 톱질하고 있다

가지들이 힘없이 바닥으로 떨어진다

아주 가볍게 땅으로 뛰어 내린다

청설모 어치 다람쥐가 따먹지 못하도록

가지째 잘라 떨어뜨리는 것이다

생존을 위한 벌레들의 고된 노역

나무 밑은 떨어진 잔해로 어지럽다

8월의 신갈나무는,

제 팔이 잘려도 슬쩍 눈감아 준다

- 임동윤, 『함박나무 가지에 걸린 봄날』

굴참나무 *Quercus variabilis* Blume

두꺼운 코르크가 발달한 껍질

갈잎 큰 키 굴참나무는 이름에서 껍질을 강조하고 있다. 이 나무는 껍질에 골이 날 만큼 두꺼운 코르크가 발달했다. 코르크는 비대 생장하는 식물의 줄기 · 가지 · 뿌리의 가장 바깥쪽에 있는 보호 조직을 말한다. 영어 이름 '코르크 오크Cork Oak'도 바로 이 나무의 껍질을 강조한 것이다. 굴참나무의 굴은 경기도 지방에서 '골'을 '굴'이라 한 데서 유래했다. 이 나무의 한자 이름 중 전피역栓皮櫟과 조피청풍粗皮靑風도 껍질을 강조하고 있다. 전치역은 이 나무의 껍질이 병마개로 사용되는 상수리나무라는 뜻이고, 조피청풍은 껍질이 거친 잎 푸른 나무라는 의미다. 블루메가 붙인 학명 중 종소명 바리아빌리스variabilis는 '각종의' '변하기 쉬운' 등의 뜻을 갖고 있다.

두꺼운 코르크가 발달한 굴참나무 껍질은 예부터 비가 새지 않고 보온성이 좋아 지붕의 재료로 사용되었다. 이러한 예는 다음과 같은 이야기에도 전한다. "고려 충숙왕 16년(1329) 정월, 왕은 지난해 8월부터 황해도 평주의 천신산 아래 가옥을 짓고 사냥을 즐기고 있었다. 한겨울 지붕에서 물이 새어 부리는 사람들에게 "지붕을 덮는 데 어떤 것이 좋으냐"라고 묻자, 사람들이 "박목樸木 껍질이 가장 좋습니다"라고 했다. 여기서 말하는 박목이 바로 굴참나무다. 깊은 산골에서 종종 확인할 수 있는 너와집 중에는 굴참나무 껍질로 만든 것이 많다. 그러나 너와집은 200년 이상 먹은 춘양목(소나무)으로 만든 것을 말한다. 굴참나무 껍질로 만든 너와집은 '굴피집'이라 부른다. 그러나 굴피집을 굴피나무로 만든 집으로 오해하는 사람도 있다. 굴피나무는 가래나뭇과의 갈잎 중간 키 나무다. 그 열매는 상수리나무처럼 2년 만에 익고, 떡갈나무나 상수리나무 열매와 마찬가지로 털로 감싸져 있는 게 특징이다.

국내에는 굴참나무 중 천연기념물로 지정된 것이 세 그루 있다. 그중 하나는 경상북도 안동시 임동면의 굴참나무(천연기념물 제288호)이다. 이 나무는 오백 년쯤 됐을 만큼 오래 살고 있지만, 개울 언덕 축대 옆에 있기 때문에 접근이 쉽지 않다. 마을에서

굴참나무 껍질로 만든 굴피집은 고려시대 이전부터 지어진 것으로, 특히 태백산맥이나 소백산맥을 비롯해 산간지방 화전민들의 가옥에 널리 사용되었다.

경북 안동시 임동면 굴참나무, 천연기념물 제288호.

는 농사일을 마친 7월 중 좋은 날을 택해 논길을 보수하고 풀을 벤 후 나무 아래 모여 제사를 올리고 음식을 나누어 먹었다. 또한 봄에 이 나무에 소쩍새가 와서 울면 풍년이 든다고 믿었다. 경상북도 울진의 굴참나무(천연기념물 제96호)는 300년 동안 살고 있으며, 성류굴 입구의 오른쪽 언덕에 자리 잡고 있다. 특히 이 나무는 의상대사가 심었다는 이야기가 전해진다. 나무 옆으로 흐르는 강은 왕피천王避川으로, 이는 옛날 싸움터에서 다급해진 왕이 이 나무 밑에 숨었기 때문에 붙여진 이름이다. 서울 신림동의 굴참나무(천연기념물 제271호)는 1000여 년 전 강감찬 장군(947~1031)이 이곳을 지나다가 지팡이를 꽂아놓은 것이 자라서 현재와 같이 커다란 나무가 되었다는 전설이 전한다.

: 참나뭇과

핀오크 *Quercus palustris* Muench

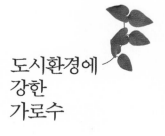

도시환경에
강한
가로수

핀오크는 우리나라에서 흔히 볼 수 없는 갈잎 큰 키 나무로, 주로 미국 동부와 중부의 저지대나 축축한 고지대에서 자란다. 최근에는 우리나라에서도 이 나무를 정원수나 가로수로 심고 있다. 수형과 잎이 아름다울 뿐 아니라 도시환경에 강하고, 옮겨 심어도 잘 사는 나무이기 때문이다. 대구 국채보상공원 주위의 가로수가 바로 이 나무다.

핀오크라는 이름은 죽은 가지가 잘 떨어지지 않고 오랫동안 남아 마치 핀처럼 붙어 있기 때문에 생긴 이름이다. 혹은 잔가지가 나무 둥치에 붙어 핀처럼 튀어나와 있는 모양새 때문이라는 설도 있다. 한국에 들어와 잎 모양 때문에 바늘잎참나무, 핀참나무라 불리기도 하고 키가 크기 때문에 대왕참나무라고도 부른다. 사람들이 나무의 어떤 부분을 주목하는가에 따라 그 이름이 제각각인 것이다. 아직 국가표준식물목록에 우리말 이름이 올라 있지 않은데, 어떤 이름으로 낙착이 될지 궁금하다. 잎의 생김새가 워낙 참나뭇과 나무들과 구분되기 때문에 전혀 다른 수종으로 알고 있는 사

아메리카 대륙에서 많이 자라는 핀오크의 도토리는 미국 원주민들에게 식량을 제공해왔다. 단, 너무 떫기 때문에 타닌을 침출시켜 걸러내야 한다.

람이 많지만 가을에 도토리가 열리는 것을 보면 영락없는 참나뭇과 나무다. 도토리의 모양이 세로로 길쭉하기보다는 가로로 넓고 끝에 뾰족한 부분이 마치 팽이처럼 생겨서 당장 줄을 감아 돌리고 싶을 정도다. 이 나무는 잎도 겨울 내내 달고 있다.

핀오크와 관련된 재미있는 이야기가 있다. 1936년 손기정 옹이 베를린 올림픽 마라톤에서 금메달을 따고 머리에 쓴 월계관이 바로 핀오크로 만든 것이다. 서울 손기정기념공원 옛 양정중학교 터에는 손기정이 히틀러에게 선물로 받아 묘목으로 국내에 들여온 핀오크가 잘 자라고 있다. 사람들은 이 나무를 월계관수라고 부른다. 원래 월계관은 그리스의 파티아 제전에서 아폴로 신에게 제전을 올릴 때 사용한 것이 시초이고, 그때 바로 잎이 달린 월계수나무 가지를 썼다. 한편 독일에서는 핀오크를 벤츠 카 트리BENZ Car Tree라고 부를 정도로 높이 친다. 이 나무를 한 그루 베어서 팔면 고급 승용차 한 대 값이 되기 때문이다. 독일에서는 노거수림을 민족의 자산으로 생각하고 핀오크의 경우 심은 지 230년이 지난 경우에만 벌채를 허가하고 있다고 한다. 그러니 목재가 단단해서 품질이 우수하고 또 쉽게 구할 수 없기 때문에 벤츠 한 대 값인 셈이다.

밤나무 *Castanea crenata* Siebold *et* Zuccarini

밤알
자체가
씨앗이랍니다

　　　　　　갈잎 큰 키 밤나무에는 독특한 부분이 있다. 그것
은 바로 강한 가시를 아주 많이 품고 있는 열매인 밤송이다. 다른 나무들
과 달리 밤송이만 홀로 가시를 갖고 있는 것은 나름대로 이유가 있다. 그
것은 밤알 자체가 씨앗이기 때문이다. 반면 다른 열매들은 열매 안에 생명
체를 만들어내는 씨앗이 들어 있다. 즉 밤송이를 제외한 열매들엔 씨앗을
보호하는 육질이 있지만 밤송이는 그것이 없는 셈이라, 후손인 씨앗을 보
존하고자 무시무시한 가시를 내세우는 것이다. 지볼트와 주카리니가 붙인
학명도 밤송이를 강조하고 있다. 속명인 카스타네아 Castanea는 '밤'을 의미
하는 그리스어 '카스타나 castana'에서 유래했다. 종소명인 크레나타 crenata는
'톱니가 있는'을 뜻하며, 이는 잎을 강조한 것이다.

　한자는 율栗로, 나무 위에 밤송이가 달린 모습을 나타냈다. 밤을 의미하
는 이 한자는 갑골문에 등장한다. 밤송이는 한자로 율방栗房, 그 가시는 한
자로 율자栗刺다. 밤송이의 색깔은 다갈색이다. 『송남잡지』에서는 율栗과

관련해 특이한 이론을 주장한다. "우리나라에 전해오기를 한강
상류지역은 밤이 자라기 적당한데, 서쪽이 트여 있기 때문
에 율栗자가 서西와 목木으로 이뤄졌다"는 말이다. 우리나라
에서는 다갈색을 흔히 밤색이라 부른다. 『춘추공양전春秋公羊傳』과 『논어』에
따르면, 중국 주나라에서는 밤나무로 신주神主를 만들었다. 이를 율주栗主
라 하는데, 밤나무가 지닌 가시가 나타내는 상징성이 있었다. 즉, 신은 언
제나 삼가야 하고, 조심스럽게 공경해야 하는 대상이기 때문에 밤나무를
사용했던 것이다. 『춘추좌씨전春秋左氏傳』에 따르면 중국에서는 밤나무를 가
로수로 삼기도 했다. 그래서 행율行栗이라 불렸는데, 갑골문에 등장하는
'행行'은 잘 정리된 거리를 뜻한다.

  우리나라 사람들은 밤을 아주 특별하게 여겨 제사 때 반드시 상에 올린
다. 그런데 왜 하필 밤을 제사에 사용할까? 대부분의 식물은 종자에서 싹
을 틔워내면서 종자의 껍질을 밀고 올라오지만, 밤나무는 반대로 종자의
껍질이, 뿌리가 내려가고 줄기가 올라오는 경계 부근에 아주 오랫동안 달
려 있다. 이러한 특징 때문에 밤나무는 자신의 근본, 즉 선조를 잊지 않는
존재로 여겨졌다. 또 밤
은 대추와 더불어 자식
과 부귀를 상징한다. 혼
례에 밤이 빠지지 않는
것은 이 때문이다. 또한
『본초강목』에서는 "다리
가 약한 사람은 밤을 몇
되 먹으면 일어나 걸어
다닐 수 있다"고 했고,

옛날에 죽은 사람의 영혼을 모셨던 신주는 위패, 목주라고도 하는
데 주로 밤나무로 만들었고, 이것은 4대손이 모두 죽을 때까지 사
당에 모시다가 산소에 묻었다.

나무
사전
: 참나뭇과 | 밤나무

소동파의 동생 소철蘇轍의 「복률服栗」이란 시에 "늙어갈수록 허리와 다리에 병이 절로 더해지는데, 산에 사는 늙은이 밤을 먹는 것은 오래된 비법이네"라는 구절이 나오는 걸로 보아 밤이 노인에게 좋기 때문에 제사에 쓰였을 수도 있다.

꿀을 제공하는 밤나무의 꽃은 진한 향기로 유명하다. 밤꽃은 암수가 따로 있다. 육안으로 쉽게 볼 수 있는 게 수꽃이며, 암꽃은 수꽃의 꽃차례 바로 밑에 세 개씩 달리지만, 관찰하지 않으면 보기 어렵다. 밤나무는 부모인 참나무를 닮아 목재 가치도 아주 높다. 서양에서는 포도주 통을 만드는 데 주로 쓰이는데, 영국의 유명한 웨스트민스터 사원의 건축 재료이기도 했다.

밤나무와 관련한 얘기 중 『동국여지승람』을 보면 "익산益山에 한 해에 세 번 열리는 밤나무가 있는데, 밤의 특이한 종자이다"라고 한 기록이 있다. 지금도 익산에서는 밤이 많이 난다. 이와 얽힌 이야기로는 원효의 탄

생이 가장 유명하다. 원효가 바로 밤나무 밑에서 태어났기 때문이다. 이 이야기는『삼국유사』에 나온다. 원효는 현재 경산시 압량 밤골 사라수(沙羅樹)에서 태어났는데, 이곳에 얽힌 이야기는 다음과 같다.

스님의 집은 원래 이 골짜기의 서남쪽에 있었다. 어머니가 만삭의 몸으로 골짜기에 있는 밤나무 밑을 지나가다가 갑자기 산통을 느꼈으나 집으로 돌아갈 수가 없었다. 이에 남편이 옷을 나무에 걸고 그 아래에서

원효 스님과 떼려야 뗄 수 없는 관계에 있는 것이 바로 밤나무다. 그 아래에서 태어났고 절의 이름 역시 밤골 사라수의 명을 따서 지었던 것이다.

출산하였기에 이 나무를 사라수라 했다.

예로부터 이런 이야기가 전한다. 절의 주지가 노비들에게 하루저녁 끼니로 밤 두 알씩을 주었다. 이에 노비가 적다고 관청에 고소하니 관리가 괴상히 여기고 그 밤을 가져다가 조사를 해보니 밤 한 알이 발우에 가득 차므로 도리어 한 알씩만 주라고 판결했다. 이 때문에 밤골이라 했다. 원효 스님이 출가한 뒤에는 집을 희사하여 절로 삼고 초개사(初開寺)라 했으며, 사라나무 아래에도 절을 짓고 사라사(沙羅寺)라 불렀다.

중국은 은나라 때부터 관리들이 밤나무 숲을 가꿨기에 일찍부터 밤 종류가 많았다. 진나라 이전부터 왕밤(板栗)이 발달했고, 전국시대에는 왕

밤을 과수로 재배했다. 왕조마다 왕밤을 중시한 나머지 여기에는 일찍부터 세금이 부과됐다. 왕밤을 조공품으로 바친 사례는 『사기』에 나오는데, 송나라 때도 그러했으며 1949년 중화인민공화국이 들어선 이후에도 계속되었다.

밤나무 중에는 너도밤나무가 있는데, 우리나라의 경우 울릉도에서만 자란다. 밤나무와 비슷하지만 열매가 작은 게 특징이다. 사는 곳만 봐도 알 수 있듯이 이 나무는 소금기에서도 잘 자란다. 너도밤나무가 울릉도 주민을 구한 전설도 전해지는데, 즉 이곳의 주요한 구황식품이었기 때문에 생긴 이야기다. 현재 울릉도 서면 태하재의 너도밤나무 군락은 천연기념물 제50호다. 『산해경山海經』에 "형산荊山의 동남쪽 200리를 전산前山이라고 하는데, 너도밤나무가 많다. 열매는 도토리와 비슷한데 먹을 수 있다. 겨울과 여름에 자라며 집의 기둥을 만들 수 있는데 잘 썩지 않는다"는 기록이 나오는데 한자 저櫧로 보아 너도밤나뭇과에 속하는 종가시나무를 말하는 듯하다. 너도밤나무와 이름이 비슷한 나도밤나무는 참나뭇과가 아니라 나도밤나뭇과에 속하며, 열매는 콩알만 하다.

사숙재私淑齋 강희맹姜希孟, 다산 정약용, 중국 당나라 시인 장문창張文昌은 밤과 관련된 시를 남겼다.

「남원도호부南原都護府」

한 줄기 가을빛이 나무 끝에 비추니一抹秋光到樹頭
맑은 황색 옅은 녹색 암암리에 떠오르네淡黃輕綠暗相浮

밤송이에 바람 불어 알밤이 터지고風吹金蝟迸蚵卵

아이들은 짝지어 좋은 놀이 하는구나閒伴兒童作勝遊

- 『신증동국여지승람』

「밤栗」

도연명 아들보다 사뭇 낫구나頗陶淵明子

애비에게 밤 보낼 줄 아는 것 보니能將栗寄翁

한 자루 조그마한 이 밤알들이一囊分瑣細

천 리 밖 궁한 나를 위로해주네千里慰飢窮

내 생각 잊지 않은 그 마음 어여쁘고眷係憐心曲

정성껏 봉합한 그 솜씨 생각나네封緘憶手功

맛보려 생각하니 도리어 맘에 걸려欲嘗還不樂

서글피 먼 하늘만 바라보노라惆悵視長空

- 『다산시선』

청화백자밤문접시, 19세기 후반, 입지름 14cm,
일본 오사카 시립동양도자미술관 소장.

나무
사전 : 참나뭇과 | 밤나무

「산금山禽」

산새 털이 백련대와 같은 것인데山禽毛如白練帶

나의 뜰 앞 밤나무 가지에 깃들었네棲我庭前栗樹枝

원숭이가 한밤중에 밤을 따가니獼半夜來取猴栗

한 쌍이 숲속에서 달을 향해 날아갔네一雙中林向月飛

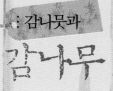

: 감나뭇과

감나무 *Diospyros kaki* Thunberg

옛사람들이
과분할 정도로
칭찬한
나무

　　　　　한국인에게 감나무만큼 친숙한 나무도 드물 것이
다. 남쪽 어느 마을을 가더라도 감나무를 만날 수 있다. 특히 윗세대는 열
매인 홍시紅柿에 대한 추억을 한두 개쯤 품고 있다. 전래동화의 호랑이가
무서워한 곶감 이야기만으로도 감나무 열매가 얼마나 맛있는지 짐작할
수 있다. 툰베르크가 붙인 학명도 열매의 특성을 강조하고 있다. 속명인
디오스피로스*Diospyros*는 신을 의미하는 '디오스*dios*'와 '곡물'을 뜻하는
'피로스*pyros*'의 합성어다. 이는 신의 식물이란 의미로 그만큼 맛이 좋다
는 뜻이다. 갈잎 큰 키 감나무의 종소명인 카키*kaki*는 일본말이다. 우리가
흔히 감색, 즉 시색柿色을 의미할 때 카키ガॖ는 바로 감나무 잎 혹은 그 잎
으로 물들인 색이다. 그래서인지 영어권에서는 감나무를 일본 감나무
Japanese persimmon로 표기하고 있다. 국어어휘 어원을 해석한 책인 『동언고
략』에 따르면 감나무의 감은 달 감甘이다. 이는 열매인 홍시가 달기 때문
에 붙인 것이다.

이 나무의 한자는 시柿, 柿, 柿다. 그래서 감나무를 시수柿樹라 한다. 감나무 열매를 말린 것은 곶감이다. 곶감의 '곶'은 감 열매를 곶이처럼 묶었다는 뜻이다. 곶감은 경상북도 상주의 특산물을 뜻하는 삼백三白(쌀, 누에, 곶감)에서 알 수 있듯이 말리면 흰 분이 나온다. 이것을 눈에 비유하여 시설柿雪이라 부른다. 혹 떡에 비유하여 시병柿餠이라고도 한다.

옛사람들은 감나무에 대해 과분할 정도로 칭찬했다. 당나라의 『유양잡조』에는 감나무 대한 일곱 가지 장점, 즉 칠절七絶을 언급했다. 첫째 오래 살고, 둘째 좋은 그늘을 만들고, 셋째 새가 집을 짓지 않고, 넷째 벌레가 없으며, 다섯째 단풍이 아름답고, 여섯째 열매가 먹음직스럽고, 일곱째 잎이 크다.

감나무는 열매만큼 잎도 중요하다. 갈잎 큰 키 감나무 잎에 물이 들면 아주 곱고 아름답다. 잎은 크면서도 아주 넓다. 그래서 당나라 시대의 정

건鄭虔은 자은사慈恩寺에서 감잎에 글씨 쓰는 것을 연습했는데, 이를 시엽임서枾葉臨書라 한다. 이렇게 장점이 많은 감나무는 세계에 200여 종이 있지만, 한국에는 고욤나무와 더불어 두 종만 살고 있다. 경상북도 상주에는 곶감으로 유명한 사백 살 넘은 감나무가 살고 있다. 경상남도 의령군 백곡에는 유일의 천연기념물(제492호) 감나무가 생존해 있다.

감나무 손잡이가 달린 주미.

효도와 관련 있는 홍시에 얽힌 이야기도 전한다. 유천우兪千遇(1209~1276)의 아우가 권신權臣 김인준金仁俊(?~1268)을 제거할 계획으로 형에게 이를 상의했다. 그러나 형은 응하지 않았다. 그러자 유천우의 아우는 혼자 일을 시도하다가 실패했다. 김인준이 유천우에게 아우가 자신을 죽이려 한 사실을 알고 있었는지를 물었다. 이에 유천우는 알고

주세붕 초상, 조선후기, 134×62.5cm, 소수서원 소장. 주세붕은 아버지가 홍시를 즐겨 먹는 까닭에 평생 손도 대지 않았다고 한다.

있었지만 노모의 마음을 상하게 할까 공모하지 않았다고 대답했다. 김인준은 "전에 손님들에게 홍시를 대접하자 앉아 있던 사람들이 맛있다고 했지만, 공만 그것을 먹지 않고 어머니에게 갖다 드린다고 했다. 나는 그것을 보고 유천우가 어머니를 사랑한다는 것을 알았다"라고 말했다. 정부에서는 김인준의 말을 믿고 유천우를 벌하지 않았다는 내용이다.

주세붕周世鵬(1495~1554)의 「행장行狀」에 따르면, 그는 아버지가 홍시를 좋아한 까닭에 죽을 때까지 차마 홍시를 먹지 못했다고 한다. 조선시대 이현손李賢孫은 홍시를 시로 표현했다.

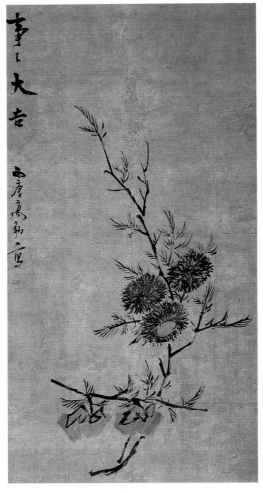

시율도柿栗圖, 고상, 중국 청대.

시냇가의 새가 비를 두르니 온 몸이 젖고溪禽帶雨全身濕

산감나무 서리 맞아 반쪽 뺨이 붉다山柹經霜半臉紅

『송남잡지』에는 "만약에 옻나무로 접을 붙이면 열매 하나가 달리는데 독이 있어서 사람을 죽일 수 있다"는 구절이 나온다. 사실인지는 알 수 없지만 조선시대에 감이나 떡을 사용한 독살 사건이 많았던 것으로 볼 때 가능성을 배제할 수 없다.

고욤나무 *Diospyros lotus* Linnaeus

고욤
일흔이
감 하나만
못하다

　　　　　갈잎 큰 키 고욤나무는 감나무와 닮았지만, 그보다
는 열매가 작은 게 특징이다. 리나이우스가 붙인 학명을 보면 속명은 감나
무와 같고, 종소명 로투스*lotus*는 그리스 말이지만 뜻을 정확히 알 수 없다.
단지 로투스가 연꽃을 의미할 때도 있으니 고욤나무의 꽃을 강조한 것인
지도 모른다. 우리말 고욤은 이 나무의 한자인 소시小柿, 즉 작은 감나무와
관련 있는 듯하다. 우리 속담에 "고욤 일흔이 감 하나만 못하다"의 뜻은
'자질구레한 것이 아무리 많아도 큰 것 하나만 못함'을 이른다. 이런 속담
에서 볼 때 고욤은 작다는 것을 의미한다. 『송남잡지』에서 고욤나무를 설
명하는 대목에 '고오음高梧音'이 보이는데 이는 고욤의 이두식 표기이므로
오동나무와는 상관없다.

　이 나무도 감나무처럼 열매를 강조하고 있다. 중국에서는 고욤의 열매
를 대추에 비유했고 검은 대추를 의미하는 흑조黑棗로도 불린다. 이는 이
나무의 열매가 익으면 검게 변하는 것이 마치 검은 대추처럼 생겨서 붙인

것이다. 『본초강목』에는 흑조 외에 다양한 이름을 표기하고 있다. 연조軟棗
라고도 부르는데 이는 열매가 대추를 닮았지만 부드럽기 때문에 붙인 이
름이다. 그 외에도 한자로 우내시牛奶柿, 정향시丁香柿, 홍람조紅藍棗 등이 있
다. 송대의 사마광司馬光은 우내시를 원苑이라 불렀다. 어쨌든 『본초강목』에
서 고욤나무를 공식적으로 사용한 이름은 군천자梡遷子다. 군천자의 자
는 고욤나무 열매를 뜻하지만, 군천은 그 의미를 알 수 없다. 단지
이 말은 중국 서진西晉의 문학가인 좌사左思(250?~305?)의 「오도부吳
都賦」에서 유래했다는 것만 알 수 있다. 그러나 정작 당송시대
의 학자들은 고욤나무에 대해 잘 몰랐다.

　이익의 『성호사설』에는 고욤을 농리醲梨
라 부르고 있다. 고욤 열매의 모양
이나 빛깔이 농익은 배와
비슷하기 때
문인 듯하

다. 이익은 황해도 지방의 곡산_{谷山}이 농리로 유명하다고 말했다. 『맹자』에는 공자의 제자인 증점_{曾點}이 고욤 열매를 좋아했으며 "열매는 작고 둥글며, 검붉은색"이라고 나와 있다. 옛사람들은 고욤과 대추를 쪄 함께 찧어 먹으며 식량을 대신하기도 했다.

물푸레나무 *Fraxinus rhynchophylla* Hance

물을
푸르게
하는
나무

      갈잎 큰 키 물푸레나무는 '물을 푸르게 하는 나무' 라는 뜻이다. 왜 이런 이름이 생겼을까 하고 어린 가지를 꺾어 껍질을 벗긴 후 그걸 맑은 물에 담그고 한참 기다리면 궁금증이 풀린다. 거기서 파란 물을 볼 수 있기 때문이다. 한자 역시 수청목水靑木 혹은 수정목水精木이다. 또다른 한자로는 규槻가 있는데, 이것은 둥근느티나무를 의미하기도 한다. 영국의 식물학자 핸스Hance(1827~1886)가 붙인 학명 중 속명인 프락시누스Fraxinus는 서양물푸레나무의 라틴 고명이며, '분리'라는 뜻의 '프라시스phraxis'에서 유래했다는 설이 있지만 불확실하다. 한편 라틴어로 프락시누스는 '물푸레나무로 만든 창槍'을 의미한다. 이 같은 뜻은 물푸레나무의 또다른 한자인 목창목木倉木, 즉 '나무창고 나무'와 일맥상통한다. 물푸레나무와 나무창고의 관계는 이 나무의 재질이 창고를 만드는 데 적합했음을 뜻한다. 이 나무가 야구방망이를 비롯한 운동기구를 만드는 데 주 재료인 것만 봐도 그 재질이 탄력과 내구성을 갖추었음을 알 수 있다.

이와 관련하여 고려 때의 '수청목공사水靑木公事' 이야기가 전해 내려온다. 이른바 '물푸레나무 공문 사건'으로, 즉 물푸레나무로 만든 몽둥이를 관아의 공문에 빗대어 이르는 말이다. 이는 고려 우왕禑王 때의 권신權臣 임견미林堅味, 이인임李仁任, 염흥방廉興邦 등이 물푸레나무로 만든 몽둥이로 백성들을 위협하여 재물을 마구 빼앗은 사건으로부터 유래했다. 물푸레나무는 죄인을 다루는 몽둥이로 많이 만들어졌다. 당나라 때의 후사지侯思止가 죄수를 처벌하는 큰 몽둥이를 '맹청孟靑'이라 부르고, 송나라 위번魏翻이 큰 칼을 미미청彌尾靑이라고 한 것에는 모두 물푸레나무 청靑이 들어 있다.

마주 나는 물푸레나무의 잎은 하나의 잎자루에 대여섯 개씩 달려 있다. 꽃은 새로 난 가지 끝에서 원뿔 모양의 꽃대에 하얗게 핀다. 열매에는 마치 납작한 주걱처럼 날개가 붙어 있는데, 두 개 맞붙은 단풍나무와는 달리 한 개씩 무더기로 달렸다. 이 나무는 우리나라 계곡 어디서든 만날 수 있다. 경기도 파주시 적성면 무건리에 있는 물푸레나무(천연기념물 제286호)는 높이가 14미터에 달해 키가 가장 크다. 북유럽 신화에는 물푸레나무가 세계수世界樹로 등장한다.

　그 뿌리는 세 갈래로 갈라져 하계인 니플헤임, 거인족들이 사는 외튠헤임, 신들이 사는 아스가르드로 각기 뻗어 있다. 이그드라실 밑에는 세 개의 샘이 있다. 첫째 샘은 우르다르부룬느르(운명의 샘)이며, 노르누(운명의 여신)들이 그 샘에서 물을 퍼 이그드라실에 뿌려준다. 둘째 샘은 흐베르겔미르(울부짖는 솥)이며, 그 안에는 뿌리를 갉아먹는 괴물인 니드호그가 살고 있다. 셋째 샘은 미미스부룬느르미(미르의 샘)이며, 지혜의 원천이다. 그 지혜를 얻기 위해 오딘은 한쪽 눈을 빼서 바쳤다고 한다. 라그나뢰크(최후의 날) 후에 이 나무는 심하게 흔들리기는 해도 새 생명의 근원이 된다.

목함,
19세기 말~20세기 초,
물푸레나무, 28.8×16×15.4cm,
서울역사박물관 소장.

　시인들도 물푸레나무에 적잖은 관심을 보인다. 김태정은 다음과 같은 시를 남겼다.

「물푸레나무」

물푸레나무는
물에 담근 가지가
그 물, 파르스름하게 물든다고 해서
물푸레나무라지요

가지가 물을 파르스름하게 물들이는 건지

물이 가지를 파르스름하게 물올리는 건지

그건 잘 모르겠지만

물푸레나무를 생각하는 저녁 어스름

어쩌면 물푸레나무는 저 푸른 어스름을

닮았을지 몰라 나이 마흔이 다 되도록

부끄럽게도 아직 한 번도 본 적 없는

물푸레나무, 그 파르스름한 빛은 어디서 오는 건지

물 속에서 물이 오른 물푸레나무

그 파르스름한 빛깔이 보고 싶습니다

물푸레나무빛이 스며든 물

그 파르스름한 빛깔이 보고 싶습니다

그것은 어쩌면

이 세상에서 내가 가장 사랑하는 빛깔일 것만 같고

또 어쩌면

이 세상에서 내가 갖지 못한 빛깔일 것만 같아

어쩌면 나에겐

아주 슬픈 빛깔일지도 모르겠지만

가지가 물을 파르스름 물들이며 잔잔히

물이 가지를 파르스름 물올리며 찬찬히

가난한 연인들이

서로에게 밥을 덜어주듯 다정히

체하지 않게 등도 다독거려주면서

물푸레나무로 만든 조롱박.

나무
사전 : 물푸레나뭇과 | 물푸레나무

묵언정진하듯 물빛에 스며든 물푸레나무

그들의 사랑이 부럽습니다

　　　　　　　- 『물푸레나무를 생각하는 저녁』

　물푸레나무의 학명에는 원산지 표기가 없지만 영어 표기는 이 나무가
한국 원산임을 알려준다. 즉, '코리언 애쉬Korean Ash'로 한국 물푸레나무라
는 뜻이다. 우리나라 산에는 갈잎 작은 키 쇠물푸레나무도 있다. '쇠'는
'잎이 작다'를 뜻하는 접두어다.

: 물푸레나뭇과

들메나무 *Fraxinus mandshurica* Ruprecht

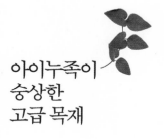

아이누족이
숭상한
고급 목재

        갈잎 큰 키 들메나무는 물푸레나무와 아주 흡사하다. 들메는 경기도 방언으로 알려져 있고, 떡물푸레나무로도 불린다. 암수가 따로 있는 들메나무 역시 그 속명에서 알 수 있듯이 물푸레나무처럼 재질이 우수하다. 그런 까닭에 예부터 이 나무로 각종 농기구를 만들었다. 들메나무도 물푸레나무처럼 유럽에서 숭상했으며, 성서에도 등장한다. 특히 일본 홋카이도 원주민인 아이누족이 들메나무를 숭상했다.

    "옛날 하늘나라에 살고 있던 큰 부엉이가 신의 분부로 숲 가운데 높은 떡느릅나무 위에 앉아서 인간세계를 내려다보며 악령이 인간에게 접근하는가를 지켜보고 있었다. 그런데 인간의 수가 늘어나서 낮은 떡느릅나무 위에서는 인간들을 모조리 내려다볼 수가 없어 더 높은 나무를 찾았다. 이 나무가 바로 들메나무였다. 그래서 들메나무에 앉아 있는 부엉이는 아이누족을 수호하고 있는 고마운 존재이다."

러시아의 식물학자 루프레히트Ruprecht(1814~1870)가 붙인 학명 중 종소명인 만드수리카mandshurica는 이 나무의 원산지가 만주임을 알려준다. 한자 이름도 동북백랍수東北白蠟樹다.

깊은 산속에서 잘 자라는 들메나무는 산중턱 이하의 토양이 깊고 습기 있는 곳에 조림하기에 적당한 나무이다. 건축재·기구재·선박재·조림수 등으로 이용한다. 아래는 들메나무에 붙어산다는 들메나무우단하늘소이다.

：물푸레나뭇과

이팝나무 *Chionanthus retusa* Lindley *et* Paxton

이씨 성을 가진 사람만 쌀밥 먹는다

갈잎 큰 키 이팝나무는 팝콘을 연상시킨다. 나무 이름의 '팝'은 꽃이 팝콘처럼 피었을 때 붙이는 것이다. 이팝나무의 '이팝'에 대해서는 두 가지 설이 있다. 하나는 이 꽃이 여름이 시작되는 입하立夏쯤 피기 때문에 생긴 이름이라는 것이다. 다른 하나는 백성들이 이 나무의 꽃을 보고서 조선 왕조를 세운 이성계의 이씨 성을 가진 사람만 쌀밥을 먹는다고 생각했기 때문에 붙여진 이름이라는 설이다. 전자는 이 나무의 꽃이 피는 계절을 드러내는 이야기이고, 후자는 이 나무의 꽃이 지닌 특징을 드러낸다.

영국의 식물학자 린들리와 팩스턴Paxton(1801~1865)이 함께 붙인 학명도 꽃을 강조하고 있다. 키오난투스Chionanthus는 '흰 눈'을 뜻하는 '키온chion'과 '꽃'을 뜻하는 '안토스anthos'의 합성어다. 흰 눈꽃을 의미하는 학명 역시 이팝나무의 만발한 꽃을 상징한다. 영어권에서는 이팝나무를 '프린지 트리Fringe tree', 즉 '하얀 솔'이라 부른다. 이 역시 이팝의 꽃을 강조한

것이지만, 꽃을 솔에 비유
한 게 우리와 다르다. 종소
명인 레투사*retusa*는 '조금
오목한 상태'를 의미하는
데, 무엇을 설명한 것인지
정확하진 않다. 이 나무의
한자 이름은 류소수流蘇樹와

육도수六道樹 등이다. 류소수는 꽃을 강조한 이름이고, 육도수는 용도를
강조했다. 이팝나무는 풍치수로 많이 심는다. 일본에서는 이 나무를 차
엽수茶葉樹라 부르는데, 이는 이팝나무 잎으로 차를 만들어 먹기 때문이
다.

　이팝나무는 우리나라 사람들이 아주 좋아했기 때문인지 주 서식지인 남
부에 천연기념물이 많이 남아 있다. 부산 기장군 덕선리 내덕마을의 이팝
나무는 당목으로 예전부터 이 나무 아래에서 동제를 지냈다. 높이 24미터,
가슴높이 둘레 2.7미터로 수령은 700년 이상이다. 이 나무는 길흉을 점치
는 기상목으로도 많이 사용되었는데, 즉 신령스럽다고 여겨졌기 때문이
다. 아울러 이와 얽힌 이야기도 적지 않다. 그중 한 가지를 소개해본다.

　옛날 경상도 어느 마을에 열여덟 살에 시집온 착한 며느리가 살고 있었다.
그녀는 시부모님께 순종하고 쉴 틈 없이 집안일을 하며 살았지만 시어머니
는 늘 트집을 잡고 구박하며 시집살이를 시켰다. 동네 사람들은 이 집 며느
리를 동정하고 칭송했다. 그러던 어느 날, 집에 큰 제사가 있어 며느리는 조
상들께 드리는 쌀밥을 지었다. 항상 잡곡밥만 짓다가 쌀밥을 지으려니 혹
밥을 잘못 지어 시어머니께 꾸중 듣는 것이 두려웠던 며느리는 밥에 뜸이

잘 들었나 보기 위해 밥알 몇 개를 먹어보았다. 그런데 그때 마침 시어머니가 부엌에 들어갔다가 그 광경을 보고 제사에 쓸 밥을 며느리가 먼저 퍼 먹었다며 온갖 학대를 했다. 며느리는 더이상 견딜 수 없어 뒷산에 올라가 목을 매어 죽었다. 이듬해 며느리가 묻힌 무덤가에서 나무가 자라더니 흰 꽃을 나무 가득 피워냈다. 동네 사람들은 이 밥에 한이 맺힌 며느리가 죽어서 생긴 나무라 생각했으며, 이 나무를 이팝나무라 불렀다.

: 물푸레나뭇과

목서 *Osmanthus fragrans* Loureiro

나무
코뿔소

늘 푸른 작은 키 나무 목서는 아주 이해하기 어려운 나무 중 하나다. 그 까닭은 목서를 의미하는 이름이 많을뿐더러 이해하는 방식도 다르기 때문이다. 국어사전에는 목서를 물푸레나무로 풀이하고 있지만 실은 그렇지 않다. 또 목서에는 은목서와 금목서가 있지만, 일반적으로는 은목서를 목서라 한다. 이창복의 『대한식물도감』의 목서 항목을 보면 학명이 은목서로 되어 있지만 다른 식물도감에는 항목 자체가 없고, 또 은목서와 금목서를 분리해서 설명하고 있다. 그러나 최근 국가표준식물목록에서는 은목서와 구골목서를 합쳐 목서로 정리하고 있다. 북한에서는 금목서를 단계목丹桂木이라 부른다.

중국 원산으로 알려진 목서木犀의 한자는 나무 코뿔소를 뜻하지만, 청대에 나온 식물도감에는 목서木樨로 표기하고 있다. 중국의 경우 지역에 따라 목서의 이름을 달리 불렀다. 예컨대 절강에서 부르는 이름이 목서이고, 호남湖南에서는 구리향九里香, 강동江東에서는 엄계嚴桂라 불렀다. 구리향

은 이 나무의 꽃내음이 진해 9리까지 간다는 뜻이고, 엄계는 엄한 계수나무를 이른다. 이는 계수나무처럼 향기를 품고 있으면서도 잎이 코뿔소처럼 무섭기 때문에 붙여진 이름이다. '엄'은 엄나무(음나무)의 뜻과 비슷하다. 『본초강목』에서는 천축계天竺桂로 소개하고 있다. '천축'은 중국이 인도를 부를 때 사용한 이름이니만큼 천축계 역시 인도와 밀접한 관련이 있다. 인도의 스님들은 목서를 월계月桂라 불렀지만, 월계와 목서는 다른 나무다.

포르투갈의 식물학자 루레이로Loureiro(1715~1796)가 붙인 학명도 목서의 꽃을 강조하고 있다. 속명인 오스만투스Osmanthus는 '향기'를 뜻하는 '오스메osme'와 '꽃'을 뜻하는 '안토스anthos'의 합성어다. 또 종소명인 프라그란스fragrans 역시 '향기가 있다'는 뜻이다. 목서의 꽃은 희지만 금목서의 꽃은

등황색으로, 두 나무의 이름은 꽃의 색깔에 따라 붙인 것이다. 은목서와
금목서 모두 암수가 따로 있지만 우리나라에서 보는 것은 주로 수컷이다.
그런 까닭에 목서와 금목서의 열매를 보기가 좀처럼 쉽지 않다.

: 물푸레나뭇과
구골나무 *Osmanthus heterophyllus* P. S. Green

껍질이
개뼈를
닮은

늘 푸른 작은 키 구골枸骨은 껍질이 개뼈다귀를 닮아 붙인 이름이다. 『본초강목』에 따르면 다른 이름으로는 묘아자猫兒刺가 있다. 이는 잎이 고양이 발톱처럼 날카롭기 때문에 붙인 것이다. 나무 이름이 구枸인 것은 껍질이 희고, 개뼈와 닮아 개 구狗와 같은 음을 붙인 것이다. 이 나무는 두충과 닮은 것으로도 보는데, 아마 두 나무의 껍질이 닮아 그런 듯하다. 공교롭게도 약재로 쓰이는 구골나무는 갖가지 뼈 질환에 효력이 있는 양약으로 알려져 있다. 골절, 골다공증, 류머티즘 관절염, 요통 등에 좋다. 다만 피임 효과도 있어 구골나무를 달인 물을 마시면 체질에 따라 임신이 안 되는 경우가 있다.

영국의 식물학자인 그린Green(1920~?)이 붙인 학명은 속명에서 목서와 같은 뜻을 담았고, 종소명 헤테로필루스heterophyllus는 '잎이 다른 성질을 가진'이라는 뜻이다. 구골나무의 잎도 목서처럼 날카로운 이빨 모양의 톱니가 있다. 속명 오스만투스Osmanthus는 라틴어로 꽃에 '향기가 있다'는 뜻이

정원수로 심겨진 구골나무와 구골나무 꽃. 흰색의 작은 꽃은 향기가 거의 없으며 10~12월에 피고 잎이 마주 난다.

다. 구골나무는 예로부터 그윽한 꽃향기로 사랑을 받아왔다. 꽃이 거의 없는 초겨울에 아름다운 꽃을, 그것도 향기가 진한 꽃을 피운다는 것이 특징이다. 누구든 이 나무를 만나면 그 향기에 취해 나무를 끼고 한 바퀴 돌지 않을 수 없을 정도다. 열매는 광나무와 비교하면 크기와 색이 모두 닮았다. 서양에서는 이 나무가 귀신을 물리친다 해서 크리스마스 철에 트리 장식용으로 주로 사용했다.

구골나무는 국내에서 주로 정원수나 산울타리용으로 많이 심는다. 가지가 짧고 무성해서 전체적인 나무의 모양이 촘촘하며 잎은 짙은 녹색에 광택까지 있어 일 년 내내 푸른빛을 보여주는 사철 푸른 나무다. 호랑가시나무와 생김새가 비슷해서 혼동을 주기도 하는데 호랑가시나무는 꽃이 4~5월에 피고 열매가 붉은 반면, 구골나무는 11월경에 꽃이 피며 열매가 거무튀튀하다. 잎에 불규칙한 황백색 무늬가 있는 구갑구골나무도 있다.

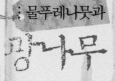 물푸레나뭇과

광나무 *Ligustrum japonicum* Thunberg

잎에서
윤기가
나는

늘 푸른 떨기나무인 광나무는 우리나라 남쪽지역에서 울타리용으로 많이 심고 있다. 광나무는 잎에서 윤기가 나서 붙인 이름이다. 한편 학명에는 이 나무의 특징을 알려주는 정보가 아주 적다. 툰베르크가 붙인 학명 중 속명인 리구스트룸 *Ligustrum*은 고대 이탈리아 북부에 있었던 '리구리아 *Liguria*'의 형용사다. 이처럼 지명을 넣은 것은 이 지역에서 재배한 식물 중 약용이 많았기 때문이다. 즉 학명은 약용을 강조해서 붙여진 것이다.

한자 이름은 여정女貞으로, 이 나무 열매가 여자의 정절을 지킨다는 데서 유래했다. 즉 이 나무 열매가 강장제나 정력제로 사용되었음을 알려준다. 이 때문에 여정나무 잎으로 차를 만들어 장복하면 흰머리가 검어진다는 이야기도 있고, 동지 무렵에 열매를 따서 술에 풀어 쪄서 남자가 먹으면 여자를 정숙하게 하는 효과가 있다는 설이 있다. 여정목을 줄여 '정목貞木'이라 부르고, '동청冬靑'이라고도 한다. 그런데 때론 겨우살이를 동청

이라 부르기도 하므로 유의해야 한다. 광나무의 또다른 한자로는 유檽가
있다.

　광나무와 관련된 문헌 기록은 많지 않다. 중국 제齊나라의 이름난 시인
사현휘謝玄暉는 "바람이 만년지를 움직이네風動萬年枝"라고 노래했다. 그 주
석에 "만년지는 동청冬靑이다. 일명 여정女貞이라고도 한다"라는 기록이 있
는 걸로 보아 사철나무나 겨우살이는 아닌 듯하다. 송대의 시인 장자張鎡는
"산반나무의 멋과 목서나무의 정신山礬風味木犀魂"이라는 말로 광나무의 특
징을 요약했다. 산반나무는 노린재나무를 중국에서 부른 이름이며 목서나
무와 함께 향기가 아주 뛰어나다. 송나라 당각唐珏의 시에서는 "해마다 두
견새가 동청나무에서 우네年年杜宇哭冬靑"라는 구절이 확인된다. 학명 중 종
소명인 야포니쿰japonicum은 이 나무가 일본 원산임을 알려준다. 이 때문에

나무
사전
: 물푸레나뭇과 | 광나무

광나무를 '일본여정日本女貞'이라 부를 때도 있다. 광나무와 아주 흡사한 것으로 제주광나무 *Ligustrum lucidum* Aiton가 있다. 당광나무는 중국을 의미하는 '당'에서 알 수 있듯이 중국광나무를 가리킨다.

쥐똥나무 *Ligustrum obtusifolium* Siebold *et* Zuccarini

익은
열매가
마치
쥐똥 같다

　　　　　　　　갈잎 떨기나무인 쥐똥나무는 광나무처럼 우리 주
위에서 생울타리로 많이 활용되고 있다. 나무 이름 '쥐똥' 은 쥐의 배설물
을 가리킨다. 이는 나무의 익은 열매가 마치 쥐똥처럼 생겨 붙인 이름이
다. 북한에서는 열매가 검은 콩을 닮았다 하여 '검정콩알나무' 라 부른다.
쥐똥나무의 열매는 광나무와 짝을 해서 '남정실男貞實' 이라 하는데, 둘은
많이 닮아 구별하기가 쉽지 않다. 광나무 열매는 쥐똥나무 열매와 짝을 이
뤄 여정실女貞實이라 부른다. 매서운 추위 속에서도 굴하지 않고 잎을 달고
있는 모습이 정절을 지키는 여자와 같기 때문이다. 쥐똥나무라는 이름은
열매를 강조한 것이지만 지볼트와 주카리니가 함께 붙인 학명은 잎도 강
조하고 있다. 속명인 리구스트룸 *Ligustrum*은 광나무의 속명과 같고, 종소명
인 오브투시폴리움 *obtusifolium*은 잎의 끝이 뭉뚝하다는 뜻이다.
　　중국에서는 예로부터 쥐똥나무를 수랍수水蠟樹라 불렀다. 수랍은 백랍白蠟
의 다른 말이다. 백랍은 백랍벌레의 집 또는 백랍벌레 수컷의 유충이 분비

한 물질을 가열, 용해하여 찬물로 식혀서 만든 물건을 이르는데 고약이나 초 따위의 원료로 쓰였다. 조선 고종 때의 의서인 『방약합편方藥合編』에는 타박상에 쓴다 하였으며, 『한약집성방』에는 불에 댄 곳이나 설사 등에 처방한다고 기록되어 있다. 쥐똥나무 가지에는 백랍벌레가 집을 잘 지었기 때문에 이 나무를 통해 백랍을 잘 채취할 수 있어서 생긴 이름이다. 이처

럼 나무의 이름은 인간의 쓰임새에 따라 만들어지기도 한다. 예전에는 쥐
똥나무를 밭의 경계를 정하기 위해 심었는데 그때 부르는 이름이 재미있
다. 바로 '자나무' 다. 내 밭이니까 넘어오지 말라는 뜻 아니겠는가. 그만
큼 쥐똥나무의 가지가 빽빽하게 나서 경계를 잘 이루고 가시 같은 것이 있
어 침입자를 막아주기 때문이다.

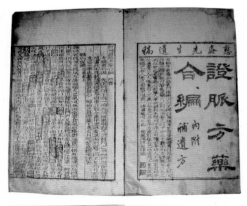

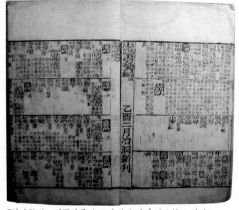

『방약합편』, 쥐똥나무의 쓰임새에 대해 언급하고 있다.

쥐똥나무에도 여러 종류가 있다. 그중에서 잎이 큰 왕쥐똥나무는 겨울에도 잎이 떨어지지 않는 반 정도 늘 푸른 나무다. 이외에 울릉도에서 자라는 섬쥐똥나무, 제주도와 진도에서 자라며 잎이 버들잎처럼 생긴 버들쥐똥나무, 속리산에서 자라는 상동쥐똥나무 등이 있다.

쥐똥나무는 주택이나 공공단지 근방에 생울타리로 심어놓는 워낙 흔한 나무이고, 게다가 키도 작고 꽃도 작아서 사람들의 관심을 받지 못한다. 꽃향기는 그윽하고 깊지만 멀리 퍼지지 못해서 사람들의 코를 자극하기는 쉽지 않다. 하지만 곤충들은 쥐똥나무의 꿀 냄새를 귀신같이 알아차리고 꽃을 차지하기 위해 서로 쟁탈전을 벌이곤 한다. 항상 우리 주변에서 있는 듯 없는 듯 있다가 한번씩 그 향기로 자신의 존재를 깨닫게 만드는 나무다.

쥐똥나무의 열매가 파랗게 맺히기 시작했다. 쥐똥나무의 가지에서는 파란 쥐똥이 자란다. 여름과 가을을 지나 겨울까지 살아 있을 쥐똥이 자란다.

물푸레나뭇과

개나리 *Forsythia koreana* Nakai

열매가
터지면
꼬리를
만드는

　　　봄을 상징하는 나무 가운데 하나가 갈잎 떨기 개나리다. "나리나리 개나리 / 입에 따다 물고요 / 병아리 떼 쫑쫑쫑 / 봄나들이 갑니다"라는 동요 「개나리」는 이 나무의 주요한 특징을 담고 있다. 즉 개나리의 꽃과 그 피는 시기와 병아리의 색깔을 절묘하게 엮은 노래다. 봄을 알리는 나무는 개나리처럼 대개 잎보다 꽃이 먼저 핀다.

　'개'는 물가를 의미하는 개 '포浦'와 개 '견犬'을 의미하는 접두어다. 대개는 물가를 의미하는 개 포를 이르지만, 근현대에 만들어진 합성어 중에는 개 견에 어원을 둔 경우도 적지 않다. 식물 이름에 붙는 접두어 '개'는 대개 '가짜'라는 뜻이다. 그런데 개나리도 '참나리'가 아니라는 뜻인지는 명확하지 않다. 『우리말어원사전』에는 개나리를 '들에 나는 나리의 총칭'으로 풀이하고 있으며, 나리는 백합百合을 뜻한다. 다만 말나리, 하늘나리, 솔나리, 땅나리, 중나리 등 이들 식물의 특징이 붉은빛을 띤 황색이며, 꽃받침이 뒤로 동그랗게 말려 있는 게 개나리와 닮았다.

이 나무의 한자로는 연교連翹가 있다. 이는 열매를 강조한 이름이다. 교翹
는 '꼬리 긴 깃털' 이라는 뜻이다. 마치 개나리의 열매가 터지면 꼬리가 긴
깃털처럼 연이어 달려 붙인 이름이다. 그러나 개나리의 상징은 뭐니 뭐니
해도 봄을 알리는 꽃에 있다보니, 개나리에 여간 관심을
갖지 않고서는 열매를 보기 어렵다. 개나리꽃은 봄을
상징하기에 '봄을 맞이하는 꽃' 의 '영춘화迎春花' 라
는 이름을 갖고 있다. 한편 개나리와 같은 과에 속하
는 나무 중에 영춘화도 있다. 영춘화는 개나리와 같
은 색이지만 잎이 개나리보다 넓고 꽃받침은 짧다. 아
울러 개나리가 한국 원산인 반면 영춘화는 중국 원산이다.
넉 장으로 구성된 개나리꽃은 마치 황금 종처럼 생겼다. 이 때문에 개나
리를 '금종화金鐘花' 라 부르기도 한다. 영어권에서도 '코리안 골든 벨Korean
Golden bell' 이라 하는데, 즉 한국 원산임을 가리키고 있다. 학명도 개나리가
한국산임을 명시하고 있다. 개나리에도 잎이 넓은 만리화(금강개나리), 경기
도 일원 산기슭에서 자생하는 산개나리(북한산개나리) 등이 있다. 한편 어떤
영어사전에서는 개나리를 의미하는 포르시티아Forsythia 항목에 원산지를
중국과 유럽 남동부로 표기하고 있다. 개나리의 이름을 붙인 사람은 일본
의 나카이로, 학명에는 1908년 네덜란드의 식물학자가 붙인 영국의 원예
학자 윌리엄 포르시스William A. Forsyth의 이름도 들어 있다. 개나리와 관련한
대표적인 전설은 다음과 같다.

옛날 인도에 한 공주가 나라를 다스리고 있었다. 이 공주는 어찌나 새를 사
랑했던지 온 세상의 아름다운 새는 모두 사 모아 궁전은 온통 새로 꽉 찰 지
경이었다. 이렇듯 공주가 새에 마음을 쏟으며 나라는 돌보지 않은 데다 신

하늘마저 나라 걱정을 않고 공주의 환심을 사기 위해 새에만 정신을 팔다보니 백성들의 살림은 점차 가난해지고 원성은 높아만 갔다. 공주는 수많은 새장을 가지고 있었는데 그중 가장 아름다운 새장 하나가 비어 있었다. 이 새장에 넣을 만큼 아름다운 새를 만나지 못했기 때문이며, 이 때문에 공주는 슬퍼하곤 했다. 그러던 어느 날 한 노인이 눈부시게 찬란한 깃털과 감미로운 노랫소리를 내는 신기한 새를 공주에게 가져왔다. 공주는 노인에게 후한 상을 주어 돌려보내고 온 마음을 이 신비한 새에게 주고 사랑했다. 그러나 어찌된 일인지 새는 점차 깃털이 퇴색하고 그 곱던 노랫소리도 이상하게 변해갔다. 혹 옛 모습을 되찾을까 하여 목욕을 시켰는데 물에 넣으니 아름답던 새는 새까만 까마귀로 변해버렸다. 나라를 걱정한 노인이 까마귀에 색칠을 하고 목에는 소리 나는 기구를 넣었던 것이다. 너무나 상심한 공주는 마침내 죽게 되었는데 공주가 묻힌 무덤에서 돋아나온 나무가 바로 개나리였다. 사람들은 까마귀 때문에 빼앗겨버린 새장이 안타까워 공주가 긴 가지를 쭉 뻗어내고는 새장의 모습을 한 금빛 꽃을 달고 있는 것이라고들 한다.

물푸레나뭇과

미선나무 *Abeliophyllum distichum* Nakai

부채처럼
아름다운
열매

        갈잎 떨기나무인 미선나무는 한자 이름이다. 열매
가 마치 부채 꼬리를 닮아 '미선尾扇'이라 부르기도 하고, 부채처럼 아름답
다고 '미선美扇'이라고도 한다. 중국에서는 '둥근 부채 같은 나무'를 뜻하
는 단선목團扇木이란 명칭으로 부른다. 흰색이나 분홍색을 띤 미선나무의
꽃은 개나리처럼 잎보다 꽃이 먼저 피고, 개나리꽃보다 앞서 핀다. 이 나
무 역시 한국 원산이다. 특히 세계에서도 1속屬 1종種만 존재하는 아주 귀
하면서도 소중한 나무다. 예전에는 미선나무를 '조선육도목朝鮮六道木'이라
칭했던 것으로 미루어 우리나라 팔도 가운데 6개 도에서 자랐던 것으로
추정되나 현재는 자라는 곳이 그리 많지 않다. 현재 충북 진천군 초평면,
괴산군 장연면과 칠선면, 영동군 영동읍, 전북 부안군 변산반도 등지의 미
선나무 군락지는 대부분 천연기념물로 지정될 정도로 한국 식물의 보물이
다. 그러나 학명에는 한국 원산이라는 사실이 기록되어 있지 않다.

    학명 중 아벨리오필룸*Abeliophyllum*은 댕강나무 속屬의 '아벨리아*Abelia*'와

종북 괴산군 장연면 추림리 미선나무, 천연기념물 제220호.

'잎'을 의미하는 그리스어 '필론phyllon'의 합성어다. 이는 미선나무의 잎
이 댕강나무와 닮았다는 뜻이다. 댕강나무는 인동과의 갈잎 떨기나무다.
그러나 실제로 살펴보면 미선나무 잎과 댕강나무 잎은 그리 닮지 않았다.
물론 이 나무의 학명을 붙인 사람은 미선나무를 드러내는 데 가장 적합한
것을 댕강나무 잎으로 생각했던 듯하다. 이처럼 학명은 열매를 강조한 미
선과는 달리 꽃을 강조했다. 영어권에서도 미선나무를 '화이트 포르시시

아White Forsythia'라 부른다. 종소명에서도 꽃을 강조하고 있다. 디스티쿰dis-
tichum은 꽃이 두 줄로 달린다는 뜻이다. 미선나무의 학명을 붙인 사람은 개
나리의 학명을 붙인 일본의 나카이다.

물푸레나뭇과

수수꽃다리 *Syringa dilatata* Nakai

라~일락~
꽃.향.기
맡으며

갈잎 떨기나무인 수수꽃다리는 이 나무의 꽃대가 수수를 닮아 붙인 이름이다. 예전에는 라일락 등 다양한 이름으로 불렸다. 이 나무의 특징은 꽃에 있는데, 「베사메 무초」가 바로 이 꽃을 노래했다.

베사메 베사메 무초
고요한 그날 밤 리라꽃 피는 밤에
베사메 베사메 무초
리라꽃 향기를 나에게 전해다오

노래에 등장하는 '리라'가 바로 수수꽃다리다. 물론 흰 꽃을 라일락, 자주색을 수수꽃다리로 주장하는 학자들도 있지만 이유미 박사의 지적처럼 현재로선 거의 구분하기 어렵다. 나카이가 붙인 학명 중 속명인 시린가 *Syringa*는 작은 가지로 만든 피리를 의미하는 '시린크스*syrinx*'에서 왔다. 이

는 가지를 강조한 것이다. 종소
명인 딜라타타 *dilatata*는 '흩어
진'이라는 뜻인데, 무엇을 의미
하는지 정확하지 않다. 중국에
서는 이 나무를 정향丁香이라 불
렀다. '정'은 꽃의 윗부분이 벌

어지면서 아래로 화통이 긴 모양을 본뜬 것이고, '향'은 이 나무의 향기를
강조한 것이다. 정향화丁香花, 자정향紫丁香, 백결화百結花, 용초자龍梢子, 정객情
客, 계설향鷄舌香 등의 이름도 있다. 일본에서는 찰황지화札幌之花라 부른다.
중국에는 정향과 관련해 다음과 같은 이야기가 전한다.

옛날에 어린 서생이 과거시험을 치러 북경에 갔다. 가는 도중에 주막에서
한 아가씨를 보았다. 서생은 그 아가씨의 자태가 아주 아름다울 뿐 아니라
글씨에도 능통하다는 것을 알고 곧 사모했다. 아가씨 또한 서생의 마음을
알고 두 사람은 평생 같이 살기로 약속했다. 어느 날 늦은 밤 두 사람이 후
원後院에서 사랑을 나누면서 시를 주고받았다. 그런데 아가씨가 시를 읊는
순간 아버지가 나타나 가문을 훼손한다며 나무랐다. 아가씨는 서생을 사랑
하는 마음을 아버지께 간곡하게 말씀드렸으나 아버지는 아가씨의 마음을
받아들이지 않았다. 그러자 아가씨는 그 자리에서 목숨을 끊었다. 서생은
아주 비통해했고 과거시험으로 부귀영화를 누리겠다는 마음이 사라졌다.
다음 해 아가씨의 무덤에 한 그루의 정향이 나왔다. 서생은 그 정향이 아가
씨의 화신임을 알고 항상 물과 비료를 주었다. 정향이 무럭무럭 자라 향기
가 사방으로 퍼져나갔다. 서생은 매일 정향 아래서 책을 보았다.

당나라 두보의 시는 정향의 특징을 잘 드러내고 있다.

「정향丁香」

정향의 몸은 부드럽고 약하며丁香體柔弱

부드럽고 약한 가지 어지러이 섞여 있네亂結枝猶墊

가는 잎은 가벼운 털을 띠고細葉帶浮毛

성근 꽃은 흰색을 피우네疏花披素艶

작은 서재 뒤에 깊게 심어深栽小齋後

은자隱者들이 차지하도록 하고 싶네庶使幽人占

뒤늦게 짙은 향을 내는 난초와 사향노루에 떨어져晚墮蘭麝中

한가로이 몸이 부서지려 하네休懷粉身念

수수꽃다리(라일락) 꽃은 사랑을 부른다. 독일의 경우 5월을 '라일락 타임'이라 불렀다. 5월에는 처녀들이 라일락 꽃송이를 들여다보고 즐기는 축제가 열린다. 라일락꽃은 넷으로 갈라졌지만 간혹 돌연변이가 생겨 다섯 갈래인 것도 찾을 수 있다. 이렇게 찾은 다섯 갈래의 꽃을 삼키면 여인의 사랑이 변치 않는다고 믿어 '행운의 라일락'이라 불리었다. 반면 영국에서는 라일락꽃이 슬픔을 의미하는 보라색이라는 이유로 집에 꽂아두지 않았다. 영국 민속에는 라일락꽃을 몸에 지닌 여자는 결혼한 후 반지를 낄 수 없는 때를 만난다 하여 약혼 후

수수꽃다리의 꽃은 4~5월에 피고 연한 자주색이며 흰색도 있다. 묵은 가지에서 자란 원추꽃차례에 달린다.
꽃받침은 4개로 갈라지고 화관통은 길이 10~15밀리미터이며 끝이 4개로 갈라져서 옆으로 퍼진다. '첫사랑
의 감동' 이라는 꽃말처럼 화사하다.

라일락을 한 송이 보내면 파혼을 뜻했다. 일본의 아이누족은 이 나무의 목재가 썩지 않아 30년이 지나면 돌이 된다고 믿었다. 그런 까닭에 그들은 묘비목이나 흙을 파는 연장으로 사용했다.

수수꽃다리는 세계에서 한국산이 가장 우수하며, '미스김라일락'이란 이름으로 세계를 지배하고 있다. 이는 1947년 미국인 미러가 북한산 기슭에서 이 꽃의 종자를 채집하여 미국에 가져간 뒤 품종을 개량한 '작품'이다.

삶에 지칠 때 프랑스의 작곡가 쇼송Ernest Amedee Chausson(1855~1899)의 「라일락이 필 무렵」을 들어보는 것도 좋다.

: 위성류과

위성류 *Tamarix chinensis* Loureiro

일 년에
두 번씩
담홍빛 꽃

위성류는 한국의 식물도감에 갈잎 중간 키로, 어떤 한자사전에는 갈잎 큰 키 나무로, 또 어떤 사전에는 작은 키 나무나 중간 키 나무로 표기하고 있다. 이처럼 분류부터 쉽지 않지만 실제 나무를 보면 결코 작은 키는 아니다. 한자 이름인 위성류渭城柳는 이 나무에 대해 많은 정보를 알려준다. 위성은 중국 장안長安(현재의 서안) 북서쪽에 있는 지명이고, 류는 이 나무의 특성을 나타내기 때문이다. 그러니 이 나무 이름에서 중국 원산임을 알 수 있다. 당나라 시인 왕유의 시도 이 나무가 중국 지명에서 유래했음을 알려준다.

「송원이사안서送元二使安西」

위성의 아침 비는 먼지를 적시고 있고渭城朝雨浥輕塵
여관집 버드나무는 더욱 푸르러 싱싱하다客舍青青柳色新

그대여 다시 한 잔 술을 쭈욱 마시게나勸君更盡一杯酒

서쪽 양관을 나서면 친구조차 없을 것일세西出陽關無故人

'류' 는 버드나무를 의미한다. 이는 위성의 가지가 버드나무 가지와 아주 흡사하기 때문에 붙인 것으로, 위성류를 적경류赤徑柳, 수사류垂絲柳라 부르기도 한다. 위의 시에서는 청류青柳라고 했는데 그것은 가는 실처럼 늘어지는 위성류의 잎과 가지가 짙은 녹색을 띠기 때문이다. 수양버들을 닮은 듯한 위성류의 잎은 아주 독특하다. 그것은 주목이나 젓나무처럼 거의 선형에 가깝지만 잎이 넓은 활엽수다. 아쉽게도 한국의 식물도감에는 위성류가 활엽수라는 점을 전혀 언급하지 않고 있다. 포르투갈의 식물학자 루레이로가 붙인 학명에도 이 나무의 구체적인 특성은 나와 있지 않다. 속명인 타마리스크Tamarisk는 '피레네 산맥의 타마리스 강 유역에 많이 산다' 는 뜻이다. 이는 물을 좋아하는 버드나무와도 닮았다.

위성류의 또다른 특징은 1년에 두 번 담홍색 꽃이 핀다는 사실이다. 그러나 꽃피는 시기에 대해서는 식물도감마다 약간씩 다르게 말하고 있다. 이창복의 『대한식물도감』에는 봄과 여름에, 홍성천의 『원색식물도감』에는 여름과 가을에 핀다고 적고 있다. 윤주복의 『나무 쉽게 찾기』에는 5월과 8~9월에 핀다고 되어 있다. 또 김태욱의 『한국의 수목』에는 두 번 핀다는 사실만 언급할 뿐 구체적인 시기는 나와 있지 않다. 이창복의 『대한식물도감』에 따르면 봄에 피는 꽃은 크지만 열매를 맺지 않고, 여름에 피는 꽃은 작지만 열매를 맺는다고 한다. 윤주복의 『나무 쉽게 찾기』에 따르면 5월에 피는 꽃은 묵은 가지에 달리며 꽃이 크지만 열매를 맺지 못하고, 8~9월에 피는 꽃은 어린 가지에 달리며 꽃은 작지만 열매를 맺는다. 중국 남조南朝 양梁나라의 문학가 강엄江淹은 "겨울에 꽃피는 나무가 귀한데, 정류 열매

추위 속에 붉구나木貴冬榮檉實寒色"라고 노래했다. 그리고 주석에는 "위성류의 꽃이 서리와 눈을 맞고 심한 추위에도 시들지 않는다"라고 했다. 강엄이 잘못 본 게 아니라면 위성류의 꽃이 가을에 피어 겨울에도 시들지 않는다는 걸 알 수 있다.

위성류에 관한 기록은 『이아주소』와 『시경』 「대아大雅 · 문왕지십文王之什」에 등장할 만큼 오랜 역사를 갖고 있다. 『이아주소』에는 위성류를 정檉으로 기록하고 있다. 나무 목과 성스런 성聖을 합한 글자인 '정'은 이 나무가 하늘에서 비가 오려 할 때 먼저 알아차리기 때문에 붙여진 것이다. 그런 까닭에 위성류를 '우사雨師'라고도 한다. 『이아주소』에 따르면 정은 하류河柳라 하는데, 즉 이 나무가 황하에 많이 살기 때문이다. 『시경』에 등장하는 '기정기거其檉其椐'의 '정'은 위성류지만 어떤 번역본에는 능수버들로 오역하고 있다.

위성류는 가뭄, 토양 염분도, 염수 침입 등에도 잘 견딘다. 그래서 바닷가의 보호막으로 심는 프랑스 위성류T. gallica는 미국의 사우스캘리포니아로부터 캘리포니아에 이르는 지역에서 재배하고 있다. 우리나라에는 옛날부터 자라던 위성류는 없고 주로 중국에서 들여와 심고 있다.

: 이욱과

부용 *Hibiscus mutabilis* Linnaeus

서리를
무릅쓰고

부용芙蓉은 갈잎 중간 키 혹은 떨기나무다. 부용은
풀과 구분하기 위해 부용 혹은 부용화芙蓉花라 부른다. 부용은 대개 연꽃을
가리킨다. 이 나무의 뜻이 연꽃인 것은 꽃 모양이 닮았기 때문이다. 연꽃
을 부용이라고도 부르므로 둘을 구분하기 위해 연꽃은 수부용水芙蓉, 부용
은 부용으로 구분하기도 한다. 『산림경제』에 중국에서 부르던 부용이 언
급되는 점으로 보아 한국에는 1700년 이전에 들어온 것으로 추정된다. 어
쨌든 우리나라 식물도감에는 부용으로 표기하고 있다. 『본초강목』에는 부
용의 다른 이름으로 지부용地芙蓉, 목련木蓮, 화목華木, 거상拒霜 등을 언급하
고 있다. 지부용은 수부용과 구분하기 위한 이름이고, 목련은 이 나무의
꽃이 연꽃을 닮아 붙인 것이다. 화목은 이 나무의 꽃이 화려하기 때문에
붙인 것이며, 거상은 8~9월에 꽃이 피기 때문에 생긴 이름이다. 부용의
꽃 피는 시기는 서리가 내리는 때와 겹친다. 그러니 부용의 꽃은 서리를
무릅쓰고 꽃을 피운다. 중국에서는 부용을 '호용화胡勇花'라 부르는데 여기

에는 전설이 전한다.

중국 오대五代(907~970)에 호용이라는 홀아비가 살았다. 그는 술을 아주 좋아하면서 남도 잘 도왔다. 어느 날 어린애가 물에 빠져 외치는 소리를 듣고 구해주었다. 그러나 호용은 어린애를 구한 뒤 자신은 빠져나오지 못하고 그만 죽고 말았다. 얼마 후 강 언덕에서 한 그루 부용이 자라나 붉은 꽃이 피면 취할 정도였다. 사람들은 이곳의 부용을 '호용'이라 불렀다.

중국 사천은 부용으로 유명하다. 촉나라 맹창孟昶은 성도成都에 부용을 많이 심었다. 가을에 꽃이 피면 40리에 붉고 흰 꽃이 장관을 이루었다. 그래서 사람들은 성도를 '용성蓉城'이라 불렀다. 중국 송대 섭몽득葉夢得(1077~1148년)의 『석림연어石林燕語』에 이런 내용이 나온다. "중국 호남 상강湘江 일대에도 부용을 많이 심었다." 당나라 말기의 시인이었던 당용지唐用之는 「추숙상강우우秋宿湘江遇雨」에서 "가을바람 만 리에 부용꽃이 핀 곳이네秋風萬里芙蓉國"라는 시를 읊었다. 이 때문에 호남을 '부용국芙蓉國'이라 부른다. 리나이우스가 붙인 학명 중 히비스쿠스Hibiscus는 라틴어 옛 이름이고, 무타빌리스mutabilis는 '변화하기 쉬운'이라는 뜻이다. 중국의 시인 곽총霍總도 부용의 꽃을 읊었다.

「부용芙蓉」

본디 강호 먼 곳에서 살면서本自江湖遠

항상 서리 내릴 즈음 피네常開霜露餘

봄에 꽃 무성한 자두나무와 다투고爭春候穠李

물을 좋아하면서도 붉은 연꽃과 다르네得水異紅蕖

외로이 빼어나 일찍이 짝할 자 없어도孤秀曾無偶

문 앞에서 다행히 김매지 않아도 되네當門幸不鋤

누가 바로 나무를 흔들어 꽃을 떨어뜨려誰能政搖落

무성한 빛깔이 계단을 비추게 하리오繁彩照階徐

졸수부용도出水芙蓉圖, 남송시대. 붉고 희게 피어 장관을 이루는 부용은
서리를 무릅쓰고 피어나는데, 연꽃을 닮았다 하여 목련이라고도 불린다.

: 아욱과

무궁화 *Hibiscus syriacus* Linnaeus

無窮인가 無宮인가

갈잎 떨기나무 무궁화無窮花는 한국을 상징한다.

> 무궁화 무궁화 우리나라 꽃
> 삼천리 강산에 우리나라 꽃
> 피었네 피었네 우리나라 꽃
> 삼천리 강산에 우리나라 꽃

요즘 수없이 많은 무궁화를 개량한 덕분에 삼천리 강산은 아니더라도 울타리를 비롯해 가로수로까지 삼고 있다. 많은 사람이 무궁화를 한국 원산으로 믿고 있다. 그러나 리나이우스가 붙인 학명 중 시리아쿠스*syriacus*에서 보듯 원산지는 '시리아'로 표기되고 있다. 왜 우리는 무궁화를 한국 원산으로 알고 있을까?

무궁화는 끝없이 핀다는 뜻이다. 이는 아침에 피었다가 저녁에 지는

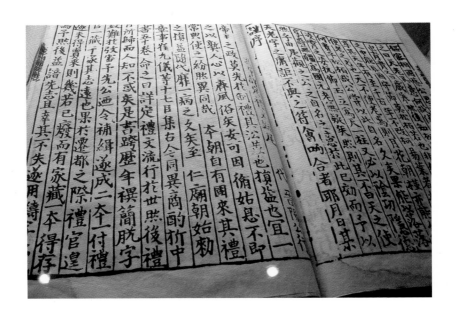

이 나무의 꽃을 표현한 이름이다. 무궁화는 중국에서는 쓰지 않고 우리나라에서만 부르는 이름으로, 가장 먼저 등장하는 자료는 고려시대 이규보의 『동국이상국집』「차운장로박환고론근화병서次韻長老朴還古論槿花並書」다.

> 장로長老 문공文公과 동고자 박환고가 각각 근화의 이름에 대해 논평했다. 하나는 "무궁은 곧 무궁無窮이란 뜻이다. 이 꽃은 끝없이 피고 진다는 뜻이다." 다른 하나는 "무궁은 무궁無宮의 뜻이니 옛날 임금이 이 꽃을 사랑했으나 궁중에는 없었기 때문에 그렇게 부른 것이다" 라고 했다. 각자 자신의 고집을 꺾지 않아 결정하지 못했다.

무궁화를 궁에 없는 '무궁無宮'으로 주장한 옛 임금은 당나라 현종으로,

현종과 양귀비와 관련한 내용이다.

무궁화의 다른 이름은 단梫, 친櫬, 순蕣, 조개모락화朝開暮落花, 번리초藩籬草, 화노花奴, 왕증王蒸, 학자화瘧子花, 일급日及, 이생易生, 사내似柰 등이다. 이 외에 『본초강목』이나 청대 식물자료에서는 목근木槿으로 표기하고 있다. 무궁화를 우리나라 나무로 여기는 사람들이 제시하는 자료 중 하나인 『단기고사檀奇古史』에도 근수槿樹로 나온다. 한자사전에도 근역槿域, 즉 '무궁화 영역'을 한국으로 풀이하고 있다. 무궁화가 한국 원산임을 주장하는 이들이 내세우는 가장 권위 있는 자료 중 하나는 『산해경山海經』 「해경海經·해외동경海外東經」이다. 여기에 나오는 "군자국君子國에 훈화초薰華草가 있다. 이것은 아침에 나서 저녁에 죽는다"라는 내용이 곧 무궁화를 한국 원산으로 보는 근거다. 중국 청나라 학의행郝懿行의 『보훈寶訓』에서도 "군자국에는 무궁화꽃木槿之華이 많다. 이곳 사람들은 그것을 먹는다. 이곳은 낭야에서 3만 리 떨어진 곳이다"라고 적고 있다. 무궁화를 한국 원산으로 생각하는 이들은 『산해경』에 등장하는 군자국을 한반도라 여기고, 훈화초를 무궁화로 해석한다. 또 신라 혜공왕 때와 고려 예종 때 외국에 보내는 국서에서 우리나라를 '근화향槿花鄕'이라고 표현했던 것을 그 근거로 삼는다. 『산해경』에 등장하는 훈은 어떤 판본에는 근蓳으로 나온다. 이에 대해 『산해경』에 주석을 달았던 곽박郭璞(276~324)은 목근木蓳이나 근은 일명 순蕣이라 했다.

중국 사료에서 언급한 군자국이 한반도라면 분명 우리나라에 무궁화가 일찍부터 존재했을 것이다. 다만 중국 측의 사료가 반드시 무궁화가 한국 원산임을 증명하는 것은 아니다. 중국에서도 무궁화를 일찍부터 심어왔으며, 그들은 무궁화의 원산지를 중국과 일본으로 생각하고 있다. 사료 중 무궁화를 언급하고 있는 것은 『시경』 「국풍」이다.

무궁화의 무궁이 無窮일까 無宮일까에 대한 논란은 우리나라에서 이 꽃을 제일 먼저 언급한『동국이상국집』에 나와 있다.

「유녀동거有女同車」

한 여인이 나와 함께 수레를 탔는데 얼굴이 무궁화 같네有女同車 顔如舜華
왔다 갔다 거닐면 아름다운 패옥이 달랑달랑將翱將翔 佩玉瓊琚
(…)

『산해경』의 작가를 하夏나라 우왕禹王이나 백익伯益으로 이야기하지만 실제로는 기원전 4세기 전국시대 후의 저작으로 보고 있다. 그러니『산해경』은『시경』보다 시대가 늦은 작품이다. 이렇게 자료상으로만 보면 무궁화를 한국 원산으로 고집할 수 없다. 원산지는 토양과 기후 조건만 맞으면 어디든 가능하기 때문에 집착할 필요는 없을 것이다.

나무사전 : 아욱과 ┃ 무궁화

1900년대 초에 나라꽃으로 정한 후 무궁화가 등장하는 애국가가 1907년 『찬미가집』에 실리면서 국민의 마음속에 국화國花로 자리 잡았다. 1921년 9월 『개벽』에 실린 만해萬海, 卍海 한용운의 옥중 시 「무궁화 심으과저」에서 그의 무궁화 사랑을 엿볼 수 있다.

달아 달아 밝은 달아
넷나라에 비춘 달아
쇠창을 넘어 와서
나의 마음 비춘 달아
계수나무 버혀 내고
무궁화를 심으과저

무궁화는 때로는 좋지 않은 뜻으로도 사용된다. 예컨대 근화심槿花心은 이 나무의 꽃이 아침에 피었다가 저녁에 지기 때문에 '변하기 쉬운 소인'에 비유된다. 근화일일영槿花一日榮도 아침에 피었다가 저녁에 시드는 이 나무의 꽃에 빗대어 '잠시 동안의 영화' '덧없는 영화'를 뜻한다. 중국의 시인들도 무궁화를 많이 읊었지만 대부분 이 나무의 꽃을 덧없는 것에 비유했다. 특히 당나라의 시인 이상은李商隱(812~858)은 자신의 불행한 정치 인생을 무궁화에 비유했다.

「근화槿花」

바람과 이슬 쓸쓸하고 가을 풍경 풍성한데風露凄凄秋景繁
가련하다, 아침에 피었다 저녁에 지는 무궁화여可怜榮落在朝昏

미궁앙未央宮의 삼천 궁녀未央宮裡三千女

예쁜 얼굴 가졌지만 은혜를 입지 못하네但保紅顔莫保恩

반면 같은 제목으로 시를 지은 송나라의 전유연錢惟演(977~1034)은 무궁화를 찬미의 대상으로 삼았다.

「근화槿花」

떠오르는 태양의 아름답고 붉은 빛이 막 모이는 곳綺霞初結處

이슬방울 아직 남아 있을 때珠露未晞時

그 모습 귀한 나무의 삼 척 높이를 넘어서고寶樹寧三尺

많은 가지들 화려한 등불처럼 찬란했지華燈更九枝

우뚝 솟아 아름다운 모습을 스스로 기뻐하고 있을 때亭亭方自喜

모르는 사이 슬픔은 생겨나고 있졌지暗暗却成悲

나는 연기되어 흩어져버리고 싶지만欲作飛煙散

반영되어 그림자 떨치지 못하는 듯 머뭇거리게 된다猶憐反照遲

대한민국의 국화 무궁화. 가장 많이 볼 수 있는 홍자색 계통의 종이다.

: 겨우살이과

겨우살이 *Viscum album* var. *coloratum* Ohwi

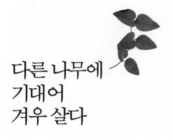

다른 나무에
기대어
겨우 살다

모든 생명체는 더부살이다. 그 어떤 생명체든 혼자
서는 살 수 없고 누군가에게 기댈 수밖에 없기 때문이다. 특히 겨우살이는
땅에 뿌리를 박고 사는 게 아니라 다른 나무에 기대어 겨우 살기 때문에
붙여진 이름이다. 그렇지만 겨우살이라 하더라도 광합성 작용을 하기 때
문에 완전히 남에게 의존만 하는 존재는 아니다.

일본의 식물학자 오오이大井次三郎(1905~1978)가 붙인 학명 중 비스쿰Viscum
은 '새 잡는 끈끈이'의 라틴어 '비스쿰viscum'에서 유래했다. 이 나무 열매
에 끈끈한 점성粘性이 있어 그런 것이다. 알붐album은 '희다'는 뜻으로, 겨
우살이의 껍질이 흰 데서 생긴 이름이다. 콜로라툼coloratum은 '색깔이 있는
것'을 의미한다. 겨우살이는 늘 푸른 떨기나무다. 중국에서는 겨울에도 푸
르다고 겨우살이를 동청冬靑이라 이르지만, 강동江東에서는 동청凍靑이라 불
렀다.

겨우 남의 둥지를 자신의 집으로 삼아 살아가는 겨우살이지만 숭배의

식, 신화, 전설, 설화 등에서는 중요한 위치를 차지한다. 켈트인들의 종교인 드루이드교도들은 참나무를 신성하게 여기면서 여기에 기생하는 겨우살이도 신성함을 준다고 믿었다. 이는 목성을 띤 참나무에 살 뿐 아니라 아주 귀했기 때문이다.

우리나라 전역에 살고 있는 겨우살이는 주로 참나무류, 버드나무, 밤나무, 자작나무, 팽나무 등 일부 활엽수에 기생하지만, 로마시대의 경우 배나무에도 흔했다. 서양겨우살이는 사과나무와 사시나무에서도 볼 수 있다. 서양에서는 겨우살이가 신령하기 때문에 쇠로 잘라서도 안 되었고, 만약 자른 것이 땅에 떨어지면 마법의 힘이 사라진다고 믿었다. 이런 믿음이 생겨난 것은 겨우살이가 땅에 뿌리를 박고 살지 않는 데서 착안한 것이다. 이런 이유로 유럽의 중세에는 마녀가 집에 들어오지 못하도록 겨우살이 가지를 문 위에 걸어두었고, 목에 걸면 마법에 걸리지 않는다고 믿기도 했다.

　수북하게 자라는 겨우살이는 다산多産을 상징하기도 했다. 이에 다산의 상징인 황소를 겨우살이 밑에서 죽였다. 겨우살이를 약재로 사용한 예는 서양뿐 아니라 중국과 우리나라에서도 자주 볼 수 있다. 경상남도 합천 해인사 입구에서는 할머니들이 겨우살이를 꺾어 판매하고 있다. 겨우살이는 높은 나무 가지에 살고 있기에 볼 기회가 흔치 않은데, 이곳에서라면 자세히 볼 수 있다. 겨우살이는 나뭇가지에 뿌리를 박고 한 줄기가 새끼손가락만큼 자라면 마디를 만들고 그 마디에서 다시 45도 각도로 갈라져 줄기 만들기를 서너 번 반복한 후 줄기 끝에 두 개의 잎이 마주 달린다. 잎은 선인장처럼 두껍고 물기가 있으면 연해서 잘 부러진다. 늦겨울이나 이른 봄에 마주난 두 개의 잎 사이에서 암수가 따로 노란색을 띠면서 핀다. 열매는 꽃보다 연한 노란색으로 가을에 익는다. 종자의 껍질을 뚫고 나온 배의 끝은 마치 빨판처럼 납작하게 자신이 자랄 나무껍질에

붙어 뿌리를 넣고 자라기 시작한다.

: 능소화과

능소화 *Campsis grandiflora* (Thunb.) K. Schumann

하늘을 능가하는 꽃

갈잎 덩굴성 능소화凌霄花는 한여름 밤을 밝히는 나무로, '하늘을 능가하는 꽃'이란 뜻이다. 그만큼 꽃이 상징적이라 다른 이름 역시 꽃을 강조하고 있다. 그중 자위紫葳는 자줏빛 꽃이 무성함을 이르고, 대화능소大花凌霄도 꽃이 큰 능소화라는 뜻이다. 능소는 능초凌苕, 때론 여위女葳라 부른다. 능소화의 꽃 모양이 마치 트럼펫을 닮아 서양에서는 Chinese Trumpet Creeper, 즉 중국의 트럼펫 덩굴식물이라 부른다. 우리나라 양반들이 이 나무를 아주 좋아해서 '양반꽃'이라고도 해, 상놈들은 이 나무를 함부로 탐하지 못했다. 김시습은 『매월당집』「유관서록遊關西錄」에서 뱁새를 능소화조차 그리워할 수 없는 존재로 그렸다. "사람이 하늘과 땅 사이에 살면서 이익과 명예에 매달리고 생업에 바쁜 것이 마치 뱁새가 능소화를 그리워하고, 박이 나무에 매달려 있는 듯하다. 그러니 어찌 고달프지 아니한가?"

독일의 식물학자 슈만Schumann(1851~1904)이 붙인 학명 중 캄프시스Campsis는

"사람이 하늘과 땅 사이에 살면서 이익과 명예에 매달리고 생업에 바쁜 것이 마치 뱁새가 능소화를 그리워하고, 박이 나무에 매달려있는 듯하다"며 매월당 김시습은 문집에서 함부로 탐할 수 없는 능소화의 존재에 대해 말하고 있다.

그리스어로 '만곡彎曲'을 뜻하는 '캄프시스campsis'에서 유래했다. 이는 꽃이 활처럼 휜다는 뜻이다. 그란디플로라grandiflora는 '큰 꽃'을 뜻한다.

중국 송나라 증문조曾文照(?~986)는 능소화가 소나무에 기생하고 있는 장면을 묘사했다.

「능소凌霄」

넘실대는 몸은 가늘고 부드러우며凌波體纖柔

가지와 잎은 아름다운 곳에 잘 기대네枝葉工托麗

푸르고 푸른 소나무에 떠돌다靑靑亂松樹

순식간에 뒤덮어버리네直干遭蒙蔽

서릿발 같은 위엄은 없으나不有嚴霜威

어찌 견고하고 약한 것을 분별하리오焉能辨堅脆

구양형歐陽炯은 능소화가 종려나무에 기생하는 장면을 묘사했다.

「능소凌霄」

능소화는 대부분 종려나무를 감싸고 있으니凌霄多半繞棕櫚

짙은 색을 띤 치자의 황색만 같지 않네深染梔黃色不如

나무에 가득하나 미풍에도 가는 가지 흔들리고滿樹微風吹細葉

용과 거북 같은 가지 하나 청허하게 살랑이네一條龍甲颭淸虛

: 능소화과

개오동 *Catalpa ovata* G. Don

잎보다
더 길쭉한
열매

　　갈잎 큰 키 개오동은 '가짜오동'이라는 뜻이다. 참오동이 있으니 생긴 말이다. 그런데 참오동은 현삼과에 속하므로, 오동이라는 이름이 같아도 속성은 다르다. 개오동은 참오동이나 오동나무와 잎이나 열매가 다르다. 영국의 식물학자 던G. Don(1798~1856)이 붙인 학명 중 카탈파Catalpa는 북아메리카 인디언의 토착어이고, 오바타ovata는 '계란형'을 의미한다. 즉 이 나무의 학명은 계란 닮은 잎을 강조하고 있다. 영어권에서는 이 나무의 원산지를 중국으로 표기하고 있다. 개오동나무는 잎보다 긴 원추형의 열매가 돋보인다.

　　한자는 가檟이다. 『이아』에서는 가를 추楸·가榎와 같은 뜻으로 풀이하고 있다. 『맹자孟子』「고자장구상告子章句上」에도 오가梧檟가 등장한다. "지금 원예사場師가 오가를 버리고 멧대추나무樲棘를 기른다면 이는 값어치 없는 원예사이다." 『맹자』에 주석을 단 사람은 가를 가래나무梓로 풀이했다. 경상북도 구미 해평면 일선리의 삼가정三檟亭에도 '가'가 등장한다. 류봉

시柳奉時(1654~1709)라는 이가 아들 류승현柳升鉉(1680~1746)과 류관현柳觀鉉(1692~1762)을 가르쳤는데, 두 아들의 학덕과 벼슬이 세상에 드러나자 기쁨

경북 청송군 홍원리 개오동나무, 천연기념물 제402호.

에 겨워 집 앞에 세 그루 개오동나무를 심고 정자를 지어 '삼가정' 이라
했다.

: 벼과

왕대 *Phyllostachys bambusoides* Siebold *et* Zuccarini

나무도
아닌 것이
풀도
아닌 것이

　　　　　참나무가 그렇듯 대나무도 식물도감에 등장하지 않는다. 대나무는 여러 종류의 대나무류를 나타내는 군群을 뜻하며, 우리가 이야기하는 대나무는 왕죽王竹 혹은 죽순대(맹종죽)를 가리킨다. 한자는 죽竹으로, 나무의 형상을 본떴다. 이 이름은 한자 죽이 북방으로 옮겨질 때 명칭도 남방 음이 따라 들어와 생긴 것이다. '죽'의 남방 고음이 '덱tek'인데 끝소리 'ㄱ'음이 약해져 우리말에서는 '대'로 변했다.

　　보통 나무는 자라면서 몸집을 불리지만 늘 푸른 대나무는 그렇지 않다. 죽순竹筍의 굵기가 곧 이 나무의 굵기를 결정한다. 그러니 자라면서 몸집은 굵어지지 않고 위로만 클 뿐이다. 이러한 특징 때문에 이 나무를 풀로 보는 학자도 있다. 이른바 대나무의 정체성 문제는 일찍부터 사람들의 관심을 모았다. 송강松江 정철鄭澈(1536~1593)과 조선 시가에서 쌍벽을 이룬 고산孤山 윤선도尹善道(1587~1671)는 이를 노래한 대표적인 인물로, 「오우가五友歌」에서 확인할 수 있다.

나무도 아닌 것이 풀도 아닌 것이

곧기는 뉘가 시켰으며 속은 어이 비었는가

저렇게 사시에 푸르니 그를 좋아하노라

나무이면서도 풀인 벼과
에 속한 것도 이 나무의 특
징이다. 지볼트와 주카리니
가 붙인 학명 중 필로스타키스

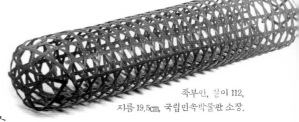

죽부인, 길이 112,
지름 19.5cm, 국립민속박물관 소장.

*Phyllostachys*는 그리스어로 '잎'을 뜻하는 '필론*phyllon*'과 '이삭'을 뜻하는
'스타키스*stachys*'의 합성어다. 즉 학명은 가지와 잎을 벼에 비유
하고 있다. 축 처진 대나무 가지는 마치 고개 숙인
벼와 닮았다. 밤부소이데스*bambusoides*는 '참대와 비
슷한'을 뜻한다. bamboo는 대나무를 태우면서 생기
는 소리에서 따왔다.

우리나라 남쪽에 살고 있는 사람들에겐 대나무가
아주 특별하다. 죽제품竹製品을 통해 생계를 유지
했기 때문이다. 그런 까닭에 이곳 사람들은 대
나무를 살아 있는 금, 즉 '생금生金'이라 불
렀다. 우후죽순雨後竹筍이라는 말에서도 알
수 있듯이 대나무는 성장이 아주 빨라서
활용 가치도 아주 높았다. 이규보의 시
에서도 죽순의 모습을 볼 수 있다.

청자양각죽절문병, 고려 12세기, 국보 169호,
리움미술관 소장.

나무
사전 : 벼과 | 왕대

「죽순竹筍」

묻노니 네가 하늘 높이 치솟을 뜻이 있었을 것인데問渠端有干宵意

무슨 일로 담장 틈바구니에 가로질러 돋아났나何事橫穿壁罅生

하루 속히 백 척의 높은 대나무로 자라서速削琅玕高百尺

사람들이 삶아 먹으려는 것에서 벗어나기 위함이라네免敎饞客一求烹

일본의 작자 미상의 호랑이와 대나무 그림. 흔히 신의 강림처로 불리는 대나무는 곧 신성한 나무로 인식된다. 특히 죽림에는 영수靈獸인 호랑이가 사는 것으로 믿어 호랑이와 대나무는 쌍을 이루어 그림에 등장하곤 한다.

중국에서도 대나무는 아주 귀한 존재였다. 특히 소수민족인 이족彝族, 고산족인 아미족雅美族과 토산족土山族은 대나무가 타면서 나는 소리에서 사람이 태어난다고 생각했다. 이족의 선조는 대나무가 폭발할 때 튀어나온 원숭이가 변한 것이고, 아미족의 선조는 대나무와 거석巨石에서 탄생한 여자와 남자가 혼인해서 낳았다. 창세신이 대나무로 만든 골격이 변해서 생긴 토산족의 선조는 최초의 인류다. 특히 이족 최초의 인간이 대나무가 폭발할 때 탄생한 신화는 오늘날까지 중국인들이 결혼, 출생, 명절, 경축일 등과 장례때 즐겨 사용하는 폭죽과 깊은 관련이 있다. 폭장爆仗 · 포장炮仗 · 편포鞭炮 등으로 불리는 폭죽은 2000년의 역사를 지니고 있지만, 그 기원은 조정에서 사용한 횃불인 정료庭燎로 보고 있다. 중국인들은 불이 잘 붙고 오래가는 대나무의 특성을 이용하여 횃불을 만들었다. 이러한 풍속은 죽통 안의 공기가 팽창하여 폭발하는 소리가 악귀를 쫓는다는 믿음에 근거한다.

대나무를 인간의 탄생과 관련해서 이해하고 있는 이족 등의 신화는 그 주요 산지인 운남雲南 · 귀주貴州 · 광서廣西 등지에서 쉽게 찾아볼 수 있다. 이곳에 죽왕竹王을 숭배하는 죽왕묘竹王墓 등의 풍속이 남아 있는 이유는 대나무가 주요 생계 수단인 것을 넘어 신비스러운 요소를 지니고 있었기 때문이다. 중국 동진東晋 도교신들의 계시를 집대성한 『진고眞誥』에 따르면, 대나무는 북두칠성의 정기를 받았기에 둥글면서 안은 비고 윤이 나며, 땅속에 있을 때 깨끗하고 흰 자질을 기르고 뿌리를 뻗어 열매를 맺으면 휘어지는 것이다.

대나무에서 인간이 탄생한 것은 나무의 존재가 신령스러움을 뜻한다. 이 나무로 만든 피리 역시 신비스러운 힘을 갖고 있다. 마술을 부릴 경우으레 피리가 등장하는 것도 그 소리가 갖는 신통력 때문이다. 우리나라에도 피리 소리가 지니고 있는 신통력에 관한 이야기가 전해진다. 대나무로 만든 피리를 불면 쳐들어왔던 적군도 물러나고, 질병이나 가뭄, 폭풍도 사라진다는 만만파파식적萬萬波波息笛, 즉 만파식적의 전설이 바로 그것이다. 이 피리는 신라 제31대 신문왕神文王(재위 681~692)이 아버지 문무왕을 위하여 감은사感恩寺를 지은 후 용에게 받았는데, 이것을 불면 소원이 이루어지므로 국보로 삼았다고 한다(『삼국유사』).

중국 호남에는 애절한 사랑으로 태어난 대나무도 있다. 호남성 동정호洞庭湖 지류인 소강과 상강의 얼룩무늬 대나무, 즉 소상반죽瀟湘斑竹이 그 주인공이다. 이곳의 대나무는 지구상에서 하나밖에 없을 뿐 아니라 얼룩무늬의 원인조차 파악할 수 없을 만큼 신비스러운 나무다. 더욱이 이 대나무는 애절하면서도 슬픈 사랑을 담고 있다. 요堯 임금은 아들에게 왕위를 물려주지 않고 농사꾼이었던 순舜에게 아황娥皇과 여영女英이라는 두 딸과 함께 왕위를 물려주었다. 요 임금에게 왕위를 물려받은 순 임금은 집에조차 제대로 들어갈 수 없을 정도로 치수사업治水事業에 심혈을 기울였다. 그러나 순 임금의 아내 아황과 여영은 남편이 오랫동안 돌아오지 않자 남편을 찾아 길을 나섰다. 그러던 중 두 비는 남편이 죽어 군산君山의 창오蒼梧에 묻혔다는 청천벽력과도 같은 소식을 들었다. 이에 두 비는 절망한 나머지 주야로 통곡하다 그만 상수湘水에 몸을 던져 죽었다. 이후 두 비의 피눈물이 대나무 숲에 튀어 군산君山의 대나무들은 모두 얼룩대나무로 변했다고 한다. 군산에는 굴원屈原이 지은 우제이비지묘비虞帝二妃之墓碑가 있다.

우리나라에도 비슷한 이야기가 전한다. 『신증동국여지승람』 권35 「영암군靈巖郡」에 따르면, 신라 말 풍수학의 대가였던 도선道詵(827~898)의 어머니 최씨가 마당에 열린 오이를 먹고 임신하여 도선을 낳았다. 최씨의 부모는 딸이 남자와 관계도 없이 아이 낳은 것을 미워하여 아이를 대나무 숲에 버렸다. 그런데 비둘기가 와서 아이를 날개로 덮어주자 최씨의 부모가 다시

대나무 지팡이를 짚고 바위에 앉아 생각에 잠긴 노인을 그린 중국 그림. 오래전부터 대나무는 가볍고 단단해 최고급 지팡이의 재료로 널리 애용되었다.

그 아이를 거두어 길렀다. 『삼국유사』 「기이편」에도 대나무와 관련한 기이한 내용이 실려 있다. 신라 유례왕儒禮王 13년에 이서국伊西國의 군대가 금성金城을 침공했으나 막을 방법이 없었는데, 때마침 대나무 잎으로 귀걸이를 한 군대가 적을 무찔렀다. 군대가 물러간 뒤에는 병사들이 어디로 갔는지 알 수 없었다. 다만 대나무 잎이 미추왕味鄒王의 능 앞에 쌓여 있었기에 이 능을 죽현능竹現陵이라 한다.

중국 사천의 촉남죽해蜀南竹海, 귀주의 노장죽해老場竹海, 절강의 안길죽해安吉竹海, 호북의 함안죽해咸安竹海가 대나무로 유명한 곳이다. 대나무 전문서도 적지 않다. 진晉나라의 대개지戴凱之는 『죽보竹譜』를, 송나라 스님이었던 찬녕贊寧은 『순보筍譜』를 편찬했다.

사천대학 옆 망강루望江樓 공원은 당대의 여류 시인이자 기생이었던 설도薛濤의 이야기를 품고 있다. 장안 출신이었던 설도는 아버지를 따라 사천에 왔으나 아버지가 일찍 죽자 악기樂妓가 되었다. 그녀는 대나무를 아주 좋아해 수많은 대나무를 심었는데, 현재 남아 있는 것만 130종이 넘는다고 한다. 그런 까닭에 망강루 공원을 대나무 공원이라 부른다. 사천이 대나무의 고장임은 이곳 출신인 소동파가 "식사할 때 고기가 없어도 사는 곳에 대나무가 없어서는 안 된다"고 한 말에서 확인할 수 있다.

대나무의 다른 이름은 '차군此君'이다. 이는 중국의 서성書聖 왕희지의 아들이 대나무를 아주 좋아해 남의 집에 잠시 기거할 때마다 대나무를 심도록 하면서 "어찌 하루라도 이분此君이 없을 수 있겠는가?"라고 한 데서 유래했다. 남명 조식의 시에서도 그 모습을 확인할 수 있다.

「종죽산해정種竹山海亭」

대나무가 외로운가, 외롭지 않은가?此君孤不孤

소나무와 이웃이 되었네聲未則爲隣

풍상 치는 때 보려고 하지 말게나莫待風霜看

살랑거리는 모습 속에 참된 뜻 보겠네湆湆這見眞

북쪽 사람들은 대나무를 구경하기 어렵다.『동방견문록東方見聞錄』의 저자인 마르코 폴로도 원나라에 와서야 대나무를 처음 보았다. 그는 원나라 황제의 별장이 있었던 상도上都의 대나무 궁궐에서 제5대 쿠빌라이 칸Khubilai Khan(재위 1260~1294)과 처음 만났다.

대나무 중에는 『양화소록』에 등장하는 오반죽烏班竹이 있다. 강원도 강릉의 오죽헌烏竹軒에도 오죽이 살고 있으며, 효자나무로 알려진 맹종죽孟宗竹도 있다. 이 나무에 관한 전설이 전한다. 중국 삼국 때 효자로 알려진 맹종은 어머니가 죽순 나물을 먹고 싶다고 하자 겨울에 대밭에 가서 슬피 우니 그곳에서 때 아닌 죽순이 돋아났다고 한다. 맹종죽은 죽순대라고도 부르는데, 고려시대 이제현은 맹종죽에 관한 시를 남겼다.

「맹종동순孟宗冬笋」

눈 속에 새 죽순 울 밑에 돋아雪中新笋宅邊生

정성껏 캐어다가 어머니를 봉양했네摘去高堂慰母情

자손들의 효성이 지극하다면但使子孫能盡孝

하늘땅이 감동함이 틀림없으리乾坤
感應自分明

대나무와 관련하여 조선시대에 염매
魘魅라는 괴이한 짓이 있었다. 남의 집
어린애를 유괴해서 가두고 고의적으로
굶기면서 겨우 죽지 않을 정도만 먹인
다. 때로 맛있는 음식만을 조금씩 주는
데 결국 얼마 지나지 않아 살이 빠지고
바싹 말라서 거의 죽게 될 정도에 이른
다. 아이가 먹을 것만 보면 달려드는
지경에 이르면 죽통竹筒에다 좋은 반찬
을 넣어놓고 아이를 꾀어서 대통 속으
로 들어가도록 한다. 아이는 맛있는 음
식을 보고 배불리 먹을 생각으로 발버
둥 치면서 죽통을 뚫고 들어가려 한다.
이럴 때에 날카로운 칼로 아이를 번개
처럼 빨리 찔러 죽인다. 그래서 아이의
정혼精魂이 죽통 속에 뛰어든 후에는,
죽통 주둥이를 꼭 막아 들어간 정혼이
바깥으로 나오지 못하게 만든다.

그런 다음 그 죽통을 가지고 부잣집
들을 찾아다니면서 좋은 음식으로 아
이의 귀신을 유인하여 여러 사람에게
병이 생기도록 한다. 오직 이 아이의

귀신이 침범함에 따라 모두 머리도 앓고 배도 앓는다. 그래서 병자들이 낫게 해달라고 요청하면 아이의 귀신을 끄집어내서 앓는 머리와 배를 낫도록 만들어주는데, 그 대가로 돈과 곡식을 많이 받았다. 이것을 세속에서 염매라고 불렀는데 염매를 범한 죄인에게는 조정이 나서서 엄격히 중벌을 가했으며 사면敕令도 주어지지 않았다.

대나무는 이대, 조릿대산죽, 섬조릿대, 제주조릿대 등 그 종류가 다양하다. 거북등을 닮은 구갑죽도 있다. 최고급 지팡이를 만드는 도죽桃竹도 유명하다. 도죽은 『이아』에 "대나무 이름 중에 네 치 되는 곳에 마디가 있는 것이 도지죽桃枝竹"이라는 기록이 나온다. 두보의 시에도 등장한다. "뿌리까지 베어 껍질을 깎으니 붉은 옥 같구나斬根削皮如紫玉"라는 것이 그것이다. 붉은 대나무는 흔치 않다. 도죽은 중국 사천성의 한 고을인 재동梓潼의 특산품이었다. 그런데 이 도죽의 가장 큰 특징은 다른 대나무와는 달리 속이 꽉 찼다는 점이다. 보통 대나무는 가볍고 날렵해서 힘없는 노인들이 들고 다니는 지팡이에 적합했으나 잘 부러진다는 약점이 있었다. 도죽은 이런 한계를 뛰어넘었다. 색깔도 아름답고 가벼우며 단단하기까지 했으니 철쭉으로 만드는 척촉장躑躅杖처럼 기이하게 아름다운 지팡이도 도죽장을 따라가지는 못했다. 이에 도죽은 큰 바다의 자라 등껍질이 떠받치고 있다는 오산鰲山에서 자라는 신령스러운 나무로 신화화되기도 했다.

중국 원대의 관찬농서를 고려 때 이암이 도입한 『농상집요』에 실린 대나무 재배법에서 눈길을 끄는 것을 요약하면 다음과 같다.

대나무의 특성은 서남쪽으로 뻗는 것을 좋아하기 때문에 정원의 동북쪽 모퉁이에 심는다. 여러 해가 지난 뒤에는 저절로 정원에 가득해진다. 속언에 이르길 '동쪽 집에서 대나무를 심고 서쪽 집에서 밭을 다스린다' 하였다.

대나무가 무성하게 만연해 자라기 때문이다. 대나무를 동북쪽 모퉁이에 심을 경우에는 노쇠한 대나무를 심어도 자라지 않는다. 혹 자란다 해도 무성해지지 않는다. 때문에 반드시 서남쪽으로 뻗은 어린 죽순을 캐야 한다. 쌀겨나 보릿겨로 거름한다. 두 종류의 겨는 각각 좋은 거름이니 섞어 쓰지 않는다. 물을 줄 필요가 없다. 물을 주면 대나무가 물에 잠겨 죽는다. 3월에 담죽순을 먹고 4~5월에는 고죽순을 먹는다. 『임지志林』에 이르길 '대나무는 암수가 있다. 암대나무는 순이 많기 때문에 대나무를 심으려면 항상 암대나무를 골라야 한다. 만물은 음양에서 벗어나지 못함을 어찌 믿지 않겠는가. 대개 암수를 식별하려면 뿌리 위 첫번째 가지를 살펴보아야 한다. 쌍가지가 있는 것이 암대나무이고 홑가지인 것이 수대나무라 하였다. 대나무는 꽃이 피면 순식간에 말라 죽는다. 꽃이 피고 결실하면 피稗와 비슷하니 이를 죽미竹米라고 한다. 대나무 한 그루가 이와 같으면 오래 지나 온 숲이 다 그렇게 된다. 그것을 방제하는 방법은 처음 죽미가 생길 때 장대가 약간 큰 것을 골라 뿌리에서 3자 정도 되는 곳을 잘라내어 그 마디를 통하게 하고 거름을 채워주면 멈춘다.

『쇄쇄록瑣碎錄』에 이르길 '죽순 뻗게 하는 법은 울타리를 치고 살쾡이나 고양이를 담장 아래 묻으면 이듬해 죽순이 저절로 솟아 나온다' 고 하였다.
　대나무를 삼복 안이나 납월(음력 섣달) 중에 베어낸 것은 좀이 슬지 않는다. 또 혈기일血忌日에 베어낸다고도 한다.

죽계독역도竹溪讀易圖, 우지정, 중국 청대. 대나무 아래에서 『역경』을 읽다.

: 버드나뭇과

버드나무 *Salix koreensis* Andersson

거꾸로
꽂아도
산다

갈잎 큰 키 버드나무의 학명은 크게 버드나무 속屬의 살릭스*salix*와 사시나무 속의 포푸루스로 나뉜다. 전자는 주로 북반구 온대에 살며 우리나라에는 300여 종이 있다. 후자도 주로 북반구 온대에 살며 우리나라에는 40여 종이 있다. 버드나무는 '버들'로 줄여 부른다. 한자는 크게 두 가지로 류柳와 양楊이다. 때로는 양은 능수버들을, 류는 능수버들을 제외한 버드나무를 의미한다는 주장도 있지만 꼭 그렇지는 않다. 오히려 류가 능수버들을 의미할 때도 있으며 둘을 동시에 사용한 예가 적지 않다. 우리나라의 버드나무楊柳에 관한 최초의 기록은 『삼국사기』 백제 무왕 35년(634) 춘삼월 "궁궐의 남쪽에 못을 파고 20여 리 물을 끌어 사방의 언덕에 버드나무를 심었다"는 내용이다.

스웨덴의 식물학자 안데르손Andersson(1821~1880)이 붙인 학명에서 버드나무의 특성을 알 수 있다. 그중 살릭스*salix*는 '가깝다'를 뜻하는 켈트어 '살*sal*'과 물을 뜻하는 '리스*lis*'의 합성어다. 이는 이 나무가 물가에서 잘 자람을 알려준다. 또 코레엔시스koreensis는 원산지가 한국이라는 뜻이다. 버드나무의 또다른 특징은 강인한 생명력에 있는데, 이를 상징하는 말이『본초강목』의 구절 "양류는 세로로 두든 가로로 두든 거꾸로 꽂든 바로 꽂든 모두 산다"이다. 이 말은 원래 전국시대 장자와 같은 철학자였던 혜자惠子가 했던 말인서데 원문에서는 "분질러서 심어도 또한 살아난다折而樹之又生"는 구절과 함께 훨씬 뉘앙스가 강하다. 혜자의 말은『전국책』에 실려 있다. 아무튼 이와 관련하여 "거꾸로 심은 것은 수양버들이 되었고, 모로 심은 것은 와류臥柳가 되었으며, 똑바로 심은 것은 직류直柳가 되었다"는 말도 전해온다.『삼국사기』에는 나해왕 3년(198)에 시조묘 앞에 엎드려 있던 와류가 스스로 일어나고, 첨해왕 7년(252)에는 금성 남쪽에 있던 와류가 스스로 일어나 상서롭게 보았다는 기록이 있다.

옛날에 이별할 때 버드나무를 꺾어주었던 것도 강인한 생명력 때문이었다. 최경창崔慶昌(1539~1583)의 「절양류折楊柳」와 이제현의 「제위보濟危寶」, 이백李白(701~762)의 「춘야낙성문적春夜洛城聞笛」, 왕유의 「맹성요孟城坳」, 구양수의 「별저別滁」에서도 버드나무의 운치를 엿볼 수 있다.

「절양류折楊柳」

버들가지를 꺾어서 천 리 머나면 님에게 부치오니折楊柳寄與千里人
뜰 앞에다 심어두소서 날인가 여기소서爲我試向庭前種
하룻밤 지나면 새잎 모름지기 돋아나리니須知一野新生葉
초췌한 얼굴 시름 쌓인 눈썹은 이내 몸인가 알아주소서憔悴愁眉是妾身

이 그림이 표현하고자 한 것은 과연 버드나무에 묶은 흰 말일까. 그렇다면 너무 김새는 일이다. 화면에는 보이지 않지만 말을 묶어두고 어딘가로 사라진 이가 있다. 훈풍이 불고 이파리가 돋아난 것이 5월쯤 돼 보인다. 안장이 없는 걸로 봐서는 여행객도 아닌 듯하다. 아마 일하는 아이가 주인의 말을 목욕시킨다는 핑계로 물가에 나와 여자 친구를 만나고 있는지도 모른다.

「제위보濟危寶」

빨래하던 시냇가 버드나무 아래서浣紗溪上傍垂楊
말 탄 님과 손잡고 정을 속삭여執手論心白馬郎
처마 끝에 주룩주룩 석 달 장마도縱有連簷三月雨
내 손끝의 님의 향기 씻지 못해요指頭何忍洗餘香

「춘야낙성문적春夜洛城聞笛」

어느 누가 부는 옥피리 소리 은은히 들려와誰家玉笛暗飛聲
그 소리 봄바람 타고 낙양거리 곳곳에 울린다散入春風滿洛城
이 밤의 곡조 중 이별가인 절양류의 곡조에 있으매此夜曲中聞折柳
그 어이 고향 생각 일으키지 않을 사람 있으랴何人不起故園情

「맹성요孟城坳」

새로 집을 맹성 입구에 세웠나니新家孟城口
고목은 남아 늙은 버드나무 있도다古木餘衰柳
내 뒤에 와 집주인 될 이 누구뇨來者復爲誰
그도 옛 주인 누구냐고 슬퍼하겠다空悲昔人有

「별저別滁」

꽃빛 짙게 무르익고 버드나무 가벼운데花光濃爛柳輕明

청자철화유문정병, 고려 13세기,
일본 네이라쿠미술관 소장.

나무
사전

: 버드나뭇과 | 버드나무

꽃 앞에서 술 따르며 나의 떠나는 길 송별하도다酌酒花前送我行

나는 또 잠시 평시처럼 취할 테니我亦且如常日醉

관현악기로 이별 노래 연주하지 말도록 하라莫教弦管作離聲

바빌론에 유배되어 있던 이스라엘인들도 '바벨론의 물'인 유프라테스 강의 둑을 따라 자라고 있는 버드나무에 거문고를 걸어놓고 고향을 생각하면서 슬픔에 겨워 눈물을 흘리곤 했다.

중국에서는 버드나무를 가로수로도 심었다. 이른 시기부터 그러했지만 특히 송대에 이르러 본격적으로 심었다. 당나라 곽진郭振의 「자야춘가子夜春歌」, 한유韓愈(768~823)의 「버드나무 길柳巷」에서 이를 확인할 수 있다.

「자야춘가子夜春歌」

길가의 수양버들 가지에는陌頭楊柳枝

벌써 봄바람이 불게 되었네已被春風吹

제 마음은 정말 끊어질 듯하지만妾心正斷絶

그대 생각 어떻게 알 수가 없으리오君懷那得知

「류항柳巷」

버드나무 길에는 버들꽃 바람에 날리고柳巷還飛絮

봄도 이제 남은 날 많지 않았나보다春餘幾許時

직원들이여, 잠시 사무 보고는 미루어주게나吏人休報事

나는 지금 가는 봄을 보내는 시를 지으려 하네公作送春詩

『낙파필희』 중 2첩, 이경윤, 지본수묵담채, 37×27cm, 경남대박물관 소장.

撥鬚覓詩若驅兒
身窮露柳風吹不
覺忘却橋西東

"버드나무에 바람 쌩쌩 불어대고 / 굽어도는 시내는 멈추었다 다시 흐르네 / 나귀는 초라하고 거문고도 작은데 / 수염을 하도 비벼대어 끊어지려 하네 / 새로운 시를 몇 수나 읊었나 / 시냇가 벗이 다리 서편에 있음을 알겠구려." (유몽인)

버드나무는 때론 관아官衙에 심기도 했다. 조선 초 무관이었던 최윤덕崔潤德(1376~1445)이 안주安州를 지킬 때 관아 남쪽에 버드나무 수만 그루를 심었다. 이는 안주의 터를 보이지 않게 하기 위함이었지만 수재를 막기 위한 조치이기도 했다. 이에 최윤덕이 돌아간 후 사람들이 그의 덕을 기려 그 버드나무를 아꼈다. 더욱이 이곳 사람들은 향약을 만들어 버드나무 가지를 베는 사람이 있으면 벌했다. 이런 전통은 몇 세대까지 이어져 사람들은 그를 감당甘棠에 비유했다.

중국 한대의 『춘추위春秋緯』에 따르면 버드나무楊柳는 분墳 없는 서민들의 무덤에 심었다. 이 나무는 또한 사악한 기운을 제거하는 벽사력辟邪力을 지니고 있었다. 이런 예는 『제민요술』의 "정월 초하룻날 아침에 버드나무 가지를 꺾어 문간에 달아두면 백 가지 귀신이 들어오지 못한다"고 한 데서 확인할 수 있다. 우리나라에서도 오월의 버드나무 가지를 꺾어 문 위에 걸어두면 사악한 귀신을 물리친다는 설이 있다. 사람들이 이렇게 생각한 것은 이 나무가 음을 물리칠 만한 양기를 가진 점, 잎 가장자리에 톱니가 있는 점, 그리고 강인한 생명력 때문이다. 옛날 궁궐에서도 청명淸明과 한식寒食 때 버드나무를 꺾어 불을 지폈다. 이것 역시 벽사의 기능을 가진 버드나무를 태워 악귀를 없애고 새봄을 맞이하려는 뜻이다.

『한서漢書』「서역전西域傳·선선국조鄯善國條」에 따르면, 버드나무는 타클라마칸 사막 동쪽 누란국의 성스러운 나무였다. 주몽의 어머니 유화柳花 부인이 물의 신 하백河伯의 딸이라는 점도 이 나무를 신령스럽게 여겼기

버드나무 검, 길이 35.3cm, 조선시대.

: 버드나뭇과 | 버드나무

때문이다. 만주족에게 버드나무는 천지개벽 및 인간 창조의 여신이었다.
이 지역의 모든 신은 여성이다. 만주지역 최초의 신인 아부카허허의 아부
카는 하늘, 허허는 여인이지만 이것은 곧 여성의 성기와 버드나무를 의미
한다. 만주족에게 버드나무는 하늘의 일과 땅의 일에 통달한 하늘나무였
다. 흉노족은 매년 용성에서 버드나무 가지를 세워 만든 제단에서 제사를
지냈다.

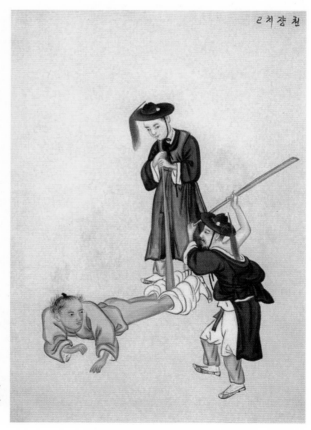

버드나무는 옛날에 죄인들
에게 태형을 치는 곤장을
만드는 데도 사용되었다.

유지관음상. '양류관음상' 또는 '유지관음상'은 병고를 덜어주는 관음으로서, 자비심이 많아 중생의 소원에
응하여주는 것이 마치 버들가지가 바람에 나부끼는 것과 같다는 데서 온 말이다.

중국 명나라의 우구가 그린 수양버들 아래의 미인도. 이처럼 흔히 버드나무는 예로부터 아름다운 여인의 상
징으로 여겨져왔다.

: 버드나뭇과

능수버들 *Salix pseudo-lasiogyne* Léveillé

천안 삼거리
흥~
능소야 버들은
흥~

식물에서 '능수'는 가지가 축 처진 상태를 말한다. 갈잎 큰 키 능수버들도 이 나무 가지가 축 처져서 생긴 이름이다. 우리나라에서는 능수버들과 유명한 천안 삼거리에 다음과 같은 전설이 전한다.

옛날 한 홀아비가 능소緣紹라는 어린 딸과 가난하게 살다가 변방의 군사로 뽑혀갔다. 그는 천안 삼거리에 이르자 어린 딸을 더이상 데리고 갈 수가 없어 주막에 딸을 맡겨놓기로 했다. 그러고는 버드나무 지팡이를 땅에 꽂고 딸에게 이르기를 '이 나무에 잎이 피면 다시 이곳에서 너와 내가 만나게 될 것이다'라고 했다. 그후 어린 딸은 곱게 자라 기생이 되었으며, 미모가 뛰어난 데다 행실이 얌전하여 이름이 널리 알려졌다. 마침 과거를 보러 가던 전라도 선비 박현수와 인연을 맺었고 서울로 간 그는 장원급제하여 삼남어사가 되었다. 박어사는 임지로 내려가다가 이곳에서 능소와 다시 상봉하자 '천안 삼거리 흥, 능소야 버들은 흥'이라 노래하고 춤추며 기뻐했다. 마침

전쟁에 나갔던 아버지도 살아 돌아와 능소와 다시 만날 수 있었다. 그래서 이때부터 이곳의 버드나무를 '능소버들' 또는 '능수버들'이라 불렀다.

천안 삼거리의 능수버들은 경기민요에 등장한다. 축 늘어진 능수버들은 마치 실과 같아 정약용도 이를 실에 비유했다.

「수류隨柳」

늘어진 수많은 버들가지楊柳千萬絲
가지마다 푸르고 싱그럽구나絲絲得青春
늘어진 실가지 봄비에 젖으면絲絲露好雨
사람의 마음을 흔들어 놓는구나絲絲惱殺人

능수버들을 비롯한 버드나무류의 특징 중 하나는 솜털에 있다. 버드나무 꽃에 달려 있는 하얀 털을 유서柳絮 혹은 유화柳花라 불렀다. 문학작품에는 유서와 유화를 읊은 시가 적지 않다. 유득공柳得恭(1749~1807)의 「수표교水標橋」도 그중 하나다.

「수표교」

맑고 시원한 동풍 하늘에 가득하고澹蕩東風來萬天
청령교 밖 버들은 아리땁네蜻蛉橋外柳嬋娟
어여쁘다 유유히 나는 버들솜可憐如此悠楊絮
반쯤은 부평초처럼 둥둥 떠다닌다네半花浮萍泛泛然

오누이, 윤덕희, 18세기, 견본담채, 20×14.3cm, 서울대박물관 소장.

어쩌면 수양버들은 수나라 양제의 이름에서 비롯됐는지도 모른다. 수 양제는 운하를 만들었던 사람으로, 운 하의 둑에 버드나무를 심게 했으며, 이후 나라가 망한 다음에는 몇 그루의 버드나무만 남겨졌다고 한다.

프랑스의 식물학자 르베이르léveillé(1853~1918)가 붙인 학명에는 능수버들 만의 특징을 언급한 내용은 없다. 속명은 버드나무와 같고, 종소명 프세우 도-라시오기네pseudo-lasiogyne는 '종과 비슷한'을 뜻한다.

버드나무 중에는 능수버들과 아주 닮은 수양버들이 있다. 능수와 수양 을 구분하는 방법 하나는 가지의 색깔을 보면 된다. 능수버들의 가지는 황 록색인 반면, 수양버들은 적갈색이다. 현재 우리나라에서 흔히 볼 수 있는

나무
사전
: 버드나뭇과 | 능수버들

것은 능수버들이다. 수양버들의 수양垂楊도 '늘어진 버드나무'라는 뜻이다. 이런 예는 중국 왕사진王士禛(1634~1711)의 「홍교절구紅橋絶句」에서 확인할수 있다.

「홍교절구紅橋絶句」

배가 홍교로 들어가니舟入紅橋路
수양버들 바람결 따라 면면이 휘어지고垂楊面面風
넋 잃은 혼 굽이굽이 흐르는 물은銷魂一曲水
옛날처럼 수양제의 궁궐을 휘감아 도네終古傍隋宮

이 나무의 이름이 수나라 양제煬帝(569~618)에서 유래했다는 설도 있다. 수양제는 황하와 회수淮水를 연결해서 운하를 만들었던 사람이다. 그는 운하의 둑에 버드나무를 심도록 했는데, 그래서 붙여진 이름이 수양버들이다. 그러나 나라가 망한 후에는 변수汴水와 몇 그루의 버드나무만 남아 있었다. 당나라 시인 유우석의 「양류지사楊柳枝詞」에서 그 장면을 느낄 수 있다.

「양류지사楊柳枝詞」

양제의 행궁이 있는 변수의 물가에煬帝行宮汴水濱
남은 몇 그루 버들이 봄을 이기지 못하고數枝殘柳不勝春
해 저무는데 바람 일어나니 눈 같은 버들꽃晚來風起花如雪
행궁으로 날아들지만 사람은 자취조차 없구나飛入宮墻不見人

: 버드나뭇과

왕버들 *Salix glandulosa* Seemann

구멍에서
불이
비치는
나무

　　갈잎 큰 키 왕버들은 버드나무 중에서 아주 크다는
뜻이다. 제만Seemann(1825~1871)이 붙인 학명 중 종소명 글란둘로사glandulosa는
'선모腺毛가 있는'이라는 뜻이다. 왕버들도 학명에서는 꽃 털을 강조하고
있다. 한자는 귀류鬼柳 혹은 하류河柳다. 특히 귀류는 이 나무의 특성과 관련
해서 붙여진 이름이다. 왕버들은 줄기가 굵고 몸집이 커서 다른 버드나무
에 비해 웅장하다. 이 나무가 오래 살면 줄기의 일부가 썩어서 큰 구멍이
생긴다. 어두운 밤에 이 구멍에서 종종 불이 비치곤 하며, 비오는 밤이면
불빛이 더욱 빛난다. 이는 목재 안의 인 성분 때문으로, 조상들은 이것을
귀신불이라 불렀다. 사람들은 왕버들에서 나오는 이러한 불빛을 도깨비들
이 움직이는 것으로 생각했다. 특히 비 오고 바람 부는 날이면 도깨비들이
왕버들 아래 모여 춤추고 장난친다고 믿어 이런 날 그 주변을 지나가는 것
을 몹시 무서워했다.

　　우리나라에는 천연기념물로 지정된 왕버들이 적지 않다. 그중 경상북도

성주군 성주읍 경산리의 성밖숲에는 59그루의 왕버들이 천연기념물(제403호)로 지정되어 있다. 성밖숲은 거대한 왕버들로 이루어진 마을 숲 중 대표적인 엽승厭勝 전통 숲이다. 이곳에는 다음과 같은 내용이 구전口傳한다.

조선 중엽 서문 밖의 마을 어린이들이 아무런 이유 없이 자주 죽었다. 그 이유는 마을 주변 족두리바위와 탕건바위가 서로 마주보고 있기 때문이었다. 지관이 중간 지점에 숲을 조성하면 재앙을 막을 수 있다고 말했다. 이에 토성으로 축성된 성주 읍성의 서문 밖 이천 변에 밤나무 숲을 조성했다. 그러나 임진왜란 후에 마을의 기강이 해이해지고 민심이 흉흉해지자 밤나무를 베어내고 왕버들을 심었다.

버드나무류는 물가에 자리를 잡기만 하면 잘 자란다. 물과의 친화력이 강해 허리쯤까지 물에 잠겨도 썩지 않고, 물이 왕버들의 키를 넘지 않기 때문이다. 오래된 왕버들의 둥치가 땅바닥을 기어 저수지로 향하는 구렁이를 닮았다.

: 버드나뭇과

용버들 *Salix matsudana* for. *toryuosa* Rehder

파마
머리를
한
버들

　　　갈잎 큰 키 용버들은 이 나무의 잎이 마치 용이 구름 타고 올라가는 모습 같아서 붙인 이름이다. 한자 또한 운용류雲龍柳, 용조류龍爪柳이다. 레더가 붙인 학명 중 종소명 마트수다나*matsudana*는 중국 식물을 연구한 일본인 '마쓰다 사다히사松田定久'를 의미한다. 또다른 종소명인 토르우오사*toryuosa*는 뜻이 분명치 않다. 세간에서는 용버들을 고수버들 혹은 파마버들이라 부르기도 한다.

: 버드나뭇과

갯버들 *Salix gracilistyla* Miquel

강가에
살아서
갯버들

갈잎 떨기나무인 갯버들은 강가에 살아서 붙여진 이름이다. '갯'은 물가를 의미하는 '포浦'를 가리켜, 이 나무의 한자도 포류蒲柳가 되었다. 네덜란드의 식물학자 미켈이 붙인 학명 중 그라킬리스틸라*gracilistyla*는 '가늘게 자라는 암술대'를 뜻한다. 잎보다 먼저 꽃이 피는 갯버들은 암수딴그루며, 뿌리 근처에서 많은 가지가 나오는 게 특징이다. 기다란 꽃 이삭을 흔히 '버들강아지'라 부른다. 옛날에 갯버들 가지로는 화살을 만들었다.

: 버드나뭇과
이태리포플러 *Populus euramericana* Guiner

이탈리아
미국
오랑캐

갈잎 큰 키 이태리 포플러는 지명에서 온 이름으로, 이탈리아에서 도입한 버드나무라는 뜻이다. 원산지는 캐나다로 알려져 있다. 포플러는 학명이기도 하다. 귀너Guiner가 붙인 학명 중 포풀루스 *populus*는 라틴의 고어다. 백양나무를 비롯한 버드나무를 의미하지만 인민이나 대중을 뜻하는 단어이기도 하다. 종소명인 에우라메리카나*euramericana*는 '유럽과 미국'을 뜻해, 이 나무가 이들 지역에서 많이 산다는 것을 알려준다.

이태리 포플러와 아주 유사한 나무가 미루나무*Populus deltoides* Marshall다. 미루는 미류美柳나무로도 표기하는데, 미국 버드나무라는 뜻으로 원산지를 가리킨다. 이태리 포플러는 잎의 길이와 너비가 미루나무보다 작다. 미국의 식물학자 마셜Marshall(1722~1801)이 붙인 학명 중 종소명 델토이데스*deltoides*는 '삼각형의'라는 뜻이다. 즉 이는 나뭇잎의 특징을 드러냈다.

중국에는 '사막의 포플러'로 불리는 '호양나무'가 있다. 호양胡楊은 오

랑캐 버드나무를 의미한다. 이 나무는 4000년 전 소하묘의 무덤에서 미라의 관이 발견되어 관심을 끌었다. 신강지역 주거지에 이 나무를 심은 것은 방풍과 풍광 때문이다. 이곳 사람들은 천산산맥에서 나오는 아주 귀한 물로 이 나무를 키울 만큼 소중히 여긴다.

버드나무 중 양버들*Populus nigra var. italica* Koehne은 미루나무보다 상대적으로 잎의 너비가 긴 게 특징이다. 가지가 위로 자라 마치 빗자루처럼 생겼기에 다른 버드나무와 쉽게 구분할 수 있다. 양버들의 '양'은 '서양'을 말한다. 독일의 식물학자 쾌헨Koehen(1848~1918)이 붙인 학명 중 니그라*nigra*는 '흑색의'라는 뜻이다. 이는 양버들의 껍질이 흑갈색으로 갈라지는 특징을 알려준다. 또다른 종소명 이탈리카 *italica*는 이 나무의 원산지가 이탈리아라는 뜻이다.

미루나무. 이태리 포플러는 미루나무를 닮았지만 잎이 미루나무보다는 작다.

: 갈매나뭇과

갈매나무 *Rhamnus davurica* Pallas

시인들이
사랑한 말과
침묵 사이

　　　　　　갈잎 떨기나무 갈매나무는 무슨 뜻인지 알 수 없
다. 한자는 서리鼠李로, 가지와 잎이 자두나무를 닮아서 붙인 이름이다. 러
시아의 식물학자 팔라스Pallas(1741~1811)가 붙인 학명 중 람누스Rhamnus는 '가
시 있는 떨기나무'를 의미한다. 이는 이 나무의 가지 끝이 가시로 변하는
특징을 드러낸 것이다. 또 다부리카davurica는 다후리아 지방으로 원산지를
가리킨다. 다른 한자로는 저리楮李, 서재鼠梓, 산리자山李子, 우리牛李, 조리皂
李, 조리趙李, 우조자牛皂子, 오사자烏槎子, 오소자烏巢子, 비椑 등이 있다.

　시인 안도현의 눈에는 갈매나무가 어떻게 비쳤을까?

　「그 드물다는 굳고 정한 갈매나무라는 나무」

　일생 동안 나무가 나무인 것은 무엇보다도 그늘을 가졌기 때문이라고 생각
해본 적이 있다

하늘의 햇빛과 땅의 어둠을 반반씩, 많지도 적지도 않게 섞어서

자기가 살아온 꼭 그만큼만 그늘을 만드는 저 나무가 나무인 것은

그늘이라는 것을 그저 아래로 드리우기만 할 뿐

그 그늘 속에 누군가 사랑하며 떨며 울며 해찰하며 놀다가도록 내

버려둘 뿐

스스로 그늘 속에서 키스를 하거나 헛기침을 하거나 눈물을 닦거나 성화를

내지 않는다는 점이 참으로 대단하다고 생각한 적이 있다

말과 침묵 사이, 혹은

소란과 고요 사이

나무는 저렇게

그냥 서 있다

아무것도 가지지 않은 듯 보이는

저 갈매나무가 엄동설한에도 저렇게 엄하기만 하고 가진 것 없는 아버지처

럼 서 있는 이유도

그늘 때문이다

그러므로 이제 빈한한 집안의 지붕 끝처럼 서 있는 저 나무를

아버지, 라고 불러도 좋을 것이다

때로는 그늘의 평수가 좁아서

때로는 그늘의 두께가 얇아서

때로는 그늘의 무게가 턱없이 가벼워서

저물녘이면 어깨부터 캄캄하게 어두워지던 아버지를

나무, 라고 불러도 좋을 것이다

나무
사전
: 갈매나뭇과 | 갈매나무

눈 내려 세상이 적막해진다 해서 나무가 그늘을 만들지 않는 것은 아니다

쓰러지지 않는, 어떻게든 기립자세로 눈을 맞으려는

저 나무가

어느 아침에는 제일 먼저 몸 흔들어 훌훌 눈을 털고

땅 위에 태연히 일획을 긋는 것을 보게 되는 날이 있을 터

: 갈매나뭇과

대추 *Zizyphus jujuba* var. *inermis* Rehder

계란만 한
것에서
익으면
하얀 것까지

갈잎 중간 키 나무인 대추는 한자 대조大棗에서 변한 이름이다. 조棗는 가시가 많다는 뜻이다. 반면 독일의 식물학자 레더가 붙인 학명 중 종소명 이네르미스*inermis*는 '가시가 없는'을 뜻한다. 아마도 학명을 붙인 사람이 보았던 대추나무는 중동산이기 때문일지 모른다. 대추나무도 종류가 아주 많다. 『이아』에 따르면 대추는 선洗을 뜻하는데, 이는 곧 열매가 굵음을 가리킨다. 중국 하동河東 의씨현猗氏縣의 대추는 크기가 계란만 했다.

『이아』에는 여러 종류의 대추를 언급하고 있다. 중국 강동江東에서는 대추가 크고 위가 뾰족한 것을 호壺라 했는데, 즉 박을 닮아 붙인 이름이다. 변요조邊要棗는 열매의 중간 부분이 가느다란 대추를 말하며, 녹로조鹿盧棗라 부르기도 했다. 열매가 익으면 하얀 것을 제檇, 즉 백조白棗, 신맛이 나는 대추를 이樲, 즉 멧대추라 불렀다. 『맹자』에 등장하는 이극樲棘이 바로 멧대추다. 제조齊棗로도 불리는 양철楊徹, 양조羊棗로도 불리는 준遵도, 전조塡棗로

이층책장, 17~18세기, 대추·은행·소나무,
108.5×36.2×88.5cm, 서울역사박물관 소장.

도 불리는 자煮, 고조苦棗로도 불리는 궤설蹶洩 등이 있었다. 고조는 열매가 쓴맛이 나서 생긴 이름이다. 대추 중에도 열매가 없는 석晳이 있었다. 원나라 때 유관柳貫이 편찬한 『타조보打棗譜』는 중국 최초의 대추 관련 전문 작품이다. 여기에는 73종의 대추 이름이 나온다.

대추는 다른 나무보다 싹이 아주 늦게 나는 게 특징이다. 그런 까닭에 느릿느릿한 양반에 빗대어 '양반나무'라 부른다. 대추는 약방의 감초처럼 한방에서 즐겨 사용하는데, 그 약효에 관한 이야기가 전한다.

중국 태원왕太原王이 젊었을 때 전쟁을 하다 낙오하여 이틀 동안 굶은 채 헤매다가 쓰러졌다. 꿈속에서 어린 동자가 나타나 누워 있지만 말고 어서 일어나 대추를 먹으라고 하는 소리에 깨어보니 옆에 대추가 있었다. 그는 이것을 먹고 기운을 차려 살아났다. 이때부터 대추를 하늘에서 신선이 내려준 것이라 믿었다.

『송남잡지』에는 다음과 같은 기록이 있다.

우리나라 편전便殿 앞에 대추나무가 한 그루 있었는데, 말 매는 말뚝으로 사용되자 갑자기 말라 죽었다고 한다. 마침 현종顯宗이 후사를 걱정하자 대추나무가 갑자기 꽃을 피웠고, 숙종肅宗이 탄생하였다. 이에 월암月巖이 시를 짓기를 '말을 매던 말뚝에 꽃이 피니, 이달에 달이 다시 둥글어졌네' 라고 했다. 대개 평범한 초목도 상서로움에 감응함이 있으니, 당나라의 상서로운 버드나무瑞柳와 송나라의 묶인 회나무紐檜에서 증명할 수 있다.

월암은 조선후기의 학자 이광려李匡呂의 호다. 이 같은 사실은『정조실록』에서도 확인된다. 정조 1년(1777) 7월 9일자 기사를 보면 정조가 존현각尊賢閣에 나아가 뜰 앞의 대추나무를 가리키며 "이 궁은 곧 원종元宗의 잠저潛邸였는데, 일찍이 이 나무에다 말을 매며 '계마수繫馬樹' 라고 이름했다. 해가 오래되자 나무가 말랐었는데 요사이에 어느새 곁가지에서 싹이 나와 길이가 담장을 벗어나게 되었으니, 상서로운 나무"라고 했다는 내용이 있다. 정조가 승하하고 존현각이 헐려 사라졌을 때 이 대추나무도 사라져버렸으리라. 참고로 인조의 계마수는 은행나무였다.

지봉 이수광은 흰 대추나무에 대한 기록을 남겼다. "내가 홍주洪州 부사府使로 있을 때, 관아의 문 밖에 백조白棗가 났다. 키는 다섯 치이고, 줄기는 깨끗하고 희었으며, 가지와 잎은 옥을 깎은 듯이 영롱하였다. 이때가 바로 무신년(1608) 선조宣祖의 초상 때였다" 라고 했다.

『신증동국여지승람』에도 경상도 삼가현三嘉縣에 살던 이름난 효자 정옥량鄭玉良을 기리는 사당 옆에서 "갑자기 흰 대추나무 일곱 가지가 나서 두어 자나 되더니 6년 만에 말라 죽었다"는 기록이 나오는 걸로 봐서 흰 열매가 열리는 대추나무는 사람의 죽은 영혼과 관련시켜 이해했음을 짐작할 수 있다.

대추는 제사에 빠지지 않고 올리는 과일이다. 여기에는 이 나무에 열매가 많이 달려 자손이 번성하라는 뜻을 담고 있기도 하고, 조상을 모시는 마음이 변치 않길 바라는 뜻도 있다. 대추는 붉게 익으면 변하지 않는 특성을 지니고 있다. 정월대보름과 5월 단오에 '대추 시집보내기'라는 행사도 있다. 이날에는 대추 가지가 둘로 갈라진 틈에 돌을 끼운다. 그리고 마을 아낙네들이 저마다 흩어져 큰 돌을 주워오면 마을에서는 이 가운데 가장 적절한 돌을 골라 상처가 날 정도로 빠지지 않게 나무에 꽉 끼운다. 가지가 갈라진 대추는 곧 여자요, 돌은 곧 남자다. 따라서 이는 남자와 여자의 결혼 같은 의식이다.

대추로 유명한 충북 보은에는 "삼복에 오는 비에 보은 처녀 눈물도 비 오듯 쏟아진다"라는 속담이 있다. 이는 삼복에 비가 오면 대추가 흉년이라서 이것으로 생계를 꾸리는 처녀들의 혼수품을 장만할 수 없기 때문에 생긴 속담이다. 중국 송나라 왕안석

王安石(1021~1086)의 「조부棗賦」에서는 대추의 이득 네 가지를 든다. 첫째 심은 해에 바로 돈이 되는 득, 둘째 한 그루에 많은 열매가 열리는 득, 셋째 나

떡메는 흔히 나무질이 단단한 대추나무로 만들어졌다.

무의 질이 단단한 득, 넷째 귀신을 쫓는 득 등이다. 대추는 나무질도 아주 단단해서 떡을 칠 때 사용하는 떡메, 달구지와 도장, 목탁과 불상 등 공예품에 사용했다. 벼락 맞은 대추로 도장을 만들면 나쁜 기운을 몰아내고 행

운을 가져온다는 속설도 있다.

　대추는 대표적인 구황식품이기도 했다. 『증보산림경제』에 "오래도록 먹으면 배고프지 않다. 김제현金提縣의 어떤 선비가 크고 기름진 솔잎을 따서 손가락 크기로 대추를 싸서 매일 서너 차례 잘게 씹어 먹으면서 곡식을 대신했다"는 기록이 나온다.

: 갈매나뭇과

망개나무 *Berchemia berchemiaefolia* Mak. Koidzumi

번식력
약하지만
싹 틔우면
잘 자라

갈잎 큰 키 망개나무의 뜻은 불분명하다. 나살배 혹은 멧대싸리로 부르기도 한다. 한자로는 조선구아차朝鮮勾兒茶다. 일본의 식물학자 고이즈미가 붙인 학명에는 나무의 특성을 알려주는 구체적인 정보가 없다. 속명인 베르케미아*Berchemia*는 18세기 네덜란드 식물학자 베르켐Berchout von Berchem에서 유래했다. 이는 이 사람이 망개나무 연구에 많은 영향을 줬음을 의미한다. 종소명 베르케미아이폴리아*berchemiaefolia*는 '베르케미아*Berchemia* 속의 잎과 비슷한', 즉 망개나무 속의 잎과 닮았다는 뜻이다. 망개나무 속은 31종이며, 아시아 동남부 및 온대에 분포한다. 우리나라에는 망개나무 1종이 자라며 중국, 일본 등에 드물게 자라는 희귀종이다.

국내에서 망개나무가 처음 발견된 것은 1935년이다. 원로 식물분류학자가 충북 보은의 속리산 법주사 앞에서 망개나무를 확인해 학계에 보고했다. 현재 속리산의 망개나무는 천연기념물 제207호로 지정되어 있다.

그 외에 괴산 사담리의 망개나무 자생지(제266호), 제원 송계리의 망개나무(제337호) 등이 모두 천연기념물로 지정돼 있다. 송계리 망개나무는 충북대학교 연습림 내에 있는데 나무 상태가 좋은 편이다.

망개나무는 바위틈에서도 잘 자랄 만큼 생명력이 강한 반면 번식력은 약하다. 씨를 함부로 뿌리지는 않지만, 한번 세상에 태어난 이상 꿋꿋하고 훤칠하게 일생을 살아간다. 하지만 망개나무의 껍질을 벗겨 먹으면 아들을 낳는다는 엉터리 속설 때문에 한때 멸종 위기에 처하기도 했다. 껍질을 벗기다보면 절대로 갈라지는 나무의 특성 때문에 망개나무로 만든 돗자리는 명품으로 인정받기도 했다. 이외에도 망개나무는 불에 잘 타는 특징이 있어 '멧대싸리'라 부르며 땔감으로 베였다. 또 1년이면 1미터 이상씩 미끈하게 자라는 가지는 농기구 써레의 살로 아주 적합해서 베이기도 했다.

망개나무 수난사는 이걸로 그치지 않았다. 2006년에는 속리산에서 자생하는 망개나무 수백 그루가 물에 잠길 뻔하기도 했다. 인근 저수지 공사 때문인데 보은군 자연보호협의회가 나서서 망개나무를 다른 곳에 옮겨 심은 후 공사를 진행해서 살아남을 수 있었다. 당시 옮겨 심은 망개나무 가운데 50여 그루는 수령 300년이 넘은 것들이다. 무언가 사라지고 있다는 사실은 안타까운 일이다. 아쉬운 대로 망개나무를 보호하기 위해 가로수로 심는 것은 어떨까. 쉽게 죽지 않기 때문에 공해에도 잘 견딜 것이고 가을이면 은행나무와 함께 우리의 가로수길을 노란색 물결로 만들 텐데 말이다.

사정이 이러한데 사람들은 청미래덩굴과 헷갈려 망개나무를 아주 흔한 나무로 착각하기도 한다. 이는 경상도를 비롯한 일부 지역에서 청미래의 열매를 '멍개' 혹은 '망개'라 부르면서 빚어진 오해로 두 나무는 생김새부

터 쓰임새까지 천양지차다. 청미래는 그야말로 덩굴식물이고 망개나무는 15미터 이상까지 자라는 큰 키 나무이기 때문이다.

미끈하게 자라는 망개나무는 그 쓰임새가 다양했는데, 특히 써레의 살로 아주 적합했다.

: 갈매나뭇과

헛개나무 *Hovenia dulcis* Thunbergii

열매가
달아서
새를 부른다

　　　　　　갈잎 큰 키 헛개나무는 호깨나무에서 변형된 이름
이다. 흔히 지구자枳椇子나무로 불린다. 지枳는 일반적으로 탱자나무를 말
하지만 호깨나무를 일컫기도 하며, 헛개나무는 여기서 유래했다. 툰베르
크가 붙인 학명 중 속명인 호베니아*Hovenia*는 네덜란드 선교사 호벤David v. d.
Hoven을 가리킨다. 이는 그가 헛개나무 연구에 큰 영향을 주었다는 뜻이다.
종소명인 둘키스*dulcis*는 '단甘', 즉 헛개나무에서 단맛이 난다는 뜻이다.
이 나무의 특징 중 하나는 한자 이름, 즉 지구자에 있다. 이는 열매를 강조
한 이름으로, 그것을 끓이면 단맛이 난다. 가지 역시 끓이면 단맛이 난다.

　청대의 식물사전인 『식물명실도고장편』에도 헛개나무를 과실 항목으로
분류하고 있다. 이러한 분류는 열매를 강조한 것이다. 이 나무의 열매가
달아서 새들이 많이 모여들었으며, 그 특성상 목밀木蜜, 즉 나무 꿀이라 불
렀다. 또 중국의 곤륜산 꼭대기에 있는 신선의 정원에서 나오는 배라는 뜻
으로 현포리玄圃梨라고도 했다.

　나무의 전체적인 모양새가 시원스럽고 단정하여 관상수로도 일품이고
줄기를 잘라보면 달콤한 향기가 난다. 목재는 질이 단단하고 치밀해 그
릇, 악기, 조각작품을 만들기 좋다. 헛개나무는 열매에 붙은 과경果梗(과육)
이 특이해 사람의 눈길을 끈다. 가지 끝에 붙은 꽃꼭지가 씨앗이 익을 무
렵에 살이 쪄서 울퉁불퉁한 모습이 되는데 마치 닭 발가락이나 산호를
닮았다. 그런 까닭에 민간에서는 이 나무를 '닭의 발톱'이라고 부르기도
했다.

　헛개나무는 아무래도 '약 이야기'로 풀어나가는 수밖에 없다. 세종대왕
때부터 약재의 명성이 높아 기록에 간혹 보이기 때문이다. 세종 조에 지은
『의방유취醫方類聚』를 보면 이런 이야기가 나온다. 마산 지방의 계영신이라
는 이가 키는 7척이나 되고 말술을 마시는 호탕한 사람이었는데 갑자기
소갈병消渴病에 걸려 온갖 약을 다 썼으나 효험이 없어 곧 죽게 되었다. 소

갈병은 오늘날의 당뇨다. 술을 많이 마셔 당뇨에 걸리면 기력이 쇠하기 때문에 기를 보하기 위하여 칡뿌리를 먹이는 일이 종종 있는데 이럴 경우 땀만 날 뿐 호전될 기미를 보이지 않는다. 그때 장립덕이라는 의원이 처방해 준 헛개나무 열매 달인 물을 먹고 곧 나았다는 기록이다.

헛개나무는 술꾼들이 집 안팎으로 심어야 하는 나무다. 중국 당대의 맹선孟詵이 지은 『식료본초食料本草』에는 "지구목(헛개나무)으로 집을 수리하다가 잘못하여 나무토막을 하나 술독에 빠뜨렸더니 술이 모두 물이 돼버렸다"는 기록이 나온다. 소송이라는 사람이 지은 『도경본초圖經本草』에서는 헛개나무로 서까래나 기둥을 삼으면 그 집에 술이 익지 않는다는 기록도 나온다. 그만큼 이 나무의 간 해독능력이 예로부터 뛰어났다는 말이다. 또한 이 책에는 헛개나무는 목심, 잎, 열매가 모두 숙취 해소 효과가 있지만, 간 기능을 보호하고 손상된 간을 재생시키는 효과는 열매에만 있다고 기록되어 있다.

: 녹나뭇과

녹나무 *Cinnamomum camphora* L. J. Presl

귀신을 쫓는 향기

늘 푸른 큰 키 녹나무의 '녹'이 무슨 뜻인지는 정확하지 않다. 아마 늘 푸르다는 뜻일지도 모른다. 한자는 장뇌목樟腦木, 향장香樟, 남楠·枏, 장수樟樹 등이다. 장뇌목은 이 나무의 가지·잎·뿌리를 수증기로 증류하여 기름을 얻기 때문에, 향장은 이 나무에서 향기가 나기 때문에 붙여진 이름이다. 녹나무의 향기는 귀신을 쫓는 힘이 있다고 하여 제주도에서는 해녀들이 물질하는 데 쓰는 도구를 녹나무로 만들고, 또 상처를 입으면 이 나무를 태워 그 연기를 상처에 쏘였다. 그러나 집 안에는 녹나무를 심지 않았다. 혹 제사를 지낼 때 녹나무의 향기가 귀신을 쫓아낼 수도 있기 때문이다. 프레슬Presl(1794~1852)이 붙인 학명 중 키나모뭄 Cinnamomum은 '계피桂皮'를 의미하는 그리스어다. 이는 '말다'를 뜻하는 '키네인cinein'과 '말할 수 없는'을 뜻하는 '아모모스amomos'의 합성어다. 속명에서는 이 나무의 향기를 강조했다. 중국에서 녹나무를 나타내는 한자로는 장樟과 남枏, 예장豫樟 등이 있지만 『본초강목』이나 청대 식물도감에는 다른 나무로 등장한다. 그러나 거의 같은 종류의 나무라고 할 수 있다.

녹나무의 한자 남楠은 주로 남방南方에서 사는 것과 무관하지 않다. 이 나무는 무엇보다도 목재 가치 때문에 사람들이 좋아했는데, 주로 배와 관을 만드는 데 사용되었다. 국내에서 처음 확인된 녹나무 목관은 비화가야의 고도인 창녕 송현동고분군 제7호분에서 나왔다. 그런데 이 관도 배를 재사용한 것으로 판명되었다. 이 나무는 나무의 방향芳香으로 썩지 않고 벌레가 먹지 않았기에 중국에서는 녹나무로 궁궐 기둥을 만들었다. 녹나무는 목질뿐 아니라 수형도 우수해 많은 사람들이 좋아했다. 조선시대 성현成俔(1439~1504)은 "뜰의 녹나무 푸른 그림자 드리우네庭枏敷翠影"라고 읊었으며, 남효온南孝溫(1454~1492)도 "위성류와 녹나무 사이로 바람 불어 잎마다 윙윙거리네風入檉枏葉葉鳴"라고 노래했다. 고려시대 박인량朴寅亮(?~1096)의 『수이전殊異傳』에는 다음과 같은 이야기가 전한다.

신라시대 최항崔伉에게 사랑하
는 첩이 있었다. 그러나 부모가
만나지 못하게 하여 볼 수 없었
다. 그런 지 몇 달 만에 최항이
갑자기 죽었다. 8일이 지난 후
밤에 최항이 첩의 집으로 갔다.
첩은 최항이 죽은 줄도 모르고
매우 기뻐하여 맞이했다. 이때
최항은 머리에 녹나무 가지를
꽂고 있었다. 그는 가지를 첩에

창녕 송현동고분군에서 발굴된 녹나무 목관.

게 주면서 "우리 부모가 너와 동거하는 것을 허락하셨기 때문에 왔다"고
했다. 그리고 드디어 첩과 함께 자기 집으로 돌아갔다. 최항이 담을 넘어 집
안으로 들어갔으나 새벽이 되어도 아무 소식이 없었다. 최항의 집안사람들
이 나가 첩을 보고 어찌 왔느냐고 묻자 그녀가 그간 일어난 일을 털어놓았
다. 그러자 최항의 집안사람들이 말하길 "최항은 죽은 지 8일째이다. 오늘
장례를 치르려 하는데 무슨 괴이한 일을 말하는가?"라고 했다. 이에 그 첩
이 말하길 "낭군이 어제 저에게 녹나무 가지를 나누어 꽂아주었으니 이것
을 가지고 입증해볼 수 있을 것이다"라고 했다. 첩의 말을 듣고 최항의 집
안사람들이 관을 열어 살펴보니 과연 그의 머리에 녹나무 가지가 꽂혀 있
고, 옷은 이슬에 젖어 있으며, 신발은 다 떨어져 있었다. 첩이 최항이 죽은
것을 확인하고 통곡하며 목숨을 끊으려 하자, 최항이 소생했다. 둘은 함께
20년을 살다가 죽었다.

: 녹나뭇과

육계나무

Cinnamommum loureirii Nees

약효
뛰어난
두꺼운 껍질

늘 푸른 큰 키 육계나무는 중국 원산이다. 육계肉桂
는 껍질이 두꺼워서 붙인 이름이다. 독일의 식물학자 네스Nees(1776~1858)가
붙인 학명 중 속명은 녹나무와 같다. 종소명인 로우레이리이loureirii는 인도
차이나의 식물을 조사한 로우레이로Loureiro를 가리킨다. 그가 이 나무를 연
구하는 데 큰 도움을 주었던 것이다. 그런데 계수나무 계桂가 들어가는 나
무 이름은 다소 혼란스러워 오해의 여지가 있다. 우리나라와 달리 중국에
서 말하는 육계Cinnamommum cassia Presl.는 이른바 계피桂皮로 사용하는 나무다.
체코의 식물학자 프레슬이 붙인 중국 육계의 학명 중 속명은 녹나무와 같
다. 종소명인 카시아cassia는 '계피'를 의미한다. 중국의 육계가 중국 사료
에 등장하는 계桂다. 그러나 '계'를 계수나무로 부르면 계수나뭇과의 계수
나무와 혼동할 여지가 있으므로 주의해야 한다. 계수나뭇과의 계수나무는
갈잎 큰 키 나무이며 일본 원산이다.

중국에서 말하는 육계, 즉 계수나무의 한자 '계'는 나무 중에서 가장 뛰

큰 키 계수나무는 여름엔
시원한 그늘이 되고 달밤
에는 운치를 자아냈다.
빽빽한 이파리 밑에서 여
유있게 쉬는 선비의 모습
이 아름답다.

어난 약재로 불린다. 계는 목木과 규圭를 합한 글자다. 규는 '홀' 을 의미한다. 홀은 옛날에 제후가 조회 때 손에 쥐는 위가 둥글고 아래가 모진 길쭉한 옥이다. 이 나무에 이러한 글자를 붙인 것은 다른 나무를 인도할 만큼 약효가 뛰어났기 때문이다. 우리나라 남쪽에서 정원수로 심고 있는 육계는 계피로 사용하지 않는다.

늘 푸른 큰 키 월계수Laurus nobilis L.는 지중해 연안이 원산지다. 이 나무로 올림픽 때 월계관을 만든다. 중국에도 월계수가 있었는데, 바로 달 속에 산다는 전설 속의 나무다. 간혹 목서를 계화桂花라 불렀다. 중국 원산의 갈잎 떨기나무인 월계화도 있다. 중국이나 우리나라에서 옛사람들이 언급한 계수나무가 무슨 나무인지 정확하게 알기란 쉽지 않다. 어쨌든 대부분 달 속의 계수나무를 상상하면서 시를 지었다.

조선전기 서거정의 『동인시화東人詩話』에 고려시대의 이공수李公遂(1308~1366)가 과거시험에 떨어진 뒤 계수나무를 소재로 삼아 지은 시가 실려 있다. 여기서 계수나무 한 그루는 곧 이공수 자신을 의미하는 것으로, 이는 과거에 낙방한 그의 의지와 희망을 피력한 것이다. 후에 그는 결국 장원급제하여 정승을 역임했다.

환한 해는 금빛 대궐에 빛나는데白日明金殿
푸른 구름은 오두막에서 일어나누나靑雲起草廬
광한전의 계수나무 한 가지那知廣寒桂
아직도 남았을 줄 어찌 알랴?尙有一枝餘

고려시대 이제현은 달 속의 월계수를 읊었다.

계수나뭇과 계수나무.

「무제無題」

푸른 하늘 푸른 밤은 늦은데靑天碧海夜漫漫

계수나무 밑에서 항아가 시름겨워愁殺姮娥桂樹間

옥토끼는 언제나 불사약을 찧지만白兎長年空搗藥

달이 차고 기우는 대로 붉은 얼굴 여위리一廻圓缺減朱顔

　　중국 남북조시대 사조謝眺(464~499)의 「강상곡江上曲」, 당나라 이교李嶠
(644~713)의 「중추월中秋月」, 당나라 시인 이의산李義山의 「월석月夕」과 왕건王建
의 「십오야망월十五夜望月」도 달 속의 계수나무를 읊었다.

「강상곡江上曲」

역양에 봄풀 돋는데易陽春草出

우물쭈물하는 사이 날 벌써 저물었다踟躕日已暮

연잎은 줄곧 나물거리건만蓮葉向田田

기수는 건널 수 없구나淇水不可渡

그대여 계수나무 배에 오래 머물며願子淹桂舟

때맞추어 천릿길 함께하세나時同千里路

천릿길 벌써 허락하였음에千里旣相許

계수나무 배도 다시 한가로이 움직이는데桂舟復容與

강가에선 연 잎 딸 만하고江上可採蓮

맑은 가락은 모두 남쪽 초나라 노래!淸歌共南楚

「중추월中秋月」

푸른 하늘 밖에서 찼다가 기우는데盈缺靑冥外

동풍이 만고에 불어대누나東風萬古吹

누가 붉은 계수를 달 속에 심어何人種丹桂

가지가 테 밖으로 자라지 않게 했나不長出輪枝

「월석月夕」

풀밑에 음충 울고 나뭇잎 위 서리인데草下陰蟲葉上露

붉은 난간 까마득히 호수 빛을 눌렀네朱欄迢遞壓湖光

토끼 춥고 섬여 차며 계화는 희니兎寒蟾冷桂花白

이 밤에 상아는 애가 끊어지더라 此夜嫦娥應斷腸

「십오야망월十五夜望月」

안마당 땅은 달빛 받아 희고, 나무에는 까마귀가 둥지에 들어 있고中庭地
白樹棲鴉

찬 이슬 그윽이 내려 계수나무 꽃을 적시고 있다冷露無聲濕桂花

이 밤에 밝은 달빛을 누구나 바라보겠지만今夜月明人盡望

가을밤 감상에 젖은 사람은 그 누구의 집에 있는가不知秋思在誰家

중국 원산인 녹나뭇과의 육계나무. 고대 중국 사료에 나오는 계桂는 모두 이 나무를 가리킨다. 껍질은 계피가루를 만드는 원료로 사용했는데, 현재 우리나라 남쪽에 심는 육계나무는 약용하지 않는다.

: 녹나뭇과

후박나무

Machilus thunbergii Siebold *et* Zuccarini

고기의
배를 가르자
씨가
나왔다

　　　늘 푸른 큰 키 후박厚朴나무는 껍질이 투박하고 두
터워서 붙여진 이름이다. 그런 특징 때문에 후피厚皮, 중피重皮라고도 부른
다. 또다른 이름으로는 열박熱朴, 적박赤朴, 수명진樹名榛, 자명축절子名逐折 등
이 있다. 열박과 적박은 후박나무의 껍질 맛과 열매 색깔 때문에 붙여진
것이다. 후박나무라 불리는 것 중에는 조경업자들이 붙인 일본목련도 있
으니 주의해야 한다.

　우리나라 남쪽에 천연기념물로 지정된 후박나무가 여럿 있다. 장흥 삼
산리三山里 후박나무(천연기념물 제481호)는 세 그루가 모여 있어 후박나무군을
이룬다. 세 그루가 마치 한 그루처럼 서로 어우러져 있는 노거수는 드물며
전체적인 수형이 특이하고 아름다운데, 새 가지도 여전히 잘 자라 남부 지
방을 대표하는 후박나무라 할 수 있다. 산서마을 입구에 있는 이 나무는
1580년경 경주 이씨 선조가 이곳에 정착할 때 동서남북에 각각 심었는데
현재 남쪽에 심은 나무만 남아 있다. 울릉도의 후박나무 천연기념물은 이

전북 부안 격포리 후박나무 군락지, 천연기념물 제123호.

곳에 앉은 흑비둘기 때문에 지정
되었다. 진도에 딸린 관매도觀梅島
후박나무는 수령이 800년이다.
두 그루의 참느릅나무와 세 그루
의 곰솔과 더불어 당산림을 이루
고 있는데 마을 사람들은 매년 정
월 여기서 당산제를 지냈다. 후박나무는 진도군의 군목郡木이기도 하다.

　후박나무 중에는 왕후박나무도 있다. 남해 창선면 바닷가 들판에 서 있
는 왕후박나무(천연기념물 제299호)에는 다음과 같은 전설이 전한다.

　　지금으로부터 500년 전 이 마을 노부부가 고기잡이를 하면서 살고 있었다.
　　어느 날 아주 큰 고기를 잡았다. 고기 배를 가르자 그 안에서 씨가 나왔다.
　　이 씨가 싹을 틔워 자란 것이 이곳의 왕후박나무다.

　이곳 창선면의 왕후박나무는 이순신 장군과 인연이 있다. 옛날부터 이
마을에는 대나무숲이 많았다고 하는데 이순신이 정유재란의 마지막 전투
인 노량해전 때 이 마을에 있는 대나무와 짚 등을 잘라 싣고 배 위에 불을
놓으니 대나무 마디 터지는 소리가 마치 대포소리같이 크므로 왜적들은
정말 대포를 쏘는 줄 알고 놀라서 도망을 갔다. 그때 이순신 장군이 왜병
을 뒤쫓아가다가 이 나무 아래에서 점심을 먹으며 휴식을 취했다는 이야
기가 전해 내려온다. 특히 전북 부안 격포리의 후박나무 군락지(천연기념물 제
123호)는 채석강彩石江, 적벽강 등과 함께 변산반도의 빼어난 경치를 이룰 뿐
아니라, 북쪽지역에 살고 있기 때문에 큰 가치를 지닌다.

생강나무 *Lindera obtusiloba* Blume

어린
가지와
잎에서
생강 냄새

갈잎 중간 키 나무인 생강나무는 어린 가지와 잎에
서 생강生薑 냄새가 나서 붙여진 이름이다. 잎보다 먼저 피는 이 나무의 노
란 꽃 이름을 따서 황매목黃梅木이라 부르는데, 꽃이 황매를 닮았다. 잎은
마치 중국단풍을 닮았기에 삼첨풍이라 부른다. 블루메가 붙인 학명은 잎
을 강조하고 있다. 속명 린데라Lindera는 이 나무 연구에 영향을 준 스웨덴
식물학자 린더Johann Linder(1676~1723)에서 유래했다. 종소명 오브두실로바
obtusiloba는 '끝 부분이 둔한'이라는 뜻으로 잎을 강조했다.

생강나무의 까만 열매에서 사람들은 기름을 짜는데, 동백 열매처럼 부
인들의 머릿기름으로 사용되곤 했다. 특히 향뿐 아니라 질도 좋아 양반
부인들이 이 기름을 독차지했다. 이 때문에 날씨가 추워 동백나무가 자라
지 않는 중부 이북에서는 생강나무를 동백나무 혹은 산동백나무라 불렀
다. 강원도에서는 생강나무를 동박나무로 부른다. 이는 「정선아리랑」에
도 나온다.

생강나무의 어린잎은 생으로 쌈을 싸 먹는데 맵고 짠맛이 나 쌈장 없이도 먹을 수 있다. 나물로 무쳐 먹거나 찹쌀가루나 녹말가루를 묻혀 튀겨 먹기도 한다. 또 생강나무 잎이나 가지에서는 생강 냄새가 나기 때문에 말렸다가 가루를 버서 생강처럼 썼다. 생강나무 열매에서 짠 기름은 머리 기름이나 등잔 기름으로 쓰였다. 가지를 햇볕에 말린 것을 한방에서는 '황매목' 이라 한다.

「정선아리랑」

떨어진 동박은

낙엽에나 쌓이지

사시 정철 임 그리워

나는 못 살겠네

아우라지 지 장구 아저씨

배 좀 건제 주게

싸리골 올동박이 다 떨어진다

생강나무 열매에서 짠 기름은 미인들이
한껏 멋을 내는 데 애용되었다.

: 녹나뭇과

비목나무 *Lindera erythrocarpa* Makino

껍질이
희어서
보얀나무

갈잎 큰 키 비목나무의 유래는 알 수 없다. 다른 이름은 '보얀 나무', 즉 '백목白木'으로 나무껍질이 흰색을 띠고 있기 때문에 붙었다. 도미타로 마키노牧野富太郎가 붙인 학명 중 속명은 생강나무와 같다. 종소명인 에리스로카르파 *erythrocarpa*는 '붉은 열매'를 뜻한다.

나무껍질은 어릴 때는 황갈색이고 오래되면 얇고 커다란 비늘 조각으로 떨어진다. 잎은 어긋나기하며 가장자리가 밋밋하고 거꾸로 세운 피뢰침 모양이다. 날씬하게 생긴 것이 아니라 약간 배가 나오면서 길쭉하다.

꽃은 암수딴나무로 봄이 한창 무르익을 때 핀다. 연노랑빛으로 잎겨드랑이에서 나온 작은 우산 모양의 꽃차례에 달린다. 화려하지는 않으나 깔끔한 꽃 모양이 품위가 있다. 열매는 작은 콩알만 하고, 처음에는 초록색으로 시작하지만 늦여름이나 초가을에 차츰 붉은빛으로 익는다. 황색으로 차츰 물들어가는 이 나무의 단풍과 함께 작은 루비구슬 같은 열매가 다소곳이 달려 있는 모습이 가을 숲의 정취를 돋운다.

옛 관리들은 재임 기간 동안의 자기 업적을 비碑에 새겨서 남기기를 좋아했다. 정약용의 『목민심서』 「유애遺愛」 편에 보면 이런 이야기가 있다. 1793년(정조 17) 판서 이상황李相璜이 충청도 암행어사가 되어 괴산군에 닿았는데, 미나리꽝에서 한 농부가 무언가를 적은 듯한 나무판을 진흙 속에 거꾸로 처박아 진흙을 잔뜩 묻힌 다음 길옆에 세우고 있었다. 그 작업이 끝나자 나머지 나무판을 들고 수십 미터 떨어진 곳으로 가서 똑같은 일을 하는 것이었다. 어사가 "거참, 해괴한 일이로다" 하며 다가가서 농부를 불러 그것이 무엇이냐고 하니, "이것은 바로 선정비善政碑요"라고 답했다. 선정비는 백성을 어질게 다스린 벼슬아치를 표창하고 기리기 위해 세운 비석을 말한다. 어사가 농부에게 왜 진흙 칠을 하는지 다시 묻자, "암행어사가 온다는 소문이 퍼지자 이방이 나를 부르더군요. 그가 나무 비를 열 개 주면서 동쪽에 5개, 서쪽에 5개를 세우라 하였소. 혹시 세간 사정에 어두운 어사가 이것을 진짜 비로 알까봐 진흙 칠을 해서 세우려는 것이요" 하였다. 어사가 그 길로 바로 관아로 들어가 먼저 진흙 비의 일을 따지고 고을 원님을 파직시켰다.

이 비목의 재료가 여기서 말하는 비목나무인지는 확실치 않다. 하지만 비목나무는 고위 관리가 아닌 일반 평민이나 계급이 높지 않은 이들의 비로 많이 사용된 것은 확실하다.

비목나무의 잎이 짙은 푸른빛을 띠며 모여 있다. 보이지 않는 뒷면은 흰색이 돈다. 열매는 익으면 빨갛게 하늘을 향해 치솟는데, 어떻게 보면 꼭 외계인 ET의 손가락을 닮았다. 10여 미터까지 자란 비목나무가 열매를 매달고 있는 모습은 장관이다.

풍년화 *Hamamelis japonica* Siebold *et* Zuccarini

풍년을
가늠하는
꽃

갈잎 떨기나무 풍년화豐年花는 꽃이 많이 피면 풍년
이 드는 것으로 생각해서 붙인 이름이다. 이 나무의 꽃은 다른 나무보다
일찍 피기에 풍년 여부를 가늠하게 했던 듯하다. 우리에게 익숙한 산수유
보다도 더 빠르다. 산수유가 막 꽃망울을 터뜨릴 무렵 풍년화는 만개한다.
그리하여 풍년화는 봄을 맞는 영춘화迎春化로 불린다. 풍년화 꽃은 노란 색
종이를 길게 오린 것 같기도 하고 국수가락처럼 죽죽 갈라진 듯한 모습이
기도 하다. 풍년화의 겨울 꽃눈은 9월부터 맺히기 시작해서 그달 말경이
면 속이 꽉 찬다. 그 상태로 겨울을 보내고 2월에 노란색 꽃을 피우는 것
이다. 간혹 초겨울에 꽃을 피우는 종류도 있다. 봄이 화창해지면 반대로
풍년화는 시들어간다. 다음해 겨울을 기약하며 풍년화는 '봄잠'에 드는
것이다. 봄이 왔다는 걸 알려줬으니 자신의 역할은 끝난 것이라며 미련 없
이 떠나는 것 같다.

일본이 원산지이며, 황금색 꽃이 잎보다 먼저 만발하기 때문에 일본에

서는 만작滿作이라 부른다. 국내에는 1931년 처음 들여온 것으로 알려져 있다. 지볼트와 주카리니가 붙인 학명 중 하마멜리스*Hamamelis*는 '비슷하다'를 의미하는 그리스어 '하모스*hamos*'와 '사과'를 의미하는 '멜리스*melis*'의 합성어다. 학명을 보면 이 나무의 어떤 부분을 강조하려 한 것인지 불분명하다. 속명인 야포니카*japonica*는 일본 원산임을 뜻한다. 풍년화 중에는 모리스 풍년화*Hamamelis mollis*, 중국풍년화*Hamamelis chinensis*, 서양풍년화*Hamamelis virginiana*가 있다.

꽃 중에서 가장 일찍 피는 풍년화의 꽃이 겨울의 한복판으로 등장했다.

: 목련과

목련 *Magnolia kobus* A. P. de Candolle

북녘에선
목필로
남녘에선
영춘으로

갈잎 큰 키 목련木蓮은 글자대로 '나무의 연蓮'이라는 뜻이다. 즉 꽃 모양이 연을 닮았다. 구한말의 명미당 이건창의 시에서 그 모습을 확인할 수 있다.

「목련木蓮」

꾸미는 것은 당연히 없애야 하고雕飾固當去

진흙인들 어찌 혼탁하게 하리오淤泥豈必渾

치열하게 설법을 새롭게 해서熾然新說法

육지와 언덕에서 사네陸地又高原

목련의 또다른 이름은 신이辛夷다. 신辛은 이 나무가 쓴맛이고, 올라오는 싹의 밑둥이 화살촉처럼 띠夷를 닮아 붙인 것이다. 『본초강목』에 따르면,

신이의 다른 한자 이름으로 신치辛雉, 후도侯桃, 방목房木, 목필木筆, 영춘迎春
등이 있다. 신치는 신이와 발음이 비슷해서, 후도는 목련의 싹이 올라올
때 작은 복숭아 열매를 닮아서 붙인 이름이다. 목련은 처음 싹이 올라올
때 그 모습이 붓머리 같기도 하다. 이에 중국의 북쪽 사람들은 목필로, 남
쪽 사람들은 목련꽃이 가장 일찍 피기 때문에 영춘이라 불렀다. 일반적으
로 목련은 백목련을 가리킨다. 하얀색이 마치 옥 같아 옥란玉蘭이라고도 한
다. 김시습은 「목련木蓮」에서 이 나무를 다음과 같이 소개하고 있다. "잎은
감과 같고, 꽃은 백련과 같고, 꽃송이는 창이자蒼耳子와 같고, 열매는 붉다.
스님들이 목련이라 부른다." 목련은 종류가 셀 수 없을 정도로 그 종류가
많다.

칸돌레가 붙인 학명 중 속명인 마그놀리아Magnolia는 프랑스 남부에 위치
한 몽펠리에 대학 식물학 교수 피에르 마뇰Pierre Magnol을 뜻하고, 종소명인
코부스는kobus는 목련을 나타내는 일본어 '고부시こぶし'다. 일설에 진시황
제 때 지은 아방궁 대들보에 목련을 사용했다는 이야기가 전할 만큼 목재

가치도 높다.

봄꽃을 상징하는 목련을 읊은 시 또한 적지 않다. 박목월의 시에 붙인 노래는 특히 봄에 즐겨 부른다.

「사월의 노래」

목련꽃 그늘 아래서 베르테르의 편질 읽노라.

구름꽃 피는 언덕에서 피리를 부노라.

아 멀리 떠나와 이름 없는 항구에서 배를 타노라.

돌아온 4월은 생명의 등불을 밝혀 든다.

빛나는 꿈의 계절아 눈물어린 무지개 계절아!

목련꽃 그늘 아래서 긴 사연의 편질 쓰노라.

클로버 피는 언덕에서 휘파람 부노라.

아~ 멀리 떠나와 깊은 산골 나무 아래서 별을 보노라.

돌아온 4월은 생명의 등불을 밝혀 든다.

빛나는 꿈의 계절아 눈물어린 무지개 계절아 !

김춘수의 시는 봄을 알리는 목련꽃을 잘 표현하고 있다.

「봄 C」

어디서 목련 봉오리 터지는 소리

왼종일 그 소리

뜰이 그득하다
아무것도 없어도 뜰은
소리 하나로
고운 봄을 맞이한다

　중국 사람들은 목련을 신이로
표현했다. 당나라 시인 왕유의
「신이오辛夷塢」, 명나라 시인 원굉
도袁宏道(1568~1610)의 「횡당도橫塘渡」
에서 이를 확인할 수 있다.

　「신이오辛夷塢」

가지 끝에 달린 연꽃 같은 목련木末芙蓉花
산속에서 빨갛게 벙글어졌다山中發紅蕚
골짜기 집에는 사람 없어 조용한데澗戶寂無人
목련꽃 송이들 활짝 피어 떨어진다紛紛開且落

　「횡당도橫塘渡」

횡당 나루터橫塘渡
물 따라 산책길臨水步
그대 서쪽 향해 오시고郞西來
저는 동쪽 향해 가지요妾東去

나무
사전 : 목련과 | 목련

저는 창녀가 아니라妾非倡家人

붉은 집 가문 좋은 규수랍니다紅樓大姓婦

꽃을 불다 잘못하여 그대에게 침을 뒤었는데吹花誤唾郎

저를 감싸주는 자상한 마음씨에 고마움을 느낍니다感郎千金顧

저의 집은 무지개다리妾家住虹橋

거기 피어 있는 목련꽃을 보시고認取辛夷花

행여 버드나무 아래를 지나가지 마세요莫過楊柳樹

: 목련과

백목련 *Magnolia denudata* Desrousseaux

향이
난초 같아
목란

갈잎 큰 키 백목련은 꽃잎이 희기에 붙여진 이름
이다. 중국에서는 향이 난초 같아 목란木蘭이라 부른다.『본초강목』에는
두란杜蘭, 임란林蘭, 목련, 황심黃心 등의 이름으로도 기록하고 있다. 황심
은 나무속이 황색이어서 생긴 이름이다. 우리나라 식물도감에는 흰목련
을 목필木筆로 적고 있다. 중국의 시 가운데서도 목련을 목필로 표현한
것이 있다. 그중 하나가 노고盧肇(?~?)의 「목필화木筆花」다. 더욱이 중국 당
나라 오융吳融(?~?)의 「목필화」는 노고의 시와 1연 가운데 한 글자만 다를
뿐 전부 같다.

「목필화木筆花」

부드럽기는 새로 나온 대나무 같고 대롱은 처음부터 가지런하네軟如新竹
管初齊

기름진 흰색 연한 붉은 색깔 가질 만하네粉膩紅輕樣可携

누가 시인과 함께 기꺼이 구경하리誰與詩人偎攬看

필묵으로 시제를 정하는 것도 좋을 터好于筆墨幷分題

옥당지란도玉堂之蘭圖, 손극홍, 중국 명대.

전남 진도군 임회면 석교리의 석교초등학교 운동장 가에 큰 백목련이 있다. 봄이 되면 높이 12미터의 이 나무가 온통 흰옷을 잎은 듯이 꽃으로 뒤덮인다. 가슴높이 둘레 2.7미터, 원줄기의 높이는 60미터에 달하는 거목으로 1920년에 낙학이라는 이 학교 근무자가 어디선가 가져다가 학교 조경용으로 심었다. 그러므로 수령이 100여 년에 불과할 것이나 국내에서 자라는 백목련 중에서는 가장 큰 나무다.

학명에는 나오지 않지만 백목련은 중국 원산이다. 프랑스 식물학자 데스루소Desrousseaux(1753~1838)가 붙인 학명 중 속명은 목련과 같고, 종소명인 데누다타denudata는 '벌거벗은 채로 나와 있는'을 뜻한다. 이는 꽃을 두고 붙인 것이다. 흰목련은 중국의 경우 깊은 산속이나 태산에 살며, 껍질이 계수나무와 비슷할 뿐 아니라 향이 난다. 백목련은 목재로 많이 사용되며, 이 나무로 만든 배를 목란주木蘭舟라 한다. 목란배는 당나라 시인 유종원柳宗元(773~819)의 「수조시어酬曹侍御」에도 등장한다.

「수조시어」

파액산 앞에 벽옥 같은 물이 흐르는데破額山前碧玉流
소인은 먼 데에 목란주를 머물렀으리騷人遙駐木蘭舟
봄바람에 무한한 소상 생각은春風無限瀟湘意
마름꽃을 따려 해도 자유롭지 못하네欲採蘋花不自由

목란과 관련해서 간과할 수 없는 것이 영화 「뮬란」이다. 「뮬란」은 목란의 중국 발음 무란의 오역인데, 어쨌든 이는 중국의 작자 미상의 고악부古樂府인 「목란사木蘭辭」를 배경으로 한 작품이다. 주인공의 이름이 흰목련이라는 사실이 흥미롭다.

덜그럭 덜그럭 목란이 방에서 베를 짠다
베틀 소리 멈추고 긴 한숨 소리 들린다.
무슨 걱정인가 물으니, 무슨 생각인가 물으니
다른 생각 아니오, 다른 생각 아니오.
어젯밤 군첩軍帖이 내렸는데, 가한可汗께서 군사를 부른다오.
그 많은 군첩 속에 아버지 이름도 끼어 있소.
우리 집엔 장남 없고 목란에겐 오라버니 없으니

내나 안장과 말을 사, 아버지 대신 싸움터에 나가겠소.

동쪽 장에서 말을 사고, 서쪽 장에서 안장 맞추고

남쪽 장에서 고삐 사고, 북쪽 장에서 채찍을 사

아침에 부모에게 하직하고, 저녁에 황하에 머무르다

부모 애타는 소리 못 듣고, 다만 황하 물소리만 철철

아침에 황하를 떠나, 저물어 흑산두黑山頭에 묵다

부모 애타는 소리 못 듣고, 연산燕山 오랑캐 말굽 소리 터벅터벅

만 리나 변경 싸움터에 나서, 날 듯 관문과 산을 넘었다

삭북의 찬바람은 쇠종 소리 울리고, 찬 달빛은 철갑옷 비춘다

장군은 백전을 싸우다 죽고, 장사 10년 만에 돌아오다

돌아와 천자를 뵈오니, 천자는 명당에 앉아

공훈을 열두 급으로 기록하고, 백천 포대기의 상을 내린다

가한은 소망이 뭐냐고 묻거늘, 목란이 대답하되 상서랑의 벼슬도 싫소

원컨대 명타천리마明駝千里馬를 빌려주어 나를 고향으로 보내주오

부모는 여식 돌아온다 하니, 곽郭 밖으로 나와 환영한다

언니도 동생 온다 하니, 새옷 바꿔 입고

남동생은 누이 온다 하니, 칼 갈아 돗과 양을 잡는다

동각東閣 내 방문 열고, 서각상西閣牀에 내 앉으며

싸움 옷 벗어놓고, 옛 차림하며

창 앞에서 머리 빗고, 거울 보고 화장한다

다시 나가 전우를 보니, 전우들 먼 듯 놀라며

12년을 같이 다녔건만, 목란이 여자인 줄 몰랐도다

수토끼 뜀걸음 늦을 때 있고, 암토끼 분명치 못할 때 있거늘

두 마리 같이 뛰며 달리니, 그 누가 가려낼 수 있겠는가.

: 목련과 | 백목련

자목련 *Magnolia liliiflora* Desrousseaux

공주
때문에
죽은 왕비

갈잎 큰 키 자목련紫木蓮은 꽃이 붉은목련으로, 자옥란紫玉蘭이라고도 한다. 이 역시 깨끗한 꽃을 강조한 것이다. 데스루소가 붙인 학명 중 속명은 목련과 같다. 종소명 릴리이플로라 *liliiflora*는 '백합 같은 꽃'을 의미한다. 중국 원산의 자목련에는 백목련과 함께 전설이 전한다.

옛날 옥황상제의 예쁜 딸이 다른 총각들에게는 관심이 없고, 오직 북쪽 나라의 왕만 사모했다. 옥황상제의 딸은 북쪽 왕이 결혼한 것도 모르고 아버지의 정략적 결혼에 염증을 느껴 집을 나가 그를 찾아 나섰다. 딸은 그곳에 도착한 뒤에야 그가 결혼한 사실을 알았다. 그녀는 충격을 받아 자살하고 말았다. 북쪽 나라 왕은 옥황상제의 딸이 자신을 사모하여 죽은 것을 알고 장사 지낸 후, 자신의 아내인 왕비마저 죽여 같이 장사 지냈다. 이 소식을 들은 옥황상제는 그들을 가엾게 여겨 두 사람의 무덤에서 각각 꽃을 피우

도록 했다. 공주의 무덤에서는 백목련이, 왕비의 무덤엔 자목련이 피었다. 그 뒤로 두 목련의 꽃 봉우리가 모두 북쪽을 향했으며, 같은 자리에서 피지 않았다.

 나무 사전 ː 목련과 | 자목련

일본목련 *Magnolia obovata* Thunberg
M. hypolenca S. *et* Z.

계란을
엎어놓은
꽃잎

갈잎 큰 키 일본목련은 학명에는 등장하지 않지만 일본 원산이다. 툰베르크가 붙인 학명 중 속명은 목련이나 백목련과 같지만, 종소명인 오보바타*obovata*는 '계란을 엎어놓은' 이라는 뜻이다. 이는 꽃잎과 잎이 마치 엎어놓은 계란을 닮아서 붙인 것이다. 우리나라에는 1920년경에 들어왔다. 일본목련과 관련해서 조심할 점은 이 나무를 후박나무로 부르는 경우도 있다는 것이다. 김춘수의 시에서 이를 확인할 수 있다.

「가을을 나며」

후박나무는 잎을 몇 개 달고 있지 않다. 몇 개 남지 않은 잎
들은 안으로 말리어 오그라들고 파삭파삭 흙빛이 되어 있다.
가지며 줄기까지는 검붉은 반점들이 드러나고 있다. 특히 위쪽이 심하다.
가을하늘은 무한으로 뻗어 있고 내 눈앞에는 후박나무 두 그루가 서 있다.

목련 종류 가운데 가장 크고 향기가 진한 일본목련이 활짝 피었다.

잎이 거의 다 지고 초라한 몰골로 겨울을 기다리며 서 있다.

지금 막 후박나무 두 그루가 보이지 않는 먼 곳을 바라고 한 발짝 발을 땐 듯하다.

몇 개 남은 잎들이 바람에 떨고 있다.

조경업자들이 일본목련을 후박나무로 부른 것은 이 나무가 호노오키朴の木라 불렸기 때문이다.

튤립나무 *Liriodendron tulipifera* Linnaeus

녹황색
꽃보다
노란
이파리

　　　　갈잎 큰 키 튤립나무는 북아메리카에서 들여왔다.
이름은 꽃이 마치 튤립처럼 한 개씩 달려서 붙인 것이다. 구한말에 도입한
이 나무의 녹황색 꽃도 아주 아름답지만 노란색으로 물든 이파리도 무척
곱다. 특히 플라타너스 잎과 닮아서 이 나무를 잘 모르는 사람들은 플라타
너스로 오해하기 쉽다. 그러나 곁에서 자세히 보면 잎 끝 부분이 면도날로
자른 듯하다. 한방에서는 튤립나무를 '미국아장추美國鵝掌楸'라 부른다. 즉
잎이 거위의 발을 닮은 개오동나무라는 뜻이다. 튤립나무의 열매는 다음
해 잎이 나올 때까지 달려 있으며, 벌어진 열매 모양도 꽃 모양과 비슷하
다. 잎도 중요한 특징을 지니고 있다. 우리나라 남쪽에서는 간혹 가로수로
심기도 하는데, 구한말부터 본격적으로 심어왔다.
　　리나이우스가 붙인 학명 중 속명인 리리오덴드론Liriodendron은 '백합'을
의미하는 그리스어 '레이리온leirion'과 '나무'를 의미하는 '덴드론dendron'
의 합성어다. 학명에 충실하자면 이 나무의 이름은 백합나무로 부르는 게

나을지도 모른다. 그런 까
닭에 때론 목백합이라고도
한다. 또는 미국에서 온 목
련과 나무라는 뜻의 미국목
련이라 부른다. 종속명인
튤리피페라*tulipifera*는 '튤립
꽃이 달려 있다' 는 뜻이다.

: 목련과

태산목 *Magnolia grandiflora* Linnaeus

목련보다
높고
목련보다
크다

늘 푸른 큰 키 태산목泰山木은 목련보다 꽃과 잎이 크기 때문에 붙여진 이름이다. 태산은 중국 산동에 있는 산 이름이지만 원산지와 관계없다. 어쨌든 태산은 중국의 태산처럼 '높다' '크다' 를 의미한다. 태산목의 다른 이름은 양옥란洋玉蘭이다. '양' 을 붙인 것은 이 나무가 북아메리카 원산, 즉 서양에서 도입한 것이기 때문이다. 옥란은 태산목의 꽃을 표현한 것이다. 리나이우스가 붙인 학명 중 속명은 목련과 같고, 그란디플로라grandiflora는 '큰 꽃' 을 의미한다. 이는 태산목의 한자 뜻과 통한다. 미국에서는 이 나무의 잎을 크리스마스 장식으로 사용한다.

: 목련과

함박꽃나무 *Magnolia sieboldii* K. Koch

주로
산에 살며
때론
천사같이

갈잎 중간 키 함박꽃나무는 이 나무의 꽃이 함박꽃을 닮아 붙여진 이름이다. 그러나 독일의 식물학자 코흐가 붙인 학명에는 나무의 특징을 알려주는 정보가 없다. 시에볼디이*sieboldii*는 함박꽃나무 연구에 큰 공헌을 한 지볼트를 가리킨다. 다른 이름으로는 산목련山木蓮이 있는데, 주로 산에서 산다는 뜻이다. 또 천녀화天女花로도 불린다. 이 나무의 꽃이 아주 고와서 천사 같다는 뜻이다.

함박꽃나무는 북한의 국화로, 그곳에서는 목란木蘭이라고 부른다. 5~6월경에 묵은 짧은 가지에서 자란 새순 끝에 함박꽃처럼 아름다운 흰 꽃이 하나씩 피면서 그윽한 향기를 풍긴다. 꽃잎은 보통 6장이지만 12개 이상인 것도 있으며 이런 것은 '겹함박꽃나무'라고 한다. 꽃봉오리일 때는 꽃먹을 잘 묻힌 붓 같고, 활짝 피어나면 그 크기가 어른 주먹만 하다. 함박꽃나무가 봉오리 진 모습을 "목필木筆로 허공에 시를 쓴다"고 읊은 시도 있다.

함박꽃나무는 고대부터 공예품을 만드는 데 쓰였다. 중국 춘추전국시대 노나라 사람인 노반魯般은 목공木工 예술가로 그의 위상은 대단해서 중국의 헤파이스토스라 할 만했다. 그가 나무로 깎은 새는 날아갔으며, 성을 공격할 때 쓰는 높은 사다리인 운제雲梯를 만들면 적군의 성이 함락됐다는 전설이 전해 내려온다. 육조시대 양나라 임방이 지은 『술이기述異記』에는 그가 심양강 칠리주七里洲에서 자라는 목란나무를 깎아 정교한 배를 만들었다는 기록이 나온다. 당시 칠리주에는 목란섬이 있었는데 칠십 리 밖에까지 향내가 날 정도였다. 아마 노반은 이 섬에 사는 목란을 베어 다양한 공예품을 만들었던 모양이다.

목란은 꽤 고급한 목재였다. 그 이유는 『한비자』에 나오는 '매독환주買櫝還珠' 고사에 나온다. 초나라 사람이 정나라에 구슬을 팔러 갔다. 그는 구슬을 비싼 가격에 팔기 위해 향내 나는 목란으로 궤짝을 만들고 그 안에

갖가지 주옥과 비취를 넣어 내놓았다. 그런데 정나라 사람은 그 궤짝만 사고 주옥과 비취는 돌려주었다. 별 볼일 없는 구슬이라는 걸 알아보았던 것이다. 하지만 구슬을 담은 궤짝은 정나라에서는 구할 수 없는 귀한 것이라 구입을 했다. 이는 초나라 사람은 겉이 번지르르한 것만 좋아하고 정작 본질을 무시하다가 큰 코 다친다는 의미를 담고 있지만, 목란의 심재에서 향기가 나서 고급 목재로 인식됐음을 알 수 있다.

우리 기록에서도 목란을 찾아볼 수 있다. 조선후기에 쓰여진 『목란정기木蘭亭記』라는 무협소설의 여주인공 이름이 목란木蘭이다. 그녀는 남장을 하고 나아가 싸워 무공을 세우고 개선한 여장부인데 목란같이 예쁘고 향기나는 여인으로 돌아와 산다는 줄거리다.

그 외에 매월당 김시습이 "잎은 감잎 같고 꽃은 백련白蓮 같으며 씨주머니는 도꾸마리처럼 생겼고 씨는 새빨개서 절간에서들 목련이라 부른다"는 기록을 남겼는데 "꽃이 백련 같다"는 언급으로 보아 목련이 아니라 산목련, 즉 함박꽃나무를 의미하는 듯하다. 『동국여지승람』에도 "개성 천마산天摩山 대흥동 우거진 녹음 속에 목련화가 만개하여 향기가 코를 찌른다"는 기록이 나온다.

: 모란과

모란 *Paeonia suffruticosa* Andrews

화중지왕이요
국색천향이라

갈잎 떨기나무(혹은 작은 키 나무) 모란은 한자 목단牧丹에서 유래했다. 이는 붉은 꽃을 강조한 이름이며, 그 외에 화왕花王, 낙양화洛陽花, 목작약木芍藥, 백양금百兩金, 부귀화富貴花, 곡우화穀雨花, 녹구鹿韭, 서고鼠姑 등으로도 불린다. 중국 서북 원산의 모란은 '화중지왕花中之王', 즉 꽃 중의 왕으로 불렸다. 때로는 국색천향國色天香이라고도 했는데, 즉 나라 안의 첫째 미인이요 뛰어난 향기라는 뜻이다. 낙양화는 중국에서도 낙양의 모란이 가장 뛰어나서 붙여진 이름이다. 구양수가 편찬한 『낙양모란기洛陽牧丹記』는 현재 전해지는 중국 최초의 모란 전문서다. 책 제목에서 낙양의 모란이 중국에서 최고임을 짐작할 수 있다. 여기서는 31종의 모란을 언급하고 있는데, 모란이 낙양화로 불린 전설도 전한다.

중국 유일의 여자 황제였던 당나라 측천무후則天武后는 겨울에 꽃에게 명령을 내렸다. "다음 날 아침 상원上苑에 놀러 갈 테니 새벽바람을 기다리지 말

청자음각여지모란문장경병, 고려 12세기, 높이 30.4, 구경 3.1cm, 일본 네이라쿠미술관 소장. 청자의 빛이 너무 맑아서 마치 겉에 새긴 것이 아니라 그 안에 모란 한 포기가 사는 것 같다.

고 밤에 꽃을 피우라" 하면서 아울러 이 같은 명령을 나무에 글을 써서 걸 어두었다. 다음 날 아침 모든 꽃이 황제의 명령대로 폈으나 오직 모란만이 피지 않았다. 측천무후는 화가 나서 모란을 낙양으로 보냈다. 이 때문에 모 란을 낙양화라 불렀다.

목작약은 모란을 작약芍藥꽃에 비유한 것으로 당나라 때 부른 이름이다. 모란은 꽃과 줄기가 작약芍藥과 닮았다. 그러나 『본초강목』에 따르면 중국 에서 작약은 모란보다 먼저 재배했지만, 꽃은 모란을 제일로, 작약을 제 이第二로 취급하여 작약을 '화상花相', 즉 '꽃의 재상'이라 불렀다. 백양금百 兩金은 모란이 백양만큼 귀하다는 뜻이고, 부귀화富貴花도 이 나무가 부귀를 가져다준다는 뜻이다. 곡우화穀雨花는 이 나무가 곡우쯤에 핀다는 것을 가 리킨다. 영국의 식물학자 앤드류스Andrews(1794~1830)가 붙인 학명 중 속명인 파이오니아Paeonia는 그리스 신화 중 의사醫師의 신인 '파이온paeon'에서 유 래했다. 이는 모란의 뿌리를 약용으로 사용하기 때문에 붙인 것이다. 종 소명인 수프루티코사suffruticosa는 '아관목亞灌木' '관목에 가깝다'는 뜻이다.

중국 청대 진호자陳淏子의 『화경花鏡』에 의하면, 모란의 생일은 음력 8월 15일이다. 송나라 낙양의 경우 1000그루 이상의 모란을 심은 사람도 있었 다. 이곳에서는 매년 꽃이 만개할 때 반드시 꽃 앞에 술을 두고 절을 했다. 그 이유는 모란이 화신花神, 즉 '꽃의 신'이었기 때문이다. 이 시기에 행사 를 연 것은 모란을 번식시키기에 가장 적합했기 때문이다.

꽃 중의 왕으로 불리지만 모란은 향기가 거의 없는 게 특징이다. 이와 관련한 내용이 『삼국유사』「기이紀異」에 나온다. 선덕여왕 때 당나라 태종 이 모란 씨 석 되와 꽃을 그린 그림을 주었다. 여왕이 웃으면서 말하길, "이 꽃은 요염하고 부귀한 모양으로 비록 화왕花王이라 부르지만, 꽃에 벌

동자모란도, 20세기, 지본채색, 78×39cm, 가회박물관 소장. 세 줄기 피어 있는 모란. 그 아래 머리를 땋아내린 소녀와 까까머리 어린아이는 어머니로 보이는 인물과 그 뒤에 서 있는 두 소년과 이별하고 있는 듯한 풍경이다. 꽃은 화려하고 나비마저 경쾌한 듯한 풍경에서 인간들의 슬픈 듯한 모습이 대비된다.

과 나비가 없으니 반드시 향기가 없을 것이다. 황제가 이것을 나에게 준 것은 짐이 여인으로 왕 노릇하고 있기 때문이 아니겠는가? 여기에는 은미한 뜻이 담겨 있는 것이다"라고 했다. 그 씨앗을 심어 꽃이 피길 기다려보니 과연 향기가 없었다.

모란이 꽃 중에 왕인지라 이를 찬양한 문학작품이 아주 많다. 당나라 유우석은 「음주간모란飮酒看牧丹」을 남겼다.

「음주간모란飮酒看牧丹」

오늘에야 꽃 앞에서 술을 마시니今日花前飮
기꺼운 마음으로 몇 잔 술에 취하네甘心醉數杯
다만 걱정은 꽃이 말한다면但愁花有語
"노인 위해 피지 않는다"고 하리라不爲老人開

우리나라에서는 김영랑의 시가 유명하다.

「모란이 피기까지는」

모란이 피기까지는
나는 아직 나의 봄을 기다리고 있을테요
모란이 뚝뚝 떨어져버린 날
나는 비로소 봄을 여읜 설움에 잠길테요
5월 어느 날, 그 하루 무덥던 날
떨어져 누운 꽃잎마저 시들어 버리고는

천지에 모란은 자취도 없어지고

뻗쳐오르던 내 보람 서운케 무너졌느니

모란이 지고 말면 그뿐, 내 한 해는 다가고 말아

삼백 예순 날 하냥 섭섭해 우옵네다

모란이 피기까지는

나는 아직 기다리고 있을테요,

찬란한 슬픔의 봄을.

　추사秋史 김정희金正喜(1786~1856)의 제자인 허유許維(1809~1892)는 모란작품을 많이 남겨 '허모란'이란 별명까지 얻었다. 모란은 연꽃이나 국화와 함께 우리나라 도자기를 장식한 대표적인 문양이다. 청자, 분청사기, 백자 등에 모란이 각양각색으로 등장한다. 그러나 성호 이익은 모란에 불만이 많았다. 『성호사설』을 보면 이런 말이 나온다.

　염계(주돈이)가 이르기를 '목단은 꽃 중에 부귀한 꽃'이라 하였으나 내가 보기에 목단이란 가장 쉽게 떨어지는 꽃이다. 아침에 곱게 피었다가 저녁이면 그만 시들게 되니, 이는 부귀란 오래 유지하기 어렵다는 것을 비유할 만하고, 모양은 비록 화려하나 냄새가 나빠서 가까이할 수 없으니, 이는 부귀란 또 참다운 것이 못 된다는 것에 비유할 만하다. 염계의 뜻은 반드시 이런 데에 있지 않았겠지만, 우연히 생각한 바가 있어 그냥 글 하는 사람의 이야깃거리로 적어둔다.

　모란의 재배와 관련해 『증보산림경제』에서는 이렇게 말한다.

중추절은 이 꽃의 생일이므로 이날 옮겨 심으면 반드시 무성하게 자란다. 오징어뼈로 꽃을 찌르면 죽는다. 벌레를 막기 위해 보리 수십 알을 모란 뿌리 주변 구덩이 밑바닥에 넣고 흙을 북돋아주면 좋다. 모란은 반드시 접붙여야 아름답다. 참죽나무 위에 모란을 접붙이면 키가 수십 길이나 된다. 홉화즙, 자초즙을 뿌리에 부어주면 색깔에 따라 꽃빛이 변한다. 나무겨우살이木欄 가운데 심으면 오래가지 못한다. 채소밭 가운데 심으면 가장 무성하게 자라나 개똥을 꺼리기 때문에 조심해야 한다.

청자상감 모란문 장경각병,
리움미술관 소장

분청사기상감 초화문갑, 일본 네즈미술관 소장

청자상감 국모란문 '신축' 명 벼루, 리움미술관 소장

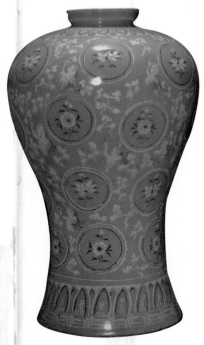

청자상감 운학모란국화문 매병,
리움미술관 소장

청자상감 용봉모란문 개합, 리움미술관 소장

분청사기상감 모란문 병, 리움미술관 소장

분청사기철화 모란문 장군,
리움미술관 소장

분청사기조화·박지 모란문 장군, 리움미술관 소장

분청사기 모란무늬 자라병, 국립중앙박물관 소장

청자 모란넝쿨무늬 조랑박 모양 주전자,
국립중앙박물관 소장

©고주환

: 미나리아재빗과
사위질빵 *Clematis apiifolia* A. P. de Candolle

일꾼들은
사위가
부러워

갈잎 덩굴성 식물인 사위질빵은 이름이 독특하다. 그 내력은 조금만 힘을 주어 잡아당기면 '툭' 하고 끊어져버리는 줄기의 특성과 관련이 있다.

예전에는 가을 수확철이 되면 사위가 처갓집으로 가서 가을걷이를 도와주는 풍습이 있었다. 오랜만에 처갓집에 온 성실한 사위가 뙤약볕에서 일하는 모습을 보는 장인, 장모는 안타까운 마음이 그지없었다. 그렇다고 남들 다 밭에서 일하고 있는데 사위 혼자 쉬라고 할 수도 없는 처지여서 꾀를 낸다.

"그래, 사위가 메는 지게의 질빵을 이걸로 만들면 되겠다."

행여 끊어질세라 조심조심해가며 사위질빵 줄기로 지게의 질빵을 만들어 사위에게 주었더니 조금만 무거운 짐을 지면 지게의 질빵이 끊어져버린다. 영문도 모르는 일꾼들은 오랜만에 사위 왔더니만 무거운 짐만 지게 한다고 쉬엄쉬엄 하라면서 가벼운 짐만 지워준다. 사위의 체면도 살리고 허리도 지켜주려는 지극한 사랑의 표현인 것이다.

사위질빵은 댕댕이덩굴과 닮았다. 사위질빵에 비해 댕댕이덩굴은 줄기가 튼튼해 질빵의 재료로 흔히 사용됐다. 그러니 장모의 꾀가 일꾼들에게 통할 수 있었을 것이다. 그후 이 덩굴식물을 '사위질빵'이라 불렀다.

사위질빵의 뿌리는 백근초白根草라 하여 예전부터 요통과 중풍에 효험이 있었다. 이와 관련된 전설로 다음과 같은 것이 있다.

옛날 중국 하남성 복우산에 금실 좋은 부부가 살았다. 어느 날 남편이 늦도록 일하고 나서 술을 마시고 돌아오다가 집 앞의 돌계단에 누워 잠이 들었다. 아내가 늦게 마중을 나오다가 남편을 발견하고 깨웠더니 이미 남편은 중풍을 맞아 팔다리를 움직이지 못했다. 아내는 의원을 불러 치료를 받게 하고 10년 동안 정성스럽게 간호했지만 남편의 병은 더 심해져서 혼자서는 돌아눕지도 못할 지경이 되었다. 하루는 지팡이를 짚고 보따리를 둘러멘 한 노인이 지나가다가 걸음을 멈추고 말했다.

"이 사람의 병은 풍습風濕(습기를 받아서 뼈마디가 저리고 아픈 병)으로 인한 중풍인데 내가 고칠 수 있소."

노인은 산으로 가서 어떤 덩굴의 뿌리를 캐서 술에 담갔다가 끓여 환자한테 먹이고, 또 가루를 내어 식초와 반죽해 관절을 싸매주었다. 며칠 지나지 않아 환자는 팔다리를 움직이기 시작했고 몇 달 뒤에는 지팡이를 짚고 걸어다닐 수 있게 되었다. 그후 이 덩굴의 뿌리는 위령선威靈仙이라 불리게 되었다. 바로 사위질빵의 뿌리 백근초의 다른 이름이다. 북한에서는 '질빵풀', 서양에서는 '처녀의 은식처Vigin's Bower' '시월의 으아리October clematis'라 불렀다. 칸돌레가 붙인 학명 중 속명인 클레마티스Clematis는 '덩굴'을 의미하는 그리스어 '클레마clema'에서 유래했다. 종소명인 아피이폴리아apiifolia는 '셀러리 비슷한 모양의 잎'을 의미한다.

이나무 *Idesia polycarpa* Maximowicz

열매와
껍질이
오동나무
같다

갈잎 큰 키 이나무의 이름은 의椅에서 유래했다. 의는 의자를 가리키며 이나무가 의자를 만드는 목재로 쓰였음을 말해준다. 이나무는 재질이 부드러우면서 질기다. 나무를 잘라보면 목심이 흰빛에 가깝다. 또 세로로 쪼개보면 나뭇결이 어긋나지 않고 곧바로 잘 갈라진다는 걸 알 수 있다. 이것은 손질하기가 편함을 뜻한다. 오늘날처럼 전기톱이 없던 시절 큰 도끼로 잘라내고 손도끼로 툭툭 가장자리를 쳐가면서도 비교적 매끈한 판자나 각재를 만들 수 있었다는 말이다. 이런 성질은 의자를 비롯한 각종 기구를 만드는 데 안성맞춤이다. 그래서 옛 이름은 의나무椅木였다가 차츰 발음이 쉬운 이나무로 변했다.

이나무는 난대성 식물이다. 따뜻한 곳을 좋아해 제주도와 남해안에서 자란다. 북으로는 올라와봤자 충청남도까지다.

번식력은 썩 좋은 편이 아니다. 열매가 달지도 시지도 않고 맛이 맹맹해서 새들이 반겨 먹질 않기 때문이다. 다만 열매는 머루송이처럼 많이 열리

고 색깔이 붉으며 바람이 불어도 잘 떨어지지 않는 특징이 있다. 겨울에도 이나무의 열매만은 매서운 바람에 이리 흔들 저리 흔들 남아 있다. 그렇기에 겨울산의 배고픈 새들의 간식이 된다. 오늘날에는 늦가을에서 초겨울에 걸쳐 가지마다 머루송이처럼 길게 매달리는 붉은 열매가 아름다워 조경수로 심기도 한다. 은행나무처럼 암나무와 수나무가 따로 있다.

이나무의 매력은 열매에만 있지 않다. 수피는 희끗희끗하게 밝으며 나이를 먹어도 뒤틀림이 많지 않다. 수형도 층층나무처럼 빈틈없이 단아하다. 이런 측면에서 볼 때 아쉬운 것은 나이 지긋한 이나무 고목을 보기 힘들다는 것이다. 이나무 줄기에는 밀선蜜腺이 노출돼 있다. 이 때문에 벌레들이 잘 모여들고 특히 하늘소가 좋아한다. 둥치를 벌레들이 갉아먹으니 나무가 제명을 다하지 못하는 것이다.

잎은 하트 모양이며 매우 크다. 가장자리에는 그리 날카롭지 않은 톱니

나무
사전
: 이나뭇과 | 이나무

가 있다. 손바닥을 펼친 크기만큼이나 넉넉해서 옛사람들은 잎이 넓은 오동나무를 연상하여 의동椅桐, 산동자山桐子라고 했다. 일본 사람들은 밥을 쌀 만큼 큰 잎사귀를 낸다 하여 반동飯桐이라 불렀다. 막시모비츠가 붙인 학명 중 속명인 이데시아Idesia는 네덜란드의 식물학자 '이데스E. Ysbrant Ides'를 가리킨다. 종소명인 폴리카르파polycarpa는 '열매가 많은'을 의미한다. 학명처럼 이나무에는 열매가 아주 많이 열린다.

: 두충과

두충 *Eucommia ulmoides* Oliver

고무질
껍질이
귀한
나무

갈잎 큰 키 두충나무는 껍질의 약효 때문에 농가에서 많이 심어 주위에서 흔히 볼 수 있다. 그렇지만 사실 두충은 세계에 1속 1종만 중국 양자강 하류지역의 해발 300∼2500미터에 자생하는 희귀 식물이다. 우리나라에는 고려 문종 33년인 1079년에 문종의 병을 치료하기 위해 송나라에서 두충을 들여왔다는 기록은 있지만, 그후의 기록에서는 확인할 수 없다. 확실한 것은 1926년 일본의 나카이가 중국에서 처음 도입했다는 것이다. 두충은 중국식 이름인 두중杜仲에서 왔다. 두杜는 팥배나무를 뜻한다. 두충은 팥배나무의 껍질과 잎이 닮았다. 이와 관련해 중국 고대 야사에는 두중이라는 선인이 두충나무 잎으로 담배를 말아 피우고 득도를 해 두충나무라고 불리게 됐다는 전설이 전해지고 있다. 오늘날에도 중국 서민들은 두충나무의 어린잎을 불에 쬐여 말린 뒤 두충차를 만들어 마신다.

두충은 고혈압에 좋은 약재로 『본초강목』에도 이름이 여러 번 보인다.

여기서는 사중思仲, 사선思仙, 목면木綿, 면樀으로 소개하고 있다. 이 가운데
사중과 사선은 두중복杜仲服으로 도를 얻었기 때문이고, 목면은 두충의 껍
질이 은사銀絲와 닮았기 때문에 붙인 이름이다.

　학명에도 나무의 껍질을 강조하고 있다. 영국의 식물학자 올리버
Oliver(1830~1916)가 붙인 학명 중 속명인 에우코미아 *Eucommia*는 '좋다' 라는 뜻

의 '에우*eu*' 와 '고무' 라는 뜻의 '코미*commi*' 를 합성했다. 이는 두충의 껍질에 구타페르카라는 고무질이 있기 때문에 붙인 것이다. 종소명 울모이데스*ulmoides*는 느릅나무와 비슷하다는 뜻이다. 느릅나무 역시 껍질에 고무질이 들어 있는 게 특징이다.

:포도과

포도 *Vitis Vitaceae* Linnaeus

중국도
기원전부터
포도주
마셨다

　　　　　아주 오래된 원예 품종 가운데 하나인 포도를 처음 재배하기 시작한 곳은 카스피 해 연안으로 추정하고 있다. 포도와 포도주 생산에 관한 상세한 기록이 이집트의 제4·17·18왕조의 상형문자 문서에 적혀 있고, 성서에도 노아가 포도원을 가꾸었다는 내용을 비롯해서 관련 내용이 많이 등장한다. 호머 시대에는 포도주가 그리스인들에게 생필품이 었다. 페니키아인들은 기원전 600년경 포도를 프랑스로 전했으며, 로마인들은 2세기 이전부터 라인 강 계곡에 심었다. 플리니우스는 91개의 변종을 기재했고, 50종류의 포도주를 분류했을 뿐 아니라 가지 고르기整枝 방법도 기록으로 남겨두었다.

　　사마천의 『사기』에 따르면 중국에서는 한나라 장건張騫이 대완大宛에서 포도를 처음 도입했다고 한다. 대완 사람들은 포도로 술을 만들었으며, 부자들은 술을 1만여 석이나 비축해두고 있었다. 오래된 술은 수십 년이 지나도 썩지 않았기 때문이다. 『한서漢書』「흉노전匈奴傳」에 따르면, 포도는 한

나라 무제가 대완大宛을 정벌한 후 씨를 가져와 심었다. 무제는 사신이 가져온 포도 열매를 이궁離宮 옆에 심도록 했다. 한나라의 포도궁葡萄宮은 바로 이런 연유로 지어진 이름이다. 반면 『신농본초神農本草』에 따르면, 포도는 서역에서 들어온 것이 아니라 중국 농서隴西에서도 재배했는데 내지로 들어오지는 못했다고 한다. 이 주장은 중국의 신강新疆과 감숙甘肅 등지에서 포도를 재배했다는 것이다.

실크로드를 통해 중국에 들여온 포도는 학명에 등장하는 유럽 포도다. 미국산 포도는 1870년을 전후해 중국에 들어왔다. 유럽 종 포도는 여름이 길고 건조하고 무더우며, 겨울이 서늘한 지역에 적합하다. 리나이우스가 붙인 학명 중 속명 비티스Vitis는 '생명'을 뜻하는 라틴의 옛말 비타vita에서 온 것이다. 그리스인들의 필수품이었다는 기록에서 알 수 있듯이 포도는 주요한 음료였으며, 『신약성서』「요한복음」에서도 포도를 '생명'에 비유한 예를 찾을 수 있다. 한자 포도葡萄는 『한서』에 포도葡桃로 적혀 있으며, 이것으로 술을 만들 수 있다고 기록하고 있다. 사람들이 잔치 때 이것을 마시면 취했기 때문에 붙인 이름이다. 포도에는 둥근 것을 '초룡주草龍珠', 긴 것을 '마유포도馬乳葡萄', 흰 것을 '수정포도水晶葡萄', 검은 것을 '자포도紫葡萄'라 불렀다.

진晉나라 사람들은 포도를 색에 따라 분류했다. 북위시대 양현지가 쓴 『낙양가람기』에 따르면, 한나라 명제가 세운 백마사白馬寺 탑 앞에는 대추보다 큰 포도가 있었다. 북위 말에 나온 『제민요술』에는 포도 재배와

백자양각포도문주자, 19세기, 국립민속박물관 소장.

저장법이 기록되어 있다. 당나라 때는 시인들이 포도 관련 시를 읊기도 했다. 아래 시는 왕한王翰(687?~726?)이 지은 것이다.

「양주사涼州詞」

포도로 담근 멋진 술을 야광 옥잔에 부어葡萄美酒夜光杯
마시려 할 때 비파를 말 위에서 연주한다欲飮琵琶馬上催
취해서 사막에 쓰러져도 그대여 웃지 말라醉臥沙場君莫笑
예부터 전쟁터에 갔다가 돌아온 이 몇이던가古來征戰幾人回

오대五代 시기에는 씨 없는 포도가 나왔다. 송대에는 유리로 만든 포도가 나올 정도였다. 그러나 몽골 지배 시기 북부 지방까지 재배한 포도는 명대에 이르러 투르판처럼 이슬람교도들이 생활하는 중앙아시아의 몇몇 오아시스를 제외하고는 모두 자취를 감추었다. 포도나무는 17세기 북경인근에 정착한 예수회 선교사들이 미사에 쓸 포도주를 만들기 위해 다시 들여왔다.

청화백자투각동채포도문필통, 19세기, 국립민속박물관 소장.

우리나라에 포도가 언제 들어왔는지를 알려주는 기록은 없다. 단지 고려시대 이전에 중국에서 도입했을 것으로 추정할 뿐이다. 조선시대의 도자기에 포도 그림이 그려져 있고, 『산림경제』에서도 여러 가지 품종을 언급하는 점으로 보아 여러 종류의 포도를 재배했던 듯하다. 현재의 포도는 1910년 이후 수원과 뚝섬에 유럽 종과 미국 종

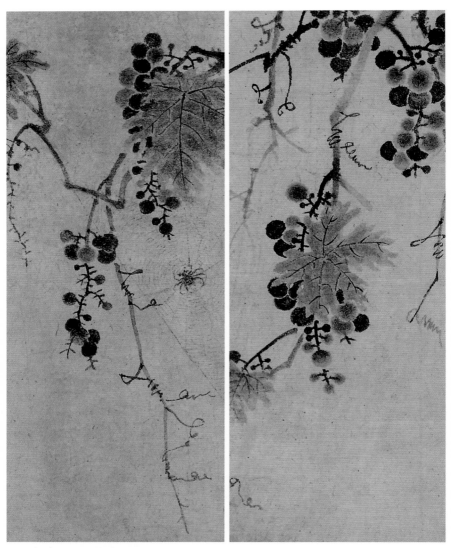

포도, 신사임당, 지본수묵, 각 24.3×10.4cm.

묵포도도, 황집중, 16세기, 27×22.1cm, 국립중앙박물관 소장.

포도나무를 도입한 것이다. 강희안의 『양화소록』에 따르면, 청흑색포도는 충숙왕이 몽골 공주에게 장가든 뒤 돌아오면서 원나라 황제에게 받아온 것이다. 괴애乖崖 김수온金守溫(1410~1481)의 "화산이 홀로 서 있음은 옥으로 만든 부용芙蓉이요, 한강이 염색해낸 것은 금빛 포도라오華山獨立玉芙蓉 漢江染出金葡萄"에서 보듯 조선 초의 문인들도 포도 관련 시를 남겼다. 또한 조선 초기부터 신잠申潛·신사임당 등이 먹으로 포도를 그린 데서 알 수 있듯이, 이는 문인들이 즐겨 그린 그림 소재였다. 조선중기의 황집중黃執中은 당대에도 「묵포도도墨葡萄圖」로 유명했다. 반면 같은 시기에 활동한 이우李瑀(1469~1517)와 17세기의 홍수주洪受疇(1642~1704), 이계호李繼祜(1574~?) 등은 잎과 포도 알을 훨씬 촘촘하게 표현했으며, 이러한 전통은 조선후기의 최석환崔奭煥(1808~?)으로 이어졌다. 18세기에는 심사정의 부친인 심정주沈廷胄와 권경權儆이 포도를 잘 그렸다. 포도 관련 시로는 이육사의 「청포도」가 유명하다.

「청포도」

내 고장 칠월은
청포도가 익어가는 계절

이 마을 전설이 주절이주절이 열리고,
먼 데 하늘이 꿈꾸며 알알이 들어와 박혀,

하늘 밑 푸른 바다가 가슴을 열고,
흰 돛 단 배가 곱게 밀려서 오면,

포도도, 전 최석환, 지본수묵, 127×74.5cm, 선문대박물관 소장.

백자철화포도문항아리, 18세기 전반, 높이 53.8cm, 이화여대박물관 소장.

내가 바라는 손님은 고달픈 몸으로
청포를 입고 찾아온다고 했으니,

내 그를 맞아 이 포도를 따 먹으면,
두 손은 함뿍 적셔도 좋으련만,

아이야, 우리 식탁엔 은 쟁반에
하이얀 모시 수건을 마련해 두렴

머루 *Vitis coignetiae* Pulliat

천남성과
싸워
이기다

머루는 다래와 마찬가지로 고려가요 『청산별곡』에 등장한다. "살어리 살어리랏다 / 청산青山애 살어리랏다 / 멀위랑 ᄃ래랑 먹고 / 청산애 살어리랏다"에서 알 수 있듯이 산속에서 흔히 만날 수 있는 게 머루다. '머루포도'는 머루에 접을 붙인 신품종 포도다. 머루는 한국 토종 포도로, 그 유래는 알 수 없지만 '산포도'라 부른다.

갈잎 덩굴성 나무인 머루의 속명은 포도와 같다. 종소명인 코이그네티아이coignetiae는 '구와넷Goignet'이라는 인물로, 머루의 학명을 붙인 풀리아Pulliat(1827~1866)에게 큰 도움을 줬다. 즉 학명에는 포도의 상징인 '생명'을 뜻하는 것 외에는 별다른 의미가 없다. 머루와 아주 닮은 왕머루도 흔히 산포도라 부른다. 그러나 잎의 뒷면에 적갈색 털이 있는 것은 머루이고, 그렇지 않은 게 왕머루다. 산에서 볼 수 있는 것은 대부분 왕머루다. 개머루는 '가짜'라는 '개'자를 가진 이름에서도 알 수 있듯이 열매를 먹을 수 없어서 쉽게 구별할 수 있다. 이외에도 새머루, 까마귀머루가 있다. 일본에서는 머루와 천남성天南星, *Arisaema amurense var. serratum Nakai*에 관한 이야기가 전한다.

아주 옛날 숲속에서 서로 좋은 햇볕과 수분이 많은 토양을 차지하기 위해 머루와 천남성이 싸웠다. 그 결과 머루가 천남성에게 이겼다. 머루는 의기양양한 모습으로 나무를 타고 위로 올라가고, 천남성은 기가 죽어 땅속으로 기어들어갔다.

이 이야기는 머루와 천남성의 특성을 알려준다. 천남성의 땅속줄기에는 머루에게 베인 상처가 남아 있다는 이야기도 마찬가지다. 더욱이 일본의 아누이족은 천남성 열매를 구충제로 사용한다.

담쟁이덩굴 *Parthenocissus tricuspidata* (S. *et* Z.) Planchon

구부정한
어린이

　　　　　갈잎 덩굴성 담쟁이덩굴은 이 나무가 주로 담에 붙어사는 덩굴성이기 때문에 붙여진 이름이다. '쟁이'는 전문가라는 뜻이다. 영어권에서는 Boston Ivy, Japanese Ivy라 부른다. 아이비는 '송악'을 의미하는 라틴어 '헤레드라Heredra'를 영어로 풀이한 이름이고, 흔히 서양담쟁이덩굴로 풀이한다. 담쟁이덩굴과 아이비는 덩굴성 식물이라는 점에서는 공통점을 갖고 있다. 또 둘은 크기는 다르지만 잎 모양도 비슷하다. 프랑스 식물학자 플랑숑이 붙인 담쟁이덩굴의 속명인 파르테노키수스Parthenocissus는 '처녀'를 뜻하는 그리스어 '파르테노스parthenos'와 '담쟁이덩굴'을 뜻하는 '키소스cissos'의 합성어다. 종소명 트리쿠스피다타tricuspidata는 '잎 모양이 세 개로 뾰족하게 올라온 것'을 말한다. 그러나 아이비는 송악과 더불어 두릅나뭇과에 속한다.

　한자는 산에 오르는 호랑이를 의미하는 파산호爬山虎, 땅의 비단을 의미하는 지금地錦 등을 사용한다. 이외에 우목寓木, 완동宛童 등이 있다. 『이아주

소』에 등장하는 두 단어는 『본초강목』에도 나오는데, 여기서는 기설寄屑 등
도 언급하고 있다. 우목은 담쟁이덩굴이 다른 나무에 더부살이한다는 뜻
이고, 완동은 '구부정한 어린이'라는 뜻이다. 모두 담쟁이덩굴의 습성에
서 빌린 이름들이다. 『시경』에서는 담쟁이덩굴을 조蔦로 표기하고 있다.
『본초강목』에 따르면 이 단어는 새가 나무에 서 있는 것 같아 붙인 것이
다. 『시경』역시 "담쟁이덩굴과 겨우살이가 소나무 위에 뻗어 있네"라는
구절에서 보듯 담쟁이덩굴의 습성을 잘 드러내고 있다.

: 포도과 | 담쟁이덩굴

오미자 *Schizandra chinensis* Turcz. Baillon

다섯 가지
맛이
나는
열매

갈잎 떨기나무 오미자五味子는 다섯 가지 맛이 나는 열매라는 뜻이다. 과연 어떤 맛이 날까? 단맛甘, 신맛酸, 매운맛辛, 쓴맛苦, 짠맛鹽 등이 난다. 빨갛고 작은 구슬처럼 생긴 열매는 포도송이처럼 달린다. 그러나 프랑스 식물학자 바이롱Baillon(1827~1895)이 붙인 학명은 열매보다 꽃을 강조했다. 속명인 스키잔드라Schizandra는 '갈라지다'를 뜻하는 그리스어 '스키제인schizein'과 '수술'을 뜻하는 '아네르aner' 혹은 '안드로스andros'의 합성어다. 이는 꽃밥의 특성을 드러낸 것이다. 오미자는 암꽃과 수꽃이 서로 다른 나무에 달린다. 즉 은행나무처럼 암수가 따로 있다. 여름철에 피는 꽃은 황백색으로, 여섯 장에서 아홉 장으로 열리는 꽃잎은 마치 종처럼 생겼다. 꽃을 강조할 경우 오미자를 목련과로 분류하기도 한다.

『본초강목』에 따르면 남쪽에 사는 오미자는 붉고, 북쪽에 사는 것은 검다. 그런 까닭에 남오미자南五味子·북오미자北五味子로 나뉜다. 조선오미자朝鮮五味子라는 것도 있다. 김정金淨의 『제주풍토록』에 따르면, 『본초강목』을

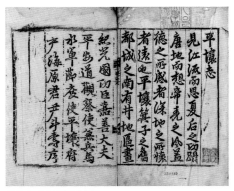

김정이 지은 『제주풍토록』.

살펴보니 조선에서 나오는 게 가장 좋고 또 맛이 단 것이 상품上品이라 했다. 우리 나라에서 생산되는 것은 대체로 열매가 붉고 작으며 맛이 시다. 아마 조선에서 생산되는 것이 천하에서 가장 좋은 것이리라" 하는 내용이 나온다. 오미자와 비슷한 흑오미자 S. nigra는 제주도에 산다. 이는 열매가 아주 검고 커서 마치 잘 익은 산포도와 같아 붙인 이름이다.

: 범의귀과

수국 *Hydrangea macrophylla* for. *otaksa* (Sieb. *et* Zucc.) Wilson

산수국
탐라수국
등수국

갈잎 떨기나무 수국水菊은 어떤 식물도감에는 호랑이 귀를 닮은 범의귀과가 아니라 수국과로 분류하고 있다. 수국은 글자 그대로 '물국화'라는 뜻이다. 이는 수국이 물을 좋아하고, 꽃 모양이 국화와 닮아 붙인 듯하다. 윌슨이 붙인 학명 중 속명인 히드란게아Hydrangea도 '물'을 뜻하는 '히도르hydor'와 '용기容器'를 뜻하는 '안게이온angeion'의 합성어다. 이는 습지에서 잘 자라는 수국의 특성과 둥근 공을 닮은 꽃 모양을 드러낸 것이다. 한자 이름 수구화繡毯花, 수구화繡球花, 자양화紫陽花 등은 꽃 모양에서 빌린 것이다. 수구화의 수는 '수놓다'라는 뜻이다. 이는 꽃이 비단에 수놓듯이 아름답다는 뜻이다. 구는 '둥근 공'이란 의미로, 꽃 모양이 공처럼 생겨서 붙인 것이다. 수구화도 같은 의미다. 자양화는 처음에는 연한 자주색이었다가 담홍색으로 바뀌는 수국의 꽃 색깔을 빗댄 이름이다. 종소명인 마크로필라macrophylla는 '잎이 크다'는 뜻으로, 달걀 모양의 넓은 잎을 드러낸 것이다. 물론 보기에 따라 수국의 잎이 작다고 생각할 수도 있겠다.

학명 중 오타크사_otaksa_는 네덜란드의 식물학자 지볼트의 애인 오다키상 楠本瀧을 가리킨다. 윌슨이 학명에 지볼트와 그의 애인까지 기록했다는 사실은 흥미롭다. 이러한 예는 수국 연구에 두 사람의 역할이 컸음을 의미하지만, 제국주의 시대 식물학자들이 어떤 활동을 했는지를 잘 보여준다. 지볼트는 물론 윌슨도 동아시아에 와서 적극적으로 식물을 채집한 사람들이기 때문이다. 지볼트는 1800년대 해군 군의관으로 일본에 와서 식물학계에 큰 역할을 했다. 그는 일본에 있는 동안 수국을 아주 좋아해서 학명에 자신의 애인인 오다키를 넣었다. 학명의 오타크사는 오다키를 높인 어다키상을 라틴말로 표현한 것이다.

수국의 원산지는 정확하지 않지만 백거이의 작품에 등장한다. 그래서인지 어떤 식물학자는 중국 원산으로 설명하고 있다. 이 나무의 중국 이름 중 하나인 자양화가 생긴 유래는 백거이의 시「자양화紫陽花」주注에 나온다. 즉 "초현사招賢寺에 산꽃 한 그루가 있었는데, 사람들이 이름을 몰랐다. 그러나 꽃 색은 붉고 향기가 났다. 꽃향기는 사랑할 만해서 자못 신선과 같았다. 그래서 자양화라 이름하였다招賢寺有山花一樹 無人知名 色紫氣香 芳麗可愛 頗類 仙物 因以紫陽花名之" 수국은 중국 식물 관련 책 가운데『본초강목』에는 나오지 않고, 명대에 왕기가 편찬한『삼재도회』에는 수구화로 표기되어 있다.

수국의 또다른 한자 이름은 팔선화八仙花로, 중국의 여덟 명의 신선과 관련 있다. 중국에서는 흔히 곤륜산에 팔선이 산다고 믿는다. 여덟 명의 신선은 한종리漢鐘離, 철괴리鐵拐李, 장과로張果老, 여동빈呂洞賓, 하선고何仙姑, 남채화藍采和, 한상자韓湘子, 조국구曹國舅 등이다.

중국 수나라 때 단강丹江 근처에 어머니와 아들 이옥李玉이 살고 있었다. 어

머니는 두 눈을 볼 수 없었다. 이에 이옥은 땔감을 팔아 어머니를 봉양했다. 그러던 어느 날 관청에서 이옥을 운하 건설에 참여하도록 했다. 이옥은 어머니를 두고 도저히 갈 수 없는 상황이었지만, 수나라 정부의 강경한 요구로 노역에 참여하지 않을 수 없는 처지였다. 이때 팔선의 대표로 하선고가 이옥에게 수국을 꺾어주면서 관청 관리에게 갖다주면 노역을 면할 수 있다고 일러주었다. 이에 이옥은 수국을 갖고 가서 관리에게 주었다. 꽃을 받은 관리는 이옥에게 무슨 꽃인지 물었다. 이옥은 팔선의 도움에 감사하는 마음으로 '팔선화'라고 대답했다. 이때부터 사람들이 팔선화를 즐겨 심었다.

우리나라의 경우 산에서 만날 수 있는 산수국, 제주 한라산 1000미터쯤 올라가야 볼 수 있는 탐라수국 등도 있다. 또 덩굴성 등수국藤水菊과 일본에서 들여온 나무수국도 있다. 일본에는 수국차가 있다. 우리나라와 중국에서 사용하는 향탕처럼 이 차로 석가탄신일에 부처님 몸을 씻어준다.

청자상감국화문유병, 고려 12세기,
일본 네이라쿠미술관 소장.

불두화와 구분이 어려운 나무수국의 꽃.
꽃으로는 구분이 어렵지만 불두화의 잎이 몇 갈래로 갈라진 반면에
나무수국의 잎은 가장자리에 톱니가 있으면서 타원형의 하나로 돼 있다.

:때죽나뭇과

때죽나무 *Styrax japonica* Siebold *et* Zuccarini

땅을 향해
종처럼
열리는
꽃

　　　　　갈잎 떨기 때죽나무의 이름은 그 유래를 정확하게 알 수 없지만 열매를 보면 그럴듯한 실마리를 찾을 수 있다. 때죽나무의 꽃은 5~6월에 하얗게 핀다. 이때 꽃 모양을 보면 특이한 점이 발견되는데, 즉 대부분의 꽃은 하늘로 향하지만 종 모양처럼 조롱조롱 매달린 때죽나무 꽃은 모두 땅을 향한다. 영어권에서는 이 모습을 본떠 '눈종Snowbell'이라 부른다.

　9~10월에 익는 때죽나무의 열매도 꽃처럼 아래로 향한다. 열매 역시 꽃처럼 조롱조롱 달리며, 갈색이다. 이런 모습을 두고 사람들은 '떼'로 달린 때죽나무의 열매가 마치 스님이 떼로 달려오는 것처럼 생각했다. 그래서 처음엔 때죽나무를 '떼죽나무'라 부르기도 했다. 이 나무의 열매에는 기름 성분이 풍부하게 들어 있어 옛날에는 등잔 기름이나 머릿기름으로 사용했다. 또 기름때를 없애주는 비누 대용으로도 사용했다. 아울러 열매와 잎 안에는 어류 같은 작은 동물을 마취시킬 수 있는 에고사포닌 성분이

들어 있다. 여귀처럼 열매와 잎을 찧어서 물에 풀면 물고기가 순식간에 기절한다. 이 때문에 나무 이름이 고기가 떼로 죽는다는 데서 생겼다는 설도 있다. 동학혁명 때 농민들은 무기가 부족하자 총알을 직접 만들어 썼는데, 그때 바로 때죽나무의 열매를 빻아 반죽하고 화약과 섞어 사용했다는 이야기도 전한다.

학명 중 스티락스*Styrax*는 '안식향安息香'을 뜻하는 그리스어 '스토락스*storax*'에서 유래했다. 안식향의 '안식'은 지금의 이란을 말한다. 지볼트와 주카리니는 이란에서 살고 있는 때죽나무의 특성을 보고 이름을 붙인 셈이다. 그러나 학명에는 때죽나무의 원산지를 일본으로 표기하고 있는데 우리나라 황해도 이남에도 자생한다.

학명만으로는 안식향을 정확하게 이해할 순 없다. 인도네시아에 살고 있는 때죽나무 중에는 줄기에 흠집을 내어 흘러나오는 황색의 유액으로 안식향을 얻었다. 한편 때죽나무의 꽃향기도 향수의 원료로 사용됐다. 이 나무의 한자가 들에 사는 만 리를 뜻하는 '야말리野茉莉'인 것도 꽃향기를 강조한 것이다. 즉 꽃향기가 만 리까지 간다고 했으니 진가를 충분히 짐작할 만하다.

때죽나무는 버드나무처럼 공해에도 아주 강하다. 이처럼 아주 더러운 곳마저 마다 않고 살 수 있을 만큼 강인하지만, 우윳빛을 띠는 속은 나이테를 알아볼 수 없을 만큼 깨끗하다. 그런 특성 때문에 이 나무로 장기 알이나 목기, 지팡이 등을 만들었다. 이렇게 훌륭한 때죽나무는 산에서는 흔히 볼 수 있지만 정원수로는 최근 들어서야 활용되고 있다. 반면 외국, 특히 미국에서는 우리나라의 때죽나무를 관상수로 개발·보급하고 있다. 세계에 존재하는 120여 종의 때죽나무 가운데 한국산이 가장 훌륭한 것으로 꼽히고 있다.

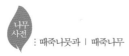

나무
사전
: 때죽나뭇과 | 때죽나무

제주도에서는 이 나무를 '족낭'이라 부른다. 물이 귀했던 제주도 외진 산골에서는 때죽나무 가지에 띠를 엮어 줄을 매달아 물을 항아리에 받았다. 그런데 신기하게도 때죽나무를 통해 받은 물은 몇 년씩 두어도 상하지 않았다고 한다. 이는 때죽나무에 물을 정화시키는 힘이 있다는 것을 증명한다.

: 때죽나뭇과

쪽동백나무 *styrax obassia* Siebold *et* Zuccarini

열매를
찧어
물에 풀면
물고기를
기절시킨다

갈잎 중간 키 쪽동백나무는 '쪽' 과 '동백나무' 의
합성어다. 우리말 '쪽' 에는 여러 가지 뜻이 있지만, 쪽동백나무의 '쪽' 은
시집간 여자가 뒤통수에 땋아 틀어올려서 비녀를 꽂은 머리털을 말한다.
나무 이름에 이런 말을 넣은 것은 이 열매가 지닌 특성 때문이다. 동백나
무 열매에서도 기름을 얻지만, 쪽동백나무 열매 역시 기름을 만들 수 있
다. 동백나무가 자랄 수 없는 북쪽 지방에서는 이 나무에서 열매로 등잔이
나 머릿기름을 얻었다. 이는 생강나무에서 기름이 나 산동백나무라고 부
르는 것과 같은 이치다. 쪽동백나무 머릿기름은 머리에 생긴 이를 완전히
박멸할 정도로 독성이 강하다. 그래서 먹으면 큰일 난다. 설익은 열매를
돌로 짓찧어서 물에 풀어놓으면 물고기들이 떼를 지어 기절했다. 그렇기
에 천렵꾼들이 애용한 나무이기도 하다. 잎의 크기가 큰 편이기 때문에
'넙죽이나무' 라 부르는 경우도 있다. 산에서 쪽동백나무처럼 큰 잎을 가
진 나무는 드물기 때문에 눈에 잘 띈다. 옛사람들은 산에서 큰 비를 만나

총상꽃차례를 이루며 흰색으로 피어난 쪽동백나무의 꽃. 잎은 둥글면서 끝이 뾰족하다.

면 넙죽이 이파리를 따다가 여러 개 이어서 추위를 피하기도 했다. 넙죽이나무한테 넙죽 절할 일이다. 아이들은 넙죽이나무로 얼굴이 폭 가려지기 때문에 가면으로 만들어 쓰기도 했다. 머릿기름이 나온다 해서 산아주까리나무라고 부르는 지역도 있다. 아주까리는 피마자로, 피마자유는 머리에 바르는 포마드의 재료다.

학명은 때죽나무의 학명을 붙인 지볼트 등이 붙었다. 속명은 때죽나무와 같고, 종소명인 오바시아*obassia*는 일본 명 '오오바지샤'를 본뜬 것이다. 오오바지샤가 무슨 뜻인지 명확하지 않은데, 일본어 사전에는 白雲木(はくうんぼく)의 다른 이름으로 등장한다. 만약 백운목이 맞다면, 쪽동백나무의 흰 꽃을 의미할 것이다. 쪽동백나무의 한자 이름인 옥령화玉鈴花도 백옥 방울처럼 생긴 꽃을 상징한다.

쪽동백나무는 수피가 매끈하고 몸매도 날렵해 눈을 시원하게 해준다. 쪽동백나무가 이렇게 홀쭉한 것은 비교적 더디게 자라기 때문이다. 크게 자라도 5~6미터다. 그 대신 목재의 조직이 치밀한 데다, 줄기의 껍질이 짙은 검은색인 데 비해 속살은 아주 맑은 우유색이라 색상의 대조가 아름답다. 그리하여 목재는 소품 가구나 솟대 정도를 만드는 데 쓰였다지만 요즈음에는 껍질과 속살의 흑백 대비를 이용하여 열쇠고리나 소품 장식을 만드는 데 애용되기도 한다.

노린재나무 *Symplocos chinensis* for. *pilosa* Nakai Ohwi

불에
태우면
누런 재가
남는다

　　　갈잎 떨기나무 노린재나무는 노린재와 나무를 합
성한 이름이다. 이름에 노린재, 즉 황색의 재를 붙인 것은 가지를 잘라 불
에 태우면 누른 재黃灰가 남기 때문이다. 그러니 이 나무는 천연 염색에 아
주 긴요하다. 자초紫草나 치자梔子 등 식물성 물감을 천연 섬유에 물들이려
면 도자기를 만들 때 사용하는 유약처럼 매염제媒染劑, 즉 염색을 돕는 약이
필요하다. 노린재나무는 이 과정에서 가장 쉽게 구할 수 있는 재료였다.
또 이 나무를 매염제로 사용한 것은 유황을 함유한 명반明礬을 쉽게 얻기
어려웠기 때문이다. 그런 까닭에 중국에서는 산에서 구할 수 있는 명반이
라는 뜻으로, 산반山礬이라 한다. 『본초강목』과 『식물명실도고장편』에 그
에 대한 설명이 자세히 나온다. 산반은 운향芸香, 정화椗花, 자화柘花, 창화場
花, 춘계春桂, 칠리향七里香이라고도 한다. 이러한 이름은 모두 노린재나무에
서 나오는 향기를 강조한 것이다. 또한 중국에서는 서적의 좀을 없애기 위
해 이 나무를 사용했다.

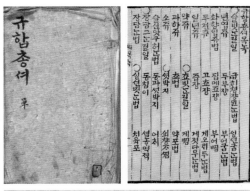

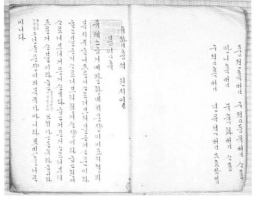

『규합총서』에는 노린재나무로 염색한 사례가 기록되어 있다.

우리나라에서도 노린재를 사용한 예를 찾아볼 수 있다. 『조선왕조실록』 중종 8년(1514)에 죽청 스님이 "지금 황회목으로 돈 버는 일 때문에 곽산郭山에 와 있다"는 내용을 발견할 수 있다. 영조 26년(1750)에 편찬한 『상방정례尙方定例』에는 "명주를 자주색으로 염색할 때는 한 필에 지초 8근, 황회 20근, 매실 1근으로 염색한다"라고 한 기록도 있다. 이러한 쓰임새는 순조 9년 (1809)에 간행된 『규합총서閨閤叢書』에서도 확인할 수 있다. 황회를 사용한 이러한 염료 기술은 일본으로 수출되어 그들은 노린재나무 잎을 끓인 즙으로 찹쌀을 물들여 떡을 만들고, 사각형으로 잘라 팔았다.

일본의 식물학자 오오이가 붙인 노린재의 학명은 꽃을 강조하고 있다. 속명인 심플로코스*Symplocos*는 그리스어로 '결합한'이라는 뜻으로, 수술의 기부基部가 붙어 있음을 말한다. 속명인 필로사*pilosa*는 '연한 털이 있다'는 뜻이다. 중국에서는 노린재나무 잎이 목서를 닮았기에 우비목牛鼻木이라 한다.

이 나무는 중국 원산이지만, 제주도에서 살고 있는 섬노린재나무는 한국 원산이다. 일본 사람들은 섬노린재를 탐라단耽羅檀이라 부른다. 또한 열매가 검게 익는 검노린재나무는 중국에서 백단白檀이라 한다.

: 칠엽수과

칠엽수 *Aesculus turbinata* Blume

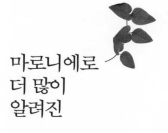

마로니에로
더 많이
알려진

         칠엽수는 낭만을 상징하는 나무이지만 우리에겐 여전히 낯선 이름이다. 칠엽수보다는 프랑스어 마로니에marronnier가 익숙하기 때문이다. 잎이 일곱 개여서 붙인 이름이지만, 잣나무를 오엽송五葉松이라 부르는 것처럼 반드시 일곱 개의 잎을 가진 것은 아니다. 실제 주위의 칠엽수 잎을 보면 일곱 개의 잎은 드물다. 대개 5~7개인 칠엽수의 이름은 잎을 강조했지만, 학명은 열매와 꽃을 강조하고 있다. 블루메가 붙인 학명 아이스쿨루스Aesculus는 '먹다'를 의미하는 라틴어 '아이스카레Aescare'에서 유래했다. 이 말은 처음에는 참나무를 의미했지만 열매의 식용이나 사료를 의미하는 단어로 바뀌었다. 속명인 투르비나타turbinata는 꽃 모양이 '원뿔'이라는 뜻이다. 칠엽수 꽃을 본 사람들은 학명에서 왜 꽃을 강조했는지 알 수 있다. 작은 꽃들이 모여 만들어진 고깔 모양은 금세 사람들의 시선을 끌 만큼 독특하다.

  우리 주변에서도 칠엽수는 흔히 볼 수 있다. 근래에 조경수로 많이 심고 있기 때문이다. 서울 종로구 동숭동 대학로의 마로니에 공원에서, 때론 각 지역의 공원 혹은 가로수에서 쉽게 볼 수 있다. 그런데도 많은 사람들은 직접 보지도 않은 프랑스 파리의 몽마르트 언덕의 칠엽수를 기억한다. 사람들이 그곳을 낭만의 거리로 생각하는 것은 예술가들의 담론이 생성된 곳이기 때문이다. 이성복 시인도 프랑스에서 생활하면서 마로니에에 흠뻑 젖었다.

「높은 나무 흰 꽃들은 燈을 세우고 10」

센 강변의 배들, 물에 비친 배 그림자 순간마다 달라지고 웬 마로니에는 그렇게 많은 꽃燈을 세우는지, 그 꽃燈 뒤에 무엇이 무엇이 숨어 있는지 보고 싶지만 무서움은 다만 내게 있고 흐르는 노래는 옛날 노래 "상주 함창 공갈못에 연밥 따는 저 처자야……" 한참 걷다보면 꺼멓게 탄 여학생 시체 둘이 나란히 걸어온다 연극일 뿐이야, 다짐하지만 언제 나는 무대 밖에 있었던가 生死는 大

事요 夢中生死라더니 역시 꿈은 서럽고 삶은 폭력적이다

- 『호랑가시나무의 기억』

파리의 칠엽수와 한국에서 만나는 칠엽수는 다르다. 우리가 흔히 접하는 것은 일본 원산의 일본칠엽수이고, 파리를 비롯한 유럽에서 볼 수 있는 세계 3대 가로수인 칠엽수는 서양칠엽수다. 일본칠엽수는 봄에 피는 꽃이 유백색이지만, 서양칠엽수는 대개 흰색 바탕에 황색 혹은 분홍색 반점이 있다. 일제강점기에 들어온 칠엽수의 노란 이파리가 햇살에 비치면 무척이나 아름답다. 그 모양은 불규칙해 가운데 잎이 가장 길고 옆으로 갈수록 점점 작아진다. 이 나무는 여름에는 시원한 그늘을 만들고, 가을에는 황색으로 사람들의 마음을 움직인다.

칠엽수와 모양이 비슷한 프랑스 파리의 마로니에. 열매 곁에 가지가 있고 잎에 주름살이 많으며 꽃이 약간 크다. 이 나무는 파리의 가로수로 유명하다.

후기인상파 화가 세잔은 유럽의 낭만을 상징하는 나무 마로니에를 연상케 한다. 1885~1887년경에 그린 「자드부팡의 마로니에」는 세잔에게는 잊을 수 없는 작품이다. 자드부팡은 그의 아버지가 1859년 9만 프랑에 산 집이자 그의 화실이었기 때문이다. 세잔은 1899년 이 집이 팔릴 때까지 그곳에서 그림을 그렸다. 16세기에 프랑스에 들어온 마로니에는 세잔과 늘 친구였다.

:자작나뭇과

지작나무 *Betula platyphylla* var. *japonica* (Miq) Hara

태우면
자작자작
소리가

갈잎 큰 키 자작나무는 우리나라에 자생하진 않지만 요즘 조경수로 즐겨 심기 때문에 쉽게 볼 수 있다. 이름은 나무를 태우면 '자작자작' 소리가 나서 붙인 것이다. 물론 어떤 나무든 불을 붙이면 타는 소리가 나겠지만, 자작나무는 그 소리가 다른 나무에 비해 크다. 백두산 근처에 가면 민가에서 자작나무를 땔감으로 사용하는 광경을 볼 수 있다.

자작나무가 다른 나무보다 소리가 많이 나는 이유는 이 나무속에 기름기가 많기 때문이다. 『본초강목』에 따르면 기름이 없던 시절에는 이 나무로 불을 밝혔다. 자작나무의 한자 화樺도 성분을 본뜬 이름이다. 『설문해자 說文解字注』에 따르면 화火는 화樺와 같은 의미다. 흔히 사람들이 결혼식과 관련해서 화촉을 밝힌다고 말한다. 이때 사용하는 화촉이 바로 자작나무로 불을 밝힌 것이다. 화촉의 용례는 당나라 문헌인 『국사보國史補』에 나온다. 일본의 식물학자 히로시 하라原寛(1911~?)가 붙인 학명도 자작나무 속의

특징을 드러내고 있다. 속명인 베툴라*Betula*에서 유래한 '비투멘*bitumen*'은 원유와 아스팔트 같은 여러 탄화수소의 명칭을 가리킨다. 자작나무는 갈리아현 프랑스 지역 사람들의 나무였다. 갈리아 사람들은 이 나무를 끓여서 비투멘을 뽑아냈다. 더욱이 이 나무를 길조로 여겼는데, 로마인들이 사비니*Sabines* 여자들을 유괴할 때 이 지역 사람들이 이 나무로 불을 밝혔기 때문이다. 즉 로마의 설화에 따르면, 로마를 건국한 후 여자가 없어서 인근 사비니 지역의 남녀들을 부르기 위해 축제를 열었고, 로마인들은 남자들이 축제를 보고 있는 동안 자작나무로 불을 밝혀 부녀자를 유괴했다.

자작나무의 또다른 특징은 하얀 껍질에 있다. 봄에는 껍질에서 분가루 같은 게 묻어난다. 중국에서 이 나무를 백화白樺라 부르는 것도 그런 이유에서다. 이 껍질은 종이 대용이기도 했다. 실제 여기에 글을 쓰면 선명하게 볼 수 있다. 옛날 화공畵工들은 이 나무의 껍질을 태워 그림을 그렸다. 우리나라 국보 제207호인 천마도 장니에 그린 것도 자작나무 껍질이다. 장니障泥란 말안장에서 말의 배를 덮어내려 말이 달릴 때 튀어오르는 흙을 막아주는 말다래를 가리킨다. 자작나무는 가죽을 염색하는 데 사용했던 까닭에 '백서白書'라고도 한다. 아울러 황백색의 자작나무 속은 깨끗하고 균일해서 팔만대장경판의 재료로도 사용되었다.

학명은 잎을 강조하고 있다. 플라티필라*platyphylla*는 '넓은 잎'을 의미하는데, 실제로 그 잎은 그다지 크지 않으며 모양은 버드나무와 아주 닮았다. 학명은 원산지를 일본으로 표기하고 있다.

자작나무에 얽힌 이야기도 적지 않은데, 특히 탄생 설화가 전한다. 몽골의 영웅이자 세계역사를 바꿔놓은 칭기즈칸이 유럽을 침략하던 시절, 왕위 계승에 불만을 품은 한 왕자가 칭기즈칸 군대의 우수함을 과대 선전해서 유럽 군대가 싸우지도 않고 도망가게 했다. 이 사실을 안 유럽의 왕들

이 이 왕자를 잡으려 했으나, 그는 깊은 산속으로 도망갔다. 그러나 더이상 숨을 곳이 없어 구덩이를 파고 흰 명주실로 칭칭 동여맨 채 그 속에 몸을 던져 죽었다. 흰 비단을 겹겹이 둘러싼 듯, 하얀 껍질을 아무리 벗겨도 흰 껍질이 계속 나오는 자작나무가 바로 이곳에서 자란 나무다. 자작나무의 이러한 특징을 시인 최창균도 살갑게 드러내고 있다.

「자작나무 여자」

그의 슬픔이 걷는다
슬픔이 아주 긴 종아리의 그,
먼 계곡에서 물 길어올리는지
저물녘 자작나무숲

나무
사전
: 자작나뭇과 ǀ 자작나무

더욱더 하얘진 종아리 걸어가고 걸어온다

그가 인 물동이 찔끔,

저 엎질러지는 생각이 자욱 종아리 적신다

웃자라는 생각을 다 걷지 못하는

종아리의 슬픔이 너무나 눈부실 때

그도 검은 땅 털썩 주저앉고 싶었을 게다

생의 횃대에 아주 오르고 싶었을 게다

참았던 숨살이 벗어나기 위해

또는 흰 새가 나는 달빛의 길을 걸어는 보려

하얀 침묵의 껍질 한 꺼풀씩 벗기는,

그도 누군가에게 기대어보듯 종아리 올려놓은 밤

거기 외려 잠들지 못하는 어둠

그의 종아리 환하게 먹기름으로 탄다

국보 제207호 천마도 장니에는 자작나무 껍질 위에 그려졌다.

그래, 그래
100년 자작나무숲에서 살자
100년 자작나무숲에 살자
종아리가 슬픈 여자,
그 흰 종아리의 슬픔이 다시 길게 걷는다

우리나라를 상징하는 백두산에도 자작나무에 얽힌 이야기가 전하고 있다.

옛날 백두산 기슭에 사냥하면서 살아가는 백노인과 손녀 설화가 있었다. 어려서 부모를 잃은 설화는 할아버지의 보살핌으로 예쁜 처녀로 자라났다. 백노인이 포수들과 사냥하러 나가고 없을 때였다. 부인을 아홉이나 둔 부잣집 막내아들이 백노인의 집을 지나다가 설화를 보고 한눈에 반했다. 그후 막내아들은 중매쟁이에게 설화를 만날 수 있게 해달라고 간청했다. 결국 설화는 중매쟁이의 간청으로 부잣집 일을 돕고, 막내아들의 시중까지 들게 되었다. 얼마 후 마을에서는 설화가 막내아들에게 손목을 잡혔다는 소문이 나돌았다. 설화는 이러한 소문에 견딜 수 없는 아픔을 겪었지만 쉽게 부잣집에서 빠져나올 수 없었다. 그후 백노인은 사냥 길에서 집으로 돌아오는 도중에 설화에 대한 소문을 들었다. 이에 백노인은 곧장 부잣집으로 달려가 주인과 아들을 모두 죽였다. 그러고는 어디론가 도망갔다. 혼자 남은 설화는 하늘을 보고 통곡하다 그만 기절하였다. 설화가 정신을 차려보니 이미 사방은 어둠뿐이었다. 설화는 정신없이 할아버지를 찾았다. 할아버지를 찾아 험한 봉우리에 오르다보니 어느덧 동이 터오고 있었다. 설화는 동이 트는 속에서 할아버지를 보았다. 너무 기쁜 나머지 할아버지에게 달려갔으나, 할아버지

는 설화를 반기지 않았다. 할아버지는 돌처럼 굳어 있었기 때문이다. 설화는 돌처럼 굳은 할아버지를 부둥켜안고 목 놓아 울었다. 설화도 울다가 지쳐 그만 죽고 말았다. 그후 백노인과 설화가 죽은 자리에서 하얀 자작나무와 진달래과에 속하는 상록성 활엽 관목인 노란 만병초가 자라났다.

자작나무는 만주에서 시베리아, 남러시아에 이르기까지 중요한 나무다. 중앙아시아와 북아시아에서 알타이 굿을 할 때 샤먼은 자작나무와 말을 이용하여 제례를 치른다. 말 등 위에서 자작나무 가지를 흔들며 말을 죽인 뒤 그 가지를 불 속에 던진다. 몽골의 부리야트족은 자작나무를 천상계의 문을 열어주는 문의 수호자로 생각했다. 만주족의 창세 신화도 마찬가지로 보고 있다. 그들은 자작나무로 별을 담는 주머니를 만들었다.

자작나무 껍질.

: 자작나뭇과

거제수나무 *Betula costata* Trauttvetter

거제도에는
절대
자라지 않는

　　　　　　　　갈잎 큰 키 거제수나무는 자작나무와 구분조차 하기 어려울 만큼 닮았다. 우리나라에서는 때론 이 나무의 한자를 거제수巨濟樹로 표기한다. 이 한자는 거제도의 거제와 같아서 마치 나무가 거제도에 많이 자라기 때문에 붙여진 이름으로 오해받곤 한다. 거제수도 자작나무처럼 섬에서는 자생하지 않는다. 종종 거제수를 재앙을 없애는 나무, 즉 거재수去災樹로 풀이하곤 하지만, 그 근거를 찾기는 어렵다. 러시아의 식물학자 트라우트페터Trauttvetter(1809~1889)가 붙인 학명에는 이 나무의 특징을 두 가지로 표기하고 있다. 하나는 자작나무처럼 기름을 포함하고 있다는 것이고, 다른 하나는 코스타타costata로, '잎에 주맥이 있다'는 뜻이다. 즉 자작나무에서처럼 잎을 강조했다. 거제수나무의 잎은 삼각형 모양인 자작나무와 달리 타원형이고, 잎맥도 자작나무보다 많다.

　이 나무는 크게 성장하면 자작나무처럼 껍질이 흰색을 띠지만, 어릴 때는 갈색과 흰색을 함께 띠고 있다. 어린 나무는 어린 이팝나무와 닮았

다. 어린 나무의 껍질이 종잇장처럼 벗겨지는 것도 마찬가지다. 이런 껍질의 특성 때문인지 북한에서는 이 나무를 물자작나무라 부른다. 나무에

'물' 자가 들어가면 무르다는 뜻이다. 중국에서는 거제수를 풍화風樺라 부
른다.

:자작나뭇과

사스래나무 *Betula ermanii* Chamisso

껍질이
종잇장
벗겨지듯

　　　　　갈잎 큰 키 사스래나무는 자작나무처럼 껍질이 하얗지만 매끈하거나 곧지는 않다. 이 나무 역시 거제수나무처럼 껍질이 종잇장 벗겨지듯 한다. 사스래의 한글 이름은 무슨 뜻인지 알 수 없다. 혹 나뭇가지가 논과 밭갈이에 사용되는 쇠스랑을 닮아서 붙인 것이 아닌가 추측할 뿐이다. 독일의 식물학자 카미소Chamisso(1781~1838)가 붙인 학명 중 속명은 자작나무와 같고, 종소명 에르마니이*ermanii*는 식물 채집가 에르만Erman을 가리킨다. 그는 사스래나무를 채집하는 데 큰 공을 세운 사람이었기에 학명에 등장하는 영광을 안았다.

　사스래나무도 자작나무처럼 남쪽에서는 쉽게 볼 수 없어 중국에서는 산악지대에 사는 자작나무라는 뜻의 악화岳樺라 부른다. 이 나무는 비교적 높은 곳에서 볼 수 있다. 강원도 태백시 함백산 정상으로 가는 길에 사스래나무가 모여 살고 있다. 아울러 백두산 정상으로 가는 길에도 즐비하다. 그 외에도 덕유산의 향적봉 오르는 길, 오색에서 설악산 대청봉 정상을 오

산속 깊은 곳, 그곳에서 햇빛에 반짝거리는 사스래나무는 하얀 물꽃을 뿜어내는 듯 영적인 분위기를 풍긴다.

르는 길에도 사스래나무가 있다. 그러고 보면 이 나무는 정상까지 힘겹게 오른 이들이 통과하는 마지막 관문처럼 보이기도 한다. 어려운 고비를 힘들게 넘어 산의 정상과 맞닿고자 하는 순간에 사스래나무는 특유의 흰빛으로 그 순간을 수놓아준다. 삭막한 겨울 산에서 햇빛을 받아 더욱 눈부신 사스래나무의 수피와 구불구불 올라가는 나무의 생김새는 여러 그루가 모여 하얀 불꽃이 어떤 영적인 것을 하늘로 끊임없이 퍼 올린다는 무속적인 분위기를 만든다. 거기에다 사스래나무 숲 아래에서 어김없이 피고 진다는 노란 금매화 군락지를 만나게 된다면 더 황홀해지리라. 이희정 시인이 「사스래나무에 관한 기억」에서 표현했듯이 백두산에서 보는 사스래나무는 세속과 영성의 경계감을 넘어, 그 백색의 색채감으로 인해 조선 민족의 수난사와 민족 분단의 사실을 떠올리게 하고 그리하여 "저것이 바로 슬픈 국경"이구나 하는 감상도 안겨준다.

수목한계선에서 푸르게 숲을 이루고 있는 사스래나무 숲은 하늘로 통하는 관문을 지키고 있는 듯하다.

: 자작나뭇과

서어나무 *Carpinus laxiflora* (Sieb. *et* Zucc.) Blume

서쪽을 향한 대표적 음수

갈잎 큰 키 서어나무는 한자 서목西木에서 유래했다. 서목은 '서쪽 나무'라는 뜻이다. 나무의 이름에 방위를 설정한 것은 이 나무가 대표적인 음수陰樹이기 때문이다. 음수는 어릴 때 음지에서 잘 자라는 나무를 말한다.

블루메가 붙인 학명 중 속명인 카르피누스Carpinus는 일설에 '나무'를 의미하는 캘트어 '카르car'와 '머리'를 의미하는 '핀pin'의 합성어로 풀이하고 있다. 이 말을 그대로 풀자면 '나무의 우두머리'다. 서어나무는 대표적인 음수로 생명력이 아주 강한 게 특징이다. 그 화석을 분석해보면 지질 3기에 출현했으며, 세계적으로 수십 종이 알려져 있으나 우리나라에 주로 분포한다.

서어나무의 특징 중 하나는 껍질에 있다. 회색에 검은빛 얼룩이 섞인 이 나무의 껍질은 근육처럼 울퉁불퉁해, 서양에서는 근육나무muscle tree라 부른다. 학명은 꽃을 강조하고 있다. 종소명의 락시플로라laxiflora는 '풍부한'

을 뜻하는 '라르 *lar*' 와 '꽃의' 를 의미하는 '플로라 *flora*' 의 합성어다. 그러나
정작 서어나무의 꽃은 잎이 없어 꽃인 줄 모르는 경우가 많다.

개서어나무 *Carpinus tschonoskii* Maximowicz

풍수의
지형적
결함을
보완하다

　　　　　갈잎 큰 키 나무 개서어나무는 서어나무와 구분하기 어려울 만큼 비슷하다. 한자로는 구서목狗西木이고, '개'는 한자에서 빌린 글자다. 러시아의 식물학자 막시모비츠가 붙인 학명 중 종소명에는 이 나무 연구에 도움을 준 사람, 즉 초노스키이tschonoskii만 기록하고 있다.

　개서어나무도 우리나라에서 주요한 의미를 갖는다. 전라남도 무안군 청계면 청천리 마을 앞 국도변에는 팽나무가 66그루, 느티나무 3그루와 함께 개서어나무 20그루가 천연기념물 제82호로 지정되어 있다. 이 나무는 500년 전 이곳으로 낙향한 배씨裵氏의 선조가 풍수설에 의하여 지형적인 결함을 보완하기 위해 조성했다. 부락 앞이 부채꼴로 서쪽 바다를 향해 있으므로 바닷바람을 막는 역할을 한다. 부산시 기장군 장안읍 장안사 입구 상장안교 근처 장안천 언저리에도 높이 20미터의 개서어나무 87그루가 군락을 이뤄 자생한다. 이곳은 현재 우리나라에서 가장 많이 자생하는 개서어나무 군락지다.

개암나무 *Corylus heterophylla* var. *thunbergii* Blume

희고
두꺼운
신라의
것이 최고

갈잎 떨기나무인 개암나무의 '개암'은 개(접사)와 밤栗의 합성어인 개밤에서 개암으로 바뀐 것이다. 다른 말로 깨금 혹은 처남이라 부른다. 한자는 진榛으로 무성한 덤불을 의미하며, 역시 이것이 떨기나무임을 드러내고 있다. 일설에는 '진'이 중국 진나라에 개암나무가 많아서 붙인 이름이라고 전한다. 『예기禮記』와 『산해경』 등 중국 고전에는 이 나무의 열매를 작은 밤, 즉 소율小栗이나 상수리나무 열매와 닮은 것으로 설명하고 있다. 실제 익은 개암나무의 열매를 보면 작은 밤을 닮았다. 『본초강목』이나 청대의 식물도감에서도 과일나무로 분류할 정도로 열매를 강조하고 있다. 이 나무의 열매는 진자榛子라 부른다. 『본초강목』에는 희고 두꺼운 신라의 개암나무를 최상품으로 소개하고 있다. 이에 개암나무를 산백과山白果라 부르기도 한다. 영어에서도 개암나무를 헤이즐hazel 혹은 열매를 강조해 헤이즐넛hazel-nut이라 한다. 커피 중 헤이즐넛이 바로 개암나무 열매에서 추출한 향을 의미한다.

블루메가 붙인 학명 중 속명인 코릴루스*Corylus*는 '투구'를 의미하는 그리스어 '코리스*corys*'에서 유래했다. 이는 촘촘하게 감싸고 있는 열매를 뜻한다. 종소명인 헤테로필라*heterophylla*는 '잎이 다른'이란 뜻이다. 이는 어긋나면서 거꾸로 된 넓은 달걀형이며 끝이 뾰족하고 가장자리에는 뚜렷하지 않은 잔톱니가 있는 잎을 강조한 것이다. 또 하나의 종소명인 툰베르기이*thunbergii*는 식물학자 툰베르크를 가리킨다.

중국인들조차 우리나라 개암나무의 우수성을 강조했듯이 김시습도 개암나무를 시로 읊었다.

「산행山行」

높은 봉우리는 석양에 붙들고高峰有晚照
작은 길은 거친 개암나무에 걸리네小路礙荒榛

켈트족은 개암나무가 마법을 지녔다고 생각했다. 그들은 개암나무 가지가 집 위로 드리워져 있으면 번개에 맞지 않는다고 믿었다. 아울러 한여름에 열리는 불의 축제와 다산 제의祭儀에도 개암나무를 사용했다. 모닥불 옆으로 소를 끌고 와 연기가 피어나는 개암나무 가지로 소 등에 난 털을 그을려 표시한 다음 방목했다. 아일랜드에서는 개암나무를 '콜Coll'이라 불렀다. 그것을 무단 벌목하면 사형에 처할 만큼 신성하게 여겼다. 아일랜드의 「땅의 유래Dinnsbenchas」라는 시에는 아홉 그루의 개암나무가 등장한다. 이 나무

들은 티퍼러리 근처 콘라 우물Connla's Well로 알려진 신성한 연못 위로 가지를 드리우고 있었고, 꽃과 열매가 동시에 열렸다. 이 연못에는 연어가 출몰하여 개암을 먹었으며, 먹은 열매만큼 연어의 등에 반점이 생겼다. 아일랜드 전설에서 연어는 현명한 물고기로 여겨졌으며, 개암나무도 중요한 지식의 원천이었다.

난티개암나무Corylus heterophylla Fischer et Trauttvetter는 잎이 난티나무 잎처럼 끝이 편평하고 잘라진 모양에 주맥 끝만 뾰족해서 붙여진 이름이다. 참개암나무Corylus sieboldiana Blume는 진짜개암나무라는 뜻이다. 이 나무는 열매가 들어 있는 윗부분이 갑자기 좁아지고 겉에 털이 빽빽하다.

주대의 관제를 기록한 『주관周官』에 이르길 '개암은 밤과 비슷하지만 작다'고 했다. 『설문說文』에서는 '개암은 가래나무와 비슷하고 열매는 작은 밤과 같다'고 하였다. 『위시衛詩』에 이르길 '산에는 개암나무가 있다' 하였고, 『시의소詩義疏』에 이르길 '개

옛날, 점치는 막대는 흔히 개암나무로 만들곤 했다. 다른 어떤 나무보다 신성하고 마법을 지녔다고 여겼기 때문이다.

암나무는 밤나무에 속한다 하였다.

　나무에 따라 두 종류가 있다. 그 한 종류는 크기나 가지와 잎이 다 밤나무 같고 그 열매 모양이 도토리 비슷하며 맛은 또 밤 같으니 시경에서 이른바 "개암나무와 밤나무를 심으니"라며 노래하고 있는 것이다. 다른 한 종류는 가지와 줄기가 개다래나무木蓼와 같고 잎은 갈매나무牛李의 빛깔과 같으며 한 길 남짓 자란다. 그 껍질 속은 밤과 같고 호두 맛이 난다. 기름으로 등불을 켜도 아름답고 또 먹을 수 있다. 가지나 잎은 땔감이 되며 불로 밝히면 밝고 그을음이 나지 않는다.

: 자작나뭇과

오리나무 *Alnus japonica* Thunberg Steudel

이정표
역할을
다하면
농기구로

  갈잎 큰 키 오리나무는 오 리마다 심어 이정표로 삼았기 때문에 붙여진 이름으로, 오리목五里木이라고도 부른다. 이 나무는 부모인 자작나무를 닮아 목재 가치도 높았다. 옛날에 오 리마다 이 나무를 심은 것도 단순히 이정표만이 아니라 다양한 농구로 삼기 위해서였다. 독일의 식물학자 슈토이델Steudel(1783~1856)이 붙인 학명 중 속명인 알누스*Alnus*는 '오리나무'를 뜻하기도 하고, '오리나무로 만든 것'을 의미하기도 한다. 특히 이 나무는 배의 재료가 되었다. 종소명인 야포니카*japonica*는 일본 원산임을 가리킨다. 일본에서도 옛날에 이 나무를 오 리마다 심었다.

  오리나무는 염료의 원료로도 사용돼 물감나무라 불리기도 한다. 이 나무를 삶으면 붉은색, 수피에서는 다갈색, 열매와 논의 개흙을 섞으면 검은물이 들었다. 이는 열매에 타닌이 들어 있기 때문이다. 특히 어망이나 물고기를 잡는 도구인 반두에 꼭 이 물을 들였다. 일본의 아이누족도 오리나무 껍질에 상처를 내면 빨간 피가 나오기 때문에 '게네', 즉 '피나무'라 부

사방오리꽃(위)과 물오리꽃(아래).

르고, 섬유를 붉게 염색하는 데 사용했다. 바닷가의 어떤 민족은 바다에 나갈 때 오리나무로 만든 목패를 만들어 가져갔다. 이는 붉은 목패를 보고 물고기가 많이 모여들었기 때문이다. 아울러 돌아올 때는 바다에 던

져 바다의 신에게 무사 귀환을 비는 제물로 바쳤다.

오리나무 가운데는 산사태를 막아준다는 사방砂防오리나무Alnus firma Siedbold et Zuccarini, 산에 사는 물오리나무Alnus hirsuta Spach Ruprecht, 두메산골에 사는 두메오리나무Alnus maximowiczzi Callier 등이 있다.

박달나무 *Betura schmidtii* Regel

산
정상에
우뚝 서다

갈잎 큰 키 박달나무의 어원은 불분명하다. 우리말 어원사전에는 밝은明＋산山으로 해석하거나 박頂, 頭＋달山로 해석한다. 이러한 의미로 해석하는 것은 '박치기' '이마빡' 등의 어휘에서 '박'을 찾을 수 있고, '박달'과 관련한 말로 '앗달 / 아사달'을 들 수 있기 때문이다. '앗달 / 아사달'은 '앗 / 아사少, 始＋달山'로 박달頭山과 상보적으로 대응하기 때문이다. 아울러 '달'은 삼국시대, 특히 고구려의 지명 표기에서 '산'을 의미하는 단어다. 박달나무의 한자는 단목檀木, 박달목朴達木 등이다. 중국 사료에 등장하는 단檀은 박달나무가 아니라 느릅나뭇과의 청단靑檀이다. 『시경』에 등장하는 '단'도 청단을 이른다.

독일의 식물학자 레겔Regel(1815~1892)이 붙인 학명 중 속명은 자작나무와 같고, 종소명인 스크미드티이schmidtii는 자작나무 연구자인 슈미트F. Schmidt (1751~1834)를 가리킨다. 박달나무에는 물박달 Betura davurica Pallas, 까치박달 Carpinus cordata Blume 등이 있다. 까치박달은 같은 과이면서도 다른 박달나무와는 속명이 다르다. 속명 카르피누스Carpinus는 '나무木'를 의미하는 켈트어 '카car'와 '머리頭'를 의미하는 '핀pin'의 합성어다. 이는 나무의 우두머리라는 뜻이다. 종소명 코르다타cordata는 '심장형心臟形의'라는 뜻으로, 깊게 감추고 있음을 이르는 말이다. 박달나무와 우리 역사는 관련이 깊다. 『조선왕조실록』 평양부 지리지를 보면 "당요唐堯 무진년에 신인神人이 박달나무 아래에 내려오니, 나라 사람들이 그를 세워 임금을 삼아 평양에 도읍하고, 이름을 단군檀君이라 하였으니, 이것이 전 조선前朝鮮이다"라고 했다.

또한 조선시대에는 '개화改火'라는 풍속이 있었다. 불씨를 새롭게 하는 뜻으로, 병조兵曹 및 각 지방 관청에서 매년 사계의 입절일入節日과 늦여름의 토왕일土旺日에 나무를 서로 비벼 불을 새로 만들어 궁전에 진상하고 민가에 나누어주고 전의 불을 끄게 하던 일이다. 이때 그 불은 "봄에는 느릅나무와 버드나무에서, 여름에는 대추나무와 은행나무에서, 가을에는 갈참나무와 느릅나무에서, 겨울에는 느티나무와 박달나무에서" 취했다. 입동이 되면 박달나무 판에 홰나무로, 판의 구멍을 비벼 불을 냈다는 기록이 연산군 조에도 보인다.

박달나무는 단단해서 예로부터 포졸들이 차고 다니는 몽둥이로 사용됐으나, 민족의 놀이인 윷을 만드는 데 사용되기도 했다. 『주역』에 따라 박달나무 한 가지를 태극으로 인식했기 때문이다. 그것을 꺾어서 쪼개면 음양이 나오고 그걸 또 쪼개면 음양에서 다시 음양이 나온다고 옛사람들은 생각했다. 그렇게 두 번 쪼개면 윷가락 네 개가 나왔다. 대산 김석진 선생은 그게 사상四象인데, 윷가락 넷은 앞뒤가 있으니 팔괘가 되는 것이라고 풀이했다.

임진왜란 중이던 선조 조에는 재미있는 장면이 나온다. 명나라에서 원군을 끌고 온 팽유격彭遊擊이라는 장군을 왕이 접견했다. 그는 원래 이름이

: 자작나뭇과 | 박달나무

박달나무로 옛사람들은 활이나 절구를 만들었다.

팽신고彭信古로 시정의 무리를 소집해 군대를 만들어 조선 땅에 와서 왜적과 싸울 생각은 없이 이재만 밝혔기 때문에 사람들이 싫어했다. 그가 말했다. "박달나무가 창 자루를 만들기에 좋으니 넉넉히 주셨으면 합니다." 그러자 왕이 "이른바 박달나무라는 것이 무엇인가?"라고 주위에 하문했다. 승지가 "필시 이년목二年木일 것입니다"라고 대답하자 통관이 이를 정정해서 "그것이 아닙니다. 중국 사람은 가檟나무를 박달나무라고 합니다"라고 했다는 대목이다. 가시나뭇과에 속하는 이년목은 튼튼하고 가벼우면서도 탄력이 있어 고려시대부터 창을 만드는 최상품의 재목이었다. 승지가 어림짐작으로 대답하자 통관이 이에 반박했는데, 가檟는 개오동나무를 뜻하는 한자 이름이다. 개오동나무는 중국 원산이기는 하지만 목재로는 주로 악기와 조각품을 깎는 데 사용했다. 그러니 팽유격이 말한 박달나무가 개오동나무인지도 확실치 않다.

소사나무 *Carpinus coreana* Nakai

해안에 사는 작은 서어나무

　　　　　갈잎 중간 키 소사나무는 한자 소서목小西木에서 유래했다. 이는 작은 서어나무라는 뜻으로, 서어나무와 닮아 붙여진 이름이다. 소사나무는 주로 해안가에 자란다. 잎과 열매 이삭이 크고 나무가 높이 자라는 것을 왕소사나무라고 하며, 이는 주로 옹진과 백아도에서 볼 수 있다. 한 이삭에 꽃이 많이 달리는 섬소사나무는 한국 특산종이며, 인천 근처의 강화도와 거문도에서 볼 수 있다.

　나카이가 붙인 학명 중 종소명 코레아나 *coreana*에서 보듯 이 나무의 원산지는 한국이다. 속명은 까치박달과 같다. 소사나무도 서어나무와 까치박달처럼 목재가 우수하다. 잎이 작고 줄기가 변화무쌍하며 고목의 풍모를 지녀 예로부터 분재로 사랑받아왔다. 소사나무는 또한 잘 죽지 않아서 초보자도 쉽게 분재에 성공할 수 있다. 소사나무는 대부분 수피가 흰색을 띠지만 음지 쪽에서 자생할 경우 간혹 피질이 검은색에 가까운 것도 있다. 이런 것은 양지로 옮겨주면 수피가 흰색을 되찾는다. 수피가 황색을 띠는

영흥도 소사나무숲.

소사나무도 있는데 이는 돌연변이에 의한 별종으로 여겨진다.

　국내에서 섬소사나무를 보려면 강화도로 가야 할지 영흥도로 가야 할지 헷갈린다. 최근 천연기념물 502호로 등재된 강화도의 소사나무는 마니산 참성단 위에 홀로 낙락장송인 듯 서 있는데, 수령이 150년 정도로 추정되며 여럿으로 갈라진 줄기에 나무갓 모양이 단정하고 균형이 잡혔다. 주변에 다른 어떤 나무도 없이, 민족의 신령한 장소로 여겨지는 곳에 홀로 서 있어 더욱 돋보인다.

　영흥도에는 방풍림으로 여러 나무를 심었는데 맵고 짠 해풍에 다른 나무들은 다 말라죽고 소사나무숲만 살아남았다. 이는 인공적으로 조성된

나무
사전 : 자작나뭇과 | 소사나무

대규모 숲으로 나무들의 수령은 대개 130년을 전후하며, 이렇게 많은 소사나무가 지렁이처럼 공중에서 서로 엉켜서 기괴한 아름다움을 뿜어내는 곳은 전국에서 이곳이 유일하다.

소사나무 숲길이 가장 길게 이어진 곳은 영종도에서 배를 타고 더 들어가는 무의도에 있는 호룡곡산이다. 해발 244미터의 자그마한 호룡곡산은 하나개 해수욕장으로 올라갔다가 정상에 오른 후 국사봉 방향으로 하산하면 이때부터 그럴듯한 소사나무 숲길이 시작된다. 길을 제외하고는 온통 키가 3미터 남짓한 소사나무도 가득해서 운치가 그만이다.

옛날 창원에서 장유로 넘어가는 상점령(장유고개)에 가면 강화도와 영흥도에 자라는 나무보다 훨씬 크고 오래된 왕소사나무 노거수 두세 그루가 긴 세월을 껴안고 있는 모습을 볼 수 있다. 이곳 주민들은 상점령을 당나무가 있다고 해서 당고개라 불렀다. 이곳 소사나무가 바로 당목 역할을 했던 것이다. 지금도 제단이 있고 무언가를 빌러 오는 사람들이 많은 듯하다.

: 인동과

인동 *Lonicera japonica* Thunberg

겨울을
잘
견딘다

반 정도 푸른 덩굴성인 인동忍冬은 '겨울을 잘 견딘
다'는 뜻이다. 인동꽃은 지역에 따라 잎이 떨어지기도 하고 달려 있기도
하다. 인동은 따뜻한 곳에서 늦게 돋아난 파란 잎을 간직한 채 겨울을 견
디기에 생긴 이름이다. 김춘수의 시도 인동의 이러한 특징을 읊었다.

「인동잎」

눈 속에서 초겨울의
붉은 열매가 익고 있다.
서울 근교에서는 보지 못한
꽁지가 하얀 작은 새가
그것을 쪼아먹고 있다.
월동하는 인동잎의 빛깔이

이루지 못한 인간의 꿈보다도
더욱 슬프다.

인동의 다른 이름은 금은화金銀花다.
이는 노란 꽃과 흰 꽃이 같이 피기 때
문에 붙여진 이름으로, 꽃봉오리가
벌어질 때 흰색이었다가 시간이 지
나면 노랗게 변한다. 인동은
'노옹수老翁鬚'로도 불린다. 이는
'수술이 할아버지 수염 같다'는
뜻이다. 때로는 인동을 신비로운 약
효를 지닌 '통령초通靈草'라고도 한다.
이외에도 노사등, 밀보등, 좌전등으로
불렀다. 이러한 이름은 모두 덩굴성 등나무
에 비유한 것이다. 서양에서는 '꽃 모양이 트
럼펫 같다'는 뜻으로 Trumpet Flower라고 한
다. 툰베르크가 붙인 학명 중 속명인 로니케라

신라의 판 꾸미개나 기와 등 우리나
라 예술품에는 흔히 인동무늬가 사
용되곤 했다.

*Lonicera*는 16세기 독일의 수학자이자 식물 채집가인 '로니처Lonitzer'를 가리
킨다. 종소명인 야포니카*japonica*는 일본 원산이라는 뜻이다.

인동무늬가 그려진
고분벽화.

인동무늬 수막새.

아왜나무 *Viburnum awabuki* K. Koch

산호수
혹은
법국동청

      늘 푸른 중간 키 아왜나무의 어원은 알 수 없다. 한 자 이름은 산호수珊瑚樹, 법국동청法國冬青 등이다. 산호수는 나뭇가지가 퍼진 모습이 산호를 닮아 붙여진 이름이고, 법국동청은 프랑스에서 온 사철 푸른 나무라는 뜻이다. 아왜나무가 주로 한국의 제주도, 일본, 타이완, 중국, 인도 등지에 분포하는 것을 생각하면 의외의 이름이다. 아마 유럽에서 중국을 거쳐 한국과 일본에 널리 퍼진 것이 아닐까 추측할 뿐이다. 코호가 붙인 학명 중 속명 비부르눔Viburnum은 무슨 뜻인지 알 수 없다. 종소명 아바부키awabuki는 아와부쿠あわぶく에서 비롯되었다. 아와부쿠의 유래를 살펴보면 이렇다. 이는 거품이라는 뜻인데, 수분을 많이 함유하고 있는 아왜나무가 산불이 나면 거품을 내며 차단막을 만들어 산불이 번지는 걸 막아주기 때문에 붙여진 이름이다. 이 단어가 국내로 들어오면서 변이를 거쳐 '아왜'로 바뀌었을 수도 있고, 일본에서 온 나무라는 의미에서 아와 왜倭가 결합하여 아왜나무가 됐을 수도 있지만, 정확한 건 알 수 없다.

　　아왜나무는 바닷가 산기슭에서 주로 자생하며 10미터 높이까지 자란다. 어린 가지는 붉은빛을 띠며 잎이 진한 녹색에 두껍고 윤이 나며 양면에 털이 없는 것이 특징이다. 꽃은 6월에 흰색이나 분홍색으로 핀다. 열매는 타원형의 핵과로서 엄지손톱만 한 것이 머루송이처럼 열리고 9~10월에 검은빛으로 익는다. 아왜나무는 방화림과 생울타리로 많이 심고 사시사철 푸른데, 봄에는 흰 꽃이 피고 가을에는 붉은 열매가 아름다워 정원수로도

나무
사진
: 인동과 | 아왜나무

각광받는 고급 수종이다.

감탕나뭇과의 먼나무와 아왜나무는 얼핏 보면 수형이나 잎과 열매 모양이 매우 흡사한데 구분하는 방법은 의외로 간단하다. 먼나무의 잎은 어긋나고 광택이 없는 반면 아왜나무의 잎은 마주나고 왁스라도 칠한 것처럼 윤택이 자르르 흐르기 때문이다.

: 인동과

가막살나무 *Viburnum dilatatum* Thunberg

박달보다
먼저
베는
나무

갈잎 떨기나무인 가막살나무의 어원은 알 수 없다. 한자 이름은 탐춘화探春花로 하얀 꽃을 강조했다. 『이아주소』에는 가막살나무의 한자가 백魄으로 나온다. 이어서 "백은 혜혜樣檽이다. 나무가 크고 잎이 가늘며 단檀과 비슷하다. 중국 강동에 많았다"고 설명하고 있다. 전국시대 제나라에는 "산에 올라 박달나무를 베는데 가막살나무를 먼저 벤다"는 속담이 있었다. 박달나무와 가막살나무가 닮았고, 박달나무보다는 가막살나무가 더 흔하기 때문에 베고 나면 가막살나무라는 뜻이다. 햇빛을 좋아하며 내한성, 내공해성이 뛰어난 가막살나무는 몇 개의 줄기가 많은 가지를 만들어낸다. 그 때문인지 북아메리카 동부의 인디언들은 가막살나무로 화살을 만들었다.

가막살나무의 열매는 붉게 익는다. 한방에서는 협미자로 부르는데 술을 담가 먹으면 피로 회복에 좋은 것으로 알려져 있다. 역사학자 마유즈미 히로미치에 따르면 일본에서 신석기시대에 술독으로 사용했던 유물이 발견

되었는데, 그 안에 가막살나무, 꾸지나무 등의 열매가 들어 있었다고 한다. 일본 고대 원시인들이 과실주를 담가 먹었는데 가막살나무 열매가 비교적 발효가 잘되었기 때문이라는 게 학계의 의견이다. 수렵과 노동에 지친 신석기인들이 저녁 무렵 가족이나 친지끼리 모여 협미자주를 한 국자씩 떠먹으며 피로를 풀었다고 생각하니 직접 술을 담가서 한번 마셔보고 싶은 생각도 든다. 그 맛이야 그때나 지금이나 큰 변화는 없을 테니 말이다.

가막살나무는 꽃도 아름답지만, 꽃말은 더 인상적이다. "사랑은 죽음보다 강하다." 그런 까닭에 문학작품에 많이 인용되는 나무가 가막살나무다. 자그마한 꽃들이 옹기종기 모여서 무더기로 피는데 청초하고 소담스럽다. 노란빛이 아주 미세하게 들어간 흰빛이다. 보통 꽃잎은 희어도 암수술은 노랗거나 붉은데, 가막살나무의 꽃은 통째로 희다. 수술의 맨 끝 꼭지만 살짝 노랗다.

덜꿩나무의 꽃과는 거의 구분하기 힘들 만큼 비슷한데, 덜꿩나무의 꽃이 눈부시도록 희다면, 가막살나무의 꽃은 그보다는 약간 차분한 흰빛이다. 또 하나의 구분법은 덜꿩나무의 잎겨드랑이에는 가시 모양의 탁엽(턱잎)이 있는데 가막살나무에는 그것이 없다.

툰베르크가 붙인 학명 중 속명은 아왜나무와 같지만 그 뜻을 알 수 없다. 종소명 딜라타툼*dilatatum*은 '넓어진' 이라는 뜻으로, 넓은 잎을 강조한 것이다.

: 인동과

불두화 *Viburnum sargentii* for. *sterile* Hara

스님 머리같이 생겼다

　　갈잎 떨기나무인 불두화佛頭花는 이 꽃이 마치 스님의 머리같이 생겼다 하여 붙여진 이름이다. 혹은 불두화가 활짝 피어난 가운데 봉긋 솟은 부분이 있는데 이곳이 부처 정수리의 육계肉髻와 닮아서라는 주장도 제기된다. 아무튼 불두화는 사찰에서 흔히 심곤 한다. 부처의 머리를 닮아서이기도 하겠지만, 꽃의 향기가 없어서 수행하는 스님들을 자극하지 않기 때문이다. 꽃도 4월 초파일을 전후해서 핀다. 처음 필 때는 약간 초록빛이다가 점점 흰빛으로 변하고 질 무렵에는 누르스름해진다.

　　목탁 소리 은은히 머금고 피어나는 불두화의 꽃이 향내가 없는 이유는 수술과 암술이 없고, 오직 흰 꽃잎만 있는 무성화無性花이기 때문이다. 불두화는 백당나무에서 유성화를 제거하고 육성한 원예식물이다. 우리나라에서는 16세기에 도입한 것으로 추정하고 있으며, 일본에서는 에도시대에 어린 가지와 잎을 약용으로 쓰기 위해 재배했다가 정원수로 이용했다.

　　불두화는 사람의 손을 거치지 않고는 번식이 불가능하다. 요즘에는 가

불두화는 스님의 머리같이 생기기도 했지만 꽃에서 향내가 나지 않아 스님들이 수행에 정진하는 데도 방해
가 되지 않는 꽃인 만큼, 불교와 관련이 깊다.

정집 화단에서도 심심치 않게 볼 수 있지만 예전에는 집 안에 심는 걸 꺼
렸다. 자손의 번창을 중시하는 입장에서 불임의 꽃을 금기로 여겼기 때문
이고 그 점은 역으로 불두화를 절간에 많이 심은 이유이기도 하다.

불두화의 다른 이름은 수구화繡球花다. 이 나무의 꽃이 마치 수놓은 공
처럼 생겨서 붙인 이름이다. 영어권에서는 꽃이 눈으로 만든 공처럼 생
겼다 하여 Snow ball이라 불린다. 일본의 식물학자 하라原寬(1911~?)가 붙
인 학명 중 속명은 아왜나무와 같다. 종소명 사르겐티이*sargentii*는 미국의

식물학자 사전트C. S. Sargent(1841~1927)를 가리킨다. 또 하나의 종소명 스테릴레*sterile*는 '불임不妊의' '불모不毛의'를 뜻한다. 이는 불두화의 무성화를 강조한 것이다.

간혹 사람들이 불두화를 불도화라 부르는데 이것은 잘못된 것이다. 불도화佛桃花는 불단이나 신단을 장식하기 위해 만드는 오색찬란한 종이꽃, 혹은 무속에서 굿을 할 때 종이접기로 만들어서 사용하는 무화巫花를 말한다. 참고로 황해도평산소놀음굿에서는 일월화日月花, 칠성화七星花, 수팔연화水八蓮花, 불도화佛桃花, 감흥화感應花, 걸립화乞笠花, 삼천병마화三千兵馬花, 미륵화彌勒花, 조상화弔喪花, 부군화府君花, 전발화奠撥花, 삼태성화三台星花, 성수화成守花, 서리화雪裡花 등이 사용된다.

: 인동과

백당나무 *Viburnum sargentii* Koehen

무성화와
유성화가
함께
달리는

갈잎 떨기나무인 백당나무의 어원은 알 수 없다. 다만 백당나무의 잎이 닥나무 잎과 비슷한데 그 꽃은 흰빛이라 백＋닥나무가 부르기 좋게 변화하여 백당나무가 된 듯하다. 산지의 습한 곳에서 자라며 높이는 3미터에 달한다. 나무껍질은 불규칙하게 갈라지며 코르크층이 발달한다. 새 가지에 잔털이 나며 겨울눈은 달걀 모양이다.

백당나무는 불두화의 바탕이 된 나무다. 불두화의 꽃차례는 공 모양이지만 백당나무는 원판 모양으로 납작해서 북한에서는 접시꽃나무라고도 한다. 오히려 백당나무는 산수국과 꽃 모양이 흡사하다. 자세히 살펴보면 산수국은 약간 푸르스름한 빛이 돌고 백당나무는 그냥 희거나 누르스름한 기운이 약간 있다.

백당나무는 무성화와 유성화가 함께 달린다. 가운데 자잘하게 피어난 것이 진짜 꽃인 유성화이고 이를 화려하게 둘러싸고 있는 것이 씨를 맺지 못하는 무성화, 즉 헛꽃이요 장식꽃이요 들러리꽃이다. 이 헛꽃은 진짜 꽃

백당화의 둘러리 꽃과 진짜 꽃이 함께 피어있다. 백당화의 열매가 붉디 붉다.

이 수분을 잘할 수 있도록 벌과 나비를 유인하는 역할을 한다. 진짜 꽃이 활짝 다 피어나도록 자신의 임무를 잊지 않으려는 듯 헛꽃은 오래도록 생생하게 매달려 있다. 가운데 있는 유성화는 얼핏 보면 꽃이 져버린 것 같다. 그래서 백당나무는 꽃이 활짝 펴도 벌써 지고 있는 듯한 인상을 준다. 유성화를 달고 있는 백당나무는 불두화와는 달리 당연히 열매가 있다. 인동과의 다른 나무들과 마찬가지로 붉고 튼튼한 열매가 아름답게 열린다. 이렇게 튼실한 열매를 맺게 해준 공은 진짜 꽃의 들러리를 섰던 헛꽃에게 돌려야 하리라.

독일의 식물학자 쾨헨Koehen(1848~1918)이 붙인 백당나무의 학명 중 속명은 가막살나무와 같고, 종소명 사르겐티이sargentii는 미국의 식물학자 사전트C. S. Sargent(1841~1927)를 가리킨다.

: 백합과

청미래덩굴 *Smilax china* Linnaeus

요깃거리로
넉넉해
우여량

　　　갈잎 덩굴성 청미래덩굴의 어원은 알 수 없다. 다
만 경기에서 사용한 말을 공식적으로 부르고 있다. 이 나무를 영호남에서
는 명감, 명감나무, 맹감 등으로 부른다. 리나이우스가 붙인 학명 중 속명
스밀락스*Smilax*는 그리스어로 '상록 가시'를 의미한다. 이는 청미래덩굴의
가시를 강조한 것이다. 종소명 키나*china*는 '중국의'라는 뜻으로, 원산지가
중국임을 가리킨다.

　청미래덩굴은 예로부터 구황식품이나 한약재로 각광받아 이와 관련된
이야기가 적지 않다. 옛날 나라가 망하자 산으로 도망간 선비들이 먹을 것
을 찾아다니다가 이 나무의 뿌리를 먹었다. 이에 그 양이 요깃거리로 넉넉
하다 하여 '우여량優餘糧'이라 불렀다. 또 산에 있는 기이한 양식을 의미하
는 '신기량新奇糧', 신선이 남겨준 양식이란 뜻의 '전유량傳留糧'으로도 불렀
다. 청미래덩굴 뿌리에 얽힌 또다른 이야기도 전한다.

옛날 중국의 어떤 사람이 부인을 두고 바람을 피우다 매독에 걸려 죽을 판이었다. 그 아내는 남편이 미워 산에다 버렸다. 그런데 남편은 숲을 헤매다가 청미래덩굴의 뿌리를 배고플 때마다 먹었다. 그 덕분에 그는 자신도 모르는 새에 몹쓸 병이 나아 집으로 돌아갈 수 있었다. 집에 돌아온 그는 다시는 바람을 피우지 않고 아내와 행복하게 살았다. 그래서 이 청미래덩굴을 남편이 산에서 돌아오게 한 나무라는 뜻을 가진 '산귀래山歸來'라 부른다.

넓은 달걀 모양의 청미래덩굴 이파리는 두껍고 윤기가 돈다. 열매는 식용하며 망개 혹은 명감이라고 부르기도 한다.

:대극과

오구나무 *Sapium sebiferum* L. Roxburgh

늙은
나무의 뿌리가
절구를
닮은

갈잎 큰 키 오구烏桕나무는 중국 원산이다. 오구의 '오'는 새가 이 나무의 열매를 좋아하기 때문에, 오구의 '구桕'는 나이 들면 나무의 뿌리가 절구를 닮아서 붙인 이름이다. 오烏를 조鳥로 잘못 읽어서 조구鳥臼나무라고도 불리지만 이는 잘못된 것이다. 조선시대 백과사전인 『송남잡지』와 『물명고』 등에서는 오구烏臼라고 소개되어 있다. 이는 오구烏臼라는 새와 연관된 듯하다. 작고 검으며 머리 부분에 벼슬 같은 것이 있는 이 새는 닭보다 먼저 우는데 그 소리가 '가격가격加格加格'하는 것 같아 까마귀와 매를 쫓을 수 있다. 그렇다면 오구새는 까마귀를 쫓아서 붙인 이름인지, 아니면 그 새가 좋아한 열매가 바로 오구나무 열매여서인지, 혹은 오구나무 열매를 따 먹는 새라고 해서 오구새인지, 어떤 것이 먼저 오는지 알 길이 없다.

만당晩唐의 시인이자 『뇌사경耒耜經』을 지은 농학자인 육구몽陸龜蒙은 "가다 멈추었다 하며 매번 오구나무 그림자에 기대고, 심지를 돋우며 자주 모란꽃 우거진 곳을 바라본다行飮每依鴉舅影 挑頻時見鼠姑心"라고 노래했다. 여기서 보이듯 오구나무의 또다른 한자는 오구烏舅다. 단풍이 아름답지만 추위에 약해 월동이 어려운 오구나무의 원산지는 중국 장강 이남의 형주荊州 지방이다.

아직 한국에서는 즐겨 심지 않아 어떤 식물도감에는 소개조차 되지 않고 있다. 남부 지방에서는 관상수로 심거나 때로는 가로수로 심기도 한다. 스코틀랜드 식물학자 록스부르Roxburgh(1751~1815)가 붙인 학명 중 속명 사피움Sapium은 옛 라틴어로 '점질粘質'을 의미한다. 이는 둥근 열매에 들어 있는 끈적끈적한 액을 가리킨다. 늦가을에 열매가 익으면 껍질이 터지면서 씨를 둘러싼 과육이 드러나는데 하얀색의 그것이 밀랍과 성질이 비슷해 옛날에 이 액을 짜서 초를 만들기도 했다. 종소명 세비페룸sebiferum은 '지방脂肪이 있는'을 의미한다. 이 역시 열매의 특성을 강조한 것이다.『본초습유』에 "오구나무 잎은 검은색 염료로 쓴다. 씨앗에서 기름을 짜서 머리에 바르면 백발을 검게 할 수 있고, 등기름으로 쓰면 등이 대단히 밝다"는 구절이 보인다. 이렇게 볼 때 이 나무의 이름은 잎의 쓰임새와도 무관하지 않아 보인다.

오구나무 열매가 저 높이 떼를 지어 매달려 있다. 가까이서 보면 오구나무 열매는 꽤 귀엽다. 밑은 펑퍼짐하게 퍼져 있는데 열매 윗부분은 삼각형으로 오므리고 있는 모습이 아주 암팡지다. 겨울에 이 껍질이 탁 하고 벌어지면 하얀 열매의 속살이 드러난다. 오구나무 열매 세 알을 몸에 지니고 있으면 행운이 찾아온다는 속설도 있다.

: 돈나뭇과
돈나무 *Pittosporum tobira* Thunb. Aiton

파리가
찾아와서
똥낭

늘 푸른 떨기나무 돈나무는 적지 않은 사람이 '돈 money'으로 생각하면서 관상용으로 구입하고 있다. 하지만 돈과 발음이 같기 때문에 생긴 오해일 뿐이다. 제주도에서는 똥낭, 똥나무 등으로 부르는데, 열매의 끈적끈적한 점액질 때문에 파리가 찾아오기에 생긴 이름이다. 또 섬음나무, 갯똥나무, 해동으로도 부른다. 이는 모두 바다나 강과 관련 있는 이름으로, 돈나무가 주로 남부 해안이나 섬에서 자란다는 것을 말해준다. 영국의 식물학자 에이튼Aiton(1731~1793)이 붙인 학명 중 속명 피토스포룸Pittosporum은 그리스어 '피타pitta'와 '종자'를 의미하는 '스포라spora'의 합성어다. 이는 검은 종자가 윤기 있고 점액이 있다는 뜻이다. 종소명 토비라tobira는 일본명 '도베라'를 뜻하며, 돈나무의 일본 발음이다.

진달래

Rhododendron mucronulatum Turczaninov

두견새의
피 토한
자국

　　갈잎 떨기나무 진달래는 진월배眞月背에서 온 말이
다. 진달래를 참꽃이라고도 하며, 철쭉을 진달래라 하는 곳도 있다. 또 철
쭉을 개꽃, 진달래를 참꽃이라 부르기도 한다. 한자는 두견화杜鵑花로, 두견
새의 피 토한 자국에서 꽃이 피었기 때문에 붙여진 이름이다. 중국에서는
두견화를 영산홍映山紅, 산석류山石榴, 산척촉山躑躅, 홍척촉紅躑躅, 산견山鵑, 만
산홍滿山紅, 조산홍照山紅 등으로 불렀다. 이 같은 이름은 철쭉이나 영산홍
등과 혼동할 여지가 있다.

　　러시아의 식물학자 투르차니노프가 붙인 학명 중 속명 로도덴드론
*Rhododendron*은 '장미'를 뜻하는 그리스어 '로돈*rhodon*'과 '수목樹木'을 뜻하
는 '덴드론*dendron*'의 합성어다. 이는 붉은 꽃이 피는 나무라는 뜻으로, 처
음에는 협죽도의 이름이었다. 종소명 무크로눌라툼*mucronulatum*은 '머리가
약간 뾰족한'이란 뜻이다. 이는 잎이 뾰족하다는 의미인지, 꽃이 뾰족하다
는 것인지 알 수 없다. 둘 다 끝이 조금 뾰족하기 때문이다.

진달래는 한국 원산으로 알려져 있다. 그래서인지 이에 대한 한국인의 감정은 애틋하다. 이런 마음을 가장 잘 드러내는 시가 김소월의 「진달래꽃」이다. 김동환의 「봄이 오면」「산 넘어 산촌에는」도 즐겨 부른다.

「진달래꽃」

나 보기가 역겨워
가실 때에는
말없이 고이 보내 드리오리다.
영변에 약산
진달래꽃
아름 따다 가실 길에 뿌리오리다.
가시는 걸음걸음
놓인 그 꽃을
사뿐히 즈려밟고 가시옵소서.
나 보기가 역겨워
가실 때에는
죽어도 아니 눈물 흘리오리다.

「봄이 오면」

봄이 오면 산에 들에 진달래 피네
진달래 피는 곳에 내 마음도 피어
건너 마을 젊은 처자 꽃 따러 오거든

꽃만 말고 이 마음도 함께 따가주
봄이 오면 하늘 위에 종달새 우네
종달새 우는 곳에 내 마음도 울어
나물 캐는 아가씨야 저 소리 듣거든
새만 말고 이 소리도 함께 들어주

나는야 봄이 되면 그대 그리워
종달새 되어서 말 붙인다오
나는야 봄이 되면 그대 그리워
진달래꽃 되어서 웃어본다오

「산 너머 남촌에는」

산 너머 남촌에는 누가 살길래
해마다 봄바람이 남으로 오네
아 꽃피는 사월이면 진달래 향기
밀 익는 오월이면 보리 내음새
어느 것 한 가진들 실어 안 오리
남촌서 남풍 불 때 나는 좋대나

 진달래과

철쭉 *Rhododendron schlippenbachii* Maximowicz

머뭇거리게
하다

갈잎 떨기 철쭉은 척촉躑躅에서 유래했으며 '머뭇
거리다' 라는 뜻인데, 여기에는 꽃이 아주 아름다워 사람들이 발걸음을 머
뭇머뭇했다는 설, 어린 양이 꽃을 엄마의 젖꼭지로 잘못 알고 가던 길을
멈췄다는 설, 꽃에 독성이 있어 양이 꽃만 봐도 가까이 가지 않고 머뭇거
린다는 설 등 다양한 이야기가 전한다. 막시모비츠가 붙인 학명 중 속명은
진달래와 같다. 종소명 스클리펜바키이schlippenbachii는 1854년에 한국 식물
을 처음으로 수집한 독일의 해군장교 슐리펜바흐B. A. Schlippenbach를 가리킨
다. 소백산의 철쭉제에서 이 꽃을 한껏 즐길 수 있다.

철쭉과 관련해서 『삼국유사』에 노인이 수로 부인에게 꽃을 바친 「헌화
가獻花歌」가 전한다. 성덕왕 때 순정공純貞公이 강릉태수(지금의 명주)로 부임하
는 도중에 바닷가에서 점심을 먹었다. 곁에는 돌 봉우리가 병풍과 같이 바
다를 두르고 있어 그 높이가 천 길이나 되었다. 그 위에 철쭉꽃이 만발해
있었다. 공의 부인 수로가 이것을 보더니 좌우 사람들에게 말했다. "꽃을

꺾어다가 내게 줄 사람은 없는가." 그러나 종자들은 "거기는 사람이 갈 수 없는 곳입니다" 하고 아무도 나서지 못했다. 이때 암소를 끌고 곁을 지나가던 늙은이 하나가 있었다. 그는 부인의 말을 듣고는 그 꽃을 꺾어 가사까지 지어서 바쳤다. 그러나 그 늙은이가 어떤 사람인지는 알 수 없었다.

강희안의 『양화소록』은 일본에서 철쭉을 바친 이야기를 소개하고 있다.

세종이 뜰에 기르도록 했다. 꽃이 피었을 때 꽃잎은 홑잎으로 매우 컸다. 색깔은 석류와 비슷하고 꽃받침은 겹겹이었다. 오랫동안 시들지 않았다. 잎이 많고 자색인 우리나라 품종과 아름답고 추함을 비교하면 모모嫫母(중국 삼황오제 때 황제의 네번째 비로 못생겼음)와 서시西施(오나라 부차의 사랑한 첩, 미인이었음)의 차이보다 컸다. 임금께서 즐겁게 감상하시고 상림원上林園에 하사하시어 나누어 심도록 했다. 바깥사람들에게는 알려지지 않아 일본 철쭉을 얻은 사람이 없었다. 나는 운 좋게도 임금과 친척관계(이질관계)이므로 일가의 어른들에게 뿌리를 약간 얻을 수 있었다. 그 품종의 습성을 몰랐으므로 화분에도 심고 땅에 심어 시험했다.

일본철쭉은 우리나라 철쭉과는 달리 화려하고 꽃이 크다. 또 꽃이 오래도록 피어 있어 예전부터 화훼용으로 많이 심었다. 『증보산림경제』에 이와 관련된 내용이 있다.

움에 일본철쭉 두 그루를 저장했다가 정월 그믐 사이에 꺼내서 한 그루 심고, 2월 그믐에 또 한 그루를 꺼내 심는다. 뒤에 꺼낸 것이 먼저 수십 일간 꽃 피었다가 시들려 하면, 먼저 꺼낸 것이 비로소 꽃 피기 시작하는데 역시 수십 일이 가야 시든다. 대개 먼저 꺼낸 것은 봄추위에 상해서 먼저 꽃이 피지 못하기 때문이다. 이 때문에 전후 40여 일 동안 붉은 꽃을 보게 된다.

초충 · 화조도, 이방운, 6폭 병풍 중 제1폭, 지본담채, 59.2×34.2cm, 선문대박물관 소장. 철쭉꽃과 꿩이 어우러진 이 그림에서는 품위 있는 격조를 유지한 이방운의 뛰어난 기량을 엿볼 수 있다.

『五·七言唐音』, 古典講讀會, 1990

賈思勰, 『齊民要術』文淵閣四庫全書本, 臺北, 商務印書館, 1983

寇宗奭, 『本草衍意』, 北京, 中華書局, 1985

段成式, 『酉陽雜俎』, 北京, 中華書局, 1985

唐愼微, 『證類本草』文淵閣四庫全書本, 臺北, 商務印書館, 1983

蘇軾, 『格物麤談』, 北京, 中華書局, 1985

____, 『物類相感』, 北京, 中華書局, 1985

孫耀良 外 編著, 『花卉詩歌鑑賞辭典』, 上海, 漢語大詞典出版社, 2004

宋伯仁, 『梅花喜神譜』, 北京, 中華書局, 1985

僧贊寧, 『竹譜』, 北京, 中華書局, 1985

吳其濬, 『植物名實圖考』, 臺北, 文物出版社, 1993

____, 『植物名實圖考上下』, 臺北, 世界書局, 1963

____, 『植物名實圖考長編上下』, 臺北, 世界書局, 1963

____, 『植物名實圖考長編上下』, 臺北, 世界書局, 1975

吳普, 『神農本草經』, 北京, 中華書局, 1985

吳應逵, 『嶺南荔枝譜』, 北京, 中華書局, 1985

王圻·王思義, 『三才圖會』, 續修四庫全書本, 上海, 上海古籍出版社, 2002

王灝, 『廣群芳譜』, 臺灣, 商務印書館, 1980

姚可成, 『救荒野譜』, 北京, 中華書局, 1985

柳僖, 『物名考』, 대제각, 1988

李衎, 『竹譜詳錄』, 北京, 中華書局, 1985

李石, 『續博物志』, 北京, 中華書局, 1985

李時珍, 『本草綱目』, 北京, 人民衛生出版社, 1982

任昉, 『述異記』, 文淵閣四庫全書本, 臺北, 商務印書館, 1983

張功甫, 『梅品』, 北京, 中華書局, 1985

張孝岳, 『梅與梅文化』, 北京, 中國農業出版社, 2005

諸橋轍次, 『大漢和辭典』, 東京, 大修館書店, 1984

中井猛之進, 『朝鮮森林植物編 1-9』, 東京, 國書刊行會, 1976

陳大章, 『詩傳名物集覽1-4』, 北京, 中華書局, 1985

陳菲 等 編著, 『唐詩花園』, 北京, 農村讀物出版社, 2005

陳淏子, 『花鏡』, 續修四庫全書本, 上海, 上海古籍出版社, 2002

蔡襄, 『荔枝譜』, 北京, 中華書局, 1985

韓彦直, 『橘譜』, 北京, 中華書局, 1985

許愼 撰, 段玉裁 注, 『說文解字注』, 上海, 上海古籍出版社, 1981

嵆含, 『南方草木狀』, 北京, 中華書局, 1985

『조선왕조실록』

『農政書』, 농촌진흥청, 2002

강판권, 『어느 인문학자의 나무세기』, 지성사, 2002

_____, 『공자가 사랑한 나무 장자가 사랑한 나무』, 민음사, 2003

_____, 『차 한잔에 담은 중국의 역사』, 지호, 2006

_____, 『중국을 낳은 뽕나무』, 글항아리, 2009

강희안, 『양화소록』, 서윤희·이경록 옮김, 눌와, 1999

고규홍, 『이 땅의 큰나무』, 눌와, 2003

_____, 『절집나무』, 들녘, 2004

권문해, 『대동운부군옥』, 남명학연구소 경상한문학연구회 역주, 소명출판, 2003

김민수 편, 『우리말어원사전』, 태학사, 1997

김용덕, 『민속문화대사전상하』, 창솔, 2004

김종덕, 「살구의 어원과 효능에 대한 문헌연구」, 한국농업사학회지, 2008

김종규, 『梅譜』, 부산일보사, 1998

김태욱, 『한국의 수목』, 교학사, 1994

김희보 엮음, 『증보중국의 명시』, 가람기획, 2001

대사농, 『농상집요』, 구자옥·홍기용 역주, 농촌진흥청, 2008

로베르 뒤마, 『나무의 철학』, 송형석 옮김, 동문선, 2004

마이클조던, 『초록 덮개』, 이한음 옮김, 지호, 2004

마이클 폴란, 『욕망의 식물학』, 이창신 옮김, 서울문화사, 2002

박상진, 『궁궐의 우리나무』, 눌와, 2001

박상진, 『역사가 새겨진 나무 이야기』, 김영사, 2004

박석근, 이일병, 허북구, 『재미있는 우리 나무 이름의 유래를 찾아서- 원색도감 2 나무 이름편』,
중앙생활사, 2004

박세당, 『穡經』, 농촌진흥청, 2001

서유구, 『林園經濟志』 제1~5집, 保景文化社, 1983

서호수, 『해동농서』, 농촌진흥청, 2008

안종수, 『農政新編』, 농촌진흥청, 2002

유중림, 『증보산림경제』, 윤숙자 엮음, 지구문화사, 2005

이건창, 『明美堂集』, 保景文化社, 1997
이상희, 『꽃으로 보는 한국문화 1-3』, 넥서스, 1998
이선, 『우리와 함께 살아 온 나무와 꽃』, 수류산방중심, 2006
이수광, 『芝峰類說』, 경인문화사, 1970
이어령 책임 편집, 『매화』, 생각의 나무, 2003
_____, 『소나무』, 종이나라, 2005
_____, 『대나무』, 종이나라, 2006
이옥, 『完譯 李鈺全集』, 실시학사 고전문학연구회 옮김, 휴머니스트, 2009
이유미, 『우리가 꼭 알아야할 우리나무 백가지』, 현암사, 1995
_____, 『광릉 숲에서 보내는 편지』, 지오북, 2004
이우철, 『한국식물명의 유래』, 일조각, 2005
이익, 『신편국역성호사설』, 민족문화추진회 옮김, 한국학술정보, 2007
이창복, 『大韓植物圖鑑』, 향문사, 1980
이충구 외 역주, 『이아주소 1-6』, 소명, 2004
이호철, 『한국 능금의 역사, 그 기원과 발전』, 문학과지성사, 2002
자크 브로스, 『나무의 신화』, 주향은 옮김, 이학사, 1998
_____, 『식물의 역사와 신화』, 양영란 옮김, 갈라파고스, 2005
정약용, 『茶山詩選』, 송재소 역주, 창작과비평사, 1988
정학유, 『시명다식』, 허경진 · 김형태 옮김, 한길사, 2007
조재삼, 『송남잡지』, 강민구 옮김, 소명출판, 2008
존 펄린, 『숲의 서사시』, 송명규 옮김, 따님, 2002
존 하친슨 · 로날드 멘빌, 『식물의 역사』, 임형빈, 옮김, 문교부, 1962
차윤정 · 전승훈, 『신갈나무 투쟁기』, 지성사, 1999
최영전, 『한국민속식물』, 아카데미서적, 1997
최한기, 『農政會要』, 농촌진흥청, 2006
토비 머스그레이브 외, 『식물 추적자』, 이창신 옮김, 넥서스BOOKS, 2004
허준, 『東醫寶鑑』, 동의과학연구소 옮김, 휴머니스트, 2008
홍만선, 『신편국역산림경제』, 민족문화추진회 옮김, 한국학술정보, 2007
홍성천 외, 『原色植物圖鑑木本』, 경상북도, 2005
허경진 엮음, 『孤竹 崔慶昌 詩選』, 평민사, 1990

역사와 문화로 읽는 나무사전

ⓒ 강판권 2010

1판 1쇄 2010년 2월 8일
1판 7쇄 2019년 7월 17일

지은이 강판권
펴낸이 강성민
편집장 이은혜
마케팅 정민호 정현민 김도윤
홍보 김희숙 김상만 오혜림

펴낸곳 (주)글항아리 | 출판등록 2009년 1월 19일 제406-2009-000002호

주소 10881 경기도 파주시 회동길 210
전자우편 bookpot@hanmail.net
전화번호 031-955-8891(마케팅) 031-955-8898(편집부)
팩스 031-955-2557

ISBN 978-89-93905-15-1 03900

이 책의 판권은 지은이와 글항아리에 있습니다.
이 책 내용의 전부 또는 일부를 재사용하려면 반드시 양측의 서면 동의를 받아야 합니다.

글항아리는 (주)문학동네의 계열사입니다.

이 도서의 국립중앙도서관 출판시도서목록(CIP)은 e-CIP홈페이지(http://www.nl.go.kr/ecip)에서 이용하실 수 있습니다.
(CIP제어번호 : CIP2010000081)